重庆市出版专项资金资助项目

黄希庭心理学文集⑨

人格研究中国化

黄希庭 著

西南大学出版社
国家一级出版社 全国百佳图书出版单位

图书在版编目(CIP)数据

黄希庭心理学文集：全十卷 / 黄希庭著. -- 重庆：西南大学出版社, 2021.10
ISBN 978-7-5697-0994-0

Ⅰ. ①黄… Ⅱ. ①黄… Ⅲ. ①心理学 - 文集 Ⅳ. ①B84-53

中国版本图书馆CIP数据核字(2021)第146884号

黄希庭心理学文集(全十卷)第九卷

人格研究中国化

RENGE YANJIU ZHONGGUOHUA

黄希庭　著

出 版 人：张发钧
总 策 划：周　松　郑持军
责任编辑：秦　俭
特邀编辑：岳　童
责任校对：牛振宇
装帧设计：观止堂_未　氓
排　　版：贝　岚
出版发行：西南大学出版社(原西南师范大学出版社)
地址：重庆市北碚区天生路2号
邮编：400715　市场营销部电话：023-68868624
http://www.xdcbs.com
印　　刷：重庆新金雅迪艺术印刷有限公司
幅面尺寸：185mm×260mm
印　　张：24.25
插　　页：4
字　　数：520千字
版　　次：2021年10月　第1版
印　　次：2021年10月　第1次印刷
书　　号：ISBN 978-7-5697-0994-0

定　　价(全十卷)：2680.00元

黄希庭（摄于 2018 年）

西南大学资深教授，1937 年生于浙江台州温岭。曾任中国心理学会第七、八届副理事长兼心理学教学工作委员会主任，国务院学位委员会第五届心理学学科评议组召集人，全国博士后管理委员会第六届专家组成员及教育学组召集人，教育部高等学校心理学教学指导委员会副主任，教育部长江学者评审专家组成员及教育学科组召集人。在中国开创了时间心理学、健全人格养成教育、中国特色社区心理学研究，出版了一系列高等学校心理学的优秀教材和教学参考书。曾荣获“国家级有突出贡献的中青年专家”（1992）、“首届国家级教学名师奖”（2003）、“全国先进工作者”（2005）、“重庆直辖 10 年建设功臣”（2007）、“新中国成立 60 周年重庆杰出贡献英模”（2009）、“全国优秀科技工作者”（2010）、“中国心理学会终身成就奖”（2011）、“全国教书育人楷模”（2012）、“当代教育名家”（2017）等荣誉及荣誉称号。

·2018 年暑假，黄希庭教授在贵州休假。

·2018 年，黄希庭教授在北碚家中。

·2016 年，儿子黄巍一家与女儿黄岚一家合影。

·2017 年 8 月，黄希庭教授与女儿一家在贵阳。

·2019 年 10 月 1 日，黄希庭教授与同学们观看电影——《我和我的祖国》。

·2021 年春节，毕重增博士、张永红博士、夏凌翔博士、陈永进博士、李祚山博士和范丰慧博士（从左至右）来看望黄希庭教授。

·2021 年，黄希庭教授与博士生们讨论开放式主题访谈。

·2018 年 4 月，张志杰博士来看望黄希庭教授。

·2021 年，赵伶俐博士来看望黄希庭教授。

·2021 年春，陈高山博士来看望黄希庭教授。

·2021 年，杨波博士来看望黄希庭教授。

·2021 年，尹天子博士来看望黄希庭教授。

·2021 年，毕翠华博士来看望黄希庭教授。

·2011 年，黄希庭教授给博士一年级研究生讲授如何选题。

·2019 年，黄希庭教授在时间洞察力国际学术讨论会上讲话。

总 序

我生于浙江台州温岭。我的启蒙小学是村里的鲸山小学，小学毕业后因家境困难失学一年在家干农活。初一我在离家较近的大溪中学读书。从初二开始我一直就读于温岭中学；考大学填升学志愿时，我的班主任李子英老师鼓励我向巴甫洛夫学习，报考北大心理专业。1956年9月开学那天上午，北京大学哲学系心理专业主任孙国华教授在迎新会上以“不卑不亢”为主题，教导我们做人做事都应遵循这一原则，他的教导深深地印刻在我的心里。1964年我被北京大学录取为研究生，师从沈迺璋教授；我的最大收获是学会了无师自通，并养成了终身学习和终身锻炼身体的习惯。在1961年至1964年的三年里，我在西南师范学院担任张增杰先生的助教，耳濡目染其教学的态度和技能，这为我当教师打好了基础。1977年，十年浩劫的“文化大革命”已经结束，但心理学教学并未解禁。我被校方聘为自然辩证法授课教师。

自1978年我开始讲授普通心理学，此后讲授过公共课心理学、现代心理学流派、青年心理学、心理学教学法等本科课程，还讲授过人格心理学、认知心理学、教育心理学、心理学研究方法等专题课，主持完成了40多项国家级和省部级研究课题。下面扼要地谈谈我在心理学四个领域里的教学和研究的点滴心得。

一、我与普通心理学的结缘

1978年，我开始一边撰写讲义，一边为教育系一年级学生讲授普通心理学，后经两次修改的这本讲义以《普通心理学》之名由甘肃人民出版社于1982年出版，当时读者对该书的反映较好。1984年，人民教育出版社资深编辑戚长福先生主动向我约稿。于是我重新撰写了一本《心理学导论》。这本《心理学导论》1991年5月由人民教育出版社出版。它是根据国家教委1985年武汉文科教材会议推荐的高校心理学专业、教育系有关专业的要求而撰写的普通心理学教材；后经修订，于2007年人民教育出版社出版了它的第二版。

我在普通心理学教学中特别注重以下四个环节：一是培养学生的辩证唯物主义的心理观，即用事实来论证心理是脑的机能，是客观现实的主观反映。既反对以化约的方式来解释复杂心理现象的还原论，也反对把心理现象视为与大脑活动毫不相干的副现象论；既反对把复杂的心理和行为视为对客观现实的机械反映的理论，也反对把心理和行为看作与客观现实毫不相干的唯心论；力求从当代心理学的多种取向整合的角度以事实来论证辩证唯物主义的心理观。二是在教学中既注重基础知识的传授，也重视系统分析观的传授；既重视学生记忆能力的培养，也注意他们思维能力的培养；同时注重帮助学生养成勤奋、严谨、创新、求实的品质。三是在教学中尽量引导学生学以致用，把学到的知识应用到自己的生活实际中去，使学生感受到学习心理学确实会促进自己健康成长。四是编译教学参考书以扩大学生的学习视野。我组织翻译出版了戴维·迈尔斯著《心理学(第七版)》(人民邮电出版社2006年版)，《心理学与我们》(人民邮电出版社2008年版)，主编了《简明心理学辞典》(安徽人民出版社2004年版)，等等。

值得提及的是我在讲授普通心理学时十分注重联系实际。例如，在讲解“注意”时我提出以下一些问题，引导学生学以致用。

·课前预习时，勾出教材中的重点难点，为什么记笔记和听课的效率会明显提高？(注意指向重点难点，对教材的理解深刻了)

·为什么有些人能做到认认真真学习，痛痛快快玩耍？(全神贯注，目标管理，学习效率提高了)

·为什么专心学习时觉得时间过得快，无所事事或注意力涣散时觉得时间过得慢？(注意指向的对象不同所导致)

·为什么注重体育锻炼、睡眠充足的人比不进行体育锻炼、经常失眠的人学习效率要高？(学习需要注意资源的付出，前者有足够的注意资源，后者可能缺少足够的注意资源)

·在寝室里读书与在教室和图书馆里读书，效果为什么大不相同？(环境氛围不同，注意力受干扰的程度也不同)

·为什么读书时眼到、嘴到、手到、耳到、心到，效率会显著提高？(多种感官协同活动更有助于注意力集中)

我认为，普通心理学的其他章节也可以提出类似的问题，这样做既能引导学生学以致用又能活跃课堂学习氛围。在普通心理学的教学中，我除了对学生为人为学进行引导之外，还要求学生树立终身学习的理念。在教学之余，我常叮嘱他们要努力学好马克思主义哲学、中国哲学概论、高等数学和英语。

二、我与时间心理学的结缘

算起来，我与时间心理学的结缘迄今已经有65个年头了。记得1957年，程乃颐先生给我们班讲授普通心理学，他讲到人们对时间往往容易产生错觉。当时我觉得很新奇，很想设计一个实验进行研究。到了工作岗位上，我还一直在思考有关时间心理的研究：

·什么是时间？我们能从心理学的角度进行研究吗？

·为什么有的时间过得很快？有的时间过得很慢？

·所有心理活动都有时间参与，时间无始无终，我们该怎样加以研究呢？

·我们没有专门的时间感受器，但我们为什么能觉知到时间呢？

·为什么人们对待时间的态度是如此的不同？……

通过阅读文献，设计研究，我和我的学生们曾做过许多时间心理学的研究，例如：时间的无意识加工(unconscious processing of time)或时间的内隐加工(implicit processing of time)。我们的研究表明，内隐时间表征具有方向性、顺序性、连续性和认知不可渗透性；时间修饰词和汉字字组顺序蕴含着内隐时间信息，在对时间修饰词的概念加工时会自动激活其内隐时间属性表征，内隐时间顺序表征受知觉表征系统的支配也具有自动加工和提取的特点。我们还探讨过时序知觉中意识和无意识的贡献，以及不同动态条件下的内隐时间特征及时间信息自动加工与控制加工的电生理学指标。

时间知觉(time perception)是指个体对时间的“直接”反映。但时间瞬息即逝，时间知觉依赖于同质刺激的自发组织，即在大约3秒的限度内把一些相继事件知觉为相对同时的一个单元，即知觉到的现在(perceived present)，包括对时间持续性和顺序性的知觉。我们研究过刺激的感觉通道性质(包括拓扑性质的变化)、复杂度、强度、呈现时间的长短以及人格因素、刺激的空间特征等对时间知觉的影响，得到了不少有趣的结果；探讨过时序知觉的重复启动效应，时序知觉的中枢计时与分布计时，以及多感觉整合的时间再校准；还用事件相关电位初步探讨了时间知觉的神经加工及其相关脑区的激活状况。

时间估计(time estimation)也称时间判断(time judgment)，是指个体依据主观经验对客观时间的持续性和顺序性的认知，可以用多种方法(例如比较法、产生法、估计法、再现法、等级评定法、ERP方法等)进行时间估计(包括时距或时序估计)实验。所有这些时间估计方法都会产生误差，即使是短时距估计也是如此。我们研究过时距估计中的锚定效应、重复刺激效应、标量效应、注意效应、视听通道效应以及回溯式时距估计的一些特点；发现了不同年龄段儿童时间估计准确性与利用时间标尺有关，儿童越幼小，越倾向利用空间关系来估计时间，Kappa效应越明显。

对长于5秒的刺激序列的时间认知称为时间记忆(time memory)。时间记忆包括对时距、时点和时序这三种时间信息的记忆。时间记忆可以以钟点、日期等确切的线索为参照，但大多数时间记忆实验是以某个事件的时间线索而实现的，没有任何明确的言语编码形式，仅依靠有关事件对时间信息进行编码、保持和提取。个体对时间的记忆与计时工具测量出来的时间通常是不一致的。我们曾探究过回溯式时间记忆、预期式时间记忆以及时间性前瞻记忆的某些特点：用新闻片段和公众性新闻事件为实验材料，考查了回溯式时间记忆表征的特点，发现老年人回溯式时间记忆能力下降可能是与大脑中的海马功能衰退导致信息加工速度减慢和情节记忆加工能力衰减相关。还对预期式的时点、时距和时序信息在长时记忆中的表征特点做过研究，结果发现时间记忆既有层次网络的特征也有线性结构的特征；还探讨过时间性前瞻记忆与事件性前瞻记忆具有不同的认知机制问题。此外，我们还对时间记忆的层次网络模型和变化分割模型做过实验。

我们在整合国内外一系列研究成果的基础上，于1999年的一篇论文中提出了一个理论构想——时间认知的分段综合模型(range-synthetic model of temporal cognition)。时间无始无终而又瞬息即逝，时间与人类的生活形影不离且时间就是生命，我们是怎样来把握时间的呢？一个合理的答案是人类采用分段式来把握时间。最有力的证据是人发明了各种时间标尺(如毫秒、秒、分、小时、日、周、月、年、期、纪等)并用它们来标记时间。个体心理世界的各种成分是普遍联系、相互作用的，虽然时间与人生形影不离但人却没有专门的时间感受器，人类总是凭借经验综合各种因素来认知时间。人类对不同时距具有不同的表征，我们的许多研究都表明，无论对于哪一种时距的认知均受多种因素(例如事件的数量与结构，通道性质和特点，时距、时序和时点的性质，注意资源，编码方式，提取策略，实验指标，以及个体的时间信念、情绪、人格特征、疾病等)的影响；不仅如此，还受心理的其他成分如动机、兴趣、爱好、价值观等影响。人类时间认知的分段综合模型能很好地解释爱因斯坦的时间相对性问题，他说："把你的手放在很热的炉子上一分钟，感觉起来好像一小时；而坐在一位漂亮姑娘身边整整一个小时，感觉起来却像一分钟。"用心理学家的话来说，这就是给感受打上了不同的时间标尺之故。我和我的团队做了许多实验来论证时间认知的分段综合模型，结果表明人类的时间认知确实具有分段性和综合性的特点。这是我们研究时间认知的一个主要收获。

我们既关注人们时间认知上的共同性，也关注人们时间人格上的差异性。时间给每个人以相同的机会，但每个人对于时间的感受、把握、管理、使用和爱惜却是不同的，人们在时间上的这些稳定的个体差异，我们称之为时间人格上的差异。时间人格(time personality)就是个人对待时间的方式。人们对待时间的方式有许多差异。时间最公平，它给勤奋的人留下智慧和力量，而给懒惰的人留下空虚和懊恼；时间瞬息即逝，有的人总是在检查自己对时间抓得紧不紧，而有的人总是白白消耗时光还埋怨时间过得太慢；平庸者坐失良机，智慧者能抓住良机并且能创造良机。凡此种种实例，到处可见。

从1997年开始我们对时间人格的研究主要集中在下列三个方面：(1)时间管理倾向研究。在深入实际调查的基础上我们编制了由时间价值感、时间监控观及时间效能感三个指标构成的“青少年时间管理倾向量表”，该量表的信效度均符合心理测量学的要求，还探讨过青少年的时间管理倾向与学业成绩、个人能力、自我观念、工作成就的关系。(2)时间洞察力研究。时间洞察力是指个体对于时间的认知、体验和行动的一种人格特质，它既具有能力的性质(由认知加工、时间管理和决策等构成)，也具有动力的性质(由价值观、责任感、义务感、荣誉感、事业心等构成)。人生从过去、经现在、向着未来，时间洞察力还包含过去时间洞察力、现在时间洞察力与未来时间洞察力，其中所含的认知、情感和行动倾向成分也不相同；其中有些属于状态时间洞察力(state time perspective)，有些则属于特质时间洞察力(trait time perspective)，后者才是时间维度上的人格特质。我们从我国的实际出发探讨过时间洞察力的结构成分，编制过两个(过去、未来)时间洞察力量表。(3)不同自我同一性状态下的时间洞察力研究。我们考查了不同自我同一性状态下的被试在其过去、现在和未来的时间体验上的差异；还探讨过时间自我评价的理论意义和实践意义。

我们在时间人格领域还有许多问题需要进一步深入探讨：

(1)时间管理倾向、时间洞察力、时间自我同一性的实质是什么？其核心指标是什么？怎样区分状态时间洞察力与特质时间洞察力？

(2)时间洞察力是先天的还是后天的？

(3)时间自我同一性的稳定性与变异性有怎样的关系？

(4)时间管理就是自我管理，那么我们怎样来塑造自己的时间人格呢？

三、我与人格心理学的结缘

我曾给大学生做过几次人格心理学的专题讲座。张春兴先生邀我参加他主持的“世纪心理学丛书”撰写，我很乐意接受《人格心理学》的撰写工作。接受此任务后用什么框架来建构全书使我很是纠结。当时教科书的结构大多是理论范型取向，由于交书稿时间的限制，我便采用了人格理论范型取向加人格研究专题的方式来撰写《人格心理学》(1998年由台北东华书局出版，2002年由杭州浙江教育出版社出版)。

我的《人格心理学》虽然已经完成，但内心并不满意。怎样撰写一本中国特色的人格心理学著作呢？这成了我久久难以释怀的难题。在学习《论语》的过程中我终于找到了答案：孔子推崇的君子人生便是我要寻找的人格样板。君子人生格调也就是君子人格。孔子所推崇的君子人格都是从知、情、意、行的整体角度提出来的。例如，“子谓子产：‘有君子之道四焉：其行己也恭，其事上也敬，其养民也惠，其使民也义。’”(《公冶长》)子曰：“君子成人之美，不成人之恶；小人反是。”(《颜渊》)子曰：“君子矜而不争，群而不党。”(《卫灵公》)司马牛问君子，子曰：“君子不忧不惧。”曰：“不忧不惧，斯谓之君子已乎?”曰：“内省不疚，夫何忧何惧?”(《颜渊》)《论语》中孔子推崇的君子人格就包含了人生追求、人生态度、人生智慧和人生修养。我做了初步的归纳，今后如果要撰写中国特色的人格心理学著作，我将按这四个部分加以构建。

(一)君子的人生追求

人生追求(life purpose)也称人生目标、人生抱负，是个人内心的动力坐标，指个人以积极的行动来争取某个目标的达成，因而具有方向性和持久性。君子的人生追求是仁、义、忠、恕。

1.仁、义

子曰：“君子道者三……仁者不忧，知者不惑，勇者不惧。”(《宪问》)又说：“君子去仁，恶乎成名？君子无终食之间违仁，造次必于是，颠沛必于是。”(《里仁》)“樊迟问仁。子曰：‘爱人。’”(《颜渊》)爱人有各种表现：爱护、同情、怜悯、体谅、厚道、忍让、慈爱、友善、善良、报恩等。仁是爱人的态度。

子曰：“君子喻于义，小人喻于利。”(《里仁》)子曰：“君子义以为上，君子有勇而无义为乱，小人有勇而无义为盗。”(《阳货》)子曰：“君子之于天下也，无适也，无莫也，义之与比。”(《里仁》)子曰：“君子义以为质，礼以行之，孙以出之，信以成之。君子哉!”(《卫灵公》) 孔子认为义的本质是实行仁，是对原则的态度。

2.忠、恕

《论语·颜渊》篇记载：“仲弓问仁。子曰：‘……己所不欲，勿施于人。’”又说：“己欲立而立人，己欲达而达人。”(《雍也》)推己及人的肯定方面是“尽己为人”，孔子称之为“忠”；而推己及人的否定方面是“己所不欲，勿施于人”，孔子称之为“恕”。“子曰：‘参乎!吾道一以贯之。’曾子曰：‘唯。’子出。门人问曰：‘何谓也?’曾子曰：‘夫子之道，忠恕而已矣。’”(《里仁》)忠恕之道就是行仁道。

“忠”的对象有多种，除了忠于君，如“君使臣以礼，臣事君以忠” (《八佾》)，还有忠于人，如“居处恭，执事敬，与人忠”（《子路》）；忠于长上，如“孝慈则忠”（《为政》）；忠于朋友，如“子贡问友，子曰：‘忠告而善道之……’”（《颜渊》）；忠于职守，如“子张问曰：‘令尹子文三仕为令尹，无喜色；三已之，无愠色，旧令尹之政，必以告新令尹。何如？’子曰：‘忠矣！’”（《公冶长》）。

（二）君子的人生态度

人生态度（life attitude）是指对人生所持的举止心情，它是一种具有持久性和一致性的倾向，这种倾向是与对人生目的的理解相联系的。通常人生态度包含认知、情感和行为倾向三种成分。君子的人生态度如下：

1.知命而行

子曰：“不知命，无以为君子也。”（《尧曰》）孔子说的“命”就是内心的使命感。子曰：“君子有三畏，畏天命，畏大人，畏圣人之言。小人不知天命而不畏也，狎大人，侮圣人之言。”（《季氏》）孔子的人生态度坚定不移，具有“知其不可而为之”的献身精神。

2.践行仁道

子曰：“唯仁者能好人，能恶人。”（《里仁》）又曰：“我未见好仁者，恶不仁者，好仁者无以尚之，恶不仁者，其为仁矣。”（《里仁》）

子贡问：“乡人皆好之，何如？”子曰：“未可也。”“乡人皆恶之，何如？”子曰：“未可也，不如乡人之善者好之，其不善者恶之。”（《子路》）

君子好善恶恶而践行仁道。

3.言行一致

子曰：“君子耻其言而过其行。”（《宪问》）又曰：“……故君子名之必可言也，言之必可行也。君子于其言，无所苟而已矣！”（《子路》）

4.心怀宽广

子曰：“君子坦荡荡，小人长戚戚。”（《述而》）子曰：“富与贵，是人之所欲也；不以其道得之，不处也。贫与贱，是人之所恶也；不以其道得之，不去也。君子去仁，恶乎成名？君子无终食之间违仁，造次必于是，颠沛必于是。”（《里仁》）讲求安贫乐道，心安神泰。

（三）君子的人生智慧

人生智慧（life wisdom）是对人生的独特的理性思考，也是对人生的持久的创造性的智力活动。君子的人生智慧有哪些特点呢？

1.行中庸

子曰：“中庸之为德也，其至矣乎！民鲜久矣。”（《雍也》）在《中庸》中，仲尼曰：“君子中庸，小人反中庸。君子之中庸也，君子而时中；小人之中庸也，小人而无忌惮也。”

2.尊理性

“樊迟问知(智)。子曰:‘务民之义,敬鬼神而远之,可谓知(智)矣。’”(《雍也》)。《论语》中谈仁很多,谈智较少。但“知”与“智”的含义有相似之处。子曰:“知者不惑”(《宪问》),“择不处仁,焉得知”(《里仁》)。这里的知都有明智、智慧、理性的意思。《中庸》列出的三达德,智甚至排在首位,居仁之首,说明孔学是十分重视智慧、理性的,但孔学的智慧既不是技术思维,也不是聪明计算,更谈不上是探求科学的手段,而是一种修德从善的理性思考。

(四)君子的人生修养

人生修养(moral upbringing of life)指养成正确对待自己人生的行为方式,人生修养即修身。在《论语》中孔子关于君子修身的论述很多,下面择其要者而述之。

1.好学

子曰:“君子食无求饱,居无求安,敏于事而慎于言,就有道而正焉,可谓好学也已。”(《学而》)子曰:“有颜回者好学,不迁怒,不贰过。不幸短命死矣,今也则亡,未闻好学者也。”(《雍也》)

子曰:“由也!女闻六言六蔽矣乎?”对曰:“未也。”“居!吾语女。好仁不好学,其弊也愚;好知不好学,其蔽也荡;好信不好学,其蔽也贼;好直不好学,其蔽也绞;好勇不好学,其蔽也乱;好刚不好学,其蔽也狂。”(《阳货》)好学是君子必须具备的人格特征,在仁、知、信、直、勇、刚的形成中起着重要作用。同时,孔子还指出好学才能增长才干。子曰:“小子何莫学夫诗?诗,可以兴,可以观,可以群,可以怨。迩之事父,远之事君;多识于鸟兽草木之名。”(《阳货》)孔子还强调:“君子病无能焉,不病人之不己知也。”(《卫灵公》)

2.自省

子曰:“见贤思齐焉,见不贤而内自省也。”(《里仁》)

子曰:“君子有九思:视思明,听思聪,色思温,貌思恭,言思忠,事思敬,疑思问,忿思难,见得思义。”(《季氏》)又说:“君子有三戒:少之时,血气未定,戒之在色;及其壮也,血气方刚,戒之在斗;及其老也,血气既衰,戒之在得。”(《季氏》)曾子曰:“吾日三省吾身——为人谋而不忠乎?与朋友交而不信乎?传不习乎?”(《学而》)因此,“躬自厚而薄责于人”(《卫灵公》)便成了修身之方。

3.谨言敏行

子曰:“巧言令色,鲜矣仁。”(《学而》)“巧言、令色、足恭,左丘明耻之,丘亦耻之。”(《公冶长》)子曰:“君子耻其言而过其行。”(《宪问》)子曰:“先行其言,而后从之。”(《为政》)又曰:"古者言之不出,耻躬之不逮也。"(《里仁》)君子"敏于事而慎于言"(《学而》),"君子欲讷于言而敏于行"(《里仁》)。"子曰:'能行五者于天下为仁矣。'……'恭、宽、信、敏、惠。恭则不侮,宽则得众,信则人任焉,敏则有功,惠则足以使人。'"(《阳货》)

孔子虽然没有在《论语》中提出"修身"的概念,但却提过与之相类似的,如"克己""修己""正身""求诸己""自省""自讼"等概念,十分重视人生修养。

2000年底,我在大学生中做过一个开放式问卷调查:"你认为什么样的行为是心理健康者的特征性行为?依据你的看法,请写出5至10条。"收回问卷49份,提出的特征性行为共计393条,经内容分析可以看出当代大学生对心理健康的追求大多已超出了心理是否有疾病的标准。他们所追求的心理健康标准更高,可以将大学生的心理健康期盼概括为:

对世界抱开放态度,乐于学习和工作,不断吸取新经验;

以正面的眼光看待他人,有良好的人际关系和团队精神;

以正面的态度看待自己,能自知、自尊、自我悦纳;

以正面的态度看待现在和未来,追求现实且高尚的生活目标;

以正面的态度对待挫折,能调控情绪,心境良好。

综合孔子推崇的君子人格以及西方心理学家关于健康人格的理论和当代大学生对最佳的心理健康者的期盼,我提出了健全人格理论(perfect personality theory)。我认为,当代大多数大学生所追求的理想人格或优秀人格就是源自孔子推崇的君子人格。心理健康是一个连续体,连续体的一端是最差的心理健康状态,即心理疾病或心理障碍,而它的另一端是最佳的心理和行为状态,即健全人格。健全人格是个人最佳的心理和行为的有机结合,是当代大学生所期盼的人格,也是当代的君子人格。

健全人格是一个动态系统,它是由许多心理成分组成的复杂组织,其中最主要的是三个具有独立功能的成分。这三个成分可以用三个同心圆来表示,其中最核心的是正确的价值观。价值观是每个人区分好坏、美丑、对错的信念系统,它通常是充满情感的,不仅引导人们追求自己的理想,而且还决定着人生中的种种选择。健全人格的第二层次是积极的自我观,即个人积极主动地面对自己的人生,包含自爱、自立、自信、自省和自强等。健全人格的第三层次是追求未来梦想的优良品格,属于相对表层的要素,如好学、有责任心、肯实干、宽恕、同理心、互助合作、心境平和以及勇气、节俭等品格。上述这三类心理成分也就是健全人格的三个子系统,它们又是相互关联、相互影响的。我们还对健全人格系统的稳定性和可变性做过一些研究。

四、我与应用心理学的结缘

虽然我主要从事基础心理学的教学和研究,但对心理学的应用也一直十分重视。

因为我认为一门学科是否有生命力，它的影响力大小，在很大程度上取决于该学科对社会的贡献。中国心理学研究，不仅应当对学科的理论建设有更大的贡献，还应该更多地参与解决社会中的各种实际问题。无论是基础理论抑或是社会实用问题，我们都应努力进行探究。

2005年，由我担任首席专家的教育部哲学社会科学重大研究课题攻关项目“中国心理健康服务体系现状及对策研究”获得批准（批准号：05JZD00031）。我们用了五年时间完成该项目，在全国取样五万余份，其最终成果《中国心理健康服务体系建构》约50万字，内容包括第一编心理健康服务的理论基础（含三章），第二编需求方分析（含四章），第三编服务方分析（含三章），第四编心理健康服务的影响因素（含三章），第五编心理健康服务的效果与对策（含四章），总计五编十七章构成。

20世纪初期，西方心理健康服务的理论和方法传入中国，但在我国古代典籍中早已有心理健康服务的理论和方法。例如在理论方面，孔子（前551—前479年）的仁学，倡导忠以克己，恕以待人，“知其不可而为之”的处世态度；《老子》是战国时期道家的一部经典著作，除了有其论述的修身养性之道外，还包含有丰富的辩证法思想，如以柔克刚、以弱胜强、祸福相倚、物极必反、要从反面入手才能取得正面结果等等。浩如烟海的我国儒释道经典著作无疑可以成为中国特色心理健康服务的理论根基。

关于维护心理健康的方法，我最近学习了早在春秋战国时期成书的《黄帝内经》，感慨很多。《黄帝内经》不仅是中医学的理论基础，而且在心理治疗方面也有许多独到的见解，很值得我们研究。

例如，《黄帝内经·素问》中阴阳应象大论篇和五运行大论篇都指出：“怒伤肝，悲胜怒”，“喜伤心，怒胜喜”，“思伤脾，怒胜思”，“忧伤肺，喜胜忧”，“恐伤肾，思胜恐”，这说明“情志相胜”的基本原理，即有意识地采用一种情志活动，去控制、调节因另外一种情志而引起的疾病，从而达到治疗心身疾病的目的。脏象五行学说把人的情志分为怒、喜、思、悲、恐五类，并用五行学说来表示它们的联系，但我们也不能机械地照搬五行相克之说，因为某种疾病可能是由某种情志之偏而导致的，也可能是多种原因造成的。例如情绪表达要适度，不可过度，“悲哀动中者，竭绝而失生。喜乐者，神惮散而不藏。愁忧者，气闭塞而不行。盛怒者，迷惑而不治。恐惧者，神荡惮而不收”（《灵枢·本神》）。对于过度的情绪，医家则设法加以制止。例如，一般而言，喜对身体有益，但喜乐过度，就会导致喜极气散不能收藏。《素问·举痛论》提出“恐则精却”“恐则气下”，以治疗喜乐过度而导致的精神疾患。

又例如，《素问·移情变气论篇》说：“闭户塞牖，系之病者，数问其情，以从其意。得神者昌，失神者亡。”即是说，关好门窗，向病人详细询问病情，使他愿意如实地说出病情。经过问诊并参考色脉之后，便可作出判断：如果病人面色光华，脉息和平，这叫“得神”，预后良好；如果病人面色无华，脉不应时，这叫“失神”，预后不佳。也就是说，在进行言语开导时，医生必须取得患者的信任，在安静无干扰的环境下以严肃、亲切的态度对待患者。这既有利于让患者诉说病痛，具有心理疏导之功效，同时也能使患者提升战胜疾病的信心。《灵枢·师传》中还说：“岐伯曰：人之情，莫不恶死而乐生。告之以其败，语之以其善，导之以其所便，开之以其所苦。虽有无道之人，恶有不听者乎？”岐伯说，人之常情，没有不怕死的，人们都喜爱活着。告诉他哪些对人有害处，哪些对人有好处，用适宜的方法指导他，解开他心中的苦痛。即使是不懂道理的人，难道会不听劝告吗？这正是心理疏导的精髓。医生通过阐述、解释、鼓励、安慰、保证、暗示等方法晓之以理、动之以情、喻之以例，这种开导式心理治疗对患者是很有帮助的。

从2013年起，我和陈红教授开始筹划和推进社区心理学专业委员会的建立。2014年10月10日，中国心理学会常务理事会批准筹建社区心理学专业委员会。2015年9月，中国心理学会社区心理学专业委员会（筹）首届学术会议在苏州大学召开。同年10月，在中国心理学会十一届八次常务理事会上，与会的常委们以全票通过社区心理学专业委员会（筹）的转正申请。社区心理学专业委员会挂靠西南大学心理学部，第一届主任是陈红，副主任包括马建青、王振宏、赵俊峰、刘电芝、夏凌翔（兼任秘书长，2016年底改由吕厚超担任），标志着我国制度化的社区心理学正式建立。至今，中国心理学会社区心理学专业委员会已成功举办六届学术年会。社区心理学正在我国蓬勃兴起，重庆、江苏、北京、上海、天津、湖南等地先后建立了研究机构，并开展了大量关于社区心理学的研究和实践工作。2017年11月2日，中国社区心理学服务与研究中心（China Community Psychology Service and Research Center）在西南大学举行揭牌仪式，首个中国社区心理学服务与研究中心正式成立。

为了扩大学术影响力，促进社区心理学的研究和交流，2014年12月社区心理学专业委员会（筹）决定主办《社区心理学研究》集刊，并成立了以我为主编，陈红、韩世辉（后由苏彦捷担任）、马建青、毕重增（常务）为副主编的首届编委会，至今已出版了10卷；2021年4月被南京大学中国社会科学评价中心认定该刊为CSSCI（2021—2022）收录集刊。在中国心理学会社区心理学专委会成立初期，以我为顾问，陈红教授为主任，联合二十余位心理学家翻译出版了《社区心理学译丛》（共10本）。由我任主编，毕重增、苏彦捷、陈红任副主编的《社区心理学导论》教材即将在人民教育出版社付梓出版，全书涵盖了中国特色社区心理学的观点和方法、社区氛围与社区价值观、社区亚群体心理、社区应用心理以及社区心理学的未来方向等部分。我们决心把心理学的成果写在社区千家万户的心坎里，努力构建中国特色社区心理学的话语体系。

实事求是是中国特色社区心理学生存和发展的命脉。我们要到社区中去研究，把仁爱、正义、文明、和谐、诚信作为中国特色社区心理学的理论基础。这五项价值原则不仅符合新时代的社区建设的要求，而且它源自中华传统文化的核心价值观(仁、义、礼、智、信)，已经根植在中国人的内心，潜移默化地影响着我们的思维模式、情感倾向和行事风格，有助于中华优秀文化传统在我国社区的传承和弘扬。社区五价值理论(five-values theory of community psychology)弘扬了人性的真善美，鞭挞了假恶丑，为居民健全人格的养成及和谐幸福社区的建设提供理论支撑。心怀着服务国家富强、民族复兴、人民幸福安康的愿望，我相信中国特色社区心理学必定有大的发展，在理论建设和践行服务等方面取得辉煌的成绩。

心理学是一门探寻心迹、理解人生、点燃心灵真善美的学问。我热爱心理学，心理学成了我生命的一部分；它给了我欢乐和满足，也使我迷茫和焦虑。我从事心理学教学和研究61年的心得体会对于后来者少走些弯路可能是有益的。

是为序。

黄希庭　谨识

2021年5月于西南大学心理学部

序言

人格是一个现实的人的存在方式，即一个现实的人的生活格调。具体而言，是一个现实的人在人生追求、人生态度、人生智慧、人生修养等方面所表现出来的格调。中华文化博大精深，源远流长。浩瀚的古代典籍蕴含着丰富的人格心理学思想，为人格研究中国化提供了丰沛的养分。这当中儒家典籍占有特殊的地位。儒家最重要的经典，世称“十三经”，即《周易》《尚书》《诗经》《周礼》《仪礼》《礼记》《春秋左传》《春秋公羊传》《春秋穀梁传》《论语》《孝经》《尔雅》《孟子》。对我来说，都读不可能。我过去读过《论语》，现在读什么呢？

最近我读《周易》，对儒家的人生追求有了一些新的体会。相传，自中华民族的人文始祖伏羲氏创立八卦之后，古人用来占筮卜卦的《易经》，在很长的历史时期内，经历了一个从《连山易》到《归藏易》再到《周易》的演变历程。因《连山易》《归藏易》早已亡佚，因此号称“大道之源，群经之首”的《周易》就成了中华文化之元典。《周易》由《易经》和《易传》两部分构成。《易传》是用来说明《易经》的，也称《十翼》，包括《彖》上下、《象》上下、《文言》、《系辞》上下、《说卦》、《序卦》、《杂卦》十篇，是对《易经》所做的各种解释，相传为孔子所作；也有学者认为是战国后期、秦汉初儒家学者所作。下面是我学习《周易》对人格研究中国化的一点体会。

法天则地，与时俱进

在世界文明中，中国是唯一没有创世神话的文明，中国人认为世界和人类不是出自造物主之手，而是自生自化的(陈来，2015)。《易传》认为，“太极”衍生出天地之后，天地就成了包括人在内的宇宙万物的总的父母，所谓父天而母地。《序卦传》中说：“有天地，然后万物生焉；盈天地之间者，唯万物。”把天、地、人以及世间万物视为一个有机的整体。人从诞生那天起，就始终与天地联系在一起。人效法天地的精神，以天地为榜样形成自己的德行，敬天重地爱人。《周易·文言》说：“夫大人者，与天地合其德，与日月合其明，与四时合其序，与鬼神和其吉凶。先天而天弗违，后天而奉天时。”“与天地合其德”是指人与自然界要相互协调，互相适应。“先天”是指以天为前导，在自然变化未发生前加以引导；“后天”是指遵循自然界的变化规律，循天而动。《易传·系辞上》说，圣人做事的准则，“与天地相似，故不违；知周乎万物，而道济天下，故不过；旁行而不流，乐天知命，故不忧；安土敦乎仁，故能爱；范围天地之化而不过，曲成万物而不遗，通乎昼夜之道而知”。人道与天地之道都是相似的，懂得这个道理的圣人能周知万物情态，以道匡济天下而又坚持原则，乐知天命而又发挥德行作用，制约天地的变化而无过失，成全万物而不遗漏。圣人“与天地合其德”，通晓“天人合一”，他一方面尊重自然界的规律，同时又发挥自己的主观能动性。

《易传》说：“天地之大德曰生。”天地最伟大的德行就是生生不息。世界总是不断变换、转化，永不停止。《周易·系辞下》说：“易穷则变，变则通，通则久。”这生生不息、穷则思变的精神是中华文化代代相传的内因，指引着中华儿女不断与时俱进，生生不息。中华传统文化在世界观、人生观、价值观方面与西方文化是不同的，我们中华民族的子民要不断与时俱进，传承和发扬中华民族优秀传统，同时吸收西方的优秀文化，为创建中国特色的心理学而努力奋斗。

重和去同，有容乃大

我国古代视天、地、人三者为息息相关的一个统一整体，这种对一体和谐的追求古已有之，西周末年的史伯说：“夫和实生物，同则不继。以他平他谓之和，故能丰长而物归之。若以同裨同，尽乃弃矣。”(《国语·郑语》)“他”指互相不同的事物，“以他平他”就是不同事物相互融合达到平衡,称为“和”;“和”才能产生新事物。如果把相同的事物放在一起,就只有量的增加,不会有质的变化,就不可能产生新事物。孔子坚持重和去同,他说:“君子和而不同,小人同而不和。”(《论语·子路》)把对“同”与“和”的不同取舍作为区分“君子”与“小人”的标准。《易传》还提出“天下同归而殊途,一致而百虑”(《周易·系辞下》),主张的也是重和去同。《易传》还有进一步的说法:“乾道变化,各正性命,保合太和,乃利贞。”(《彖传》)“太和”就是至高无上的和谐,最美好的和谐。正如《中庸》所说:“万物并育而不相害,道并行而不相悖。”人格心理学的建设也应该有“太和”的境界和胸襟:在中国特色心理学建设中,在充分展现中国特色的前提下,要兼收并蓄;在和谐社区建设中,既要重视大自然的和谐、人与自然的和谐,还应特别重视人与人的和谐,人与社会的和谐。正如孟子所说,“天时不如地利,地利不如人和”(《孟子·公孙丑下》),“得道者多助,失道者寡助”(《孟子·公孙丑下》)。在人格心理学和社区心理学中以中国优秀传统文化进行阐释又将是一种怎样的景象呢?!

自强不息,厚德载物

刚健有为,自强不息是中华优秀文化的一个突出表现。《象传》说:“天行健,君子以自强不息。”天体运行,永无已时,故称为“健”。健含有主动性、能动性和刚强不屈之意。君子法天,故应自强不息,即努力进取,绝不停止。即使穷困挫折,也要不屈不挠,奋斗不止。《易传》还说:“刚健而文明,应乎天而时行。”儒家的刚健自强之道深入人心,为全社会所接受。司马迁说:“西伯拘而演《周易》;仲尼厄而作《春秋》;屈原放逐,乃赋《离骚》;左丘失明,厥有《国语》;孙子膑脚,《兵法》修列;不韦迁蜀,世传《吕览》;韩非囚秦,《说难》《孤愤》;《诗》三百篇,大抵圣贤发愤之所为作也。”(《报任安书》)这段话反映了中华民族遭受压迫挫折时,总是奋起反击,自强不息、坚忍不拔的精神。人的一生只有不畏艰难,勇于奋斗,不断追求新的发展,才能获得新的进步;也只有在这种不断的进取中,人的生活才有意义,人们才会体验到人生的幸福。

个人不断进取的动力源泉从哪里来?《周易》也给出了答案。《坤卦·象辞》说:“地势坤,君子以厚德载物。”意思是说,大地的气势厚实和顺,承载万物。厚德载物的人生境界,是古人对大地博厚之德的赞美与向往。要想使自己成为一个不断进取、有作为的人,就应该效仿大地的宽厚,使自己拥有海纳百川的广阔胸怀,严于律己、宽以待人的高尚品格。“厚德载物”道出了一个人成功的根本原因,德之厚积可以成事,可以养身。厚德,对自身来说是对生命的养护,对社会来说是以社会发展规律来约束自己,把群体利益置于个人利益之上的无私奉献精神。

法天则地、与时俱进,重和去同、有容乃大,自强不息、厚德载物,都是儒家推崇健全人格的核心理念,是中华民族最重要的文化基因,也是人格研究中国化的精神支柱。

《人格研究中国化》,由五个专题构成:专题一,人格研究中国化的理论研究;专题二,中华传统文化的优秀品格研究;专题三,时间人格研究;专题四,中国心理健康服务体系研究;专题五,社区心理学研究。中国特色的社区心理学研究刚刚起步,由于这方面的研究必须从中国实际出发,以中国人的视角来研究社区中的个人—社区—社会的交互作用,与人格研究中国化相类似,因此也可以说是人格研究中国化的另一个领域。

目 录

专题一　人格研究中国化的理论研究

中国学者研究人格心理学要有自己的立足点，这个立足点就是滋养我们成长的中华优秀文化。

引言

心理学是研究人性的一门学问，但真正从整体上来研究人性的是人格心理学；心理学的其他分支，都是对人性的某个或某些方面如感知、记忆、注意、动机、情绪、同理心、智力、勇气等进行研究的。虽然近年来人格心理学家对于人格专题的研究颇感兴趣，但人格心理学从整体上研究人性的倾向仍然没有改变。这种倾向在西方人格心理学中有如下的表现：

（1）精神分析取向（psychoanalytic approach）。西格蒙德·弗洛伊德[Sigmund Freud，1856—1939]的精神分析论强调潜意识的作用，认为人是一个能量系统，受本能性欲的驱动，人类的所有行为都是按照快乐原则行事，并用心理性欲发展阶段和自我防卫机制来解释人的毕生发展和对外界的适应；而卡尔·荣格[Carl Jung，1875—1961]、艾尔弗雷德·阿德勒[Alfred Adler，1870—1937]、埃里奇·弗洛姆[Erich Fromm，1900—1980]、哈里·沙利文[Harry Sullivan，1892—1949]、卡伦·霍妮[Karen Horney，1885—1952]以及埃里克·埃里克森[Erik Erikson，1902—1994]等人则对弗氏先天生物决定论、本能论和泛性论提出了批评，主张潜意识、社会文化和后天自我在心理生活中的作用。

（2）特质取向（trait approach）。戈登·奥尔波特[Gordon Allport，1897—1967]、雷蒙德·卡特尔[Raymond Cattell，1905—1998]和汉斯·艾森克[Hans Eysenck，1916—1997]等人以特质概念为基础而建立起人格理论。特质是指持久而稳定的行为倾向；这一取向将人格区分为个人特质与共同特质，表面特质和潜源特质（sourcetrait），使用因素分析等严谨的科学测量方法和复杂的数学程序，将潜在的人格特质分离出来，试图预测个体的行为，其中16PF人格量表和“大五”人格量表有着较广泛的用途。

（3）生物学取向（biological approach）。该取向从解剖学、生理学、遗传学等方面来阐释人格的差异，认为人的身心是紧密相连的，人的生理差异造成了人格或重要行为模式上的不同；试图通过研究生理变量与人格特质的相关以及生理变量促成了人格变量两种思路来研究生理和人格的关系。古希腊医生希波克拉底[Hippocrates，前460—前370]把人区分为多血质、胆汁质、黏液质和抑郁质四种气质类型，德国精神病学家厄恩斯特·克雷奇默尔[Ernst Kretschmer，1888—1964]把人区分为瘦长型、矮胖型、强壮型和发育异常型，美国心理学家威廉·谢尔顿[William Sheldon，1899—1977]把人区分为内胚型、中胚型和外胚型。当今学者用脑损伤、神经活动的记录和诱发、神经化学方法及遗传学方法等来探讨人格特征的生物学基础。

（4）学习与认知加工取向（learning and cognitive processes approach）。主张用条件反

射学说、模仿和信息加工的理论来解释人格。这类取向包括行为论、社会学习论和认知论。行为论的代表人物伯勒斯·斯金纳[Burrhus Skinner,1904—1990]认为人格只不过是一个人的行为模式;社会学习论的代表人物艾伯特·班杜拉[Albert Bandura,1925—]认为人格是一个人从社会中模仿学到的复杂行为;认知论则用信息加工来解释思维方式和归因等在人格中的作用。

(5)现象学取向(phenomenological approach)。认为人性是追求美好和自我完善的,关注人的主观经验,认为每个人都有一个独特的参照坐标系,都可以创造出独特的、个性化的经验世界,都必须为自己做出决定并负起责任。卡尔·罗杰斯[Carl Rogers,1902—1987]的自我理论、亚伯拉罕·马斯洛[Abraham Maslow,1908—1970]的人本主义理论和乔治·凯利[George Kelly,1905—1967]的构念理论,都是关注人的主观经验的,认为人格研究就是尽可能不带偏见或不加解释地对人性加以描述;人格就是如何去感受、思考、体验与选择。上述这些人格研究取向都是西方人格心理学家以他们的社会文化为基础为解释人格所做出的努力,虽都有其一定的合理性,但并不完善。这些理论观点也不宜用来解释中国人的人格。

人格是一个人的生活方式;人的生活方式显然不是一个纯自然的范畴,它取决于人生活于其中的特定社会文化环境。中国人生活的特定中华社会文化环境不同于西方人生活的西方文化环境。中华社会文化,是中华民族赖以生存、延续和发展的根基。格物、致知、诚意、正心、修身、齐家、治国、平天下,贯穿于我们每一个人人生的各个方面。中华优秀文化既是我们每个人安身立命、为人处世、成就事业的人生精神,也是中华民族进步、社会发展、国家稳定的精神支柱,它陶冶着一代代仁人志士,推动着中华民族不断前进。研究表明,中华优秀文化确定地形成了自己的价值偏好,举其大者有四:责任先于自由,义务先于权利,群体高于个人,和谐高于冲突(陈来,2015)。因此,要从整体上理解中国人的人格,显然不能生搬硬套外国人的人格理论。必须从中国的实际出发来研究中国人的人格,同时也要吸取外国人格理论的合理因素。

人格研究中国化就是从中国的实际出发来研究中国人的人格,这就要求研究者必须把立足点放在滋养我们成长的中华优秀文化上来解释人格研究所遇到的问题,而不是先入为主地把中国人当作西洋人,把西方的人格理论硬往中国人身上套。任何学者做学术研究都有一个立足点的问题,我们必须有自己的立足点,这个立足点就是中华民族的优秀文化。中国化的人格心理学研究就是探究受中华优秀文化影响的群体人格,使人格心理学真正具有普世性。我们应当重视中华优秀文化的价值,自觉地在中华优秀文化的基础上研究中国人的人格,逐步建立起具有中国特色的人格心理学话语体系、研究视角和方法,为普世的人格心理学贡献我们中国学者的智慧。

这一专题收录了我关于人格研究中国化的6篇文章。《人格研究中国化之我见》《再谈人格研究的中国化》《扎实推进人格研究的中国化——王登峰、崔红著〈解读中国人的人格〉序》三篇文章，是我在不同时期对人格研究中国化的思考，从多个角度分析了“人格”在东西方文化上的差异，论证了人格研究中国化的必要性，并提出了进行人格研究中国化的途径。《构建和谐社会 呼唤中国化人格与社会心理学研究》一文阐述了中国心理学工作者脚踏实地考察我国社会、文化和历史的相关背景，创造性地进行概念分析、方法设计和理论构建，得出符合客观实际的结论，从而将其应用于构建和谐社会的必要性。《从自尊的文化差异说起》一文从多个方面探讨了东西方文化在自尊概念上的差异，论证了人格研究应充分考虑社会文化的相似性和差异性。《562个人格特质形容词的好恶度、意义度和熟悉度的测定》是以每组约500名大学生为被试，分别对562个人格特质形容词的好恶度、意义度和熟悉度进行评定的测量结果，是人格研究中国化的一项基础性研究。

人格研究中国化之我见

今天是第一届全国心理学专业“人格心理学”课教师培训班的第一讲，我想讲讲我一直坚守的一个学术理念。这个学术理念就是：人格研究中国化。下面讲四个问题：什么是人格研究中国化，为什么人格研究要中国化，怎样在教学中引导学生探索人格研究中国化以及我的一点体会。

1 何谓人格研究中国化

人格研究中国化就是从中国的实际出发研究中国人的人格，努力创建具有中国特色的人格心理学，更好地为我国的人才培养和社会发展服务。在这里，我强调三点：一是我们的人格心理学研究必须要从中国的实际出发，二是我们的目标是建设有中国特色的人格心理学，三是只有这样才能更好地为我国的人才培养和社会发展服务。

人格心理学研究现实的人，探求、描述和解释个人的人格特质、人格结构、人格动力、人格发展和人格适应等问题。人格心理学所要探究的问题十分广泛且令人神往：既有深奥的理论问题，也有生活实践急需解决的应用问题。无论是人格心理学的理论问题还是应用问题，都需要我们教师传道、授业和解惑，从而使我国这块学术田野产出有生命力的东西。宋代理学家朱熹诗云：“半亩方塘一鉴开，天光云影共徘徊。问渠那得清如许？为有源头活水来。”(《观书有感二首》其一)能够催生我国人格心理学勃勃生机的源头活水在哪里呢？我认为，我国人格心理学赖以生存和发展的源头活水就是人格研究中国化。

2 为什么人格研究要中国化

为什么人格研究要中国化？我想起码有三条理由。

2.1 人格基本词义中、西方有差别

人格这个词我们是从英语 personality 翻译过来的。而 personality 是由 person 衍生而来，person 源于拉丁文 persona，意指戴有面具的人，因此人格也就有了外显人格和内隐人格、由外显人格推论到内隐人格的问题，或者把外显人格和内隐人格结合起来加以推论

的问题。在当今西方心理学中，有许许多多关于人格的定义，无论怎样定义，其核心内涵大概如下：人格具有独特性，每一个人都与众不同；人格是一个整合了的统一体；人格特质具有稳定性，也具有一致性。这是西方人格心理学指涉人格的基本词义。

虽然我国古代没有"人格"一词，但有"为人""人品"等说法。《论语·述而》中说："叶公问孔子于子路，子路不对。子曰：'女奚不曰，其为人也，发愤忘食，乐以忘忧，不知老之将至云尔。'"意思是说，楚国的叶公问子路孔子的为人怎样，子路没有回答他。孔子对子路说："你为什么不这样说：他的为人，用功便忘了吃饭，快乐便忘了忧愁，不知道衰老会要到来，如此罢了。"《礼记·缁衣》中说："子曰：'言有物而行有格也，是以生则不可夺志，死则不可夺名。故君子多闻，质而守之。'"中国现代学者使用"人格"也都是指其社会属性。例如，梁启超在《新民说》中说："忠孝二德，人格最要之件也。"陈学昭在《工作着是美丽的》一书中说："又没有卖淫，损害了家庭的名誉和自身的人格。"瞿秋白在《赤俄之归途》一文中说："把一般争人格的青年学生，打得落花流水。"茅盾在《动摇》中讲道："公家发配，太不尊重女子人格。"从我国古代先哲到现代学者对于"人格"都是从道德品行、社会责任和义务来理解的，关注的是人格的社会属性，而不是个人的独特性。

中国古籍中有着丰富的人格心理学思想。例如，中华文化提倡"天人合一"、强调"仁道"，把个人放到跟他人、跟集体、跟社会、跟大自然的关系当中来看，不仅追求人与人之间的和谐、追求家庭的和谐、追求社会的和谐，而且追求国家与国家之间、民族与民族之间，以及人与自然、天地万物之间的和谐。这也不同于西方人格心理学家从个人的独特性来看人格。

2.2 中西方人格结构有差异

特质论认为基本的人格结构单元是特质。西方人格心理学家是怎样用特质的概念来描述人格的基本单元的呢？从20世纪30年代开始，奥尔波特认为一种特质就是以某种特别方式做出的一种反应倾向，并区分出首要特质（cardinal trait）、中心特质（central trait）、次要特质（secondary trait），把人格视为多种特质构成，提出了人格多因素模型。卡特尔用人格特质形容词词表进行因素分析法，提出16种人格因素。艾森克提出了人格三因素的层次模型：外倾性（extraveision）、精神质（psychoticism）、神经质（neuroticism）。20世纪90年代美国心理学家麦克雷（McCrae）和科斯塔（Costa，1990）、麦克雷和约翰（John，1992）提出了五因素模型：经验开放性（openness to experience）、责任感（conscientiousness）、外倾性、宜人性（agreeableness）、神经质，用英文单词第一个字母表达即为OCEAN。他们通过自评、他评、跨文化研究、人格障碍研究、进化论和遗传学的研究，纵向和横向的研究都发现有这五个基本维度，于是认为，这是人格心理学的一个转折点。

是不是中国人也具有这五个基本维度呢？我国有两组心理学家来验证西方人格心理学家的研究结果，一组是北京大学的王登峰和崔红（2005），他们采用了和西方完全相同的词汇法，结果发现中国人的基本人格结构是七个因素，而不是五个因素。这七个因素是：外向性、人际关系、行事风格、智慧、情绪性、善良和处事态度；另一组是香港中文大学的张妙清、梁觉和中国科学院心理研究所的宋维真、张建新等，他们用西方的方法发现中国人的基本人格结构也不同于西方心理学家的五因素，而是多出一个因素，即人际关系特质（Cheung et al.，1996）。可见，由于社会文化上的差异，中西方在基本人格结构上是不相同的。

当前人格心理学中的人格动力特征的研究基本上都是来自西方心理学家的理论，例如弗洛伊德的力必多理论，行为主义的S-R理论，默里［Murray，1893—1988］的需要—压力理论，费斯廷格（Festinger，1957）的认知失调理论，班杜拉（Bandura，1997）的目标管理自我效能理论，利特尔（Little，1999）的个人计划研究，埃蒙斯（Emmons，1989）的个人奋斗研究，坎托（Cantor，1994）的生活任务研究等。这些研究或理论都没有涉及中华文化“义以为上”的人生追求和价值观。《论语》里说，“志士仁人，无求生以害仁，有杀身以成仁”（《论语·卫灵公》），“君子义以为上”（《论语·阳货》），要求人们“见利思义”（《论语·宪问》）、“见得思义”（《论语·季氏》），“义然后取”（《论语·宪问》），“不义而富且贵，于我如浮云”（《论语·述而》），主张用义来规范求利行为。孟子说：“生，亦我所欲也，义，亦我所欲也；二者不可得兼，舍生而取义者也。”（《孟子·告子上》）“义”就是“人皆有所不为，达之于其所为”（《孟子·尽心下》）。“羞恶之心，义也。”（《孟子·告子上》）墨子说：“万事莫贵于义。”（《墨子·贵义》）墨子的义是利人，利天下的公利。荀子说：“义之所在，不倾于权，不顾其利。”（《荀子·荣辱》）据陈来的研究，经历两千年的发展，中华文明已经形成了自己的价值偏好，主要有：责任先于自由，义务先于权利，群体高于个人，和谐高于冲突（陈来，2015）。今天，义仍然是我国人民敢于承担责任和勇于跟邪恶势力作斗争的内心强大动力。义不容辞、大仁大义、见义勇为、义无反顾、舍生取义、大义凛然、重情重义、大义灭亲等已成为中华民族褒奖英雄行为的美好赞词。

西方人的自我结构中个人跟社会是分离、对立的，强调个人的独特性；个人跟社会的界限是很清楚的，甚至夫妻之间也是如此。但是中国人的自我结构则比较复杂，至少包含两个成分：个人成分和关系成分。中国人的自我结构中有个人成分，其关系成分就比较复杂，包括家人关系，如父母、兄弟、姊妹，子孙等；婚姻关系，如夫妇、岳父母、内兄弟等；熟人关系，如地缘关系、师生关系等；还有陌生人关系。

总之，人格是一个人的存在方式。“人”不是一个纯自然范畴，而是受社会文化和历史制约的。已有研究表明，中国人在基本的人格结构、人格动力特征以及自我结构上不同于西方人。

2.3 当代人格心理学不是普世的人格心理学

为什么说当代人格心理学并不是普世的人格心理学而似乎更接近于西欧和北美的本土人格心理学呢？首先，当代人格心理学的人性假设，例如弗洛伊德的人性假设、生物学的人性假设、学习与认知加工的人性假设、人本主义的人性假设都是西方哲学的人性观。即便是人本主义提出的“以人为本”，也与中国文化中的“以人为本”不一样。西方人本主义理论中，“以人为本”是以“个人”为本，而中华文化中的“以人为本”则是以“社群”为本。其次，西方人格心理学研究的取样也有偏差。西方人格心理学研究的被试主要集中在美国、西欧、加拿大、澳大利亚和新西兰，这些国家总人口占世界总人口的10.84%，而我国人口约占世界总人口的18.53%，没有深入中国实际对中国人的人格进行研究，这样的人格心理学难以成为普世的人格心理学。此外，西方人格心理学研究的被试主要是大学二年级的学生，他们大多来自中产阶级以上家庭，有高度个人主义和独立自主的品格（Henrich, Heine, & Norenzayan, 2010）。总之，当今世界，民情、国情、社会文化丰富多彩，现今的人格心理学并不是普世的人格心理学。

3 在教学中怎样引导学生开展中国化的人格研究

在教学中教师怎样引导学生开展人格研究中国化的工作呢？我在教学中主要做了以下四方面的工作。

3.1 厘清概念，检验国外的研究

为什么要厘清人格心理学研究的有关概念呢？因为概念是代表研究领域中各类现象的抽象元素，它既是构建理论的基本单位，也是我们提出研究问题的基本单位。一旦确定了概念的含义，我们就可以确定描述概念的指标（indicator）和概念的不同方面即维度（dimension），从而去度量概念所指涉的内容。研究所指涉的概念，既是研究的起点，也是研究的终点，必须十分关注。例如，人格是一个现实的人的存在方式，是个体遗传与环境交互作用的结果，即个体的生物性、文化性和社会性交互作用的结果。个体的生物性体现在个体的遗传结构及有此结构的有机体上；它是人格的基础，没有这个基础，人格便无从产生。但是，一个现实的人的存在方式，取决于其所处的特定社会文化模式，是个体社会化的结果。既然中西方社会文化不同，那么人格作为受到社会文化影响的结果，也必然不同。因此，建设具有中国特色的人格心理学，就不能脱离我们自己的社会文化实际，不能仅仅依靠翻译、模仿、照搬西方人格心理学的概念和研究成果。对于西方人格心理学研究所指涉的概念，首先应当厘清它所指涉的是哪一类心理和行为

现象，这种指涉是否符合我国人们的生活实际，切不可盲目搬用西方人格心理学的概念和研究成果。厘清概念，检验国外的研究，确实很重要。

举两个例子。self-esteem，我国心理学界把它翻译成“自尊”，看来是有问题的。self-esteem最早由詹姆斯（James，1890）引入心理学，指个体对自己的整体的积极感觉，而非消极感觉，即个人的自我感觉良好。这跟国人理解的“自尊”是不一样的。《现代汉语词典》说，自尊指“尊重自己，不向别人卑躬屈节，也不容许别人歧视、侮辱”。词典的阐释是该社会文化下人们的共识。由于没有厘清概念，国内人格心理学研究的科学性是令人怀疑的。我希望大家都要想一想外国人的概念跟中国人的概念到底在哪些方面相同，哪些方面不同，千万不要把外国人的概念硬往中国人身上套，把中国人当作洋人来做研究（黄希庭，2014）。又如自我呈现或自我表现（self-presentation），西方文化强调表达积极的自我，推销自我，特别是在现今商品经济发达的社会里；而中华文化则强调要自谦。这也说明了这两种文化上的差异。

人格心理学中的概念所指涉的含义可能是不同的，即使指涉相同含义的概念，不同社会文化下，人的心理和行为也可能不同。我们研究中国人的人格就应当有自己的立足点，这个立足点就是我们的社会文化和历史根基。对于西方人格心理学家的研究成果，我们要厘清概念，实事求是地进行检验，吸收其合理因素，目的是创建具有中国特色的人格心理学理论、概念和工具。要做出有特色的研究成果，就不能只当搬运工，只做模仿别人的事。一直只当搬运工、干着模仿他人的事，这实际上就是漠视我们自己的社会文化和历史，说得严重一点，就是藐视我们自己的社会文化和历史。这样的话，在人格心理学领域这还能做出创造性的研究成果？

3.2 深入中国实际，努力做中国人的人格研究

要研究中国人的人格，就必须深入中国人的生活实际，观察他们日常生活中的心理和行为现象，提炼出与指涉人格有关的概念作为研究主题。比如我的一位学生说，她经常在车站、超市看到一些“好管闲事”、乐于助人的人和事，这到底是一种什么样的人格行为？我鼓励并支持她去研究，她通过深度访谈发现这可能是“人际责任感”问题。又如，有学生看到一些老年人喜欢体育锻炼，有些年轻人也喜欢体育锻炼，坝坝舞十分火热，这背后是什么原因？通过深度访谈我们发现其中可能隐含着“健康信念”问题。我还利用寒暑假了解社情、民情，指导学生做生活急需解决的人格心理学问题研究。

我引导学生关注我国传统文化和当今社会所提倡的优秀品德，并鼓励他们将其作为自己的研究主题。在这方面，我的学生们曾做过“自立”“自信”“自强”“自谦”“诚信”“勇气”“节俭”等主题研究，现在还有学生正在做“自省”主题研究。总之，我们要鼓励并

支持学生关心我们国家现实生活中的人和事,深入中国人的生活实际,力求使我们的人格研究,为"两个一百年"奋斗目标和实现中华民族伟大复兴的中国梦服务。

3.3 采用质性和量化相结合的方法探索中国人的人格

开展中国化的人格研究是一项开创性的事业,如果采用假设—演绎的量化研究范式,就会使研究陷入困境,我们开始时先采用质性研究。我们研究的基本程序是:从现实生活或我国文献(如《四库全书》)中找出某个人格概念(如勇气、节俭等)并探究其基本内涵;通过深度访谈,经内容分析并与文献分析发现的维度相参照,找出表征该人格概念的指标和维度;编制出初测问卷;通过较大规模的调查,经探索性因素和验证性因素分析,编制出信效度较高的正式问卷;然后进行后续的实验或调查;最后提出应用建议。这里特别需要指出的是,厘清概念是一个持续不断的过程,特别是对于质性研究,厘清概念更加重要。厘清概念不仅是选题的需要,而且在问卷设计,甚至最后撰写论文的时候也要反复推敲。在我看来,质性研究不可以马马虎虎,更需要以大量事实为依据。心理学中的所有概念都是开放的、发展的,即使是操作性定义也不是一劳永逸的,而是根据研究的发展而变化的。心理学家对智商(IQ)的研究已经历了150多年的历史,其定义仍然在不断更新。这说明,科学研究永无止境,概念的定义也会不断更新。

3.4 尝试构建健全人格理论模型

我对于健全人格(perfect personality)的研究是从1982年开始的,那时我承担了中国社会科学院"六五"规划的重点课题"大学生心理研究"。当时我想从整体的视角来研究大学生,此后一直在思考这方面的问题。2003年我给大学生上课时,对他们做了一个调查,后来把这个调查结果写入了《自信心及其培养》这本书的序里。这个调查的一个主要问题是"你认为什么样的行为是心理健康者的特征性行为?依据你的看法请写出5至10条"。一共收到393条回答,归纳为12条。后来又经过几次修改,2015年我正式提出了健全人格的理论。什么叫作健全人格呢?健全人格是一个开放系统,是指一个人按照自己设定的人生目标,不断充实自己、发掘自己的潜能,不断幸福进取的存在状态。因此,健全人格模型也称为幸福进取者模型(黄希庭、尹天子,2016)。要成为幸福进取者,应当从哪些方面进行努力呢?他们必须具备以下三类最重要、最基本的人格特征。

要成为幸福进取者,首先必须拥有正确的价值观。因为价值观是一个人判断是非、善恶、得失的信念系统,它不但引导着人们追寻自己的理想,还决定着人们在生活中的各种选择。虽然价值观不等同于能力,但有了正确的价值观,人们就可以更好地完善自己的人格;发展自己的潜能,为社会做出更大的贡献。一个人如果价值观不正确,就会在错误的道路上越走越远,他的本领越大,对社会的危害也越大。在人生的征途中,价值观是人生成败与幸福与否的决定性因素。

要成为幸福进取者还必须具有积极主动的自我观。幸福进取全靠个人的积极主动性,要自爱、自立、自信、自省和自强。自爱,即悦纳自己、爱惜自己,包括爱惜和珍重自己的身体、品德、能力、信誉、地位和前途。如果一个人不爱自己,别人就不可能爱你;如果一个人不尊重自己,别人也不会尊重你。自立,是指一个人从过去依赖的事物那里独立出来,自己的事,自己负责、自己解决。自立立他,德行天下。自信,即个人在认识自己的基础上相信自己有足够的潜能获得成功。自省,就是自我反思,“见贤思齐焉,见不贤而内自省也”(《论语·里仁》)。自强即在挑战面前勇往直前、永不懈怠。

幸福进取者是一个具有人生理想的人,而要达成美好的人生理想,就必须具备勤于学习、善于思考、心胸宽广、追求理想、人际和谐、心境平和、勇于担当等优良品格。

总之,健全人格即完美人格、理想人格,它不同于健康人格(healthy personality)。如果把心理健康视为一个连续体,其最差的一端为人格障碍心理或心理疾病,其最佳的一端即为健全人格心理;而最差至最佳的中间状态可以称为健康人格心理。不同职业、不同社会地位的人们,都可以成为有健全人格的人,其人格养成,都有一个过程,并且是个性化的。

4　一点体会

最后,我想讲讲35年来我研究和讲授人格心理学的一点体会:学以致用、优化人格。可从以下两方面来看。

一是学以致用,优化他人的人格。早期我们曾在中学师生中开展优化人格的科研并取得过相当好的结果。后来我领导学生面向公众撰写关于健全人格的科普著作,出版了《健全人格与心理和谐》(重庆出版社,2010年版),2013年获教育部第六届高等学校科学研究优秀成果奖中人文社会科学类的“成果普及奖”;《做幸福进取者》(江苏人民出版社,2016年版)一书获教育部专项基金资助。与此同时,我还到过一些单位做健全人格的科普讲座。

二是学以致用,优化教师自己的人格。学习和研究心理学(包括人格心理学),对我们很有好处。心理学是探寻心迹,理解人生,点燃人类真善美的一门学问。探寻心迹,就是探寻心理的轨迹,包括各种心理和行为的性质、结构、机制、功能和规律。例如我们要探讨注意是一种什么性质的心理现象,由哪些成分构成,其心理生理机制是什么,有什么功能，有什么规律，等等。心理学不像物理学、化学、生物学那样探寻自然规律，它一方面要探寻心迹的性质、结构、机制和功能，同时也是要理解人生的。在人生追求、人生态度、人生智慧、人生修养等领域都有许多心理学问题需要研究。我们心理学家的使命就是点燃人类心灵中的真善美。要点燃人类心灵中的真善美，你自己就应该先点燃自己心灵中的真善美。这是我们心理学家的人生境界，也是对我们学习和研究心理学的最高奖赏。所以我们当老师的要言行一致，以身作则！

中华文化博大精深，又具有开放性、包容性，它一方面吸收外来的文化的精华以滋养本民族文化的血脉，另一方面，又在与外民族文化的交流中传递出它独有的智慧之光，从而对人类文化的发展做出自己的贡献。同样，我们提倡人格研究中国化，就是从中国的实际出发研究中国人的人格，在这一过程中，我们要吸收西方人格心理学中合理的成分来滋养中国化的人格研究，用于我们创建具有中国特色的人格心理学概念、理论、方法，这也是对普世的人格心理学的一种贡献。现在我有一个奢望，很想写一本具有中国特色的人格心理学著作，它应当包含人生追求、人生态度、人生智慧、人生修养四篇，把中华文化融入其中，同时也吸收国外人格心理学的合理成果。要做成这件事看来是很困难的了，现在我已是耄耋之年，已是力不从心了。我寄希望于年轻才俊去完成人格研究中国化的事业。通过一代又一代的努力，我相信具有中国特色的人格心理学一定能建立起来！因为这个方向是正确的，充满生机活力。让我们一起努力吧！

原文载于《心理科学》，2017年第6期

再谈人格研究的中国化

这些年来，我一直在思考人格研究的中国化问题，并且还在2001年发表过一篇《人格研究中国化之思考》的论文(黄希庭、范蔚，2001)。随着我们对人格研究的推进，我想就这个主题再谈谈一些体会。本文中所说的西方心理学主要是指在美国文化背景下形成的心理学理论、概念、方法和工具；东方文化主要是指中国的传统文化，特别是儒家文化。

1 人格的基本含义东西方有别

从词源上看，我国古代汉语中没有“人格”这个词。汉语中的“人格”这个词语是对英文personality一词的意译。而英语中的personality一词源于拉丁文的persona，它本意是指戴着面具的人。把面具指义为人格，实际上包含着两层意思：一是指个人在生活舞台上表演出的各种行为，即外表给人以印象的特点或公开的自我；二是指个人蕴藏于内、未在外部表露的特点，即个人内在的真实自我。怎样理解和解释这样的一个真实的人(a real person)呢？西方心理学家对人格有许多不同的定义。例如，艾森克把人格定义为“个人的性格、气质、智力和体格的相对稳定而持久的组织，它决定着个人适应环境的独特性”(1970)。米歇尔(Mischel)把人格定义为“个人心理特征的统一，这些特征决定人的外显行为和内隐行为，并使他们与别人的行为有稳定的差异”(1986)。还有其他的定义，如：“人格是一个人的思维、情绪和行为的特征性模式，以及这些模式背后的心理机制——或内隐的或外显的”，“人格是独特而持久的个人内、外特征，它影响个体在不同情境中的行为。”舒尔茨(Schultz，1994)，等等。这些定义，无论是从内在人格或是内在与外在人格的结合上来下定义，西方心理学家都强调个人的独特性。

在我国的文化中，“人格”的含义显然不同于西方。在我国的文化中，说一个人“有格”、“无格”或“格的高低”，是把“人格”视为一种“做人”的方式，属道德规范的范畴。在我国典籍中提到“人的格”，见于《礼记·缁衣》：“言有物而行有格也，是以生则不可夺志，死则不可夺名。故君子多闻，质而守之。”“行有格”是指行为有规范。一个人的行为有规范，才能够矢志不渝；即使死后，其美名也不会改变。这样的人，其人格会受到社会的尊崇。张岱年说，一个人的人格亦即一个人的“为人”。《论语》记载：“叶公问孔子于子路，子路不对。子曰：‘汝奚不曰：其为人也，发愤忘食，乐以忘忧，不知老之将至云尔。’”

孔子的“为人”即是孔子的人格。一个人的人格包含一个人的心情胸怀和德行事业。这些论述都是强调“为人”，而不是强调个人的独特性。因此，从词源上看，东西方对人格的理解是不同的。

人格是一个人真实的存在方式。一个真实的人在他人面前的表现，有其生理方面的基本因素即生物性，有其心理的先天倾向性，更有其社会性。在西方心理学家看来，人格是思想、情绪和行为的独特模式，这些独特模式规定了个人的独特风格，并影响着他(她)与环境的交互作用(Atkinson et al.，1990)；人格是某一个体身心独特的动力组织，它影响着个体对社会与物理环境的行为与反应；人格是能加以测量的个体差异的所有相对持久的维度的总和(Byrne，1974)；人格是一个人区别于另一个人并保持恒定的具有特征性的思想、情感和行为模式(Phares，1991)。总之，西方心理学家强调个人的独特性。

我国传统文化对人的理解强调的是“天人合一”。老子、孔子都有“天人合一”的思想。孔子曰：“子罕言利，与命与仁。”(《论语·子罕》)。在古文中，“与”不仅有“和”“同”的意义，还有“赞许”的意思。这里的“与命与仁”，应解释为“称赞命，称赞仁”。“命”就是“天命”，就是“天道”。“仁”指的是和谐的人际关系，就是“人道”。“与命与仁”也就是“天人合一”。“仁”是孔子的核心思想，《论语》中多处讲到“仁”，都强调个人要正确处理与他人、与集体、与社会、与自然界的关系，而不是个人的独特性。

总之，在对人格这个概念理解的逻辑起点上，中国传统文化与西方心理学有显著的不同。

2 人格基本特质东西方不同

现代西方心理学中对个人人格特质的探讨始于奥尔波特(Allport)。他将人格区分出三种特质：首要特质(cardinal trait)、中心特质(central trait)和次要特质(secondary trait)。卡特尔使用奥尔波特和奥波特(Allport & Odbert)的人格特质形容词表作为他的研究起点，力求找出一定数量的基本特质维度，经过对多种人格资料的因素分析，他提出人类人格的16个因素。卡特尔把这16个因素称之为潜源特质(sourcetrait)。这些潜源特质就是人类人格的基本维度。英国心理学家艾森克根据人格测验的数据推演出三个基本人格维度：外倾性(extraveision)、神经质(neuroticism)、精神质(psychoticism)。20世纪80至90年代，一批西方人格心理学家沿着奥尔波特和奥波特的研究思路，用人格特质形容词表寻找人类人格的基本特质。这些独立的研究团体经过十多年的探索，得出了一个相同的结论，即人类的最基本的人格特质五个维度——外倾性、宜人性(agreeableness)、责任感(conscientiousness)、神经质和经验开放性(openness to experience)。虽然各家的命名有所不同。但是我国心理学家王登峰对我国被试用人格特质形容词表所做的研究得出的结论是7个人格维度:外向性、人际关系、行事风格、智慧、情绪性、善良、处世态度(王登峰、崔红,2003)。1990年代王登峰和我国台湾心理学家杨国枢合作研究过中国人的人格,发现西方人和中国人在对人格特征的表述上显著不同,而中国大陆与台湾的大学生在对人格特征的表述上却是惊人的相似。

关于动力特质(dynamic trait)或人格动力的研究,探讨什么驱使一个真实的人去从事各种活动,一个真实的人的人生追求是什么。西方人格心理学家把自我看作个人活动的动因,而自我是自主的、不受他人影响的。个人自己的期望、愿望、兴趣和能力是自我的主要因素。个人要充分发挥潜能、达到自我实现就必须表达和发展自己的期望、愿望、兴趣和能力,就必须在不受他人的影响下不断做出自己的选择。在西方心理学家看来,个人活动的动力就是"因为我想要",自由就是不受限制的选择。如果个人的活动不是基于自由、自主的选择,那就是不真实的、不充分的或不成熟的,就会阻碍个人成为一个机能完善的人。总之,西方心理学家认为,个人行为的原因不是个人承担的责任、义务和社会角色而是自我决定。个人行为的动因越自主、越多自我决定,其结果和态度就越正面,个体就越表现出高的自我实现、高的生命力和主观幸福感;如果一个人行为的动因受外部因素(例如社会责任、义务、他人期望或社会角色的期望等)的影响,其结果和态度就越负面,就越表现出低的生命活力和低的主观幸福感(Kasser & Ryan,1996)。

只要翻阅一下我国典籍就不难发现,在人格动力问题上东西方也是明显不同的。我国的文化传统重仁义。我们的一项研究用词汇法对古代中国人人格结构的分析表明,古代中国人的人格结构由仁、智、勇、隐4个因素构成,其中仁具有统率作用。在这项研究中,因素分析的结果表明,"义"包含在"仁"这个因素之中,但我觉得尚需做进一步的探讨。在这里我将着重分析"义"在中国人的人格动力中的作用问题。

"义以为上",是我国的文化传统,也是中国人的人生追求。"义以为上"是指一个人的人生应把道义放在第一位;生死、利害的取舍,是非善恶的判别,都要以道义为准绳。

孔子曰:"志士仁人,无求生以害仁,有杀身以成仁。"(《论语·卫灵公》)孟子曰:"鱼,我所欲也,熊掌,亦我所欲也;二者不可得兼,舍鱼而取熊掌者也。生,亦我所欲也,义,亦我所欲也;二者不可得兼,舍生而取义者也。"(《孟子·告子上》)孟子又解释道:"生亦我所欲,所欲有甚于生者,故不为苟得也;死亦我所恶,所恶有甚于死者,故患有所不辟也。"(《孟子·告子上》)这些观点都明确指出了道义的价值高于生命。

"杀身成仁","舍生取义",在生命与道义二者不可得兼的情况下,生死抉择,唯义所在。这是"义以为上"的集中体现,也是我国仁人志士的最高人生追求。孔孟之后的儒家对这一理念又有不少发挥。例如司马迁说:“人固有一死。死有重于泰山,有轻于鸿毛,用之所趋异也。”(《报任安书》)王夫之说:“将贵其生,生非不可贵也;将舍其生,生非不可舍也。……生以载义,生可贵;义以立生,生可舍。”(《尚书引义》卷五《大诰》)“死而有益于天下,死之可也;死而无益于天下,奈何以有用之身轻弃之”(《刘宗周:刘子全书·年谱》)总之,在生死抉择的问题上,儒家的标准是“义以为上”,强调做人要以社会义务、历史责任和道德价值高于一切。

中国人讲气节,这是大家都知道的。“义以为上”还体现在一个人的为人要讲气节上。孔子曰:“三军可夺帅也,匹夫不可夺志也。”(《论语·子罕》)他在评价伯夷叔齐时,特别赞扬他们“不降其志,不辱其身”(《论语·微子》)的品格。还有孟子的名言:“富贵不能淫,贫贱不能移,威武不能屈,此之谓大丈夫。”(《孟子·滕文公下》)中国人讲气节,既表现出为民族、为社会、为国家鞠躬尽瘁、坚贞不屈、成仁取义的人格特点,如苏武、文天祥等;也表现为保持个人的独立品格,在任何情况下“不降其志,不辱其身”,如齐饥民不食嗟来之食,管宁避居辽东、终身不仕等。

中国人的人格动力是把个人的发展与群体的发展结合在一起的,在社会、民族、国家的发展中实现自我的价值;为社会、为国家、为民族,为个人的人格尊严,不惜杀身成仁,舍生取义。这种人格动力在近代的许多志士仁人身上也得到了进一步的体现。近代以来,中华民族经历了深重的灾难。在民族危亡的关头,无数仁人志士为了中华民族救亡图存,前仆后继,奋斗不已。例如誓死保卫虎门炮台的关天培,身负重伤驾舰冲击敌舰的邓世昌,甘为维新流血第一人的谭嗣同等;无数青年以“天下兴亡,匹夫有责”为己任,奔向争取民族独立的战场;无数烈士抛头颅,洒热血,视死如归:叶挺甘愿把牢底坐穿,江姐在烈火中永生,刘胡兰笑对铡刀,董存瑞舍身炸碉堡;闻一多面对国民党的枪口拍案而起,朱自清宁可饿死不领美国救济粮;许多海外学子放弃优越的生活和工作条件,冲破多种阻挠返回祖国参加建设;新中国的大批青年在“到祖国最需要的地方去”的感召下,服从祖国需要,到边远地区、工厂农村,在艰苦的条件下,埋头苦干,献出自己的青春;雷锋“把有限的生命投入到无限的为人民服务中去”;1998年我国军民在波澜壮阔的抗洪斗争中所表现出的抗洪精神,2003年在抗击“非典”斗争中广大医护人员冒着生命危险救治病患……这一切都体现了中国人人格动力的“义以为上”。这种人格动力特质是代代相继的,在不同的时代具有不同的特点。这种人格动力特质,很值得我们加以深入研究。

3 人格研究中国化的探索

人格研究中国化应当成为我国人格心理学研究的方向。在这一方向上的探索,任务十分艰巨。我们曾尝试做过一些探索。

例如,2003年5月,我在大学生中做过一个开放式问卷调查:你认为什么样的行为是心理健康者的特征性行为?依据你的看法请写出5至10条。收回问卷49份,提出的特征性行为共计393条,经内容分析可分为12类,按百分比多少依次排列如下:爱学习、乐于工作,积极上进,对生活充满希望,20.5%;尊重他人,帮助他人,人际关系好,15.7%;能正确认识自己,有自信心,不自卑,11.8%;能客观地看待事物,能适应新环境,11.5%;能调整自己的心态,情绪较稳定,11.4%;意志坚定,遇困难不退缩,10.2%;行为举止合乎情理,9.7%;有忠心、良心、爱憎分明,2.8%;无人格障碍、无精神病,2.6%;有理想、有抱负和责任心,1.4%;尊敬师长、团结同学、帮助弱小,1.4%;身体健康无疾病,1.0%。从这个调查结果可以看出,大学生们的心理健康观念不仅仅是指没有心理疾病或心理障碍,而是指最佳的心理健康行为。其实,心理健康是一个连续体。连续体的一端是最佳的心理健康行为,另一端是最差的心理健康行为,也就是心理疾病或心理障碍。仔细分析大学生们所说的最佳心理健康的特征,可以看出他们对健全人格的追求和渴望。我们根据对大学生们的调查并结合对我国传统文化典籍的学习,归纳出健全人格者的特征是:

对世界抱开放态度,乐于学习和工作,不断吸取新经验;
以正面的眼光看待他人,有良好的人际关系和团队精神;
以正面的态度看待自己,能自知、自尊、自我悦纳;
以正面的态度看待过去、现在和未来,追求现实而高尚的生活目标;
以正面的态度对待困难和挫折,能调控情绪,心境良好。

总之,能以辩证的态度对待世界、他人、自己,过去、现在和未来,顺境与逆境,就是一个自立、自信、自尊、自强、幸福的进取者。

我们的工作刚刚起步,还有许多理论学习和调查研究要去完成。怎样推进人格研究中国化方向的发展呢?我认为以下几点十分重要。

首先,要用批判思维,突破西方心理学的框架,以中国人的视野来研究中国人的人格问题。中国的心理学是舶来品,它一直是在欧美(包括苏联)心理学的主导影响下发展起来的,如前所述西方心理学的概念、理论不适宜于用来研究中国人的人格问题,因为我们所研究的对象、所探讨的问题与西方心理学所指的内容是不同的。而我们自己则往往习惯性地套用西方心理学的概念和理论。因此要推进人格研究的中国化,要真正研究中国人的人格和社会行为,就必须要用批判思维,突破西方心理学的框架,要转变观念,站在中国人的立场,用中国人的视野和思路来研究中国人的人格和社会行为问题。正因为我们所探讨的问题与西方心理学所指的内容是不同的,探讨中国人的人格特征也不能搬用西方的人格测量工具。因为西方人格测量工具所列题项包含的是西方人的人格内容,用西方人格测量工具只能测出中国人对西方测量工具所包含内容上的反应,而不能测出中国人人格所真实包含的内容。因此,我们必须认真努力地学习代表我国传统文化的典籍,了解我国的传统文化。同时,我们也要学习西方心理学,因为西方心理学中有许多合理的因素,我们应加以吸收和借鉴。即使是西方的人格心理学和社会心理学,也有许多合理因素值得我们吸收和借鉴。

其次,要到生活实践中去研究与我国当前经济社会发展密切相关的人格心理学问题。目前我们正处于迎接民族复兴的重要时期。民族复兴不只是表现在经济发展方面,更重要的还有民族文化的发展,民族精神的发扬。民族精神是一个民族赖以生存和发展的精神支柱,是民族的灵魂。一个民族,如果丧失了自己的民族精神,丢弃了民族的人格,也就失去了独立存在的基础。在培育和弘扬民族精神、加强精神文明建设的今天,有许多人格心理学的问题需要我们去研究。我国的人格心理学必将在培育和弘扬民族精神、加强精神文明建设中得到发展,得到社会的认可。

再次,要采用多取向、多方法的研究,并且要持之以恒地探索下去。人格是真实的。人为万物之灵,对人格的研究应博采多种研究取向,如生物学的、心理动力学的、学习论的、认知论的、文化论的、人本论的研究取向等,还应采用多种研究方法,例如文献分析法、深度访谈法、问卷调查法、测量法、实验法、叙述研究法、故事读语分析法,以及脑电技术、眼动技术等。在找准问题之后,应当尽量采用多取向多方法研究,当然也可以采用一种方法,关键是要坚持下去,进行持之以恒的探索。我相信,我们的方向是正确的,尽管前进的道路荆棘丛生,但只要坚忍不拔地探索下去,必定会有所收获。

原文载于《中国社会心理学评论》第4辑,社会科学文献出版社2008年出版

扎实推进人格研究的中国化
——王登峰、崔红著《解读中国人的人格》序

去年12月,王登峰教授应邀到我校讲学。他报告的题目是"中国人人格的七因素模型",内容包括为什么要研究中国人的人格结构、研究所遇到问题和取得的成果。他的报告内容丰富,很有启发性,深受听众的欢迎。报告后他向我谈起,要把这些年来的研究成果写成一本书出版,并请我为他的书写序,我欣然答应了。临走时他把已发表和尚未发表的10篇论文拷在我的计算机里,今年5月中旬又把他与崔红同志合著的《解读中国人的人格》书稿发给我。我断断续续地阅读了这部书稿,常常为这本原创性的人格心理学专著即将面世而感到无比的喜悦。

人格是一个现实的人的属性。汉语中"人格"这个词译自英语personality,来源于拉丁文的persona。它是指在戏剧中戴面具的演员。这种面具代表演员在戏里的角色,于是便产生了一个问题:面具后面是谁?因此"人格"一词蕴含着一个人的两面——公开可见的一面,以及隐藏在它后面的不为人知的一面。公开可见的一面即外在人格是一个人被他人知觉和描述的方式;隐藏其后的一面,即内在人格是这个人的内在因素如本能、需要、动机、自我、特质、价值观、认知方式、气质、性格等,是用来解释为什么一个人被他人视为是这样的因素。人格的定义通常都包含上述这两个方面。虽然这两个方面彼此不同,却都是很重要的。例如奥尔波特把人格定义为个人内在的动力组织,它决定一个人对环境的独特适应;珀文(Pervin,1966)把人格定义为认知、情感和行为的复杂组织,它赋予个人生活的倾向和模式;芬德认为人格是一个人的思维、情绪和行为的特征性模式以及这些模式背后的心理机制(或外显的或内隐的)(Funder,1997),等等。

虽然心理学中迄今为止还没有一个普遍认同的人格定义,但人格心理学家对人格的理解基本上都包含了以下四个特点。一是人格的整体性,指虽然外在人格表现形式多种多样,内在人格有多种心理成分,但在一个现实的人身上这些心理成分和行为表现并不是孤立存在的,而是密切联系综合成一个有机的组织;个人的生活模式或倾向不是某种成分运作的结果,而总是与其他成分紧密联系、协调一致进行活动的结果。二是人格的稳定性,即人格具有跨时间的持续性和跨情境的一致性。例如,一个急性子的人不仅在学习中表现出急性子,在旅游、休闲活动中也表现出急性子,做事风风火火;而且不

仅在青少年时如此,在成年时,甚至老年时也是如此。三是人格的独特性,虽然人与人之间的心理和行为有共同性,但人格研究关注的重点是个人生活模式或倾向的独特性,即人与人之间的差异性。四是人格的社会性,指人格是在社会化过程中形成的,是社会的人所特有的。对于什么是人格,不同心理学家的说法不同,见仁见智,但人格或一个现实的人,都有其生理方面的基本因素即生物性,有其心理的内在或先天倾向,更有其社会成分(在社会生活中习得的)。这三者有机地结合为一个整体即是西方人格心理学家所说的人格内涵。

人格是社会化的产物。它不是一个纯自然的范畴,而是取决于一个人被视为什么,在社会中扮演何种角色,取决于特定的文化模式。心理学家早就认识到人的心理和行为没有哪一种是可以完全脱离社会文化背景而发生的。自20世纪60年代起,随着文化心理学在西方的兴起,许多研究发现,不仅人们在动机、兴趣、价值观、自我、国民性方面打有明显的文化烙印,而且在一些基本心理过程如视错觉的感受性、记忆方式、情绪表达、思维、决策方式等方面也打有文化的烙印。文化对心理和行为的影响已受到西方心理学家越来越多的重视,但"文革"后我国心理学研究起步较晚,许多研究领域至今仍停留在"拿来主义",即把西方文化下建立起来的理论、概念和评鉴工具直接应用于对中国人心理和行为的研究。例如,目前国内心理学的两大应用领域——心理咨询与治疗以及人力资源开发与管理都是主要依据西方人格心理学的理论、概念和评鉴工具。这就迫使我国心理学家认真地思考:能否把西方的人格理论、概念和评鉴工具直接拿来应用到对中国人的心理咨询与治疗和人力资源开发与管理上?

西方人格心理学中五因素模型(FFM)的出现被认为是"一场静悄悄的革命";外倾性、宜人性、责任感、神经质、经验开放性这五个因素,被认为是经过成百上千次用FFM测量研究所肯定了的。五因素模型适用于中国人吗?王登峰教授勇敢地承担起回答这个学术问题的重任,进行了长达20多年的探索。这是一项难度大而且极具挑战性的研究课题。他们的这项研究经历了三个阶段。五因素模型首先是在使用自然语言提供特质词分类的词汇研究中发现的。作者开始研究的第一个阶段(1984—1994),即对中文人格特质形容词的系统收集和整理,按照西方学者奥尔波特和奥波特(1936)的做法,从现代汉语词典中,从报纸、杂志、小说和中小学语文课本中,以及从大学生用形容词描述他们所熟悉目标人物的结果中收集人格特质形容词,组成探讨中国人人格结构的词库。第二个阶段(1995—1999)将在大陆收集整理的中文人格特质形容词表与杨国枢先生在台湾采用类似方法收集的形容词表加以合并，重新分类、整理、评定，并从中抽取形容词建立起无偏性的评鉴工具，对我国海峡两岸的被试进行评定，结果发现，海峡两岸的中国人有着完全相同的七因素人格结构，表明西方的大五人格模型不适合于中国人。而海峡两岸的中国人，同文同种，有着相同的人格结构。1999年之后的第三个阶段，王登峰、崔红同志进行了一系列研究，取得了丰硕的成果：反复验证了中国人人格的七因素结构，编制了完全本土化的中国人人格量表（QZPS及相关的测量工具，如七因素量表QZPS-SF、大学生人格量表CSPS以及性别角色量表等），澄清和探讨了中西方人格结构差异及其原因，此外还对人格与心理健康之间的关系等做了不少研究。摆在读者面前的《解读中国人的人格》一书记录了作者对中国人人格结构20多年来的艰辛探索历程和所取得的成果。在这本书中，既有精辟的理论分析，又有翔实的实证资料；既有继承传统词汇法的研究程序，又有论证中国人人格七因素模型的独到见解；既有基础理论的学术探讨，又有密切联系我国实际的分析。这是一本论述证据充分、分析缜密严谨的人格研究中国化的优秀著作。

当前，摆在我国心理学家面前的一项任务是扎扎实实地进行人格研究的中国化。《解读中国人的人格》一书的面世，使我更加坚信，人格研究的中国化必须在以下三方面多下功夫。

第一，要独立思考，不能盲从。中国的心理学是舶来品。它一直是在欧美（包括苏联）心理学的主导影响下发展起来的。已有的研究表明，西方人格心理学的概念、理论和评鉴工具不适宜于用来研究中国人的人格问题，而我们则往往习惯地套用西方心理学的概念、理论和评鉴工具。因此，要推进人格研究的中国化，要真正研究中国人的人格和社会行为，就必须破除迷信，转变观念，站在中国人的立场，用中国人的视野和思路来研究中国人的人格和社会行为问题。我们首先要善于发现问题，这一点使我想起爱因斯坦讲过的一段话，他说："提出一个问题往往比解决一个问题更重要，因为解决一个问题也许仅仅是一个数学上的或实验上的技能而已。而提出新的问题，新的可能性，从新的角度去看旧的问题，却需要有创造性的想象力，而且标志着科学的真正进步。"只有发现问题，才有独创性，才能推进人格研究中国化的进程。

第二，要到生活实践中去研究与我国当前经济社会发展密切相关的人格心理学问题。目前我们正处于构建和谐社会，迎接民族复兴的重要时刻。我们要在构建和谐社会，培育和弘扬民族精神，加强物质文明、精神文明和政治文明的建设中去开拓前人未曾涉及过的人格心理学领域。只有这样,才有可能使我国的人格心理学得到快速的发展,并得到社会的认可。

第三,要用科学的方法去研究人格并且要持之以恒地探索下去。心理学之所以成为科学,是因为它是用科学的方法来研究心理和行为,并且在把这些研究成果应用于实践时,也是通过科学方法而达成的。我们对人格的研究,除了采用调查法之外,还应采用实验法和个案法,有条件的情况下还应对人格特点的脑机制和遗传基因进行研究。我们的人格理论必须经得起重复验证,必须具有高的可证伪性。用这样的标准来要求我们的人格心理学研究,则更需要持之以恒、百折不回的探索精神。只要有恒心,我相信,我们对中国人的人格研究必定会有所收获。

原文载于《心理学探新》2005年第3期

构建和谐社会　呼唤中国化人格与社会心理学研究

1　引言

1.1　构建和谐社会有许多亟待解决的心理学问题

党的十六届六中全会是在我国改革发展关键时期召开的一次十分重要的会议。全会通过的《中共中央关于构建社会主义和谐社会若干重大问题的决定》,提出了未来15年我国构建社会主义和谐社会的指导思想、目标、主要任务,是指导今后一个时期我国社会建设的纲领性文件,也向我国心理学家提出了许多亟待解决的心理学问题。我们一定要认真学习贯彻六中全会精神,以自己的聪明才智和实际行动为建设和谐社会做出贡献。

例如,《中共中央关于构建社会主义和谐社会若干重大问题的决定》明确指出,建设和谐文化、巩固社会和谐的思想道德基础要"注重促进人的心理和谐,加强人文关怀和心理疏导,引导人们正确对待自己、他人和社会,正确对待困难、挫折和荣誉。加强心理健康教育和保健,健全心理咨询网络,塑造自尊自信、理性平和、积极向上的社会心态"。这里向我国心理学家提出了一系列重大的科研任务。

和谐社会是以人为本的社会。个人是社会的基本单元,和谐社会必然是由自我和谐的个人组成。自我不和谐便不能正确对待自己、他人和社会,便不能正确对待困难、挫折和荣誉,甚至导致心理疾病。那么是什么原因导致自我不和谐?其机制是什么?怎样使人们养成自我和谐,能以辩证的观点看待世界、他人、自己,过去现在和将来,逆境与顺境,成为自立、自信、自尊、自强、幸福的进取者?这无疑是人格教育心理学研究亟待解决的问题。

和谐社会是一个人人促进和谐的社会。社会心理学致力于人类心理和行为各个方面的研究,包括研究个人及其与他人、团体、社会机构以及作为一个整体的社会的各种关系的心理与行为。要形成一个人人都来促进和谐的局面,有许多社会心理学问题值得研究。例如,幸福感是人际关系的一个重要的预测指标,按照传统经济学家的观点,个体财富的增加就能够提升其幸福感,然而中外的事实都说明,财富的增加并不一定能够增加人们的幸福感。中国社会科学院的调查显示,2005年,72.7%的城乡居民感觉生活是幸福的,比2004年下降了5个百分点。王二平的调查表明,居民生活满意度与GDP

关联不大。中国人民大学舆论研究所曾在全国做过一次人际关系调查,结论是我国社会人际关系正在走向整体“滑坡”,人际关系的现状堪忧(喻国明、刘夏阳,1993)。人们在财富增长的同时为什么幸福感却下降了? GDP增加了,为什么与居民的生活满意度没有关联? 近年来生活多样化了,为什么人际关系却不尽如人意? 这当中有不少社会心理学问题亟待我们去研究。

在未来的15年里,我国人民将把我们的国家建设成为富强、民主、文明、和谐的现代化国家,这期间必然有许多人格与社会心理学问题亟待我们去研究,同时也将促进我国心理学,特别是人格与社会心理学的快速发展。

1.2 心理学要为和谐社会服务,必须推进中国化研究

要使我国的心理学能够为我们建设和谐社会服务,必须推进中国化心理学研究。我们所说的中国化心理学研究,是指在研究中国人的心理和行为时不盲目套用其他国家(特别是西方)的现成概念、方法和理论,脚踏实地地考察我国人民的社会、文化、历史和其他相关背景,创造性地进行概念分析、方法设计和理论构建,从而得出符合客观实际的结论。因此,推进心理学中国化研究应当在以下三方面下功夫:

(1)要探究在我国社会文化背景下,中国人的心理和行为的有关课题,特别是要探索与建设和谐社会有关的心理学问题。这不仅要求我们做好文献回顾,而且更重要的是要深入实际,了解国情,从中提炼出有价值的课题和研究方向。

(2)要努力发展出能反映中国化人格与社会心理学研究的恰当概念和理论。中国化人格与社会心理学研究必须要有中国文化传统和现代化特点相结合的概念和理论,也就是说,要用中国人的理论思维来研究中国人的心理与行为。“一个民族想要站在科学的最高峰,就一刻也不能没有理论思维”(恩格斯),更不能仰人鼻息。

(3)要设计出探索人格与社会心理学中国化课题的有效方法和策略。做任何事情都应该讲究方法,方法对头才能事半功倍。方法具有通用性,但人格与社会行为的测量工具则不然。在人格与社会行为上,中国人与西方人有本质不同,探讨中国人的人格与社会行为是不能搬用西方的测量工具的。因为西方的人格与社会行为量表中的题项所包含的是西方人人格与社会行为的内容,用西方的人格与社会行为量表只能测出中国人对西方人格与社会行为量表所包含内容的反应,而不能测出中国人人格与社会行为中真正包含了哪些内容。这个问题应当引起我们的重视。

推进中国化心理学研究的最大障碍是我国心理学工作者的“自卑情结”。自鸦片战争以来,我国的心理学也像其他学科一样,一直仰人鼻息,唯外国心理学马首是瞻。新中国成立后,我们学习苏联心理学,以为苏联的心理学就是全人类的心理学(也包括中

国人的心理学);改革开放以来,我们学习西方心理学,又错将西方主流的理论、研究、方法和结论当作全人类的或中国人的心理学。社会文化对心理与行为的制约作用,是一个不争的事实。当今西方主流心理学依然是欧美文化心理学。因此,要为构建和谐社会服务,就必须进行中国化心理学研究。这是促进我国心理学快速发展的大好时光,我们切莫错失了这一宝贵的契机。

2 专辑①论文介绍

本专辑是人格心理学的论文和文献综述。

人格,是个人的存在方式,取决于特定的文化模式。《人格结构的中西方差异与中国人的人格特点》一文通过对中西方人格结构的比较,讨论了中西方文化与人格结构之间的关系以及中国人人格结构的文化意义。《中国社会现代化进程和城市现代化水平与中国人群体人格变化模式》一文用中国化的人格工具CPAI分析了中国社会现代化发展时间进程和城市现代化水平差异与中国人群体人格特征模式之间的关系。《文化心理学视野中的思维方式》一文探讨了东西方思维方式的差异及其文化上的原因。

自我是人格的核心,具有丰富的内涵。可以从不同的维度对自我进行研究,《中国人的核心自我评价的理论构想》《中国文化中自信人格的内涵和功能》《论儒家的自强人格及其培养》三文从不同的侧面探讨了中国人格结构中的自我评价、自信、自强问题。

健康是人生首要的财富。人格与健康的关系是人格心理学研究的一个热点。《中国人的人格与心理健康》和《应激的缓冲器:人格坚韧性》两文探讨了中国人的人格结构与心理健康的关系,考察了坚韧性在应对压力、维护健康中的作用。

人格的形成是遗传与环境交互作用的结果。《影响感觉寻求人格特质的生物遗传因素》一文综述了感觉寻求人格特质的生物遗传因素的相关研究。《国外反社会人格研究述评》一文综述了反社会人格这种人格障碍类型的形成因素、诊断等问题。《动物个体差异研究对人格心理学的贡献》一文探讨了动物个体差异的研究对人格心理学的可能贡献。

自人格心理学诞生以来,一直缺乏一个合理的整合该学科知识的架构。《人格心理学的学科架构初探》一文介绍了构建人格心理学知识体系的几种模式,探讨了对Cloninger提出的人格心理学"3D"模型的修正。

原文载于《心理科学进展》2007年第2期

① 专辑指《心理科学进展》2007年第2期。

从自尊的文化差异说起

1　引言

自尊(self-esteem)是个体对自己的总体的积极态度。自1890年詹姆斯在其《心理学原理》中对自尊进行论述后,自尊一直是西方心理学研究的热点问题。20世纪80年代后,中国研究者也对自尊进行了广泛的研究。近年来,自尊是否具有跨文化的普遍性成为研究者争论的焦点。

自尊是具有文化普遍性的。研究证实,自尊作为一种高级的心理需要具有文化普遍性(蔡华俭、丰怡、岳曦彤,2011)。在不同的文化背景中,自尊也具有很多相似的功能,能够促进个体的心理健康,提高幸福感(Baumeister et al.,2003;Cai,Wu,& Brown,2009),能够缓解失败产生的情绪压力(Brown et al.,2009;张向葵、田录梅,2005)和减缓死亡焦虑(Burke,Martens,& Faucher,2010;张向葵、郭娟、田录梅,2005)。

但是,自尊具有文化差异,这一观点20世纪90年代末就已有研究者提出(Heine et al.,1999),他们主张自尊的文化相对论。文化代表了某些特定群体所共享的并异于其他群体所共享的一系列分散的行为规范和认知(Lehman,Chiu,& Schaller,2004)。个人的心理与行为必然受其所处的文化与社会环境的影响与制约,因此,不同文化的个体在自尊上虽然有其相似性(即所谓泛文化性),但是仍有其差异性。本文将从自尊的文化差异说起,并进一步讨论应当怎样研究中国人的自尊问题,以就教于大家。

2　自尊文化差异的三个主要方面

根据既往的研究,自尊的文化差异大致可以归纳为下列三个主要方面:自尊的根源性、自尊的包容性和自尊的表达性。

2.1　自尊的根源性

在现有的文献中,自尊被定义为个体对自我持有的一种情感体验或对自我的整体性评价。这种自我的情感体验或认知评价的根源,其实就是遗传与环境交互作用的问题。自尊受遗传因素的制约(Neiss,Sedikides,& Stevenson,2002),但自尊显然不完全是由遗传决定的。从环境影响的角度来看,自尊的来源是个体对自己作为人的价值的有意识判断,而个体的价值在相当程度上是由社会文化价值观塑造的。

价值观是文化的核心构成要素,是文化范畴中主观文化的一部分,是最突出的一种文化体现。自尊在相当程度上植根于社会文化价值观。梁漱溟认为"在中国没有个人观念;一个中国人似不为其自己而存在。然在西洋,则正好相反了"(1990)。我国的传统文化更强调个人的价值在于修身、齐家、治国、平天下,强调在家庭、社会、民族、国家的发展中实现自我的价值。而西方文化中的人们讲求个人的自由、平等、博爱,其个人主义文化价值观强调个体的独立和能力的突显。已有研究发现,同样是低自尊者,美国人对其个体品质的评价比中国人更积极,而中国人对其社会品质的评价比美国人更积极(Brown & Cai,2010)。日本也是自尊跨文化研究中集体主义文化的代表,研究也发现,日本被试的自尊对于社会事件比北美(美国和加拿大)被试更敏感,而北美被试的自尊对于个人成就有更高的敏感性(Nezlek et al.,2008)。西方人的自尊更强调个人的能力和成就,与此不同,中国人具有独特的自尊来源。黄希庭等(1998)研究发现,中国青少年的总体自我价值感、一般自我价值感和特殊自我价值感均包含个人取向和社会取向。杨烨(2008)研究发现,中国大学生自我评价的领域包括国家民族和家庭父母的社会自我维度。杨国枢等人通过对台湾和大陆大学生自尊范畴的研究,提出华人有四种主要的自尊:个人取向自尊、关系取向自尊、家族(团体)取向自尊和他人取向自尊,后三者则均为社会取向自尊(翁嘉英、杨国枢、许燕,2009)。从这些研究可以看出,社会取向在中国人的自尊中占有重要地位。杨国枢等人认为,个人主义文化中人们的自尊是个人取向或自我取向的,集体主义文化中人们的自尊个人取向较弱,集体取向的自尊较强(翁嘉英、杨国枢、许燕,2009)。

有的西方学者认为,个体可以通过与受到积极评价的群体的联系和与其他群体的比较维持积极的认同,从而提升自尊。在个人主义文化中,个体的集体自尊似乎更多的是为维持和提升个人自尊服务的。当群体地位高或个体在群体中的地位较高时会出现对内群体更积极的评价,否则可能会出现内群体贬损(Andreopoulou & Houston,2002;Rudman,Feinberg,& Fairchild,2002)。当内群体表现不佳时,他们也很少会持有内群体偏好(Crocker & Luhtanen,1990)。而在集体主义文化(如日本、中国)中,个体的集体自尊并不受群际优越性或内群体表现的影响(Brown,2007;王伟宇等,2009)。对中美被试集体自尊文化差异的比较研究也发现,中国人对集体自尊需求的关注程度更高,而美国人对个人自尊需求的关注程度更高,东西方集体自尊差异的根源在于两种文化对于集体需求的重视程度不同(魏丽,2009)。

可见,自尊在相当程度上是植根于社会文化价值观的,具体体现在自尊的来源和关注点上。个人主义文化中,个体的自尊更强调个人的成就和品质,尽管群体成员身份构成了他们自我认同的一部分,但在他们看来,群体仍然是第二位的,他们更关注个人自尊。而集体主义文化中,个体的自尊在强调自我的成就和品质时,更强调其社会性和集体性。

2.2 自尊的包容性

自我是什么? 它包含哪些内容? 其最主要的是自我认同以及自我与他人等方面的关系。西方文化中的自我更多涉及的是个体自我认同问题,而在东方文化中则更多涉及自我与他人的关系问题(朱滢,2007)。无论从群体层面的个人主义—集体主义,还是从个人层面的独立型—互依型自我来看,西方人都倾向于知觉他们是独立于他人和环境而存在的,而东亚人的自我是由他们的社会背景和关系来加以界定的(Chiao et al., 2009)。

自我概念的基本文化差异是自我与他人的分离或联系。通常认为,东亚人自我包容性更强,而西方人自我—他人区别性更强。自我参照效应的研究结果发现,与西方被试不同,中国被试表现出母亲参照效应(朱滢、张力,2001)、朋友参照效应(管延华、迟毓凯,2006)和恋人参照效应(周丽、苏彦捷,2008)。中国被试以内侧前额叶皮质(medial prefrontal cortex,MPFC)表征自我和母亲,而西方被试的自我与母亲以及最好的朋友在脑机制上则是分离的(张力等,2005;Zhu et al.,2007)。在文化启动效应研究中发现,美国文化启动后,中国大学生的母亲参照效应降低(Sui,Zhu,& Chiu,2007)。在神经机制上也证实,对于受中国和西方文化影响的香港双文化被试,西方文化启动诱发了自我—他人区别性,增强了母亲和非重要他人与自我的神经差异;而中国文化启动诱发了自我包容性,降低了母亲和非重要他人与自我的神经差异(Ng et al.,2010)。自我参照效应的结果研究证实了自我包容性的文化差异,自我和亲密的他人之间的包容性与区别性是受文化调节的。

由此可以推论,自尊作为自我的一个重要部分也可能具有包容性的文化差异。费孝通认为,我国社会的格局是以"己"为中心,通过家人、熟人、陌生人等形成的呈现差序格局的由近及远的社会关系。关系取向是中国人的人际网络中的一种主要运作方式,具有关系形式化和关系决定论的特点,强调以关系来界定身份,即中国人的人际或社会关系依亲疏程度而异(杨国枢,1992)。这就使中国人的自尊不可避免地与亲密他人联系起来。面子被看作是中国人他人取向的自尊。对台湾的被试群体的研究结果表明,不同年龄群体觉得有面子和没面子的社会事件均不同程度地与自己、父母(或子女)、朋友的品德和成就事件有重要关系(刘丁玮,2002;苏珊筠、黄光国,2003)。在情绪体验上也同样如此,相对于陌生人、邻居、老师等而言,父母、兄弟姐妹和朋友的成就和品德对个体的愉快和羞耻情绪影响更大(苏珊筠、黄光国,2003)。这些结果显示,不仅自我的属性,与自我有关的亲密他人也会对中国人的自尊产生重要影响,具有“一荣俱荣,一损俱损”的连带关系。但是中国人的自我包容性可能也仅限于亲密的他人,而不能概括化到非亲密的他人。而在西方则不同,自我评价维护模型(Tesser,1988)认为,在对于个人重要的领域,当亲密他人的表现优于自己时会降低个体的自我评价,个体会以最大化自我评价收益和最小化自我评价损失的方式来改变亲密度。

总之,在不同的文化背景中,个体自我的包容性是不同的。自尊作为自我的重要部分,其包容性也存在文化差异。西方文化中个体是独特的、与他人相分离的“自我”,个体的自尊以独立性的自我为中心,即使在自我与亲密他人的关系中,个体仍然会以个人利益最大化的方式维护和提升自尊;而中国人的自尊不只涉及个人,还包容了与自我有关的亲密他人,这种包容性体现在“荣辱与共”的社会投射过程中。

2.3　自尊的表达性

人的心理与行为没有哪一种是可以脱离社会文化背景而产生的,处于不同文化中的个体都必须适应他/她所生活的社会文化环境,表现出与该社会文化标准相适应的心理与行为。有研究者认为,文化中主导的自我呈现(self-presentation)标准是决定在具体情境中表达积极自我评价的一种可能因素(Kim et al.,2010)。在东方文化中,自我呈现的一个主导标准是谦虚。我国传统文化中的儒、道、释均对自谦的重要价值有所论及,“虚怀若谷,谦恭自守”是儒家强调的修身之道。在现代社会里,人们仍然认为谦虚具有重要的个人和人际意义(胡金生、黄希庭,2009;Sedikides,Gregg,& Hart,2008)。相对于西方人而言,这种文化标准抑制了东方文化中人们直接地表达积极的自我评价(Brown,2006;Cai et al.,2007;Cai et al.,2011;Tafarodi et al.,2011)。虽然中国人也有“天生我材必有用”的自我肯定,但更主要的是以一种含蓄的方式来表达自尊。如何表达也是自尊文化差异的一个重要方面。

研究发现,一些东方文化(如日本、中国、泰国)中的人比西方文化(如美国)中的人有较低的自尊水平(Cai et al.,2007;Cai et al.,2011;Yamaguchi et al.,2007)。受个人主义文化、集体主义文化双重影响的个体表现出更高的自尊水平(Lee,Oyserman,& Bond,2010;Tam,2009)。而东方文化中个体积极的自我评价更多在内隐层面得以显现(蔡华俭,2003;Kitayama & Uchida,2003;Yamaguchi et al., 2007)。但是在情感层面上,东方文化中的个体比西方文化中的个体有较高的自我悦纳水平(Cai et al.,2007;Tafarodi,Lang,& Smith,1999;Tafarodi & Walters,1999)。对 53 个国家 16998 名被试的文化取向和自尊进行研究也发现,在控制了自我悦纳和性别之后,报告显示,最具个人主义文化的国家比最具集体主义文化的国家具有更高的自尊水平;但控制了自我能力和性别后,最具个人主义文化国家的人们相较于最具集体主义文化国家的人们,则具有的自我悦纳水平较低(Schmitt & Allik,2005)。这些研究都显示出,文化会直接影响个体自尊的表达方式。与西方文化不同,东方文化中个人自尊的表达是含蓄的,在内隐和外显、认知和情感上是分离的。

自尊的表达方式是多方面的,在公私情境中自尊的表达也是存在文化差异的。西方人常更公开地表达积极的自我评价,更倾向于采用时间和社会相比较(Ross et al.,2005)、自我服务归因偏差(Kitayama et al.,1997;Mezulis et al.,2004)等策略维持和提升自尊。但是对于东亚人,在私密或匿名的情况下,他们更可能做出积极的自我评价(Kim et al.,2010;Kudo & Numazaki,2003)。这说明,东方文化中的个体在公开和私密情境中对自尊的表达是有差异的,这一点也与西方人不同。

显然,文化会影响自尊的表达方式。西方文化中的个体在外显与内隐层面、公开与私密情境都倾向于以直接的方式表达自尊,借助一系列的策略来提升自尊;而东方文化中的个体虽然在内隐层面和私密情境中表现出较高的自尊水平,但在外显层面和公开情境中则更含蓄地表达积极的自我评价。

3 值得思考的问题

在讨论了中国人的自尊不同于西方人,尤其是美国人的一些表现之后,我们认为以下三个问题很值得加以讨论。

3.1 自尊的内涵

对自尊跨文化的比较研究采用西方对“self-esteem”的界定,满足进行跨文化比较需要构念等同这一条件。但是采用这一界定对中国人的自尊进行研究也存在一定的问题,因为这种西方的学术性概念与我们日常生活中所说的“自尊”概念是不同的。在我国《辞源》(1988)中明白地写道,自尊有自重(《韩非子·诡使》:“重厚自尊,谓之长者”)和自加尊号(《史记·楚世家》:“楚熊通怒曰:‘吾先鬻熊,文王之师也,……而王不加位,我自尊耳。’乃自立为武王”)的双层含义。在这种概念框架下,自尊更多出现在道德伦理领域。中国人的“自尊”有其特殊的内涵。有研究者认为,汉语中的自尊主要用于描述一种防御方式或防御机制,而西方的自尊是指个体对自我的整体性的、积极的(而非消极的)感觉(赵志裕、康萤仪,2011)。西方“self-esteem”的学术性概念体现的是中国人的哪一种心理现象?把这个术语翻译为“自尊”,把中国人当作美国人进行研究会得出什么样的结果？这些结果在中国民众中有应用推广价值吗？这些问题都是研究中国人的“自尊”需要加以澄清的。不研究中国人在特定社会文化条件下的自尊，就不可能正确理解人类的自尊。我们研究中国人的自尊，首先要弄清其内涵，切不可盲目搬用西方心理学的概念，需要的倒是用批判的头脑去审视它们的概念是否能适用于我们中国实际。看来，我国心理学家需要对心理学中的“自尊”进行“正名”，这是研究中国人的自尊的基本前提。

3.2 自尊研究的内容

已有的研究表明，中国人自尊的范畴与西方人不同，西方人的自尊以个人取向为主导，而中国人存在个人取向、关系取向、家族取向和他人取向四种特殊的自尊范畴（翁嘉英、杨国枢、许燕，2009）。要全面地了解中国人的自尊特点和解决中国人所面临的社会心理问题，就不能套用西方心理学中现成的概念和理论，而应当全面思考在我国社会、文化和历史等诸种条件下的自尊结构和机制。目前我国心理学中对中国人自尊的研究基本上是采用西方的研究思路，集中研究的是个人取向的自尊，而对与中国人密切相关的关系取向、家族取向和他人取向自尊却鲜有研究，完全失去了自尊研究的中国文化主体特色。其实，在中国，家庭是最重要的内群体，中国人有着浓厚的家族荣辱观，强调“家丑不可外扬”“荣辱与共”的连带关系。中国人的自我—他人关系错综复杂，呈现一种差序格局，中国人的自尊是否也存在这种关系特异性？与重要他人的关系中，个体维护和提升自尊的方式是什么？与西方人自我利益最大化的方式的区别表现在哪里？……显然，我国心理学家需要改变西方的研究思路，需要深入了解我国的传统和现实，发展出符合我国实际的概念和理论来描述和解释中国人的自尊。

3.3 自尊的研究方法

中国人的自尊是很复杂的，是不同于西方人的，而目前对它的研究主要涉及其外显和内隐两个层面。对中国人整体自尊的研究，最常用的测量工具是罗森伯格自尊量表（Rosenberg Self-Esteem Scale，RSES）（Rosenberg，1965），以及 Tafarodi 等人的自我能力和自我悦纳分量表（1995）。这只能表明中国被试对西方自尊测量工具的反应，而不是真实中国人的整体自尊，至多测得的是中国被试对“独立自我”题项的反应。有研究指出，用RSES在个人主义和集体主义文化价值观的国家进行的跨文化研究有更大的概念化差异（Baranik et al.，2008）。可以说，迄今为止我国学者对中国人的真实自尊是了解得很少的。这就要求我们从中国的社会、文化和历史的脉络中，仔细认真地分析自尊与中国社会文化和历史等因素的关系，采用多种方法对其进行研究，例如采用文献分析法、深度访谈法、质性研究和量化研究等，贴近中国人的生活实际来研究中国人自尊的结构和机制，而不是套用西方的概念、理论和方法。人格研究中国化包括对中国人自尊的研究，就方法学而论，它绝不是一项缺乏感情的例行公事——设计一个问卷或实验→展开调查或实验→收集问卷或数据→整理数据进行统计分析→写出论文的过程，而是一个需要感情和生命投入的过程，是有灵魂的，是要全心全意深入研究一个中国人而不是美国人，既要尊重被研究对象也要尊重自己的良知。这样，中国的心理学才能为中华民族文化的大发展、大繁荣服务，从而为人类的心理学知识做出自己应有的贡献。做学问是要有感情、全身心投入的，就像国学大师王国维所说："古今之成大事业、大学问者，必经过三种之境界：'昨夜西风凋碧树。独上高楼，望尽天涯路。'此第一境也。'衣带渐宽终不悔，为伊消得人憔悴。'此第二境也。'众里寻他千百度，回头蓦见，那人正在灯火阑珊处。'此第三境也。"(《人间词话》)。我们相信，会有更多的有志者投入人格研究中国化的工作。

总之，心理学家所研究的对象——人的心理和行为是受社会、文化、历史和遗传制约的，生活在不同社会、文化和历史条件下的人，其心理和行为必然有其相似性和差异性。同时，研究者也不是生活在社会真空之中，也要受到特定的社会、文化、历史和遗传因素的制约，不同国家的研究者所探讨的问题、所提出的假设、所构建的理论、所采用的方法等等，无不深受其社会文化的影响，因而各不相同，各具特色。用中国人的观点研究中国人的问题，这也正是我们坚持人格研究中国化的一个重要理据。

合作者：尹天子。原文载于《心理科学》2012年第1期

562个人格特质形容词的好恶度、意义度和熟悉度的测定

人格特质形容词的好恶度、意义度和熟悉度的测定，是一项基础性的工作。作为一种研究工具，人格特质形容词被广泛地应用于人格心理学和社会心理学的研究之中。早在1936年，奥尔波特和奥波特就从英语中搜集了17953个人格特质形容词用来评定不同人格特质者。此后，卡特尔从这些人格特质形容词中选出最有代表性的形容词，用来评定被试，求得各特质间的相关系数(1946)，并用因素分析法提取人格的基本因素(1947)。后来，把人格特质形容词作为研究工具在心理学研究中更为常见。例如，已知人格特质形容词的好恶度，可以用它来编制形容词查核表(adjective check list)，作为测量与自我概念有关的人格特质的工具。高夫[Harrison Gough，1921—]等人曾以300个形容词编制成高夫形容词查核表(Gough's adjective check list)，用来测量自信心、自制力和个人适应等人格因素(Gough & Heilbrun，1965；Gough，1960)。杨国枢用142个人格特质形容词编制成自我概念衡鉴问卷，并作为工具，对台北市的小学和初中生的自我概念发展进行研究(杨国枢，1984)。Edwards从已知好恶度的人格特质形容词中选出有关的形容词作为Q排组法(Q-Sort method)的工具，用以研究自我概念等人格特质(1970)。Klein、Kihlstrom、Higgins、Hock和Dorfmen、肖丰等从已知好恶度、熟悉度的人格特质形容词中选出与自我有关的词进行启动实验(priming experiment)，研究自我认知的自我图式问题(Higgins，Van Hook，& Dorfman，1988；Klein & Kihlstrom，1986；肖丰，1992)。

虽然杨国枢和李本华在20世纪70年代以台北的大学一年级学生为被试，对557个人格特质形容词的好恶度、意义度和熟悉度做过测定，但台湾的社会制度、价值观不同于大陆。在大陆至今未见有对人格特质形容词的好恶度、意义度和熟悉度做测定。本工作的目的是选择出常见的人格特质形容词并对其好恶度、意义度和熟悉度进行测定。

1　研究方法

1.1　被试

7所大学本科二、三年级的大学生1535人(男女各约半数)，其中565人评定好恶度，470人评定熟悉度，500人评定意义度。

1.2 材料

562个描述人格特质的形容词。其来源是:(1)从中长篇小说和报纸杂志上选择的描写人物特征的形容词;(2)从杨国枢和李本华(1971)的研究中选择的形容词;(3)由研究者想出来的描写人物的形容词。这样,共搜集到近1000个形容词。然后根据下列四条原则加以淘汰:(1)生僻少用的形容词,如"晓悟的""拙讷的";(2)表示暂时状态而非人格特质的形容词,如"愠容的""尴尬的";(3)描写身体特征的形容词,如"粗壮的""俊美的""矮小的";(4)超过3个字以上的形容词,如"思维清晰的""有事业心的""见利忘义的"。

将562个形容词印制成册,每册共7页。第1页印有要求被试如何进行评定的指导语,以下各页均印有90多个形容词,每个形容词后面都有一个括号。要求被试评定好恶度的指导语如下:

下面是很多形容个人性格特征的词。从您的好恶标准来看,它们当中有些特征可能是好的,有些可能是坏的,有些可能是不好不坏的。请您根据自己的价值观来评定它们。先仔细看清每一特征的名称并参看下图,然后在该词后面的括号里按照下面的方法填上适当的数字,以表示您评价这一特征的好坏程度:

1	2	3	4	5	6	7
非常坏的	相当坏的	稍微坏的	不好不坏的	稍微好的	相当好的	非常好的

如果您认为这一特征是非常好的就填上7;

如果您认为这一特征是相当好的就填上6;

如果您认为这一特征是稍微好的就填上5;

如果您认为这一特征是不好不坏的就填上4,

如果您认为这一特征是稍微坏的就填上3;

如果您认为这一特征是相当坏的就填上2;

如果您认为这一特征是非常坏的就填上1。

请注意,要根据您自己的价值观和好坏标准来评定。每一特征都要评定, 不要有遗漏。

要求被试评定意义度的指导语如下:

下面有很多形容性格特征的形容词,您对其中有些形容词的含义可能比较清楚,而对其他形容词的含义可能不太清楚。请您评定您对这些性格特征形容词含义的了解程度。先仔细看清楚每一个形容词并参看下图,然后在每一个词后面的括号里按照下面的方法填上适当的数字,以表示您对这个形容词含义的了解程度:

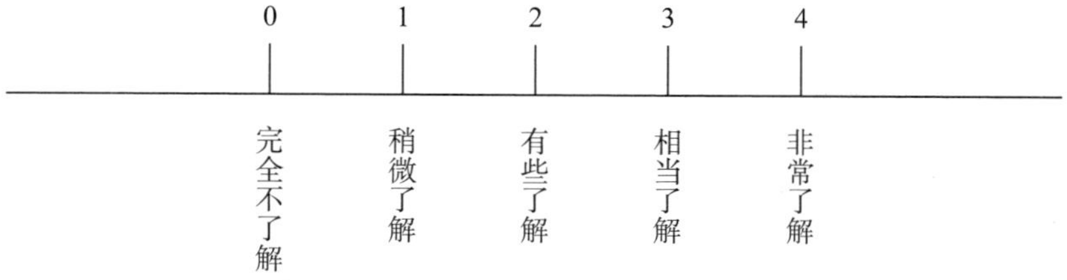

如果您觉得对该形容词的含义完全不了解的就填上0;

如果您觉得对该形容词的含义稍微有了解的就填上1;

如果您觉得对该形容词的含义有些了解的就填上2;

如果您觉得对该形容词的含义相当了解的就填上3;

如果您觉得对该形容词的含义非常了解的就填上4。

请注意,要根据您自己对这些形容词含义的了解程度来评定。每一个形容词都要评定,不要有遗漏。

要求被试评定熟悉度的指导语如下:

下面有很多形容性格特征的形容词。您对其中有些形容词可能比较熟悉,而对另一些形容词可能较陌生。请您评定您对这些形容词的熟悉程度。先仔细看清每一个形容词并参看下面的图,然后在每一个词后面的括号里按照下面的方法填上适当的数字,以表示您对这个形容词的熟悉程度:

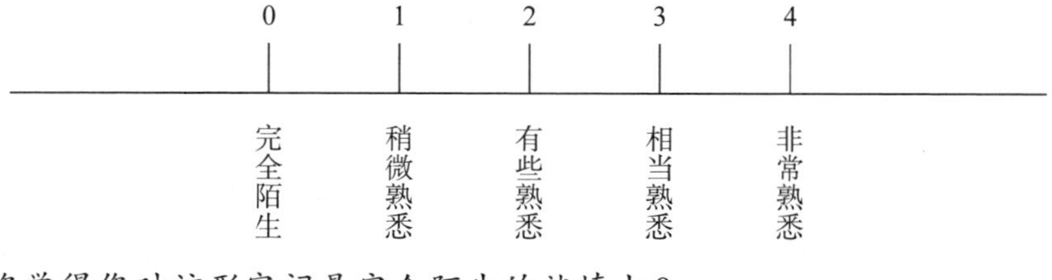

如果您觉得您对该形容词是完全陌生的就填上0;

如果您觉得您对该形容词是稍微熟悉的就填上1;

如果您觉得您对该形容词是有些熟悉的就填上2;

如果您觉得您对该形容词是相当熟悉的就填上3;

如果您觉得您对该形容词是非常熟悉的就填上4。

请注意,要根据您自己对这些形容词的熟悉程度来评定。每个形容词都要评定,不要有遗漏。

上述测试均以团体方式进行。

2 实验结果和分析

测得的562个形容词的好恶度、熟悉度和意义度的平均数和标准差见表1。从表1可见,在562个形容词中,最坏的10种人格特质形容词是:下流的,狠毒的,奸诈的,奴性的昏庸的,毒辣的,挑拨的,无耻的,残暴的,卑劣的。其好恶度的平均数分别为1.57,1.67,1.70,1.73,1.75,1.75,1.78,1.78,1.81,1.82。最好的10种人格特质形容词是:爱国的,博学的,纯洁的,真挚的,理智的,自重的,体贴的,成功的,高尚的,有为的。其好恶度的平均数分别为:6.33,6.27,6.21,6.18,6.18, 6.17,6.09,6.08,6.07,6.07。562个形容词的好恶度的频数分布甚广,见图1。

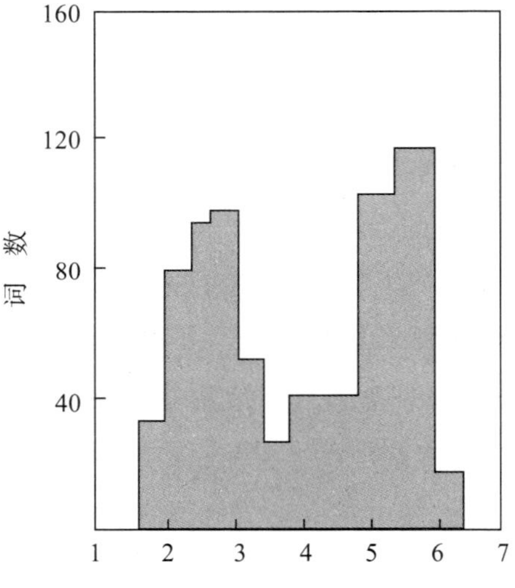

图1 562个人格特质形容词的好恶度的频次分布图

从图1可见,562个形容词的好恶度呈双峰分布($M=4.06$,SD = 1.40,Skewness=−0.09),其中被评价为“好的”与“坏的”的形容词居多,而“不好不坏”的形容词偏少。562个形容词的熟悉度和意义度的频数分布分别见图2,均有负偏趋势(其基本统计结果是,熟悉度:$M=3.18$,SD = 0.41,Skewness = −1.53;意义度:$M=2.99$,SD = 0.25,Skewness = −1.41)。说明本研究所选的形容词大多为大学生所熟悉。表1资料表明,熟悉度最高的10个人格特质形容词是:殷勤的,快乐的,自信的,健康的,真诚的,纯洁的,温柔的,诚实的,愉快的，勤劳的。其熟悉度的平均数分别为：3.97，3.79，3.76，3.73，3.72，3.72，3.71，3.70，3.70，3.69。表1资料还表明，熟悉度低于2.00（即“有些熟悉”）的形容词仅有14个（占2.49%），它们是：道学的，腐儒的，疲沓的，尚武的，敬业的，踧踖的，乖戾的，睿智的，乖觉的，木讷的，调侃的，乐群的，暴戾的，力行的。其平均数分别为：1.49，1.63，1.66，1.68，1.70，1.70，1.71，1.73，1.75，1.76，1. 83，1.84，1.85，1.95。表1资料还表明，562个人格特质形容词，意义度高的居多数，意义度最高的10个形容词是：正常的，自信的，善良的，友好的，热情的，礼貌的，孝顺的，负责的，勤劳的，大方的。其平均数分别为：3.61，3.44，3.41，3.40，3.37，3.37，3.37，3.36，3.35，3.35。意义度低于2.00（即“有些了解”）的形容词仅有3个（占0.53%），它们是：道学的 $M=1.80$，乖戾的 $M=1.91$，踧踖的 $M=1.99$。

本研究结果还表明，从总体上来看，562个人格特质形容词的意义度、熟悉度和好恶度均是高度正相关（$p<0.001$）。好恶度与熟悉度、意义度的相关系数依次为 $r=0.315$，$r=0.364$；而熟悉度和意义度的相关高达 $r=0.860$。有趣的是，人格特质形容词的熟悉度与其标准差是高度负相关 $r=-0.890$，意义度与其标准差也是高度负相关 $r=-0.753$，但好恶度与其标准差几乎无关 $r=0.055$。这表明熟悉度、意义度较高的形容词，一般来说其个别差异较小；而熟悉度、意义度较低的形容词，其个别差异较大。

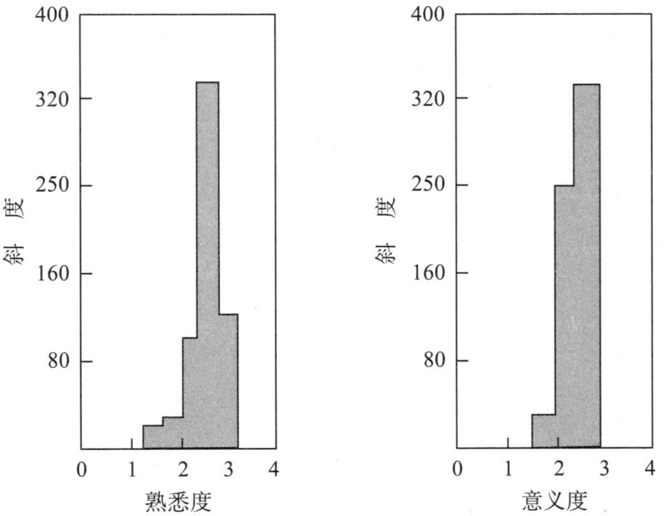

图1-2 562个人格特质形容词的熟悉度和意义度的频次分布图

表1　562个人格特质形容词的好恶度、熟悉度和意义度

形容词	好恶度		熟悉度		意义度	
	平均数	标准差	平均数	标准差	平均数	标准差
下流的	1.57	1.15	3.30	1.01	2.74	1.32
狠毒的	1.67	1.16	3.13	1.06	2.79	1.34
奸诈的	1.70	1.07	3.11	0.94	2.87	1.05
奴性的	1.73	1.22	2.26	1.18	2.39	1.38
昏庸的	1.75	1.21	2.86	1.14	2.60	1.37
毒辣的	1.75	1.28	3.14	1.09	2.94	1.15
挑拨的	1.78	0.94	2.94	1.09	2.81	1.29
无耻的	1.78	1.20	3.41	0.87	3.06	1.16
残暴的	1.81	1.08	3.18	1.08	2.94	1.11
卑劣的	1.82	1.25	2.89	1.09	2.69	1.25
污秽的	1.84	1.09	2.96	1.05	2.91	1.11
邪恶的	1.87	0.93	3.18	1.02	2.96	1.04
阿谀的	1.88	1.12	2.87	1.10	3.05	1.00
欺人的	1.91	1.05	3.13	1.02	3.10	1.03
阴险的	1.92	1.14	3.30	0.98	2.99	1.05
下贱的	1.93	1.15	3.08	1.08	2.90	1.13
残忍的	1.93	1.23	3.34	0.94	3.06	1.00
丑恶的	1.93	1.09	3.46	0.88	3.14	1.03
愚昧的	1.94	1.03	3.24	1.05	3.04	1.05
卑贱的	1.95	1.01	3.10	1.02	2.97	1.04
凶狠的	1.95	1.26	3.26	0.96	2.96	1.15
庸俗的	1.95	1.06	3.30	1.01	2.98	1.03
残酷的	1.95	0.98	3.38	0.95	3.05	1.05
欺骗的	1.95	1.07	3.38	0.92	3.12	0.99
虚伪的	1.95	1.18	3.49	0.82	3.04	1.09
放荡的	1.96	1.05	3.31	0.90	2.91	1.08
腐败的	1.98	1.13	3.36	0.91	3.03	1.09

续表

形容词	好恶度		熟悉度		意义度	
	平均数	标准差	平均数	标准差	平均数	标准差
腐儒的	1.99	1.05	1.63	1.22	2.13	1.29
暴戾的	1.99	1.17	1.85	1.22	2.07	1.24
欺诈的	1.99	1.26	3.02	1.02	2.95	1.12
可憎的	2.01	1.02	3.19	0.97	3.21	0.93
贪婪的	2.01	1.13	3.28	0.99	3.03	1.08
贪欲的	2.02	1.16	2.52	1.19	2.87	1.11
跋扈的	2.06	1.27	1.70	1.29	1.99	1.24
伪善的	2.06	1.36	2.98	1.06	2.78	1.24
无用的	2.07	1.11	3.32	0.96	2.97	1.21
可恶的	2.07	1.06	3.37	0.93	3.08	1.00
缺德的	2.07	1.20	3.41	0.95	2.78	1.27
献媚的	2.08	1.27	2.88	1.05	2.94	1.09
无能的	2.08	1.14	3.35	0.97	3.10	1.00
鬼祟的	2.12	1.06	2.44	1.27	2.61	1.19
粗俗的	2.12	1.25	3.13	0.96	3.03	1.02
狠心的	2.12	1.34	3.30	1.00	2.98	1.14
无信的	2.13	1.22	2.61	1.25	2.82	1.14
粗暴的	2.13	1.28	3.26	1.01	3.07	1.04
纵欲的	2.15	1.22	2.39	1.28	2.71	1.16
好色的	2.15	1.57	3.19	1.04	2.96	1.12
堕落的	2.15	1.23	3.26	0.95	2.91	1.09
轻浮的	2.16	1.22	3.29	0.98	2.92	1.09
蛮横的	2.17	1.24	3.11	1.00	2.85	1.28
无义的	2.18	1.21	2.69	1.20	2.85	1.09
可厌的	2.18	1.25	2.95	1.08	3.00	1.05
野蛮的	2.18	1.11	3.32	0.95	3.08	1.04
无知的	2.18	1.23	3.45	0.90	3.02	1.15

续表

形容词	好恶度		熟悉度		意义度	
	平均数	标准差	平均数	标准差	平均数	标准差
轻佻的	2.19	1.16	2.82	1.10	2.64	1.02
挥霍的	2.20	1.08	3.11	0.98	2.97	1.09
势利的	2.22	1.25	3.09	1.03	2.98	1.03
嫉妒的	2.22	1.15	3.39	0.89	3.03	1.04
懒惰的	2.22	1.14	3.49	0.83	3.16	0.99
嫉贤的	2.24	1.21	2.52	1.21	2.90	1.04
讨厌的	2.24	1.16	3.57	0.76	3.26	0.93
诡诈的	2.26	1.17	2.44	1.14	2.72	1.03
狂妄的	2.27	1.29	3.19	1.07	3.01	1.10
吝啬的	2.27	1.13	3.30	0.98	3.16	0.94
懒散的	2.27	0.96	3.38	0.84	2.86	1.27
畏缩的	2.28	0.97	3.03	0.97	2.95	1.00
懦弱的	2.28	1.11	3.24	1.02	2.73	1.33
愚蠢的	2.28	1.14	3.40	0.92	3.13	1.08
尖刻的	2.30	1.18	3.04	1.70	2.93	1.06
盲从的	2.32	1.09	2.75	1.06	2.98	1.05
粗鲁的	2.32	1.12	3.28	0.98	3.11	1.01
凶悍的	2.33	1.27	2.69	1.10	2.72	1.06
小气的	2.33	1.21	3.33	0.95	2.95	1.28
虚荣的	2.34	1.22	3.40	0.87	3.08	1.07
贪心的	2.35	1.23	3.19	1.05	3.11	1.03
迷信的	2.35	1.14	3.32	0.99	3.06	1.03
放肆的	2.35	0.97	3.35	0.96	3.05	1.05
癫狂的	2.37	1.18	2.58	1.16	2.71	1.23
狡黠的	2.38	1.33	2.86	1.06	2.59	1.23
空谈的	2.38	1.08	3.12	1.05	3.11	0.97
粗野的	2.38	1.13	3.26	0.94	3.02	1.04

续表

形容词	好恶度		熟悉度		意义度	
	平均数	标准差	平均数	标准差	平均数	标准差
浮夸的	2.39	1.10	2.98	1.01	3.01	1.02
浅薄的	2.39	1.14	3.17	0.97	2.77	1.27
自私的	2.39	1.27	3.51	0.76	3.22	0.89
麻木的	2.40	1.11	3.25	1.01	2.90	1.13
气馁的	2.41	0.96	3.01	0.98	2.90	0.99
愚笨的	2.41	0.96	3.12	0.99	2.95	1.07
消极的	2.41	1.05	3.38	0.90	2.80	1.32
浮躁的	2.42	1.10	2.98	1.04	2.66	1.29
顽愚的	2.44	1.02	2.19	1.18	2.49	1.24
萎靡的	2.45	1.08	2.82	1.08	2.91	0.99
滑头的	2.45	1.32	2.99	1.05	2.83	1.19
狂乱的	2.46	1.16	2.72	1.14	2.93	1.08
迂腐的	2.46	1.04	2.94	1.01	2.71	1.21
刻薄的	2.47	1.35	3.14	0.96	2.88	1.27
冷酷的	2.47	1.43	3.35	0.96	3.03	1.10
无礼的	2.47	1.02	3.44	0.81	3.14	0.99
灰心的	2.48	1.04	3.27	0.98	3.02	1.07
颓唐的	2.50	1.20	2.61	1.07	2.38	1.21
愚钝的	2.50	1.07	2.66	1.04	2.68	1.05
疯癫的	2.50	1.24	2.89	1.11	2.79	1.13
消沉的	2.50	1.22	3.29	0.90	3.08	1.01
暴躁的	2.50	0.94	3.31	0.99	2.89	1.24
狡猾的	2.50	1.44	3.47	0.84	3.05	1.00
财迷的	2.51	1.25	2.86	1.16	3.01	0.99
寡断的	2.52	1.10	2.81	1.07	2.85	1.09
肤浅的	2.52	1.03	3.30	0.93	3.11	1.01
少学的	2.53	1.25	2.24	1.20	2.62	1.15

续表

形容词	好恶度		熟悉度		意义度	
	平均数	标准差	平均数	标准差	平均数	标准差
颓废的	2.53	1.21	2.76	1.02	2.73	1.06
俗气的	2.53	1.07	3.32	0.91	2.92	1.07
放纵的	2.54	1.19	3.25	0.93	3.03	1.07
奢侈的	2.54	1.30	3.39	0.87	3.10	1.02
懈怠的	2.55	1.09	2.71	1.06	2.96	0.97
夸口的	2.55	1.16	2.99	1.04	3.05	1.01
唠叨的	2.56	1.00	3.16	1.05	3.00	1.09
荒唐的	2.56	1.29	3.39	0.93	2.95	1.07
畏难的	2.57	1.05	2.75	1.05	2.98	0.98
放任的	2.57	1.07	3.05	0.99	2.75	1.24
平庸的	2.57	1.00	3.32	0.90	2.95	1.06
呆板的	2.57	1.08	3.26	0.89	2.94	1.11
卑顺的	2.58	1.21	2.34	1.25	2.57	1.18
护短的	2.59	1.14	2.63	1.12	2.78	1.12
老朽的	2.59	1.13	2.68	1.10	2.61	1.19
卑微的	2.59	1.06	2.75	1.12	2.65	1.19
摆阔的	2.59	1.22	2.80	1.06	3.02	1.01
疯狂的	2.59	1.29	3.31	1.01	2.85	1.31
悲观的	2.59	1.07	3.48	0.89	3.24	0.97
顽劣的	2.60	1.21	2.59	1.18	2.57	1.20
寡闻的	2.60	1.09	2.87	1.01	2.78	1.30
病态的	2.60	1.09	3.11	1.02	2.63	1.33
偏心的	2.60	1.11	3.38	0.92	3.08	0.98
玩忽的	2.61	1.20	2.03	1.30	2.34	1.20
刚愎的	2.61	1.32	2.54	1.11	2.60	1.24
多疑的	2.61	1.20	3.36	0.88	3.16	1.01
私心的	2.62	1.12	3.12	1.02	3.20	0.94

续表

形容词	好恶度		熟悉度		意义度	
	平均数	标准差	平均数	标准差	平均数	标准差
丑陋的	2.62	1.18	3.36	1.00	3.08	1.15
自卑的	2.62	1.14	3.46	0.90	3.13	1.06
变态的	2.64	1.24	3.11	1.05	2.78	1.09
守旧的	2.64	1.02	3.25	0.98	2.77	1.24
古板的	2.65	1.09	3.14	0.99	2.94	1.09
顽固的	2.65	1.19	3.38	0.90	3.04	1.04
软弱的	2.65	1.16	3.38	0.90	3.17	0.96
自满的	2.66	1.00	3.29	0.93	3.06	0.98
落后的	2.67	0.98	3.54	0.89	2.84	1.28
退缩的	2.68	1.07	2.98	1.13	2.93	1.06
迟钝的	2.68	1.06	3.19	0.98	2.83	1.23
胆小的	2.69	0.89	3.35	0.92	3.10	0.98
易怒的	2.70	0.99	3.09	0.92	3.08	1.01
糊涂的	2.70	1.07	3.41	0.95	3.12	0.99
无情的	2.71	1.41	3.49	0.86	3.12	1.00
饶舌的	2.72	1.30	2.42	1.14	2.60	1.12
炫耀的	2.72	1.16	2.88	1.06	2.56	1.30
阴沉的	2.72	1.10	3.15	1.04	3.00	0.97
自夸的	2.72	1.19	3.24	0.96	3.16	1.00
疏懒的	2.73	1.14	2.23	1.25	2.68	1.07
干巴的	2.73	1.03	2.65	1.15	2.71	1.10
失常的	2.73	1.06	3.08	1.17	2.66	1.34
笨拙的	2.73	1.09	3.09	1.00	2.99	1.08
莽撞的	2.75	1.14	3.06	1.00	2.86	1.28
胆怯的	2.75	1.06	3.29	0.99	3.15	0.99
疲沓的	2.77	1.17	1.66	1.21	2.21	1.22
无聊的	2.77	1.06	3.51	0.89	3.16	1.02

续表

形容词	好恶度		熟悉度		意义度	
	平均数	标准差	平均数	标准差	平均数	标准差
武断的	2.78	1.34	3.17	1.01	2.97	1.09
保守的	2.79	1.00	3.34	1.00	3.06	1.06
空虚的	2.81	1.18	3.58	0.74	3.16	0.99
诡秘的	2.82	1.32	2.68	1.22	2.56	1.08
自贬的	2.85	1.25	2.21	1.16	2.61	1.09
草率的	2.85	0.93	3.31	0.93	2.99	1.03
衰弱的	2.86	1.10	3.21	0.99	2.95	1.06
轻率的	2.87	1.11	3.24	1.01	3.02	1.01
急躁的	2.87	0.99	3.42	0.88	3.24	0.90
脆弱的	2.88	1.10	3.35	0.90	2.81	1.25
妄想的	2.89	1.42	3.18	0.97	2.74	1.25
慌乱的	2.89	0.94	3.18	1.04	3.04	1.00
马虎的	2.89	1.07	3.39	0.88	3.19	0.95
厌倦的	2.89	1.03	3.44	0.90	3.05	1.04
敌对的	2.90	1.25	2.99	1.07	2.92	1.07
憔悴的	2.90	1.03	3.08	0.98	2.90	1.09
依赖的	2.90	1.16	3.13	1.01	3.01	1.05
寡情的	2.91	1.22	2.31	1.17	2.81	1.06
怪僻的	2.92	1.16	2.15	1.02	2.67	1.23
投机的	2.92	1.46	3.33	0.98	2.95	1.04
烦躁的	2.92	1.04	3.33	0.89	3.12	0.96
彷徨的	2.93	0.91	2.95	1.02	2.67	1.29
冷漠的	2.93	1.30	3.38	0.87	3.09	1.04
木讷的	2.95	1.18	1.76	1.14	2.08	1.24
冒失的	2.96	0.97	3.14	1.05	2.98	1.01
怕事的	2.96	1.09	3.22	1.01	3.11	1.02
鲁莽的	2.96	1.08	3.32	0.90	3.00	1.08

续表

形容词	好恶度		熟悉度		意义度	
	平均数	标准差	平均数	标准差	平均数	标准差
唯我的	2.98	1.34	2.45	1.26	2.92	1.05
逞能的	2.98	1.25	3.10	0.97	3.02	0.98
粗心的	2.98	0.92	3.54	0.81	3.28	0.95
乖戾的	2.99	1.30	1.71	1.19	1.91	1.19
贪食的	3.01	1.07	2.96	1.07	3.13	0.96
固执的	3.02	1.22	3.47	0.83	3.19	0.94
冷血的	3.03	1.42	3.01	1.05	2.89	1.10
拘泥的	3.04	0.94	2.54	1.17	2.36	1.23
圆滑的	3.04	1.43	3.22	0.92	2.67	1.31
多欲的	3.05	1.47	2.11	1.32	2.60	1.11
寡欢的	3.07	1.03	2.66	1.08	2.91	1.03
古怪的	3.07	1.32	3.19	1.13	2.85	1.13
凶猛的	3.07	1.40	3.20	1.02	2.82	1.32
忸怩的	3.10	1.11	2.62	1.14	2.80	1.05
苦闷的	3.10	1.08	3.32	0.93	3.23	0.96
好斗的	3.11	1.37	3.15	0.96	3.08	0.97
偏激的	3.12	1.00	3.06	0.96	2.89	1.06
诡辩的	3.13	1.05	3.08	1.00	3.01	1.02
被动的	3.13	1.23	3.39	0.90	3.16	0.99
抑郁的	3.14	1.23	3.29	0.83	2.97	1.01
挑剔的	3.15	1.20	3.22	0.92	3.02	1.05
因循的	3.16	1.18	2.25	1.20	2.64	1.14
中庸的	3.16	1.29	2.62	1.07	2.67	1.11
逞强的	3.17	1.41	2.99	1.07	3.00	1.02
任性的	3.17	1.15	3.32	0.93	3.03	1.06
傲慢的	3.17	1.27	3.46	0.81	2.89	1.25
得意的	3.19	1.07	3.48	0.82	3.12	0.99

续表

形容词	好恶度		熟悉度		意义度	
	平均数	标准差	平均数	标准差	平均数	标准差
骄傲的	3.19	1.06	3.64	0.74	3.24	0.95
寡欲的	3.22	1.12	2.63	1.18	2.76	1.11
疲惫的	3.23	1.06	3.29	0.88	2.83	1.26
健忘的	3.24	1.14	3.22	0.94	3.04	1.08
执拗的	3.25	1.25	2.79	1.09	2.77	1.05
傻气的	3.28	1.24	3.04	0.94	2.94	1.04
拘束的	3.28	0.97	3.39	0.87	3.12	0.95
冲动的	3.29	1.05	3.29	0.93	3.13	0.93
无助的	3.30	1.11	2.98	1.09	3.05	1.02
世故的	3.32	1.47	3.07	1.01	2.80	1.12
服从的	3.33	1.23	3.16	1.02	3.17	0.94
自负的	3.33	1.38	3.35	0.89	3.03	0.97
高傲的	3.33	1.49	3.45	0.77	3.13	1.02
焦虑的	3.35	1.12	3.31	0.87	3.14	0.94
忧郁的	3.37	1.16	3.44	0.81	3.13	0.92
爱哭的	3.38	1.04	3.41	0.98	3.21	1.01
失意的	3.41	0.98	3.19	0.95	2.79	1.31
自怜的	3.42	1.31	2.72	1.08	2.84	1.06
谦卑的	3.42	1.35	2.91	1.03	2.64	1.08
寡言的	3.42	1.15	3.16	0.93	3.13	0.98
多虑的	3.42	1.02	3.38	0.81	3.25	0.87
紧张的	3.44	1.00	3.46	0.88	3.23	1.00
闲散的	3.45	1.03	2.99	1.05	2.73	1.19
忧虑的	3.45	1.16	3.36	0.93	3.23	0.93
可怜的	3.47	1.21	3.46	0.90	2.93	1.29
孤高的	3.48	1.41	2.16	1.21	2.62	1.12
易变的	3.52	1.27	3.08	0.96	3.06	0.99

续表

形容词	好恶度		熟悉度		意义度	
	平均数	标准差	平均数	标准差	平均数	标准差
拘谨的	3.53	1.13	3.09	0.94	2.96	0.99
孤独的	3.53	1.24	3.64	0.73	3.25	0.99
神气的	3.54	1.34	3.34	0.96	3.13	1.01
道学的	3.61	1.29	1.49	1.26	1.80	1.26
文弱的	3.61	1.09	3.00	1.03	2.69	1.23
多愁的	3.63	1.22	3.39	0.89	3.29	0.89
风流的	3.64	1.53	3.46	0.82	2.85	1.15
矛盾的	3.67	1.05	3.46	0.83	3.17	1.03
自得的	3.69	1.31	2.62	1.18	2.78	1.04
害羞的	3.77	0.95	3.56	0.75	3.28	0.91
不羁的	3.79	1.55	2.11	1.07	2.42	1.15
顺从的	3.79	1.31	3.28	0.92	3.06	1.04
幼稚的	3.80	1.27	3.44	0.91	3.17	1.00
泼辣的	3.81	1.40	3.32	0.95	3.12	1.00
调侃的	3.82	1.34	1.83	1.30	2.06	1.35
多言的	3.84	1.21	3.13	0.91	3.22	0.92
可笑的	3.85	1.23	3.55	0.78	3.14	0.97
易感的	3.88	1.11	2.01	1.37	2.38	1.28
念旧的	3.89	1.20	2.66	1.08	2.72	1.05
羞怯的	3.93	1.18	3.31	0.90	2.85	1.28
阔绰的	3.94	1.32	2.79	1.05	2.88	1.07
随俗的	3.94	1.36	2.82	1.02	2.68	1.21
腼腆的	3.94	0.97	3.34	0.83	3.11	0.97
乖觉的	3.98	1.15	1.75	1.28	2.03	1.25
安分的	4.01	1.16	3.12	1.06	2.81	1.28
内向的	4.03	1.00	3.48	0.81	3.20	0.93
尚武的	4.04	1.34	1.68	1.24	2.10	1.33

续表

形容词	好恶度		熟悉度		意义度	
	平均数	标准差	平均数	标准差	平均数	标准差
满足的	4.04	1.32	3.42	0.80	3.07	1.00
独身的	4.07	1.25	2.98	0.98	3.02	1.04
殷勤的	4.08	1.37	3.97	0.87	3.09	1.03
优柔的	4.10	1.49	2.94	1.09	2.91	1.05
恭顺的	4.10	1.33	3.04	1.03	2.93	1.03
早熟的	4.10	1.15	3.13	1.02	3.01	1.03
节欲的	4.12	1.32	2.20	1.24	2.40	1.27
淘气的	4.12	1.11	3.42	0.90	3.15	1.00
善变的	4.15	1.58	3.07	0.91	3.07	1.00
激动的	4.18	1.03	3.57	0.78	3.22	0.96
调皮的	4.19	1.12	3.48	0.79	3.13	1.05
安逸的	4.20	1.20	3.36	0.93	2.93	1.06
矜持的	4.22	1.39	2.64	1.09	2.46	1.29
乖巧的	4.22	1.49	3.04	1.02	2.88	1.01
善感的	4.22	1.10	3.04	0.95	3.10	0.95
随便的	4.23	1.17	3.62	0.68	3.27	0.88
淡泊的	4.24	1.34	2.68	1.21	2.77	1.13
激进的	4.25	1.38	2.92	1.04	2.70	1.22
痴心的	4.28	1.28	3.29	0.92	2.86	1.32
缄默的	4.29	1.17	2.89	0.95	2.73	1.17
听话的	4.29	1.19	3.41	0.93	2.90	1.29
本分的	4.32	1.13	3.11	0.92	2.81	1.27
老成的	4.32	1.27	3.11	1.00	2.93	1.06
时髦的	4.32	1.13	3.55	0.75	3.08	1.05
清高的	4.35	1.60	3.43	0.83	3.12	1.05
严厉的	4.38	1.16	3.36	0.83	3.13	0.95
粗犷的	4.42	1.51	3.15	0.96	2.90	1.06

续表

形容词	好恶度		熟悉度		意义度	
	平均数	标准差	平均数	标准差	平均数	标准差
憨厚的	4.42	1.23	3.32	0.88	3.06	0.91
小心的	4.42	1.10	3.51	0.78	3.01	1.26
老实的	4.42	1.24	3.58	0.87	3.21	0.98
平凡的	4.42	1.23	3.60	0.70	3.13	1.05
稚气的	4.44	1.27	3.19	0.95	2.99	1.09
自责的	4.44	1.21	3.22	0.95	3.16	0.97
好胜的	4.44	1.30	3.38	0.88	2.93	1.23
外向的	4.47	1.09	3.39	0.85	3.03	1.06
知足的	4.48	1.43	3.35	0.89	3.12	1.02
虔诚的	4.49	1.21	3.18	1.02	2.89	1.11
恭敬的	4.50	1.37	3.22	0.96	3.07	1.00
性感的	4.50	1.50	3.25	0.92	2.86	1.14
憨直的	4.53	1.22	2.62	1.14	2.67	1.22
多情的	4.56	1.44	3.54	0.79	3.18	1.00
决断的	4.59	1.53	2.62	1.11	2.74	1.11
单纯的	4.62	1.36	3.52	0.78	3.08	1.03
正常的	4.62	1.16	3.62	0.71	3.61	0.97
克己的	4.63	1.32	2.79	1.05	2.75	1.21
和顺的	4.64	1.25	2.99	1.00	2.94	1.06
俏皮的	4.64	1.32	3.20	0.98	2.98	1.05
客气的	4.64	1.06	3.52	0.76	3.20	0.92
温顺的	4.67	1.22	3.40	0.85	3.05	1.08
谦恭的	4.70	1.18	2.83	1.07	2.97	1.03
忍耐的	4.71	1.32	3.31	0.89	3.25	0.92
严肃的	4.71	1.15	3.57	0.75	3.18	0.99
敏感的	4.72	1.22	3.51	0.65	3.17	0.99
激进的	4.75	1.15	2.96	1.04	2.94	1.07

续表

形容词	好恶度		熟悉度		意义度	
	平均数	标准差	平均数	标准差	平均数	标准差
苦干的	4.76	1.42	3.12	0.96	2.87	1.32
超然的	4.78	1.50	2.53	1.24	2.61	1.12
柔顺的	4.78	1.23	3.16	1.00	3.06	1.02
反抗的	4.78	1.20	3.33	0.93	3.22	0.89
轻巧的	4.79	1.04	3.20	0.98	2.72	1.29
天真的	4.80	1.19	3.57	0.76	3.16	1.05
可人的	4.81	1.29	2.19	1.29	2.48	1.30
倔强的	4.82	1.25	3.51	0.80	2.99	1.18
好奇的	4.85	1.11	3.45	0.81	3.23	0.90
知耻的	4.86	1.33	2.92	1.03	2.78	1.24
乐群的	4.89	1.32	1.84	1.33	2.49	1.31
骁勇的	4.89	1.46	2.09	1.23	2.25	1.18
老练的	4.89	1.41	3.46	0.79	2.89	1.26
豪侠的	4.91	1.23	2.52	1.28	2.51	1.35
干练的	4.91	1.23	2.92	1.04	2.94	1.04
冒险的	4.95	1.24	3.43	0.83	3.13	1.00
知趣的	4.97	1.14	3.33	0.87	3.13	0.95
达观的	4.98	1.25	2.13	1.35	2.41	1.20
随和的	4.98	1.29	3.42	0.78	3.22	0.95
客观的	4.99	1.27	3.39	0.97	3.15	0.99
爱笑的	5.00	1.20	3.53	0.82	3.26	0.95
合作的	5.02	1.01	3.18	1.00	3.06	1.01
合群的	5.02	1.16	3.22	0.93	3.13	0.96
高贵的	5.04	1.38	3.39	0.79	2.98	1.11
敦厚的	5.05	1.18	2.59	1.14	2.81	1.08
侠义的	5.05	1.24	2.81	1.06	2.79	1.07
感恩的	5.06	1.10	2.98	1.06	3.02	1.01

续表

形容词	好恶度		熟悉度		意义度	
	平均数	标准差	平均数	标准差	平均数	标准差
好问的	5.07	1.15	3.36	0.91	3.16	0.97
主动的	5.07	1.14	3.57	0.71	3.29	0.94
细腻的	5.08	1.26	3.34	0.91	3.12	0.96
守法的	5.08	1.26	3.39	0.87	3.05	1.20
朴素的	5.08	1.15	3.58	0.76	3.27	0.89
出众的	5.13	1.31	3.45	0.86	3.16	0.97
宽容的	5.14	1.12	3.28	0.91	3.17	0.94
谨慎的	5.14	1.04	3.39	0.88	3.17	0.88
迷人的	5.14	1.20	3.51	0.79	3.26	0.89
严谨的	5.15	1.33	3.24	0.90	2.88	1.21
温厚的	5.16	1.11	2.83	1.09	2.98	1.07
柔情的	5.17	1.33	3.32	0.90	3.12	0.98
和气的	5.17	1.05	3.58	0.73	3.23	0.98
脱俗的	5.18	1.45	2.78	1.12	2.65	1.12
奉公的	5.18	1.36	2.84	1.05	2.71	1.37
竞争的	5.18	1.30	3.43	0.80	3.26	0.88
力行的	5.19	1.30	1.95	1.27	2.66	1.08
甜蜜的	5.19	1.25	3.37	0.95	2.84	1.35
亲热的	5.19	1.15	3.61	0.72	3.04	1.22
浪漫的	5.19	1.17	3.62	0.68	3.16	0.93
英武的	5.20	1.12	2.67	1.20	2.76	1.10
节约的	5.20	1.12	3.51	0.74	2.98	1.24
敬业的	5.21	1.06	1.70	1.37	2.19	1.30
直率的	5.21	1.13	3.51	0.85	3.19	0.94
健谈的	5.22	1.23	3.32	0.88	3.10	0.93
虚心的	5.22	1.31	3.65	0.66	3.23	0.95
慈善的	5.23	1.21	3.40	0.82	3.12	0.97

续表

形容词	好恶度		熟悉度		意义度	
	平均数	标准差	平均数	标准差	平均数	标准差
善辩的	5.24	1.29	3.22	0.88	3.20	0.94
节俭的	5.24	1.19	3.44	0.78	3.30	0.86
深沉的	5.25	1.24	3.41	0.84	3.10	0.94
忠厚的	5.26	1.13	3.46	0.83	3.21	0.96
朴实的	5.26	1.22	3.55	0.75	3.21	0.95
强韧的	5.27	1.38	2.76	1.06	2.74	1.29
好善的	5.27	1.01	2.98	1.09	3.12	0.97
机警的	5.28	1.28	3.18	0.98	2.79	1.24
伶俐的	5.28	1.23	3.34	0.84	2.75	1.25
懂事的	5.28	1.22	3.48	0.86	3.30	0.90
细心的	5.28	1.08	3.60	0.75	3.18	0.96
胆大的	5.28	1.15	3.60	0.71	3.27	0.92
年轻的	5.28	1.29	3.60	0.75	3.31	0.95
勤勉的	5.30	1.27	2.97	1.02	3.00	0.99
开通的	5.30	1.18	3.21	0.91	3.05	1.02
镇静的	5.32	1.12	3.26	0.95	3.18	0.95
温婉的	5.33	1.08	2.28	1.23	2.46	1.14
大度的	5.33	1.15	3.18	0.94	3.16	0.91
独特的	5.33	1.37	3.45	0.84	3.15	0.97
谦和的	5.35	1.15	3.21	0.88	3.16	0.93
含蓄的	5.35	1.17	3.47	0.71	3.19	0.87
深情的	5.35	1.11	3.48	0.86	3.25	0.95
冷静的	5.35	1.15	3.53	0.79	3.19	0.94
有趣的	5.36	1.12	3.56	0.82	3.32	0.84
成熟的	5.36	1.24	3.66	0.67	2.80	1.31
乐天的	5.37	1.23	2.85	1.09	2.92	1.06
明朗的	5.37	1.25	3.39	0.90	2.96	1.19

续表

形容词	好恶度		熟悉度		意义度	
	平均数	标准差	平均数	标准差	平均数	标准差
善谋的	5.39	1.27	2.58	1.11	2.99	1.01
俊俏的	5.39	1.30	3.15	1.13	2.98	1.11
尽职的	5.39	1.12	3.29	0.86	3.13	1.07
刚强的	5.39	1.26	3.30	0.97	2.92	1.24
豪放的	5.39	1.08	3.38	0.86	3.14	0.95
俭朴的	5.40	1.10	3.44	0.80	3.23	0.90
质朴的	5.41	1.08	3.23	0.90	3.11	1.01
从容的	5.41	1.13	3.32	0.87	3.16	0.90
庄重的	5.41	1.19	3.41	0.87	3.17	0.91
沉着的	5.41	1.32	3.44	0.85	2.94	1.22
律己的	5.42	1.28	2.74	1.06	2.99	1.03
贤良的	5.42	1.28	3.01	1.01	3.13	0.94
纯情的	5.42	1.34	3.31	0.91	3.01	1.04
谦虚的	5.42	1.24	3.59	0.77	3.18	0.93
通达的	5.43	1.09	2.64	1.13	2.78	1.04
审慎的	5.44	1.09	2.54	1.07	2.62	1.19
为公的	5.44	1.17	2.82	1.15	2.73	1.30
乐观的	5.44	1.38	3.59	0.67	3.24	0.93
有成的	5.45	1.25	2.26	1.29	2.63	1.14
矫健的	5.45	1.17	3.16	0.92	2.99	1.01
机敏的	5.45	1.07	3.19	0.89	2.83	1.19
谦逊的	5.45	1.08	3.41	0.82	3.21	0.85
爱美的	5.45	1.14	3.54	0.76	3.33	0.85
好心的	5.45	1.19	3.63	0.68	3.25	0.91
恬静的	5.46	1.37	3.07	0.94	2.94	1.09
无私的	5.46	1.35	3.49	0.88	3.08	1.12
慷慨的	5.46	1.17	3.59	0.73	3.25	0.90

续表

形容词	好恶度		熟悉度		意义度	
	平均数	标准差	平均数	标准差	平均数	标准差
灵性的	5.47	1.20	3.69	1.15	2.94	1.03
不屈的	5.47	1.42	2.28	0.96	3.09	1.03
欢乐的	5.47	1.13	3.69	0.67	3.30	0.86
诙谐的	5.48	1.31	3.14	1.03	2.95	1.09
贤慧的	5.48	1.36	3.38	0.85	3.20	1.02
豪爽的	5.50	1.13	3.45	0.84	3.19	0.95
文静的	5.50	1.19	3.46	0.79	3.21	0.92
公平的	5.50	1.20	3.56	0.85	3.24	0.95
踏实的	5.50	1.07	3.58	0.68	3.27	0.92
爽直的	5.51	1.21	3.25	0.92	3.11	0.99
敏捷的	5.51	1.09	3.40	0.89	2.97	1.19
精干的	5.52	1.12	3.24	0.93	3.11	0.92
守时的	5.53	1.36	3.11	1.02	2.88	1.29
执着的	5.53	1.33	3.41	0.77	3.28	0.89
自觉的	5.53	1.05	3.52	0.80	3.23	0.94
讲理的	5.53	1.24	3.53	0.79	3.19	0.94
精明的	5.54	1.24	3.42	0.85	2.95	1.18
坦然的	5.54	1.14	3.42	0.83	3.15	0.97
友善的	5.54	1.18	3.44	0.74	3.20	0.93
勇毅的	5.55	1.16	2.55	1.25	2.96	0.96
仁慈的	5.56	1.13	3.44	0.86	2.91	1.28
积极的	5.56	1.04	3.66	0.71	3.31	0.89
坚定的	5.57	1.08	3.49	0.82	3.15	1.07
自爱的	5.58	1.34	3.27	0.95	3.30	0.81
忠心的	5.58	1.21	3.44	0.83	2.95	1.29
端雅的	5.59	1.20	2.19	1.24	2.52	1.15
典雅的	5.59	1.21	3.01	1.06	2.92	1.06

续表

形容词	好恶度		熟悉度		意义度	
	平均数	标准差	平均数	标准差	平均数	标准差
称职的	5.59	1.06	3.28	0.94	3.21	0.96
高超的	5.59	1.28	3.30	0.95	2.99	1.01
爽朗的	5.59	1.07	3.44	0.79	2.95	1.21
助人的	5.59	1.10	3.46	0.80	3.01	1.24
善良的	5.59	1.31	3.64	0.68	3.41	0.89
可敬的	5.60	1.16	3.38	0.87	3.18	0.99
独立的	5.60	1.21	3.56	0.73	3.16	1.02
认真的	5.60	1.15	3.65	0.72	3.11	1.30
豁达的	5.61	1.25	2.98	0.99	2.88	1.24
英俊的	5.61	1.20	3.52	0.85	3.16	1.00
诚恳的	5.61	1.24	3.58	0.69	3.23	0.93
刻苦的	5.61	1.31	3.64	0.63	3.32	0.84
幽默的	5.61	1.40	3.65	0.67	3.23	0.92
愉快的	5.61	1.17	3.70	0.70	3.29	0.93
慈和的	5.62	1.14	2.74	1.21	3.01	1.00
可信的	5.62	1.09	3.39	0.84	3.05	1.06
勤俭的	5.62	1.11	3.50	0.76	3.29	0.93
努力的	5.62	1.14	3.63	0.70	3.27	0.91
忠诚的	5.63	1.16	3.51	0.89	3.25	0.95
灵活的	5.63	1.24	3.58	0.70	3.21	0.93
开明的	5.64	1.14	3.21	0.92	2.99	1.01
热情的	5.64	1.04	3.60	0.77	3.37	0.92
勤劳的	5.64	1.33	3.69	0.68	3.35	0.90
慈祥的	5.65	1.08	3.54	0.78	3.26	0.94
优雅的	5.67	1.27	3.30	0.88	3.08	0.93
诚心的	5.67	1.08	3.42	0.83	3.25	0.99
慎重的	5.68	0.96	3.31	0.79	3.11	0.96

续表

形容词	好恶度		熟悉度		意义度	
	平均数	标准差	平均数	标准差	平均数	标准差
文雅的	5.68	1.21	3.52	0.74	3.14	1.06
亲切的	5.68	1.05	3.58	0.77	3.24	0.93
活泼的	5.68	1.16	3.68	0.69	3.20	0.99
坦率的	5.69	1.11	3.54	1.84	3.22	0.95
有恒的	5.70	1.22	3.68	0.18	3.05	1.01
坚忍的	5.70	1.11	3.43	0.88	3.21	1.00
忠实的	5.70	1.23	3.49	0.86	3.31	0.85
稳重的	5.70	1.04	3.54	0.69	3.21	0.91
贞洁的	5.71	1.36	3.27	0.95	3.03	1.06
温和的	5.71	1.05	3.56	0.69	3.28	0.90
友好的	5.71	0.90	3.59	0.71	3.40	0.81
恳挚的	5.72	1.18	2.60	1.15	2.89	1.05
振奋的	5.72	1.14	3.32	0.94	3.19	0.90
负责的	5.72	1.21	3.56	0.78	3.36	0.88
睿智的	5.73	1.41	1.73	1.34	2.10	1.33
明理的	5.73	1.23	3.05	1.00	2.87	1.23
果断的	5.73	1.07	3.51	0.79	3.03	1.23
自强的	5.74	1.36	3.44	0.83	3.11	1.16
健康的	5.74	1.10	3.73	0.61	3.31	0.89
磊落的	5.75	1.23	2.84	1.11	2.96	0.96
廉洁的	5.75	1.31	3.36	0.87	3.14	1.04
整洁的	5.75	1.07	3.58	0.73	3.34	0.88
贤明的	5.76	1.24	3.08	0.99	2.94	1.06
可亲的	5.77	1.04	3.45	0.85	3.01	1.25
可爱的	5.77	1.16	3.68	0.66	3.17	1.17
礼貌的	5.77	1.08	3.68	0.61	3.37	0.85
友爱的	5.78	1.24	3.46	0.83	3.22	0.99

续表

形容词	好恶度		熟悉度		意义度	
	平均数	标准差	平均数	标准差	平均数	标准差
自尊的	5.79	1.19	3.51	0.84	3.30	0.85
开朗的	5.79	1.05	3.64	0.68	3.10	1.19
潇洒的	5.79	1.33	3.64	0.69	3.13	0.98
快乐的	5.80	1.17	3.79	0.52	3.09	1.24
守信的	5.81	1.16	3.37	0.91	3.03	1.17
孝顺的	5.81	1.31	3.52	0.80	3.37	0.85
和蔼的	5.81	1.19	3.57	0.71	3.24	0.92
诚实的	5.81	1.28	3.70	0.62	3.13	1.22
英勇的	5.82	1.10	3.38	0.94	3.15	0.99
进取的	5.84	1.07	3.44	0.85	3.01	1.21
端庄的	5.85	1.00	3.26	0.83	3.05	0.98
坚贞的	5.86	1.15	3.16	1.03	3.06	1.04
完美的	5.86	1.23	3.53	0.82	3.05	1.14
高雅的	5.86	1.10	3.54	0.70	3.16	0.94
忠贞的	5.87	1.23	3.24	0.91	3.07	1.08
爽快的	5.87	1.03	3.55	0.65	3.28	0.90
机智的	5.87	1.21	3.59	0.73	3.21	1.27
聪明的	5.88	1.18	3.64	0.73	3.01	1.27
坚毅的	5.89	1.13	3.35	0.91	3.18	0.99
勇敢的	5.89	1.04	3.64	0.73	2.98	1.25
诚挚的	5.90	1.15	3.35	0.87	3.31	0.91
刚毅的	5.90	1.16	3.36	0.88	3.13	0.99
上进的	5.90	1.04	3.51	0.73	3.32	0.82
大方的	5.90	0.94	3.66	0.57	3.35	0.90
创新的	5.91	1.14	3.28	0.89	2.86	1.24
崇高的	5.91	1.22	3.55	0.81	3.21	1.02
能干的	5.93	1.12	3.61	0.73	3.29	0.88

续表

形容词	好恶度		熟悉度		意义度	
	平均数	标准差	平均数	标准差	平均数	标准差
自信的	5.93	1.03	3.76	0.56	3.44	0.81
坚强的	5.94	1.05	3.52	0.76	3.33	0.89
风趣的	5.95	0.96	3.41	0.80	3.27	0.82
可靠的	5.95	1.07	3.58	0.67	3.23	1.01
温柔的	5.95	1.08	3.71	0.61	3.23	0.97
稳健的	5.96	0.90	3.19	0.91	3.03	1.02
智慧的	5.96	1.21	3.48	0.80	3.21	0.94
公正的	5.96	1.14	3.56	0.81	3.18	1.02
真诚的	5.96	1.19	3.72	0.55	3.32	0.91
好学的	5.99	1.11	3.54	0.77	3.00	1.25
坦诚的	6.04	1.06	3.44	0.78	3.29	0.89
多才的	6.05	1.14	3.51	0.68	3.25	0.90
有为的	6.07	1.01	3.32	0.80	3.11	1.03
高尚的	6.07	1.25	3.62	0.70	3.10	1.07
成功的	6.08	1.06	3.60	0.74	3.24	0.98
体贴的	6.09	1.00	3.55	0.71	3.26	0.90
自重的	6.17	1.05	3.37	0.85	3.20	0.95
理智的	6.18	0.90	3.56	0.67	3.22	0.93
真挚的	6.18	0.92	3.56	0.70	3.27	0.94
纯洁的	6.21	0.99	3.72	0.62	3.26	0.93
博学的	6.27	1.10	3.42	0.77	3.18	0.94
爱国的	6.33	1.03	3.62	0.68	3.07	1.31

3 讨论

本研究用7级记分和4级记分来评定人格特质形容词的好恶度、熟悉度和意义度，目的在于把我们的研究结果与台湾学者的研究结果相对照（杨国枢、李本华，1971）。其实，人格特质形容词好恶度、熟悉度和意义度还可以用其他方法来评定，例如可以用模糊统计试验方法来评定人格特质形容词的好恶度，用看到或听到一个形容词后所引起的联想的多少来测量其意义度，用这些形容词在中小学课本中出现的频率来评定其熟悉度等。显然，用不同的测量方法所得出的结果是不同的。

将我们的研究结果和台湾学者的研究结果相比较（杨国枢、李本华，1971），可以看出，两者具有一致性，但也有不少差异性。例如，大陆和台湾的大学生都把“奸诈的”“下流的”“狠毒的”“无耻的”“毒辣的”列入最坏的10种人格特质之中，而把“爱国的”“真挚的”“有为的”列入最好的10种人格特质之中。这说明，由于传统文化的影响，大陆和台湾的大学生对个人人格特质好坏的评价具有相当高的一致性。海峡两岸的大学生都把“爱国的”列为最好的人格特质（在我们的研究中，“爱国的”好恶度 $M = 6.33$，SD = 1.03；在杨国枢和李本华的研究中，“爱国的”好恶度 $M = 6.50$，SD = 0.90），这也说明，期望祖国统一，繁荣强盛，乃是民心之所向。

应当指出，本研究所测得的人格特质形容词的好恶度、熟悉度和意义度是以我国西南地区的大学生作为被试而测出的结果，因此，选用本研究562个形容词作为其他有关的实验研究时，仅适用于以大学生为被试的实验研究，不能用于以其他社会团体为被试的实验研究。对形容词的好恶度、熟悉度和意义度的评定，个别差异总是存在的，因此，在选用这562个形容词做有关的实验研究时，应当考虑其平均数和标准差，如果是探索一般规律的实验，则应选择标准差较小的为宜。

4 结论

以每组约500名大学生为被试，分别对562个人格特质形容词的好恶度、熟悉度和意义度进行了测量，结果表明：

所取的562个形容词的好恶度是双峰分布，说明其中偏“好”的和偏“坏”的形容词居多，而不好不坏的形容词较少。意义度和熟悉度均是单峰负偏分布，显示本研究所取之形容词大多为大学生所熟知。所有形容词的好恶度与意义度、熟悉度的相关极其显著（$r = 0.364$，$p < 0.001$；$r = 0.315$，$p < 0.001$），而熟悉度和意义度的相关更高（$r = 0.86$，$p < 0.001$）。

大学生们认为最坏的10种人格特质形容词是:下流的,狠毒的,奸诈的,奴性的,毒辣的,昏庸的,无耻的,挑拨的,残暴的,卑劣的;最好的10种人格特质形容词是:爱国的,博学的,纯洁的,真挚的,理智的,自重的,体贴的,成功的,高尚的,有为的。

合作者:张蜀林。原文载于《心理科学》1992年第5期

专题二　中华传统文化的优秀品格研究

中华传统文化的优秀品格是中华民族得以生存、延续和发展的精神支柱，是激励和鼓舞中华儿女为着自己的梦想而积极进取的精神动力。

引言

中华传统文化的优秀品格是中华传统文化的重要组成部分,指那些长期受到中国人的尊崇,影响着中国人安身立命、为人处世、成就事业的美德,因而也被称为中华传统文化的基本精神。

中华传统文化的优秀品格有多种表现形式。在以儒家文化为代表的“君子—小人”分类中,“君子”是对中华传统文化中优秀品格的诠释。儒家文化的开创者孔子认为,成为一名“君子”的主要标准有十五项:仁、义、礼、智、信、忠、孝、廉、耻、勇、中庸、文质彬彬、和而不同、谦虚和自强。根据中华传统文化特别是儒家文化的解释,凡是能从整体上较好地体现出这十五种品格的人就是君子;反之,如果基本上不具备这些品格的人就是小人(汪凤炎,2004)。也有专家认为,中华传统美德即中华传统文化的优秀品格,主要有十项:仁爱孝悌、谦和好礼、诚信知报、精忠报国、克己奉公、修己慎独、见利思义、勤俭廉政、笃实宽厚和勇毅力行(教育部高教司,2004)。这些美德从人与自身、人与他人、人与群体的关系上阐释了中华传统文化。此外,中华传统文化还重视人与自然的关系,主张“天人合一”,把人视为自然大家庭中的一个成员,提倡人与自然和谐相处。例如:孔子认为,仁智之人对自然界的山和水充满了爱,在山水之中能够体验到无穷的快乐,因为人的生命与山和水息息相关。

中华传统文化蕴含着许多的优秀品格,我们的研究也是刚刚开始。本专题主要介绍我们学术团队从三方面来发掘中华传统文化优秀品格的情况。

以经典古籍为对象,采用内容分析法,探讨中华传统文化的优秀品格。《论儒家的自强人格及其培养》一文从日常生活经验的“自强不息”出发,经查阅儒家文献,作者认为仁爱、弘毅、革新是儒家自强人格的主要内容,其终极目标是养成君子人格;实践学习、克服偏私、正确处理理情关系和人际关系是儒家培养自强人格的主要途径。《从〈四库全书〉看大我自强的人格特征》一文从《四库全书》3400多种书籍中找出与“自强”有关的1674条语句材料,再经过内容分析,归纳出“个我”“小我”“大我”三种自强人格的语句材料,其中大我自强人格包含“进德修业”、“盛德大业”和“天德圣业”三个方面,具有明显的“德”“业”双修的特征。《我国古籍中“勇”的心理学探析》一文从830部古籍中检索“勇”,形成包含836个句段的语料库,对语料逐条进行内容分析。结果发现“勇”的内涵主要体现为威猛强悍、临危不惧、坚定笃志、果敢决断、大义担当、知耻革新六个方面,大致可以分为义理之勇和血气之勇两类。

采用对比的研究思路探讨中华传统文化优秀品格在当代的表现。《美德幸福观:一个古老而充满活力的话题》一文对中西方文化中的美德幸福观进行了分析,发现爱好美德和践行美德能够给人们带来幸福，希望、爱、感恩等美德与人们的幸福感存在显著的相关，积极地践行这些美德能够显著地增加人们的幸福感。作者认为中西方文化怎样通过美德影响幸福感的机制尚待进一步研究。《中国文化中自信人格的内涵和功能》一文综述了最近国内人格心理学在语用、公众观层面对自信的关注，自信研究在人格心理学中的地位，自信在自我中的地位，并指出自信具有自我调控和心理健康功能。《当代中国人的孝道认知结构》一文采用调查法探索了当代中国人的孝道认知结构，发现当代中国人的孝道认知包括养亲尊亲、护亲荣亲、丧葬祭念和顺亲延亲四个因素，其中养亲尊亲居于孝道认知的核心地位。尽管与传统孝道结构一脉相承，但当代中国人的孝道认知结构显示了变迁的迹象。《〈论语〉中的人际责任感及其启示》一文认为，《论语》中的仁义礼智信实际上反映了传统文化中人际责任感的性质与内容：以“爱人”为原则、忠恕之道为践行方式的“仁”奠定了“他者为先”的人际责任感基调；“智”是引导“仁”的认知体系，影响责任感的高低与表现方式；义、礼、信各自反映出人际责任感的一些特殊意蕴。至于现代中国人的人际责任感与古代有何异同，作者并未在此文中阐述。

把古籍分析与调查研究相结合来考察中华传统文化优秀品格的古今差异。《自谦：中国人一种重要的行事风格初探》一文采用古籍分析、开放式调查和问卷相结合的方法系统地研究了中国人的自谦品格。从对古籍的分析中发现，自谦是一种“以阳居阴”的行事风格，它有“虚性”和“实性”之分；其功能可分为和谐性、进取性、防御性、礼貌性、道德性等方面。开放式调查表明，古今人们对自谦内涵的看法是比较一致的，绝大多数人认为，自谦仍然具有重要的现实意义，但对自谦功能的认同内容和比例偏重上都与古人不同。问卷调查表明，当代大学生非常强调自谦的“防御性”、“自我完善”和“提升形象”的功能。《中国人勇气量表的建构》一文报告了该项研究的后期工作：经前期的系列研究，发现中国人的勇气包含个人取向与社会取向，其各具有三种特质的结构，根据此构想，在三次预调查2213名有效被试的基础上，编制了中国人勇气量表；多次探索性因素分析结果都支持中国人勇气量表的结构：个人取向和社会取向两个分量表均包含坚毅之勇、突破之勇和担当之勇；五次对1989名有效被试的验证性因素分析结果表明，该量表的信效度较好。

我们学术团队对中华传统文化优秀品格的研究思路大致是：从中国人的实际生活中找出欲探索的核心概念→追根溯源在中华典籍中找出该核心概念的基本含义→与当今中外文文献中近似的概念相比较，找出其异同→到现实生活中去调查该核心概念的内涵与外延→确定该核心概念的维度和指标→编制问卷进行预测试，即探索性因素分析→经验证性因素分析，确定量表有一定信效度，并测量该核心概念。这一研究进路的各个阶段都需要我们把质性研究和量化研究紧密地结合起来。

论儒家的自强人格及其培养

儒家文化主要是一种以自强不息、积极进取为人生价值观的伦理文化。渊源于《周易》的儒家自强思想和精神，在随后的先秦儒家重要典籍《论语》、《大学》、《孟子》以及宋明时期朱熹、吕坤等大儒的著作中继续得到体现和论证。我们将以《大学》作为研究蓝本，辅之以儒家其他典籍，对儒家自强心理学思想做探讨。

《大学》原为《礼记》中的一篇，据传为孔子的弟子曾参所作。后朱熹把它从《礼记》中抽取出来。朱熹将《大学》分为“经”和“传”两个部分，与《论语》《孟子》《中庸》合称“四书”，成为“四书”之首。《大学》对后世的影响极大，特别是在宋以后成了科举考试的依据以及编写启蒙读物所要贯彻的思想，因此成了后世人人必须诵习的重要儒家经典，对封建社会的政治、哲学、思想文化诸方面产生了广泛而深远的影响(贾艳红，2002)。《大学》中所蕴含的自强思想和推己及人的忠恕之道为中国历代读书人提供了奋发进取的方向以及道德修养的基本途径。我们将以《大学》为研究蓝本的儒家自强人格的主要内容概括如下。

1　自强者的人格或境界

《大学》开篇就展示了儒家“三纲”“八目”的追求和自强精神。“三纲”指明明德、亲民、止于至善；“八目”指格物、致知、诚意、正心、修身、齐家、治国、平天下。儒家的全部学说实际上都是循着这“三纲”“八目”而展开的。从心理学层面看，“三纲”反映了自强者所追求或要达到的一种人格境界。

1.1　明明德——一种仁爱、弘毅人格

明德，即光明正大的品德或高尚的品德。从儒学看，就是孔子讲的“仁德”。孔子把“仁”看作理想人格或健全人格的首要和基本的要素。从《论语》二十篇来看，关于“仁”的论述贯穿于始终。孔子对“仁”并没有给出明确的定义，其“仁”的思想反映在对学生提问的不同回答中，这体现了孔子一贯因材施教的教育原则，也说明了“仁”内涵的丰富性。归纳起来，其内容主要有两点：(1)以忠恕为核心的仁爱人格。包括恭、宽、信、敏、惠、忠、恕、敬、讱、刚、毅、木、讷、克己等人格特征。曾子概括为“夫子之道，忠恕而已矣”。这种仁爱精神或人格为后儒孟子、程颐、朱熹、王阳明等人所继承和进一步阐发

(李霞,1997)。(2)弘毅的进取人格。“仁者先难而后获,可谓仁矣。”(《论语·雍也》)“曾子曰:士不可以不弘毅,任重而道远。仁以为己任,不亦重乎？死而后已,不亦远乎?”(《论语·泰伯》)。要成为仁者,就要经历一个艰苦的磨炼过程和不息的奋斗过程。这也是孟子所谓的“天将降大任于斯人”所要经历的。明代大儒吕坤认为“懒生疏,谨自勤”,因此圣贤都“勤励不息自强”(《呻吟语·修身》)。这些都体现了仁者所应具备的意志坚强、目标远大和艰苦奋斗的品质。

儒家的仁爱人格是一种由内修到外用、由己及人的过程,上述的讱、刚、毅、木、讷、克己等人格特征是向内的,是一种内修人格;恭、宽、信、敏、惠、忠、恕、敬等人格特征是对别人来说的,是一种外用人格。因此,儒家以忠恕为核心的仁爱人格兼具个人取向和社会取向,主要是一种道德人格。儒家思想中有一种激人向上的力量,即仁德中蕴含的这种生生不已、坚忍不拔的进取精神。

1.2 亲民——一种革新人格

程颐和朱熹认为“亲民”应为“新民”,即使人弃旧图新。“新”是革新、创新之意。《周易》中所蕴含的革新思想,在这里进一步得到阐发。《大学》引用商汤王刻在浴盆上的警句(即“苟日新,日日新,又日新”)、《尚书》的《康诰》篇说“作新民”,《诗经》云“周虽旧邦,其命维新”等,都是强调人要不断革新自强。朱熹则从道德的角度进行了解释,把“新”的内容局限在“德”方面。他说:“言周国虽旧,至于文王,能新其德以及于民,而始受天命也。”(《大学章句集注》)。又说:“君德既新,则民德必新,民德既新,则天命之新亦不旋日矣。”(《四书或问》)。这是朱熹对“周虽旧邦,其命维新”的解释。当然,“新”的内容不仅仅是“德”,在思想文化、政治经济、科学技术等方面都要不断革新。中国传统文化或儒家文化本身就蕴含着这种革新精神或思想(杨虹,2000;丁德科,2000)。作为个体的自强者亦不仅仅是“日新其德”,还要在思想观念、科学研究以及其他工作方面“日日新”。

从个体自强人格的取向来看,“明德”是一种兼具个人取向和社会取向的仁爱人格,“新民”则完全是一种社会取向的革新人格。“明德”主要是从静态的角度论述自强者所要追求的一种道德人格,而“亲民”则从动态的角度和社会的取向来强调人要不断革新自强。

1.3 止于至善——健全人格的终极目标

追求“止于至善”包含两层含义:一是知道自己所止之处,二是在前者的基础上达到完美的境界。《大学》从伦理道德的角度对“知其所止”进行了解释，即“为人君，止于仁；为人臣，止于敬；为人子，止于孝；为人父，止于慈；与国人交，止于信。”不同的身份、不同的人有不同的“所止”，重要的是能找到最适合自己条件，最能扬长避短的位置和角色。从自强心理的层面看，所谓“知其所止”，是指一个人在追求自强的过程中能够审时度势、遵循规律，明确自己所要奋斗的目标和方向，并能根据变化的现实做出相应的调整，最终找到自己的位置。换言之，作为自强者要具有自知之明、通权达变、尊重规律等品质。孔子非常赞赏这些品质，他在评论卫国的两个大夫时，称赞其中的蘧伯玉是君子，因为他能够做到“邦有道则仕，邦无道则可卷而怀之”(《论语·卫灵公》)。《论语》中多处提到这种观点。孔子对弟子漆雕开的自知之明也极为赞赏，还说自己做事是“无可无不可”。由此可见儒家是主张通权达变、自知之明的，而非不顾现实地“知其不可而为之”。明代儒学经典《呻吟语》对自强要遵循法则、规律的思想进一步给予了阐述，认为人生天地间，无论是思考、讲话、做事、与人交往还是接触外物都要遵循一定的道理或法则，因此从童年到寿终，无论白天黑夜都要秉持自强不息之心，即：“细行小物尚求合则，彝伦大节岂可逾闲？故始自垂髫，终于属纩，持一个自强不息之心通乎昼夜。”又说：“贤人念头只认个可否，理所当为，则自强不息；所不当为，则坚忍不行。”(《呻吟语·存心》)

“至善”是指一种完美的境界，朱熹解释说：“至善，则事理当然之极也。”它是“明明德”和“亲民”二纲领的最终发展归宿，也是对二者发展的目标要求，要求在实践中把“明明德”的内在修为和“亲民”的外在事功这两方面的个体主动性行为都发挥到极致。从人格心理的角度看，“至善”可理解为一种健全人格，它是前述的仁爱人格、弘毅人格和革新人格的进一步发展，是个体人格发展的终极目标。在《论语》中，孔子把这种“至善”人格称为“成人”人格，它的理想特征是智、仁、勇、多才多艺以及具备礼乐修养。这种人格标准会随时代的变化而变化，具有现实针对性，它的现实标准是见利思义、见危授命、讲信用、重承诺。关于儒家理想人格或健全人格的内涵及演变，一些学者进行了分析概括：仁义礼智以及浩然的意志力量是儒家理想人格的内涵(杨国荣，1994)。理想人格的主要特征有“‘仁者爱人’、‘泛爱众’的博爱情怀；‘忠恕’的道德品格；‘博施济众’、‘因民之所利而利之’的高尚情操和志向；‘中庸’的气质和风貌；‘志于道’、‘志于仁’的理想信念；‘义以为上’、‘见利思义’的义利观”等(郭鲁兵、刘涛，2001)。从先秦到近代几千年历史发展中，儒家的理想人格呈现出以“重义轻利”“内圣外王”“孔颜乐处”“忧国忧民”“杀身成仁”“平民而圣王”为主要特征的演变过程(薛柏成，1995)。

2 自强人格培养的途径和方法

《大学》中的"八目"是儒学为人们展示的一套人生自强的阶梯。格物、致知、诚意、正心是内修；齐家、治国、平天下是外治；"修身"则是连接两者的桥梁和根本，它与前面的内修项目连在一起，是"独善其身"，与后面的外治项目连在一起，是"兼善天下"。两千年来，这种"穷则独善其身，达则兼善天下"的人生追求，铸造了一代又一代中国知识分子的自强人格。

2.1 格物致知——一种实践学习

《大学》中原本没有对"格物致知"的解释，后朱熹仿照二程的意思进行了补充。"格物致知"在南宋以后成了中国哲学中的一个重要范畴。朱熹认为"格物"就是"穷尽事物之理"；"致知"是指"推极吾之知识"，亦即通过对事物的认识、研究而获得知识。"格物致知"的过程是一个由近而远、由浅入深、由粗到精的逐渐积累而达贯通的过程(张立文，2001)。它主要是一种实践学习的过程，而非从书本到书本的间接学习过程。朱熹认为这种实践学习是要持之以恒、付出极大努力的，即要"至于用力之久"。此外，他在解释"明德"时，提到要"自明"，也就是要发挥个体的主观能动性，积极主动地学习，最终才能养成高尚人格。《论语》十分重视学习，开篇第一句话就是："学而时习之，不亦说乎？"并认为学习是获得"道"的途径，即"君子学以致其道"。主张博学和圣人无常师。孔子根据学习态度把人分为四等："生而知之者，上也；学而知之者，次也；困而学之，又其次也；困而不学，民斯为下矣！"由此可见，孔子不仅重视学习，而且赞赏主动学习的人。从自强人格的培养来看，学习应是一个重要途径。不仅要进行广泛的学习，向所有能够请教的人学习，而且更重要的是能够主动学习，在实践中学习。

2.2 诚意正心——理与情的关系

既不自欺也不欺人。在众人面前表现诚实容易做到，但在独自一人时却很困难，所以《大学》中提出要"慎独"，也就是一个人独处时要谨慎，因为这时没有他人和外界环境的监督，有可能不能做到诚其意。简言之，就是要求人前人后要一样，一切都发自肺腑，来自内心。但仅有诚意是不够的，因为诚意可能被喜怒哀乐惧等情感支配役使，使我们成为情感的奴隶而失去控制。所以在诚其意之后，还必须正其心，即用端正的心思(理智)来驾驭情感，进行调节，否则就会为情所牵，导致"心不在焉，视而不见，听而不闻，食而不知其味"。在《大学》中，"诚意"是从人的情感来讲的，"正心"是从理智方面来谈的。明代儒学经典《呻吟语》以"存心"为篇名，专章论述了通过理智调控情感、保持平和心态，以达自强的过程。认为“恣情纵意，而各求遂其所欲”是不符合“还本归全之道，戴天履地之宜”的，因而也无法做到“持一个自强不息之心”。因此，要求要“存心”，即做到“当可怨、可怒、可辩、可诉、可喜、可愕之际，其气甚平”。并且对情感、欲望的克制要做到毫不松懈，因为“防欲如挽逆水之舟，才歇力，便下流”。只有“把意念沉潜得下”“把志气奋发得起”，才会“何理不可得”“何事不可做”。当然，情感与理智，诚意与正心不是绝对对立、互不相容的。正心不是要完全摈弃喜怒哀乐惧等情欲，不是“存天理，灭人欲”，而是要让理智来克制、驾驭情欲，使心思不被情欲所左右，从而做到情理和谐。吕坤认为，得、失、毁、誉等情欲只有像尧舜这些圣人才能完全去得掉，平常人甚或君子都去不掉，能做的只是“藉以检身”(《呻吟语·存心》)，即用它们来约束自己。总之，处理理情关系也是培养自强人格的一个主要途径。

2.3 修身——克服偏私是最重要的

《大学》中所提的修身主要是讲如何克服偏见或偏私。如上所述，修身是自强追求各阶梯中的中间过渡环节。在此之前的格物致知、诚意正心，即实践学习、理智与情感关系的处理都是针对自身进行的；在此后的齐家、治国、平天下开始处理人与人之间的关系。人与人之间的交往，或扩而言之到国与国之间的交往，可能会存在偏见或偏私的问题，因此，在此之前就要通过修身来解决。《呻吟语》卷二专门有一章论述修身问题。认为修身的目标是达到“勤励不息自强”。修身的内容涉及“挺身独任”“策励精神，点检心事”“明理省事”“恭敬谦谨”“仁恕”“浑厚”“勤俭”“自立”“为善”“沉静”“慎独”等。并认为在修身的过程中不护短、不偏私使人进步最快(即“修身以不护短为第一长进”)，提出通过每天不断反省(点检)自己，来克服偏私，保持公正。总之，儒家十分重视克服偏私在品德修养中的作用。要培养自强人格，可从克服偏见、偏私始。

2.4 齐家治国平天下——处理人与人之间的关系

如前所述，齐家、治国、平天下是人生自强过程中的外用(外王)阶段。从齐家、治国到平天下是外用发挥的不断扩大过程。《大学》认为这种外用或外王过程的实现主要取决于对人与人之间关系的处理上，涉及的是人伦和礼的运用。换言之，能处理好各种人伦关系，能够用“礼”规范和约束自己及处理与他人的关系，就能齐家、治国、平天下。在齐家、治国、平天下三者中，齐家是基础，因为家庭是各种人际关系的缩影，父子关系可推广为上、下级关系，兄弟关系可推广为朋友或平辈关系，夫妻关系可推广为异性关系，能处理好家庭各成员间的关系，就能处理好家庭之外的各种人际关系。正如《大学》所云:“故君子不出家而成教于国。孝者,所以事君也;弟者,所以事长也;慈者,所以使众也。”在处理人际关系时,《大学》十分强调以身作则、带头示范、推己及人的“絜矩之道”:“君子有诸己而后求诸人,无诸己而后非诸人。”又云:“所恶于上,毋以使下;所恶于下,毋以事上;所恶于前,毋以先后;所恶于后,毋以从前;所恶于右,毋以交于左;所恶于左,毋以交于右。”这是对前述儒学“恕道”人格的进一步阐发。孔子亦十分重视在处理人际关系和治国理政时以身作则的表率作用。子曰:“其身正,不令而行,其身不正,虽令不从。”又曰:“先之,劳之。”(《论语·子路》)“政者,正也。子帅以正,孰敢不正?”(《论语·颜渊》)总之,儒家十分强调人际关系的作用,儒家文化亦是一种人际关系取向的文化。因此,在自强人格的养成教育中,重视人际关系能力的培养,并养成以身作则、推己及人的品质是十分重要的。

3　小结

综上所述,仁爱人格、弘毅人格和革新人格是儒家自强人格的主要内容,这些人格包含丰富的内涵,涉及恭、宽、信、敏、惠、忠、恕、敬、讱、刚、毅、木、讷、克己、变革、创新、意志坚强、目标远大、艰苦奋斗等具体的人格特征,其最终发展归宿是养成健全的人格,即“止于至善”。儒家的自强人格既具有个人取向,也具有社会取向。它以个人取向为基础和出发点,以社会取向为最终目标,从个人取向逐渐扩展至社会取向。实践学习、克服偏私、正确处理理情关系和人际关系是培养儒家自强人格的四个最主要途径。

合作者:郑剑虹。原文载于《心理科学进展》2007年第2期

从《四库全书》看大我自强的人格特征

1 目的

《易·乾》卦“象辞”首倡“天行健,君子以自强不息”,此后“自强”成为我国传统典籍中出现频次极高的词汇。历史上,不管是对个人还是对国家,在逆境中还是顺境中,人们都以此自期自励,可以说,自强是塑造中华民族精神品质的一种重要手段,同时它本身也是我国民族精神的一个不可或缺的组成部分,值得今天的人们珍视、传承和发扬。心理学家对自强人格的提倡正是基于此(黄希庭,2003)。并且,通过一系列的理论和实证研究,发现自强在今天仍然是中华民族的重要精神和文化人格(夏凌翔,2005;郑剑虹,2009)。作为一个深植于传统文化并随之绵延发展而来的概念,“自强”本身具有丰富的内涵,只有厘清了传统文化中“自强”的含义并发掘其达成的途径与方法,才可能以古证今,明晰今天“自强”的概念与传统文化中“自强”的区别与联系,并为当今我们国家、民族、社会和个人提供可资借鉴的自强手段(郑剑虹,黄希庭,2007;2004)。同时,研究它的内涵、达成途径和特色也是人格研究中国化的重要内容。本研究的目的是探讨我国传统文化中大我自强的人格特征以及它对当代中国人格研究的启示。

2 方法

本研究材料采用计算机从电子版《四库全书》检索关键词“自强”而得。检索涵盖文渊阁《四库全书》的全部书籍3400多种,以“自强”为关键词检索得到4747个含有句,去除“自”与“强”连用却不成词者153个,得到含“自强”的语句4594条。然后,由四位研究者(一位中国古代文学博士,两位中国古代文学在读硕士,一位心理学在读硕士)用内容分析法对检出资料进行处理。去除“自强”行为施动者为物、集体、国家等的语句。最后以“个我”“小我”和“大我”为维度对自强的语句材料进行分类,并对其出现频次加以统计。这里的“个我”指个体的我,是包括个人的身体及内在私欲等的自我;“小我”指人伦关系中的自我;“大我”指除小我以外的群体自我,它包括社会、国家乃至自然、宇宙关系中的自我。属于“个我”“小我”“大我”自强语句材料共1674条;其中个我自强语句240条,小我自强语句105条,大我自强语句1329条。限于篇幅,本文仅对大我自强语句材料加以分析。

表1 进德修业的分类、典型表述和出处

分类	含有量/条	典型表述	出处
进学无荒	81	1.浮名得失何须较,实学盈虚当自强	《平桥稿》卷三
		2.谁因景物竞流光,为学终身贵自强	《至正集》卷二十九
		3.将自强以进学,期为己以修身	《西隐集》卷一
求道不息	100	1.心缘忘物几无惧,道在忧时苦自强。	《念庵文集》卷二十二
		2.自强不息,日进正道	《周易程朱传义折衷》卷二十四
德性修为	187	1.自强为善者,君臣穷达所同,故称君子	《周易辑闻》卷一上
		2.为君者自强于仁,为臣者自强于忠,为父者自强于慈,为子者自强于孝	《厚斋易学》卷三十七《易外传第五》
		3.所以自强者内以进其德,外以修其业,皆当终日乾乾而不息也	《勉斋集》卷一
去欲存刚	42	1.人之德性本明也,物欲蔽之则昏,自强不息则昭矣	《周易浅述》卷四
		2.天德流行而不息者,刚健而已,人虽有是德而不能无间断者,由有私柔杂之也。故贵乎"自强不息"	《读书录》卷一
庄敬爱乐	68	1.不能自强则怠惰乘之	《勉斋集》卷一
		2.知而不能好,则是知之未至也;好之而未及于乐,则是好之未至也。此古之学者所以自强而不息者与	《葵巳论语解》卷三
立命成己	68	1.惟自强则命自我立矣	《诗所》卷七
		2.天既职性命,道德人自强	《元氏长庆集》卷二十三
		3.自昔成人出辛苦,看汝意气勉自强	《本堂集》卷三十三
		4.五十知天命,充而至耳顺心从之境,亦自强不息而已矣	《则堂集》卷三
		5.勉旃自强,履用吾诚,以达于成,以承所生	《东里集·文集》卷二十四

3 结果

对大我自强1329条语段材料的内容分析表明，大我自强者包含“进德修业”“盛德大业”“天德圣业”三方面特征，每一方面又包含若干亚特征。

3.1 进德修业

表1是大我自强的第一组人格特征“进德修业”所包含的内容，共有语句材料546条，可分为“进学无荒”、“求道不息”、“德性修为”、“去欲存刚”、“庄敬爱乐”和“立命成己”六个亚特征。表中所列“实学盈虚当自强”句以“实”来修饰“学”，突出了学的实践特征，体现于日常伦理的体仁践礼，就是待父母孝、待兄弟悌、待朋友信、待他人恕，己欲立而立人，己所不欲勿施于人，推心以量人。它是终身的践履体会，所以要“为学终身贵自强”，一刻也不能停止和间断。称“学”为“实学”的另一含义是指学的目标是具体实在的，指向自己是修身成圣人，指向他人和国家是把仁义礼智信恕贯彻于待人处事中，指向宇宙就是体“道”(即“法天”)。但目标指向并不是指已达成目标，而是指还在“进学”之时和追求之中，所以用“进德修业”来概括。

“求道不息”之“道”指儒家之“道”，宋儒称之为“天理”。其所属之目有仁、善等生物、利物之德。为学的目标是格物以致知，求道也是获得仁、善等真知，本来上表的“进学无荒”和“求道不息”可合为一条，之所以把它们分开，一是传统文化中对它们分开表述者不少，更重要的是不同用词暗示着不同的对应面，讲“学”之时强调人道，强调人伦实践；讲“求道”之时强调追求指向的是天道。儒家强调“下学上达”，“进学”主要是“下学”之事，“求道”则显示其重心指向于“上达”。本然而有的天理在天称为“道”，在人则称为“德”。“德者得也”，指人得之于天的品质，所以“道”与“德”是一物二名而已。古人把它分开，是因为所指不同。所得的“德性修为”材料共187条，其中“自强为善”者有69条材料，另外提到善的子目如仁、礼、孝、忠、慈、恕、义等共49条，还有指为善但以“德”名者69条，在这些“进德”“修德”的语句中，常有如“所以自强者内以进其德，外以修其业，皆当终日乾乾而不息也”这样“德”“业”并举的情况。

“去欲存刚”之“欲”指人欲，“所谓人欲者，是指人心之带有损人利己的成分，即所谓私的成分者。所以人欲亦称私欲。”(冯友兰，1998)去除私欲，以保持人本有的刚健不息之性，假如一个人达到了“去欲存刚”的境界，则他已经是圣人。此条所涵盖者指还没有达到“去欲存刚”的境界，尚在追求过程之中者，所以把它归在“进德修业”内。

“庄敬”可以说是一种外在的态度，同时也可视为个体内在的情感。正如王艮所言：“人心本自乐，自将私欲缚。……乐是乐此学，学是学此乐，不乐不是学，不学不是乐。”

（黄宗羲《明儒学案》卷三十二）“乐”是因为所学，而学达到乐则是一种境界，乐是学达到一定境界的必然副产品，它是追求或达到自强境界的人必然伴随的情感表征，没有这种情感则常会“怠堕乘之”，无法“进学无荒”“求道不息”，所以可以直接表述“庄敬爱乐”是自强的目标。

“立命成己”包括“立命”和“成己”两方面内容。《中庸》说“天命之谓性”，“性”在天而言称为“命”，赋予人即“性”，所以说“天既职性命”。性命之理就是人之所以为人者，天赋予人的性命并不是每个人都能充分发挥它，儒家主张“穷理尽性以至于命”，通过人的努力把性命之理都发挥出来，这就是“立命”，“立”字尽显人对性命的主动作为。成人成己在儒家那里指仁、智、勇三者完美结合的人。我们所得的材料是指向成人成己却在追求过程中者，如“勉旃自强，履用吾诚，以达于成，以承所生”强调，要自强以对得起生而为人；“五十知天命，充而至耳顺心从之境，亦自强不息而已矣”强调成人的阶段性特征；“自昔成人出辛苦，看汝意气勉自强”则是概说要自强于成人等。

3.2　盛德大业

表2是大我自强的第二组人格特征“盛德大业”所包含的内容，共有语句材料510条，可分为“施德政”、“勤国事”、“御外侮”、“保独立”和“成功烈”五个亚特征。为民族、国家和天下苍生谋福利有所成就者即归于“盛德大业”。

“施德政”所含都是关于国君者。包括三方面内容，一是强调施政者即国君要修德，如言武王“所以成王业者，非图度天命也，自强修德焉耳”等；二是直接强调要行德政；三是强调要任用贤明之士，如“伏愿自强明德，任贤勿贰用”等。

“勤国事”从身份可分为国君和臣民两类，其中讲述国君者124条，讲述臣民者64条。涉及国君的主要是国君要自强于“其国”、“政治”、“为国为民”和“勿懈于位”等；为人臣者则强调要称职任，如“汝作臬府副，职任汝自强”“为官要自强，谨勿事诡随”等。当然，国家兴亡，匹夫有责，中华民族的传统是即使一介平民，同样心系国家大事，特别在国家危亡之时，更是“焦心恤患自强者唯国”。

“御外侮”指遭到外敌侵略时个体应当有和不应当有的态度，包括材料135条，可分为积极态度和消极态度两类。消极态度指外敌入侵不自强，材料32条，不自强“则胡马半天下，江陵岂能免乎”“以底于亡”。所以“中原夷狄相衰盛，圣哲从来只自强”，只有积极鼓励将士、人民抵御外侮，匡定国难，才是社稷之福。

“保独立”指保持国家独立，不自强会使国家依附他国或他人而沦于附庸，甚至亡国，所以只有自强才能“立其国”，使国家成为自主国家。

“成功烈”共得语句材料98条。“凡人于事业莫不欲广大也。然从来创成伟业，必先有自强不息，力行不怠之勤”，从人君到人臣到民众，凡想成就一番功业者，或已经成就功业者，都必缘自强而得。

表 2 盛德大业的含义、典型表述和出处

含义	含有量/条	典型表述	出处
施德政	57	1.言自太王至于武王所以成王业者，非图度天命也，自强修德焉耳	《诗所》卷八
		2..伏愿自强明德，任贤勿贰	《宋名臣奏议》卷四十七
勤国事	188	1.羔裘欲其君自强于政治	《诗缉》卷十
		2.皇法天自强不息，勿懈于位	《皇清文颖》卷三十四
		3.为官要自强，谨勿事诡随	《雪坡集》卷十六
		4.汝作臬府副，职任汝自强	《石仓历代诗选》卷四百二
		5.焦心恤患自强者唯国	《文献通考》卷二百五十一
御外侮	135	1.若不能雪耻自强，则胡马半天下，江陵岂能免乎	《义门读书记》卷五十四
		2.然不能修德自强，以底于亡	《荥阳外史集》卷三十九
		3.中原夷狄相衰盛，圣哲从来只自强	《梁溪集》卷二十三
保独立	32	1.平王东迁之始，不能自强，而仅属望于藩辅	《日讲书经解义》卷十三
		2.杞伯不能自强，求庇于鲁	《春秋事义全考》卷三
		3.有国家者务自强以立其国	《春秋集传详说》卷十八
成功烈	98	1.人君惟自强然后可以成功	《读诗质疑》卷二十七
		2.凡人于事业莫不欲广大也。然从来创成伟业必先有自强不息、力行不怠之勤。	《日讲书经解义》卷十一

3.3 天德圣业

表3是大我自强的第三组人格特征“天德圣业”所包含的内容，共有语句材料273条，可分为“法天德”、“成圣人”、“具圣功”、“与天并运、与时偕行”和“中庸至诚”五个亚特征。《易传》曰：“大哉，乾乎！刚健中正纯粹精也。”唐代孔颖达对此注解为：“刚健中正纯粹精者，此正论乾德。”(孔颖达《周易正义》卷一)。乾即天，乾德即天德。“是故乾也者，七德之总名也。”(陈瓘《了斋易说》卷一)表2-3的“天德圣业”之“天”即指具此“七德”之天。具此“七德”的天把本然而有之德施于天地万物，这就是《易传》所称“天之大德曰生”。生利万物，使之各得其性，各得其所，和谐共生，这就是“天德”施于物所成之

“业”。达到了天德境界的人是“圣人”,他泽被万物的功德就是“圣业”。个体自强的最高和最终目标就是具备天德和成就像天那样的功业,可称之为“天德圣业”。

“法天德”的表述有时用“希天”,有时用“法天则”,有时直接用“法天”“法乎天”;另一表述就是直接指出法天之“七德”中的某种德行。我们所得的材料中,提到法天的具体德行如“君子以自强不息法天行之健也”“先圣赞《易》于乾曰君子以自强不息,谓其体天之刚健也”,主要是法天之“健”或“刚健”,前人对此解释说:“君子之于天无所不法,法之以为修身之要者,健而已。”(耿南仲《周易新讲义》卷一)“刚”是针对“私欲”而言,没有私欲即“刚”;“健”是针对“息”、间断而言,不中断能不息就是“健”。能“刚”则能“健”,能“健”即是“刚”,“刚健”二德常可连用,或用其中之一可包含二者。

孟子说:“圣人,人伦之至也。”(《孟子·离娄上》)完美践履人伦要义的人就是圣人,这是从人伦、人道的层面给圣人所下的定义。从与天道关系的层面给圣人下定义,则“君子者,能法天之健而自强,则人而天矣”,圣人是“人而天”者(即与天相同的人)。儒家称为圣人的人有尧、舜、禹、商汤、文王、周公、孔子等,所以材料有如“自强于仁可以为尧”等属于“成圣人”的另一表述。

“具圣功”的表述有“是故自强不息,则道无不臻;厚德而载,则物无不济”“公溥以庇物”“成己成物”,也就是说,圣人之功德与天一样,能济物成物,生利万物。

“与天并运、与时偕行”包含的是强调圣人与天一样刚健不息的材料。只有刚健不息才能真正生物利物;天不息,才能真正做到“四时成焉,万物立焉”,适时适宜,与时偕行。

儒家用“中庸”一词概括“刚健中正纯粹精”七德的实用特性,以“诚”特指七德精纯不杂的质性状态,“中庸”“诚”是七德的不同表述而已。“中庸至诚”共得材料46条,其强调点在要自强于“诚”、“纯”和“中庸”。天刚健不息的原动力和人成圣人、具圣功,都是源于其“诚”和“中庸”。因此“诚”和“中庸”的重要性毋庸置疑。

表3　天德圣业的含义、典型表述和出处

含义	含有量/条	典型表述	出处
法天德	70	1.君子自强法天,厚德法地	《温公易说》卷一
		2.君子以自强不息法天行之健也	《伊川易传》卷一
		3.自强不息所以希天也	《周易观象卷一》卷一
		4.先圣赞《易》曰君子以自强不息,谓其体天之刚健也	《性理群书句解》卷六十五

续表

含义	含有量/条	典型表述	出处
成圣人	26	1.君子者能法天之健而自强则人而天矣。	《周易参义》卷五
		2.自强不息,君子入圣之功也	《周易辨录》卷一
		3.自强于仁可以为尧	《论孟精义·孟子精义》卷十三
具圣功	41	1.是故自强不息,则道无不臻;厚德而载,则物无不济。	《温公易说》卷一
		2.自强以建极,公溥以庇物。	《郝氏续后汉书》卷六十六下上
		3.自强者必本于克己复礼,人十己千,成己成物	《钦定国子监志》卷五
与天并运—与时偕行	90	1.盖自强不息,斯可合乾德之大	《东涧集》卷七
		2.夫惟自强不息,与天同运,人欲不得以间之,然后终始万物,与天同功矣。	《大学衍义》卷五
		3.天行之健,自强不息,亦圣度之恢,与时偕行也	《钦定热河志》卷二十五
中庸至诚	46	1.然则自强之功若何?不外于立诚而已矣	《御览经史讲义》卷一
		2.自强不息,则不显而纯	《御纂诗义折中》卷十九
		3.德至于中庸,则全之尽之,不可以有加矣。非自强不息者,不能以致此	《礼记集说》卷一百二十五

4 讨论

通过对《四库全书》中1329条大我自强的语句材料的内容分析,可知大我自强人格特征包括“进德修业”、“盛德大业”和“天德圣业”三个方面,并呈现为三个层次和境界。“进德修业”是对“德”“业”孜孜以求的过程,它流惠的范围是亲人、朋友、邻里、乡人等;“盛德大业”指个体对民族、国家的巨大贡献,流惠范围大及国家;“天德圣业”则是指个体像天一般普惠天下万民、泽被所有生物。大我自强人格以“进德修业”为起点,进而发展到“盛德大业”,最终目的是达到“天德圣业”的境界。将这一结果与儒家理想人格相比较,可以发现大我自强人格与儒家理想人格具有相当大的一致性,它们都有大我价值取向。具体而言,都有对“内圣”即内在自我德性提升的追求,但大我自强人格对“外王”

即外在功业的追求相对突出，明显表现出“内圣外王”、德业双修的行为特征。儒家的仁德思想可以分为仁、义、礼、智、信、恭、宽、信、敏、惠、诚、中庸等德目，因而形成仁者人格、智者人格、诚信人格、中庸人格等不同人格类型。由于侧重点不同，每一人格类型具有独特的行为特征，同时它们又统属于儒家人格，因而又具有共同特征。我们以后研究儒家理想人格，要是既能注意其不同人格类型特征，又能注意统属于儒家的理想人格，可能这方面的研究将更深入。

在当代健康人格的研究中，我们提出了“健全人格”（perfect personality）的概念。所谓健全人格就是以正面的态度对待世界、他人与自己，对待过去现在与未来，对待顺境与逆境，做一个自立、自信、自尊、自强和幸福的进取者。“人格健全属于高层次的心理健康，表现为有高尚的目标追求，发展建设性的人际关系，从事具有社会价值的创造，渴望生活的挑战，寻求生活的充实与人生意义”（黄希庭，2006）。显然健全人格具有大我价值取向。通过本研究可以看出健全人格概念的历史纽带，它是继承中华传统文化的大我价值取向发展而来。同时，把本研究结果与健全人格内涵相比，为邻里、亲人、社会、民族、国家乃至普天下人而追求“进德修业”“盛德大业”的行为是健全人格者的要求，但传统文化强调的“天德圣业”中以天为最高行为法则和取法对象的认知方式在健全人格者那里已经发生变化。健全人格是植根于传统文化的大我价值取向，结合时代的新特点，吸收借鉴国外健康人格理论而构建的。厘清传统文化的大我价值取向，有利于我们对健全人格的源流有更清晰的认识。

5　结论

检索《四库全书》得到“自强”目标材料4594条，属于“个我”“小我”“大我”自强的语句材料1674条，其中个我自强语句240条，小我自强语句105条，大我自强语句1329条。大我自强语句约占个我、小我和大我自强语句材料总数的79%。本研究表明中华传统文化中的大我价值取向，通过“自强”一词又一次得到明证。大我自强包括“进德修业”、“盛德大业”和“天德圣业”三个层次和境界，典型地反映出“德”“业”双修的特点。健全人格概念继承了中华传统文化的大我价值取向，它植根于传统文化，同时又面向当今世界。

合作者：赵彩花，岳彩镇，蔡亮，赵天一。原文载于《西南大学学报（社会科学版）》2010年第1期

我国古籍中“勇”的心理学探析

1 引言

中国传统文化博大精深，从古籍中发掘中华民族的优秀品格，是人格研究中国化的一项基本内容。“勇”是一种敢作敢为的意志品质，与仁、智一起被列为理想人格的组成部分，居于中国人人格体系的重要地位。从商周时期起，“勇”就开始出现在我国各类文献中，各派学者对其解析丰富。儒家主张“勇是气之大用”，墨家认为“勇，志之所以敢也”（《墨子》卷十），史家总结出“勇，文之帅也”（《国语·周语》）。“勇”这种品格一直延续至今，被视为摆脱屈辱、振兴中华的民族精神，国歌《义勇军进行曲》正是为激发民众抗日救亡之勇所作。现行《公民道德建设实施纲要》《中共中央关于加强社会主义精神文明建设若干重要问题的决议》《普通高中思想政治课程标准（实验）》等文件中均提到要发扬见义勇为精神，培养勇于探索和创新的优良品格。

基于“勇”在中国人人格结构中的地位重要性、内涵丰富性与古今延续性，从中国文化、社会、历史的角度对其进行心理学探索是很有必要的。本研究拟对古代文献中“勇”的内涵、分类和功能进行系统归纳，尝试揭示中国人“勇”的发展特征，即传统性与现代性统一，同时又考虑跨文化的一致性与差异性，进而形成关于“勇”的中国化人格构念，为全球人格心理学探究“勇”贡献我们中华民族的智慧。

2 方法

2.1 语料库建构

使用计算机从“汉籍检索系统”和“中国基本古籍库”中搜集相关资料。检索方式主要有两类：（1）单字检索，以“勇”为关键词检索；（2）反向检索，依次以“怯”“懦”“弱”为关键词检索。简化原始资料的标准有三个：一是删除语义为姓名、注音用语、官衔名、士兵的语料，如“命成国公朱勇”（《日知录》卷九）；二是删除重复和不以“勇”为主题的表述，如“笔勇助溪”（《全宋词》中之李肅《玉蝴蝶》）；三是对表述不完整的语料进行补充。经标准化整理后，形成正式语料库，检索文献分布情况如表 1。检索文献总数 830 部，检索到相关文献共 427 部，总检出率 51.45%，简化后语料库共含语料 836 条，涉及经、史、子、集四类文献。（见表 1）

表1 检索范围、检出率和整理后的检索结果表

总类	检索文献总数/部	检出相关文献数/部	检出率	检出结果/条
经	23	20	86.96%	160
史	214	132	61.68%	220
子	429	217	50.58%	252
集	164	58	35.37%	204

2.2 内容分析

参照胡金生和黄希庭(2009)及尹华站等人(2012)的研究程序对语料逐条进行内容分析,具体包括:(1)建立类目,结合"勇"文献的总体特征,通过小组讨论和专家分析法确定具体类目,并明确各类目的含义、归类标准及典型范例;(2)单元归类,分析单元是以"勇"为主题的语句,由三名古代汉语专业硕士生从内涵、类别、功能三个方面对每个分析单元进行归类,对于难以确定含义或归类的个别语料,请教古代汉语专家后决定;(3)信度评估,分别计算三位归类者的相互同意度,据杨国枢等人(2006)的信度公式求出归类者信度和研究者信度。

3 结果

3.1 古籍中"勇"的内涵

《说文解字·力部》载:"勈,气也;从力甬声。""勈"是"勇"的异体字,其异体字形还有"恿"等,都表示与用力、用心有关。《增韵》曰:"勇,果敢也。"除词汇学定义外,"勇"作为一种心理品质,在知、情、意、行方面有相应的含义,并且"勇"还有身体和道德领域特定的内涵,由此整理出古籍中"勇"六个方面的内涵(见表2)。身体方面表现为在战场上威猛强悍、豪壮杀敌;在情绪上,"勇"是一种临危不惧、处难不惊的气概;意志方面,"勇"是一种激发人们刚毅笃志、坚定不移的力量;遇到突发情况能够果断而不犹豫是"勇"的行为体现;道德领域中,"勇"是敢于舍生取义、主动担当;感知自身的不足、实现自我突破即"勇"在认知方面的表现。

表2 “勇”的内涵分析

类目	检出次数及比例	信度	实例
威猛强悍	362 (43.30%)	0.98 (0.97)	番番矫矫，勇也(《尔雅·释训》) 古者将战，先使勇力之士犯敌焉(《史记·周本纪》裴骃集解引郑玄注)
临危不惧	104 (12.40%)	0.97 (0.98)	勇者不惧(《论语·子罕》) 临大难而不惧者，圣人之勇也(《庄子·秋水》)
坚定笃志	37 (4.43%)	0.99 (0.99)	勇者，刚之发(《四书章句集注·论语》) 其勇不疚于刑(《国语·晋语》)
果敢决断	67 (8.01%)	0.98 (0.99)	临事而屡断，勇也(《礼记·乐记》) 勇，果决也(《玉篇·力部》)
大义担当	109 (13.04%)	0.98 (0.98)	见义不为，无勇也(《论语·为政》) 立义以为勇(《孔子家语·好生》)
知耻革新	25 (2.99%)	0.99 (0.99)	知耻近乎勇(礼记·中庸) 勇于惟新(《象山集》)

注：表中检出次数为3位评分员都同意的次数，比例是指检出次数占语料总数的百分比，括号中信度是以50%以上评分者共同归类为标准的研究者信度。下同

3.2 古籍中“勇”的类别

儒家和道家就“勇”的分类都提出了深刻的见解。孟子将“勇”划分为“敌一人”的匹夫之勇和“一怒而安天下之民”的文王之勇(《孟子·梁惠王下》)，即“小勇”和“大勇”。与之类似，荀子在《性恶》篇中提出，敢于捍卫中正之道、不畏强权、兼济天下是为“上勇”，礼貌谦让、注重诚信、看轻钱财是为“中勇”，轻视生命、追逐名利、逃避责任是为“下勇”。朱熹将“勇”分为“血气之勇”与“义理之勇”(《朱子语类》)，认为两种“勇”根本区别在于内在驱动力不同。庄子则以个人所遇情境不同，把“勇”划分为不避蛟龙的渔父之勇、不避兕虎的猎夫之勇、视死若生的烈士之勇、临大难不惧的圣人之勇四种形态(《庄子·秋水》)。虽然诸子关于“勇”的分类略有差异，但都能依据价值大小归结为血气之勇和义理之勇两类(如表3)。血气之勇大多出于一时意气、鲁莽冲动、毫无谋略、不计后果，义理之勇则符合民族大义、伦理道德、礼仪仁爱之道。

表3　“勇”的类别分析结果

类目	检出次数及比例	信度	实例
血气之勇	247（29.50%）	0.97(0.96)	此匹夫之勇，敌一人者也(《孟子·梁惠王下》)
			吾不欲匹夫之勇也，欲其旅进旅退也(《国语·越语》)
			恈恈然惟利饮食之见，是狗彘之勇也(《荀子·荣辱》)
			诚知匹夫勇，何取万人杰(《全唐诗》卷一百四十一之王昌龄《杂兴》)
义理之勇	457（54.60%）	0.97(0.96)	而进之以德义之勇也(《四书章句集注·中庸》)
			勇而有谋，正谓今时(《国语韦氏解·吴语》)
			所贵勇者，为其行义也(《吕氏春秋·当务》)
			轻死以行礼谓之勇(《晏子春秋·谏上》)

3.3　古籍中“勇”的功能

按影响范围的大小，古籍中“勇”功能的描述可归纳为社会和个体两个层面（见表4）。社会层面表现为对国家主权和社会秩序的影响，正向功能是维护国家安全、促进治军御敌，负向功能是危害社会安定、破坏礼仪秩序。在个体层面，“勇”能产生优化人格、推动创新的积极影响。其一，“勇”与智、仁一起共筑中国人的理想人格，达到“知者不惑，仁者不忧，勇者不惧”(《论语·子罕》)的完美人格境界。其二，“勇”可激发个体挑战权威、开拓创新的精神。勇者敢于正视自我的缺点，做出思想与行为的改变，适应新事物的发展，从而奠定个体创造性人格的基础。相反，不恰当的“勇”对个体具有消极作用，如“勇于敢则杀，勇于不敢则活”(《老子》)，过于勇猛可能会使个体招致杀身之祸。

表4　“勇”的功能内容分析结果

类目	检出次数及比例	信度	实例
社会层面	344（41.15%）	0.97（0.95）	此谓以成智谋，以威勇战，其国无敌(《韩非子·饬令》)
			君子有勇而无义为乱，小人有勇而无义为盗(《论语·阳货》)
			周志有之，勇则害上，不登于明堂(《春秋左氏传·文公二年》)
			孝子躯干小，勇气满九州(《铁崖古乐府》卷一)
个体层面	360（43.06%）	0.97（0.95）	勇，文之帅也(《国语·周语》)
			知、仁、勇三者，天下之达德也(《礼记·中庸》)
			勇，天下之凶德也(《吕氏春秋·论威》)
			勇悍果敢，聚众率兵，此下德也(《庄子·盗跖》)

4 讨论

评分者信度和研究者信度系数均在0.95以上，表明此内容分析的可靠性很高。从内容分析结果可知，中国古籍关于“勇”的论述主要包含内涵、分类和功能三个方面。然而，中国传统文化经历了几千年的演变，与现代人们观念中的“勇”是否一致？在不同文化背景下是否有差异？接下来我们将从传统性与现代性、跨文化的一致性与差异性两个视角对“勇”的内涵、分类、功能进行讨论。

4.1 “勇”的传统性与现代性

华夏文明历经更迭，人们对“勇”的看法却是一脉相承的，说明“勇”蕴含悠长的传统渊源，故解析中国传统典籍中“勇”的心理学内涵、分类及功能是一项非常有意义的工作。在继承传统的基础上，“勇”随时代演变而有所发展，其侧重点和外在形式发生了明显的变化，表现出适应社会需求的现代性。简言之，古籍中“勇”具有传统性与现代性统一的特点。

传统性集中表现为对“勇”分类及功能背后价值立场的传承。不论古人还是今人皆称赞捍卫民族大义、果敢理性之勇，鄙夷出于一时意气的莽撞冲动、剽悍无谋之勇。譬如古人认为“所贵勇者，为其行义也”(《吕氏春秋·当务》)，同样现代作家郁达夫也指出“勇者并不是蛮勇之谓；凡见义不为为非勇”(2007)。如今社会表彰见义勇为先进分子，宣传其英勇事迹，建立“中华见义勇为基金会”、推动见义勇为立法等现实举措，都证明了中华民族提倡义理之勇的延续性。

同时，这种文化传承在“勇”的内涵方面也有所体现。古籍中“勇”的豪壮杀敌、投身为义、临危不惧、果敢决断等内涵被反复提到，现代思想家论及“勇”的内涵时也持类似的观点。前两种含义如鲁迅在国难当头时发出“真的猛士，敢于直面惨淡的人生，敢于正视淋漓的鲜血”(2005)的呐喊。临危不惧、果敢决断之勇，即每临大事从容不迫，并与深思决断为伍。当下人们都把“勇”视为在面对困难、危险等情境下，敢做敢为、维护正义、从容果敢、处乱不惊的气概，足见“勇”在内涵上的传统性。

古籍中“勇”内涵检出次数居于首位的是威猛强悍，表明古人相当看重豪壮杀敌的身体之勇。而在现代知识社会背景下，人们更为关注“勇”的突破创新、坚守真理等内涵，这些侧重点的变化即“勇”具有现代性的例证，现代“勇”主要表现为创新之勇、坚守之勇、独立之勇、放弃之勇。坚守真理之勇就像刘少奇所说，“理直气壮，永远不怕真理，勇敢地拥护真理”(1962)。独立之勇如蔡元培的主张“勇敢之最著者为独立……独立之要有三：一曰自存；二曰自信；三曰自决”(2012)，这与党的十八大提出的“道路自信、理论自信、制度自信”所代表的精神独立之勇一致。敢于放弃名利、坚决抵御诱惑，在物欲横流的现实社会中，亦是一种难能可贵的“勇”，如同三毛所写“坚持自己该做的事情，是一种勇气。绝对不做那些良知不允许的事，是另一种勇气”（1996）。上述改革创新、坚忍不拔、独立自主、敢于放弃的精神力量被弘扬，很大程度上与现代社会尊重知识、追求真理、崇尚个性、反腐倡廉等现实是相互联系的，同时也反映出当今时代的价值取向。

4.2 “勇”跨文化的一致性与差异性

“勇”经历长期的词义演变，动词词义消亡，名词词义扩展，形容词词义沿用至今。“勇”与“气”连用早在《左传》中就有了，如“夫战，勇气也”；现代汉语中“勇气”，兼顾“勇”双重词性的词义，表示敢作敢为毫不畏惧的气魄（《现代汉语词典》，2016）。英语中，与“勇”对应的词汇是 courage，其源自古法语 corage，拉丁词根是 cor，指一种面对危险时的胆量（《牛津高阶英汉双解词典》，2004）。西方心理学家在勇气的定义、理论、测量及影响因素等方面进行了不少有益的探索，其中影响较大的有决策理论、多因素模型以及评价理论，测量工具包括伍达德—普瑞勇气量表、优势行动价值量表等，正强化、情绪、外倾性人格等对勇气有预测作用（Hannah，Sweeney，& Lester，2007；May，Luth，& Schwoerer，2014；Muris，Mayer，& Schubert，2010；Niesta，Greitemeyer，Fischer，& Frey，2010；Petersen，2004；Peterson & Seligman，2004；Rateand Sternberg，2007；Woodard & Pury，2007）。鉴于心理学研究国际化的需要，下文采用“勇气”一词对这种心理品质加以描述。对比可知，不同语言文化背景下人们对勇气的解释显示出一致性与差异性的统一。

勇气的跨文化一致性，表现之一是勇气不仅在中华文化中被赞颂，也受到西方文化的推崇。作为中华传统美德之一的勇气，与智慧、正义、节制一起被西方列为四项首要美德。表现之二，勇气都是源自人们内心的力量。比较东西方文化中勇气的词源和词义发现，中国人常视勇气为内心的一种力量、精神或气魄，西方人对勇气的界定亦如此。表现之三，勇气均涉及克服困难、压力等不利因素。在中国，抢险、救灾、救人及同犯罪行为做斗争等见义勇为都离不开克服艰难险阻；同样西方人也认为勇敢产生在斗争中，勇气是在每天对困难的顽强抵抗中养成的。

尽管中西文化中勇气品格存在许多相似性，但每个中国人身上都打下了深深的中华社会文化与历史烙印，致使两种不同文化背景下的勇气具备鲜明的文化差异性。首先，差异性表现在从古至今，道德判断是中国人观念中勇气最主要的特色。庄子的圣人之勇、孟子的大勇、荀子的上勇、朱熹的义理之勇、现代社会的见义勇为都以“德”为统率和归属，彰显出清晰的道德立场和社会性。这种差异与东西方文化价值观分歧密切相关，中国人的价值体系中，“社会是协助个体发展的温床，社会和谐是个体幸福快乐的源泉”,“社会取向”“大我优先”是中国社会民众的主要互动方式。相反,西方价值体系中人的价值往往建筑在能否冲破“社会”的限制及约束,个体为了自己而生存,个人主义是西方民众为人处世的核心法则(杨中芳,2009)。其次,差异性表现为研究取向不同。中国思想家倾向于哲学思辨,从勇气的内涵、分类、功能的角度解读勇气;西方心理学家侧重实证探讨,通过问卷调查、设计实验等方式探究勇气的结构与作用机制。再次,培养方式有别。中国人培养勇气多从小熏陶、渗透于日常教育,而西方人希望个体通过自我体悟而自然习得勇气。以上文化的差异性反映了独具中国特色的思维成果,是中国化勇气研究的立足点,也是中国文化对国际心理学的重要贡献。

总之,古籍中勇气具有传统性与现代性、跨文化一致性与差异性统一的发展特征。其坚定笃志、果敢决断的内涵涉及坚定性因素,临危不惧、知耻革新则体现突破性,大义担当、威猛强悍可纳入责任性,因而推断中国人勇气可能主要由坚定性、突破性、责任性三因素组成。下一步勇气研究应立足于中国传统文化背景,整合勇气的公众观调查、深度访谈及典型勇者人格特征分析,并参考哲学、文学、史学的相关成果,进一步探索中国人勇气的心理结构,建构中国化的勇气人格理论。另外,古籍中勇气的两种分类与功能,暗示中国人勇气在个人和社会两个层面有所区别,不同层面的勇气表现出各自的特点,故可从个人取向和社会取向两种视角,兼顾集体主义和个人主义的文化差异,设计适合测量中国人勇气的工具。

5 结论

对古籍的内容分析发现:(1)“勇”的内涵主要包括威猛强悍、临危不惧、坚定笃志、果敢决断、大义担当、知耻革新六个方面,大致分为义理之勇和血气之勇两类,具有维护国家安全、优化个体人格等重要功能;(2)勇气是一种兼顾传统性与现代性、跨文化的一致性与差异性的心理品质,既符合我国国情,又能够适应东西方文化的需要。

合作者:程翠萍。原文载于《心理科学》2016年第1期

美德幸福观:一个古老而充满活力的话题

1 引言

“德”是会意字,由表示行走的“彳”、代表眼睛的“目”和表示内心的“心”三部分组成,合起来指人的品行。美德是指美好的品德(《现代汉语规范词典》,2004)。在西方,“美德”(virtue)一词源于拉丁文virtus,意为“优势”(strength)或“优点”(excellence)。心理学研究中将美德定义为能够给个人和社会带来好处的思想及行为(Michael E Mc-Culloughand Snyder,2000)。

幸福是人们所追求的快乐、充实并且有意义的生活状态(刘杰,李继波、黄希庭,2012)。幸福观是指人们对幸福问题的总的看法和基本观点(张华、吕文郁,2011)。美德幸福观在中西方思想文化中有着悠久的历史。在中国,最早较系统的美德幸福观见于《尚书·洪范》,该书认为人生有五福:一曰寿,二曰富,三曰康宁,四曰攸好德,五曰考终命(邢占军、黄立清,2004)。此时的幸福观把福与德相联系,认为爱好美德本身就是一种幸福(沈利华,2007)。在西方,亚里士多德是第一个较完整地提出美德幸福观的哲学家(陈真,2004)。他认为幸福是灵魂的一种合于完满德性的实现活动(2003)。由此可见,可以将中西方传统的美德幸福观表述为爱好和践行美德能够为个人和社会带来幸福。

心理学自诞生之日开始就有三个特殊的使命:治愈心理疾病、鉴别和培养天才、使所有人的生活更加美好和富有创造性。二战后心理学家更多地关注治愈心理疾病,20世纪末积极心理学的兴起,使美德和幸福再度成为心理学研究的焦点(Seligman & Csik-szentmihalyi,2014)。积极心理学认为,幸福是快乐、充实、意义三者的结合(Lee Duck-worth,Steen,& Seligman,2005),积极心理学的使命之一就是指导人们发现和运用自己的优势和美德,去追求幸福的生活(Seligman,2004)。这是一种将个人优势(即实现美德的途径)的实现作为个人和社会获得幸福的基础的美德幸福观,它的哲学基础来源于亚里士多德的美德幸福观,积极心理学对幸福的理解呈现出向古典幸福观的回归。

2 来自实证研究的证据

从实证的角度来看，爱好和践行美德是否有利于个体幸福感的提高，心理学家在对美德与幸福感进行量化的基础上，对二者之间的关系进行了显著性检验以及干预性实验研究。

2.1 来自相关研究的证据

为了有效地检测出个人身上的美德和优势，2004年，彼得森（Peterson）和塞利格曼（Seligman）根据十项标准，从包括中国的儒家思想和道教文化，南亚的佛教和印度教文化，西方的希腊哲学、犹太教、基督教文化，阿拉伯的伊斯兰教文化等认可的众多优势中选择了24种优势，将其归类到智慧和知识、勇气、仁爱、公正、节制、超越等六大核心美德中，开发出了优势行动价值分类（The Values in Action Classification of Strengths）体系。2005年Park和彼得森（Peterson）据此编制了用于成人的自我报告式问卷——优势行动价值问卷（The Values in Action Inventory of Strengths；VIA-IS）（Park & Peterson，2005），该量表有240个题目，24个分量表对应24种优势，每个分量表有10个题项，每个题项均采用利克特量表（Likert scale ）5点计分，某项优势得分越高，说明被试所具有的此项优势越突出。在VIA-IS的基础上，Park和彼得森（Peterson）开发了适用于青少年的优势行动价值量表（VIA-Youth）。研究者据此开展了一系列美德与幸福感之间的关系研究。

在六项研究中（Brdar & Kashdan，2010；Park，Peterson，& Seligman，2004；Peterson，Park，& Seligman，2005；Peterson et al.，2007；Shimai et al.，2006；Toner，Haslam，Robinson，& Williams，2012），研究者分别采用优势行动价值问卷（VIA-IS）、青少年的优势行动价值量表（VIA-Youth）以及其他测量幸福程度的量表求优势与幸福程度的相关度（Diener，Emmons，Larsen，& Griffin，1985；Lyubomirsky & Lepper，1999；Peterson et al.，2005），发现希望（hope）、热情（zest）、好奇心（curiosity）、爱（love）、感恩（gratitude）等优势与被试的幸福程度存在显著的相关；而谦逊（modesty）、审美（appreciation of beauty）、创造力（creativity）、判断力（judgment）、好学（love of learning）等优势与被试的幸福程度相关较弱。

2.2 来自积极干预的证据

为帮助来访者渡过难关，构建快乐、充实、有意义的幸福生活而采取的干预手段就是积极干预（Lee Duckworth et al.，2005）。来自积极干预的研究表明，乐观、善良、感恩等美德的积极干预能够显著地增加被试的幸福感。

在四项研究中（Burton & King，2008；King，2001；Lyubomirsky et al.，2011；Sheldon &

Lyubomirsky,2006),研究者分别对被试进行了乐观干预,即让被试想象事情将会往好的方向发展并把它书写下来,结果发现,即使是只持续两天,平均每天2分钟的乐观干预都提高了被试的积极情绪,而那些持续八个星期,平均每星期进行15分钟乐观干预的被试,他们的幸福水平在干预结束后的半年中仍显著高于控制组。

在Dunn等人的研究中(Dunn, Aknin, & Norton, 2008),研究者对被试进行了善良干预,让被试在一天中为自己或为他人花掉5美元及20美元,结果发现,那些为他人花掉5美元或20美元的被试的幸福感高于为自己花钱的人。在Otake和Shimai等人的研究中(Otake et al., 2006),对被试进行的善良干预则是让被试回顾一个星期中自己对他人做的好事,结果发现,进行了善良干预的被试的幸福感显著高于控制组,而那些在善良干预中回顾自己在一个星期中对他人做的好事越多的人幸福感越高。

埃蒙斯(Emmons)和McCullough的研究中(2003),对被试进行了感恩干预,让干预组的参与者每周记录五件他们觉得需要感谢的事情,连续十周,发现感恩干预能够增加人们的幸福感,与控制组相比,干预组的参与者对生活普遍感觉更良好,对未来的一周感觉更乐观,与他人的关系感觉更密切,有了更多的积极情感。Froh等人的研究验证了感恩干预在提高青少年幸福感中的作用(Froh, Sefick, & Emmons, 2008)。

3　争议

爱好和践行美德能够给人们带来幸福,这样一种历史悠久的美德幸福观被积极心理学的实证研究所证实。不过,围绕美德的分类、文化的影响等方面的问题,研究者之间还存在一些争议。

3.1　美德体系

Dahlsgaard等人以《精神疾病诊断与统计手册》为榜样(Dahlsgaard, Peterson, & Seligman, 2005),采用专家评定及文献分析等方法,阅读了世界上主要的宗教和哲学派别的基本论著,得到了一个他们认为放之四海而皆准的包括6种美德与24个优势的分类体系。然而,研究者采用优势行动价值问卷(VIA-1S)对成人的美德种类进行因素分析及主成分分析的结果却没有支持6种核心美德的分类体系。结果只发现3种或4种(刘杰、李继波、黄希庭,2012b)、4种(Brdar & Kashdan, 2010; Macdonald, Bore, & Munro, 2008)或5种(Peterson & Park, 2004; Peterson & Seligman, 2004)核心美德,而且对于这些核心美德的命名研究者仍然没有达成一致的意见。研究者采用青少年的优势行动价值量表(VIA-Youth)对青少年的美德种类进行因素分析及主成分分析的结果同样没有支持6种核心美德的分类体系。结果有的研究者在以南非青少年为研究对象的研究中发现青少年的美德尚未分化(van Eeden et al.,2008),有的研究者发现4种(Dahlsgaard,2005;Park & Peterson,2005,2006)或5种青少年的核心美德(Park et al.,2004),同样,在对这些美德进行命名时研究者们仍然没有达成共识。(见表1)

表1 部分已发表的文章中美德维度的数量和命名

作者和年份	测量工具	分析方法	维度数量	维度名称
Dahlsgaard (2005)	VIA-Youth	主成分分析	4	节制(Temperance) 智力(Intellect) 超越(Transcendence) 合群性(Gregariousness)
Park & Peterson (2005)	VIA-Youth	主成分分析	4	责任感(Conscientiousness) 开放性(Openness) 宜人性(Agreeableness) 神学性(Theological strengths)
Park & Peterson (2006)	VIA-Youth	因素分析	4	节制(Temperance) 他人取向(Other directed) 智力(Intellectual) 神学性(Theological strengths)
VanEeden, Wissing, Dreyer, Park, & Peterson (2008)	VIA-Youth	主成分分析	1	未分化
Peterson & Seligman (2004)	VIA-IS	主成分分析	5	约束(Restraint) 人际(Interpersonal) 智力(Intellectual) 情绪(Emotional) 神学性(Theological strengths)
Peterson, Park, Pole, D, Andrea & Seligman (2008)	VIA-IS	主成分分析	5	人际(Interpersonal) 坚忍(Fortitude) 认知(Cognitive) 节制(Temperance) 超越(Transcendence)
MacDonald et al. (2008)	VIA-IS	主成分分析	4	宜人性(Niceness) 智力(Intellect) 积极性(Positivity) 责任感(Conscientiousness)

续表

作者和年份	测量工具	分析方法	维度数量	维度名称
Brdar & Kashdan (2010)	VIA-IS	因素分析	4	人际(Interpersonal) 坚忍(Fortitude) 活力(Vitality) 谨慎(Cautiousness)
Shryack et al. (2010)	VIA-IS	主成分分析	3	智力(Intellectual) 人际(Interpersonal) 节制(Temperance)
			4	智力(Intellectual) 社会(Social) 超越(Transcendence) 节制(Temperance)
Toner et al. (2012)	VIA-Youth	主成分分析	5	节制(Temperance) 活力(Vitality) 好奇心(Curiosity) 人际优势(Interpersonal Strengths) 超越(Transcendence)

注：本表整理自 Toner et al.(2012)

3.2 文化因素

为了更好地进行积极心理干预和便于全球交流，塞利格曼(Seligman)等人不仅希望能够建构一个具有普世文化的美德体系，而且致力于寻找到那些能够稳定地提高人们的幸福感的美德类型。他们的理论得到了一些实证研究的支持。Shimai 等人做的跨文化研究发现，美国人与日本人表现出一致的美德类型结构，选择爱、幽默、善良等优势的人数都较多，而选择谨慎、自我管理、谦虚等优势的人都较少(2006)。在性别差异上两种文化背景也具有一致性，女性都更多地表现出爱和善良等优势，而男性都更多地表现出勇敢和创造性等优势。热情、希望、好奇心、感恩等美德优势都与幸福感有着显著的相关。然而，彼得森等人对美国和瑞士人的研究却发现了文化上的差异(Peterson et al., 2007)，其预测指标中，美国人对生活满意度最高的是感恩，而瑞士人对生活满意度最高的却是坚忍。

4 总结和展望

爱好和践行美德能够给人们带来幸福，这一历史悠久的美德幸福观被心理学的实证研究所证实，然而，由于目前研究者使用的研究工具从普世价值的角度出发，使得其所得到的美德维度处于较高的抽象水平。杨中芳曾经对这种放之四海而皆准的研究角度产生过怀疑，认为其对进一步了解人的心理的意义具有一定的局限性。为了进一步弄清楚有没有能够普遍提高人类幸福感的核心美德，以及文化因素在影响和提高人们幸福感的美德方面是如何起作用的这两个方面的问题，未来的研究可以从以下三个方面进行。

第一，对美德与幸福感的研究工具进行本土化的修订。段文杰等人对优势行动价值问卷（VIA-IS）在中国大学生中的适用性进行了研究，发现其会聚效度与区分效度结果混杂，说明原有理论中六大美德的划分在中国大学生中并不适用。他们在深度访谈的基础上对VIA-IS进行了修订，并制作出了仅包括96道题的中国人美德问卷，该问卷具有良好的心理测量学信效度。在进一步的因素分析中得出了包括人际（interpersonal）、活力（vitality）、谨慎（cautiousness）三个稳定的美德分维度。但是研究者对美德的构念仍然没有跳出性格优势和美德的分类手册（Character Strengths and Virtues Classification Manual；CSV）的框架（Duan et al.，2013；Duan et al.，2012；段文杰、李婷婷、张永红，2011）。

第二，对美德与幸福感进行本土化的构念。由于中西方在自我构念上的差异，西方积极心理学流派对美德的构念更倾向于对个人自我实现所需美德的描述，而中国人对美德的构念则更倾向于人际沟通交流时所需美德的描述。例如，针对商品经济社会中的问题，如何让人们，尤其是唯利是图的商家重拾“良心”这样的美德，将是美德幸福观研究需要深入解决的问题。

第三，找出美德与幸福感关系的结构图，对美德与幸福感的关系进行系统的干预性研究。目前大多数研究者对美德与幸福感的关系研究仍然停留在对24种性格优势与幸福感的关系探讨的框架之内，对本土化的美德与幸福感之间的关系探讨有待深入。

合作者：彭文会。原文载于《西南大学学报（社会科学版）》2013年第4期

中国文化中自信人格的内涵和功能

西方心理学体系中关于自我的内容丰富,但没有与自信相对等的概念。自信研究的迫切性来自实践中自信的重要性。如何理解人们在社会伦理生活中的决策,如何在教育实践领域中培养多元自信,如何解释自信、过度自信对经济行为的影响,如何预测竞技运动中自信的意义,以及如何在自我塑造中展示个人进取和坚忍性,如此等等的诸种问题,均可以从人格心理学的角度、在自信的研究中获得启发。人格研究者近年来高度关注中国人的人格特点,黄希庭、夏凌翔(2004)在对自我的系统阐述中将自信包含在内,自信作为人格研究主题的认识逐渐加深。

1 自信的词汇学解释

在自信的语用层面,沉淀着关于自信人格的行为、思维模式的最基本说明。从字面含义来看,自信是指向于自己的"信"。《辞源》收录"信"的含义共有9种,分别是①诚实,不欺;②信从,信任;③的确;④任意;⑤符契,凭据;⑥使者;⑦消息;⑧再宿;⑨舒展,伸张[《辞源(修订本)》,1988]。在信的这9种含义中,第二种与"自"合成意义最恰当,自信是自己相信、信任自己。《旧唐书·卢承庆传》中"朕今信卿,卿何不自信也","信"取"信任"之意,自信就是与他人信任相对的自己对自己的信任。

在英语中,与自信对应的基本词汇有两个,分别是self-confidence和assertiveness。confidence是确信自己的力量、能力,日语将其译为"自信、信赖"。confidence的拉丁文词源confidentia的含义是指信赖、相信,感到有把握的状态。self-confidence则是指个体信任自己而获得的情感安全感(*American heritage dictionary of the English language*,2004)。与此义接近的词汇还有self-assurance和self-trust。

Assertive的基本含义是断定的、过分自信的,日语译为"断言的な,断定的な,独断的な"。Assertive不但蕴含盛气凌人、坚持立场不与外界妥协的含义,而且还包含aggressive成分,容易将其与攻击、侵犯相混淆。Assertiveness确切的含义则指在人际过程中,向他人以直接的、诚实的方式表达自己的需要、欲求、情感、信念、观点,而无意伤害任何人的感情。显然,Assertiveness通常是作为一种沟通技巧来使用,水平高的人沟通和工作效能会很高。沟通自信是自信的重要组成部分,但不是自信的全部。

2 自信人格的公众观

公众观是人们日常经验与体验中有关于心理学概念的通俗理解与一般认识，是探索概念内涵的一种重要手段。车丽萍最先从公众观的角度对自信进行了分析(2002)，通过对大学生的调查发现，“相信自己”是大学生所理解的自信核心，也是其自信的核心行为表现。自信既包含个体整体上全面地“相信自己”，也包含个体在具体的学业、人际关系、意志、品德、身体、性格、特长等方面对自己的“悦纳”“认可”而“相信自己”。一个人只有正确地认识自己，充分地自我接纳并在此基础上付出积极的意志行动，才能真正自信起来。车丽萍调查的对象为大学生，其主要分析自信的内容，未涉及自信的特征。毕重增进一步从自信表现、稳定性、改变及其条件，对大学生、研究生、自考生、中学生等进行了半开放式调查(2006)。综合这些调查，可以发现公众对自信的认知有以下特点。

(1)自信人格的行为表现特征。表现一个人自信的内容非常复杂，自信与先天条件、行为举止、情绪体验、成就、能力和个性品质等联系在一起。并且第一，自信是从不自信、自信到过度自信连续体中的一个最佳点；第二，行为举止、人际交往行为是判断自信的重要依据；第三，自信与否与大量个性品质联系在一起；第四，自信评价内容具有不同抽象度，可以非常具体，也可以非常抽象；第五，没有出现有关价值确信内容，这与专家所定义的自信有区别。

(2)自信改变的内容、条件或方式。知觉到的可改变性是自我改变出发点。公众认为自信心可以改变，并且抽象度很高的反应类别和非常具体的反应类别并存，前者如价值观、生活目标、人生等，后者如打篮球、炒菜、购物等具体的活动；能力是出现最多的反应类别，从办事能力、人际能力到自我，都有所表现。

作为增进自信的条件，积极心态与品格、成败经验的积累不可或缺，即要相信自己能行，有自己的理想和希望，敢想、敢做、敢当，勤奋自律。此项研究还发现，公众对于增进自信还强调：第一，要改变注意策略，如从优势和特长开始，由易而难走出第一步；第二，能力和素质提升是构筑自信的基石；第三，某些具体活动适宜于提升自信，如体育活动、言谈举止、社会活动、交友、读书等。公众较少涉及榜样、说服等外源性方法，也较少涉及生理、情绪状况、意象经验等方法。

(3)自信是稳定的个体差异。稳定性是知觉自己和他人个性的基础。第一，有关自信稳定性的内容涉及自我的方方面面，如学习、人际关系、运动、素养、举止等等；第二，认为自己的自信心比他人更稳定；第三，稳定性及其差异还表现在对自信改变的知觉上，并不是所有人都认同自信可以改变，有人认为人在自信方面也是“江山易改，本性难移”。

公众对自信认知的特点表明，在一些典型领域中测查自信是恰当的，如人际关系、学业等，但完全依赖于公众反应则可能遗漏诸如价值确信这样的重要内容。而不同的测查角度也可能得到不同的答案，如观察者注重自信的外在行为表现和评价，体验者强调自信与生活、自我完善的关系，建议者注重提升自信的策略等。至于透过分析公众观中自信行为表现、改变特点及条件，来推测自信可能的模式、内隐人格理论的激活，以及认知图式成分的存在，则需要规范的研究范式来确证。

3　自信在人格体系中的地位

3.1　自信人格的重要性

不同研究者采用了迥异的取向，阐述了自信人格的重要性。

从传统文化角度，燕国材等人认为“信”是中国人人格的基本维度，自信则是“信”的组成部分、是诚信的基本特征（燕国材，刘同辉，2005）。“有诸己之谓信”（《孟子·尽心下》），不相信自己的人很难做到认真负责，也就是不能做到“谨而信”“敬事而信”（《论语·学而》），由此可见自信对中国人的重要性。

从健全人格、心理健康的角度，黄希庭提出自信是健全人格重要组成部分（2004）。车丽萍秉承此研究取向，提出自信是一个具有复杂层次结构的心理构成物，是个体对自己的积极肯定和确认程度，是对自身能力、价值等做出客观、正向认知与评价的一种稳定性人格特征（2002）。自信与其他人格系统是密切联系、相互作用的，多种实证材料说明，自信可以从总体、学业、人际关系和身体4个领域来测查。

从中国人人格基本结构的角度，王登峰等基于词汇学假设应用因素分析手段，发现自信（assertiveness）是中国人人格结构的一个小因素，在大因素“处世态度”中与“淡泊”小因素相对应，是一种“自我指向”的特点（王登峰，崔红，2004）。自信反映对理想、事业的追求，高分者反映对生活和未来坚定而充满信心，工作积极进取；低分者反映无所追求、懒散和不喜欢动脑。在这里，自信的主要内涵是成就动机。

3.2　自信在自我中的地位

自我是人格的核心，也是理解自信的基本线索。自信的内容符合自我概念的规定性（许燕，2002），又在自我概念家族中具有其自身的特殊性。

3.2.1 自立、自尊、自强与自信

自信与自立、自尊、自强是一种并列关系。从相似方面来讲，自立(self-supporting)强调的是一种意识，是一种积极的负责任的过程特性(黄希庭，李媛，2001)，与自信在行为指向上具有共同性，自立所指向领域必然需要自信的评估。自尊(self-esteem)的核心是自我价值判断与体验(黄希庭、凤四海、王卫红，2003)，在正向情感上自尊和自信是相同的；能力感是自信的核心成分，也是产生价值感的基础。自强(self-strengthening)主要是主体自我的成分，是自我的意志部分(郑剑虹、黄希庭，2004)，它调节个体的行为过程而达到自我目标。在自我调节功能上，自强和自信具有共同成分，郑剑虹即认为自信是自强的因子(郑剑虹，2004)。

自信与自立、自尊、自强既具有密切的联系，也具有明确的区别。例如，在内容范围上可以谈容貌自信，但不可以说容貌自立；在功能上自立受自信的制约，没有自信的支撑，自立就会停留在意识层面。自信是自尊赖以产生和持续的基础之一；自信情感在逻辑上则早于自尊。自强和自信虽然具有类似的调节功能，但自强是以价值判断为基础产生的宏观式、弥漫性的自我调控，而自信更多的是基于素质和成就的累积。

3.2.2 自我效能感与自信

人们关于自己能否成功的信念对自我调节过程有极大影响，班杜拉将这些信念称为自我效能感(self-efficacy)(1989)。具有高自我效能感的人认为自己有能力获得成功、克服困难、达成目标；低自我效能感的人则相反，怀疑自己的能力，不相信自己能够达到目标。自我效能感虽然与能力有关，但不是基于人们的实际能力，即自我高效能感的人并不一定比低自我效能感的人能力高。

对自我能力达到其目标的肯定是自信的重要部分，但自信的内涵远不止于此。自信并不仅仅是任务指向和能力信念，还包括更先天性的内容和对抽象目标的判断，前者例如体貌自信，后者如人生道路取舍自信。从自我调节的角度来讲，无论是对理想、事业的追求，还是自我肯定，自信都超出了目标预期和能力判断的范畴。因此，自信比自我效能感宽泛，二者是包含与被包含的关系。

3.2.3 自卑、自负与自信

自卑是否与自信相对立？从字面来看，自信不足就是自卑，而过分自信则是自大。其实并不尽然，从内容、发生时间到行为表现，自卑都与自信有较大差别。自卑感(sense of inferiority)是一种轻视自己，不相信自己，对自己持否定态度的自我体验，是个体对生理、社会、自我期望认定的落差，转变为挫折卑下、发展受限制、无能、缺乏自信、无助、不能掌控等心理感受(郑芬兰，2003)。自卑是对自己存在价值的否定，有更多情感成分，是自己贬低自己，这种贬低可以包含能力和判断成分，也可以不包含。这样，自卑与自尊对立的成分居多。另外，很难在自卑概念中发现有关未来的信息，这也是其区别于自信的重要方面。从时间上来讲，自卑感萌芽于少年时期而易产生于青年初期，而自信的出现则更早。在行为上，自卑有两种主要表现，其一是掩饰自己不敢面对现实而形成的退缩反应，其二是产生过度补偿心理，极力寻求另一方面的满足，来掩盖缺点造成的自卑。自信不排除小觑行为目标的不作为，但通常产生的是行为动力。

如果自信和自卑是相对应的概念的话，一个人自卑感越强自信心就越低，或者相反。然而，在同一个人身上自信和自卑同时并存并不鲜见，自信和自卑的对应观无法有效解释这类现象。因此，将自信和自卑界定成两个不同概念，有助于认识、区分二者在理论和实践上的差异。

3.2.4　自我怀疑与自信

自我怀疑是自信的对立面。自我怀疑（self doubt）是人们怀疑自己的能力而导致的一般性自我怀疑特质。Mirels等发现自我怀疑是主观的，与自信一样具有广泛存在领域，且对任务难度有选择性（Mirels，Greblo，& Dean，2002）。研究还发现，自我怀疑伴随着降低不确定性的动机，不确定性程度越高，自我怀疑者的信心会越低。自我怀疑者还以负面的、悲观的自我图式看待周围世界（车丽萍，2001），带来多方面的负面效应，体现为情感易变、无安全感、焦虑、行为表现差、价值感低下等。对自己判断的怀疑和对不利评价的敏感，使自我怀疑者情感更易变。对他人的关心不确定，却又需要他人接纳来维护其自尊，因而自我怀疑者很容易产生关系不安全感。能力怀疑也会导致决策焦虑，在决策之前游移不定、过多地搜集信息，这不利于特质和能力归因；而担心错误判断的后果、担心自己做出对自己不利的判断，也会使个体处于紧张和焦虑之中。自我怀疑者在大五量表上表现为外控、情绪不稳定；另外，高自我怀疑者还有拖延、回避认知努力的倾向。

从自我怀疑脱离，为建立自信提供了条件，但过分自我肯定，就走向了另一个极端：自负。初生牛犊不怕虎多少含有高估自己能力的味道，这实际上是过分自信的表现。对自己的判断过分肯定，忽略其他信息的影响，过分自信在行为上就表现为刚愎自用。无论是自负还是刚愎自用，其共同点就是认知评估中断，中断后的评估无法有效吸收新信息，使得判断失去了现实基础。如前所述，在决策中过分搜集信息不利于能力归因而有损自信，而过早地结束了信息加工，决策也会因此加大风险，如果排除了外部归因，就将自信引入了过分非理性层面，故而貌似自信，实际上无法获得自信的成果。

3.3　自信内涵的基本概括

自信作为一种人格研究主题，具有丰富的内涵和重要的地位。自信人格与语义自信、大众理解是相近的,但又具有其特定的内涵。自信是以客观理性为基础的主观性自我结构,它表达了个体对自我的确认,饱含肯定的情感和与之相对应的行为倾向,其核心是个体对自己的判断和能力的确信、有信心。

4 自信的功能

自信功能是随着自我意识、元认知的发展(Roebers,2002),并通过互动、社会比较、自我比较等过程逐步形成的。自信的作用还受多种因素影响,如成败经验、替代经验、口语说服、生理状况、情绪状况、意象经验等,这些因素调节自信的强度、持续性。自信的功能至少包含自我调控、价值认同、知识线索和心理健康几个方面。从目前研究来看,研究者主要关心自我调控和心理健康方面。

4.1 自我调节与控制

自我调控是对自己行为方式的控制和指导,是目标选择、行动准备(包括回忆行动)、比较目前状态与愿望状态以及评价过程的控制循环。自信具有自我调控功能(黄希庭、徐凤姝,1988),它帮助控制、调节和组织心理,并在这一过程中指导行为、情绪、思想和目标。信心判断会左右人们是否采取相应的行为,是否坚持该行为,由此最终对行为效果产生影响。车丽萍也认为自信是通过对认知过程、动机过程和身心反应过程实现其调节作用的(2002)。

对于具体任务而言,自信过程会评判目标的价值、自身达到目标的条件和可能性,这种判断会左右人们是否采取相应的行为,以及对该行为的坚持。例如,对于社交价值、交往胜任能力的判断,会影响交往的动力以及交往过程中的挫折应对方式。自信者会选择比较有挑战性的活动,车丽萍即发现大学生成就动机与自信相关显著,追求成功动机与自信呈显著正相关,而避免失败动机与自信则呈显著负相关。

4.2 保持心理平衡

自信心对于心理健康的贡献已经得到有关证据的支持,如毕重增和黄希庭发现自信程度低会伴随着高度的焦虑和抑郁(2006)。自信的心理健康功能可能存在两种机制,一是自我肯定和积极的自我关注效应,二是领域自信、复杂认知结构的缓冲效应。

自信对自己肯定的核心领域是能力,这种主观能力是解决问题的基础和动力,也同样是解决心理困扰的资源。从情感角度看,这份积极的自我肯定也会带来个人的幸福感。自信也是一个认知结构,认知结构越复杂、越自动化,改变就越困难,因此自信能以稳定的结构维护、调节各种压力对自我概念和心理健康的威胁。

在心理健康中,自信的功能还可能受多种因素的调节。自信不足的人,缺乏问题解决的动力,无法对自己的健康负责。但过于自信的人,可能对潜在的不利因素重视不足,导致人际关系紧张;同时,由于缺乏足够的心理资源准备,当出现问题时,就需要付出更多的努力和资源,从而损害健康。例如,有研究发现,不管是积极方面还是消极方面,自我复杂度和抑郁都是正相关的(Woolfolk et al.,2004)。这表明某种模式的自信并不一定带来积极的成果,自信的心理健康功能是复杂的。

5　自信人格研究的挑战与取向

自信研究源出不同的应用领域和学术取向,各种方法和取向混杂,使得自信人格研究一开始便面临着概念、方法、理论建构方面的挑战(车丽萍,2002)。

5.1　既有研究的挑战

(1)自信内涵的清晰化。由于不同研究者采用了不同的取向、不同的研究传统,使得不同研究之间无法展开有效对话。自信人格内涵最突出的问题是,研究者自觉或不自觉地将其与自我效能等同,或在概念界定上等同,或者采用此概念的分析框架,如在对母乳喂养信心(戴晓娜,2002)、运动自信(李永宪、顾乡,2000)、护理自信(林秀蓉,2002)的研究中,持有此观点的人较多。自信内涵的清晰问题还表现为与邻近概念混淆、趋同,主要是与自尊、自我概念界定的区分不明确。

(2)功能研究方面,缺乏层次分析和功能性特征研究。自信虽然是自我过程,但也承担着社会功能。自信在个人层面、在社会层面的功能有无不同,先前的研究并没有区分。而自信也不能简单地以高低论,功能性特征的研究不可或缺。例如,稳定性,有的人时而自信,时而自我怀疑,如此,自信怎样发挥、发挥什么样的作用呢?在清晰性方面,有的人的自信理直气壮,有的人的自信谨小慎微,这之间有什么现实的不同呢?在复杂性方面,有的人只对自己的相貌有信心,有的人处处自我感觉良好,其各具什么样的功能呢?最近,对自信清晰度的研究发现(毕重增、黄希庭,2006),自信清晰度对心理健康功能具有显著的中介效应。

5.2 可能的研究方向

(1)关于自信的结构。结构研究是框架性的基础研究。在结构描述上,除了从人际、学业等领域性维度切入,还可以采用心理成分分析的策略;除了采用问卷法,还可以采用实验法。例如,在相信自己的选择、相信自己的所作所为之中体现出的是目标自信,而相信自己具有达到目的的素质、能力和各种策略则是能力自信;对于达到目标中困难挫折的处理表现出的是应对行为倾向,目标达到知觉和对于行为成果的肯定性情感则蕴含自我悦纳成分。可从这些不同的角度切入,分析自信的成分,在实证研究中建构、检验自信的基本结构。

(2)关于自信的认知机制与脑机制。机制是深入研究人格的根本。当前还缺乏对自信脑机制的研究,而认知机制研究主要集中在作业成绩准确判断领域,关心自信偏差或过度自信问题,缺乏人格理论层面的说明。信心偏差研究已经发现了自信加工的一些重要特征,如领域性,这表现为在词汇等知识测验中会产生过于自信(Kleitman and Stankov, 2001)、视知觉任务诱发不够自信、局部会过度自信而总体却不够自信(Liberman, 2004)等情况。对于信心偏差,研究者提出了各种模型加以解释,如启发和偏差取向(heuristics and biases approach)认为自信是一般认知偏差、启发传递而产生的直觉预测和判断,生态取向(ecological approach)认为信心确定是任务解决过程中线索和自然环境中事件的真实状态(生态效度)不对应造成的,个体差异视角(individual differences perspective)的研究则认为存在独立的特质调节自我评价的准确性(Schraw, 1996)。从人格角度,根据这些研究尚无法获得对自信认知机制的理解,还有若干基础问题未获得解答。如,有关的研究发现如何在人格层面获得解释与整合,如何在确定性贫乏的社会情景中得到概括,如何处理状态和特质的交互,这些问题均需要在新的研究中去获得答案。

合作者:毕重增。原文载于《心理科学进展》2007年第2期

当代中国人的孝道认知结构

1 引言

孝道是中国文化的根之所在,表现了中国人最基本的社会和宗教观念,至今仍是中国家庭生活的一项主要价值观念和生活准则。

然而,随着传统孝道赖以维系的经济基础和生产方式的改变,以及近现代以来对传统孝道的批判,人们对孝道的认识从内容和形式上都发生了巨大改变。但家庭养老的基础地位并没有根本改变,于是造成了现实中,特别是农村社会中养老的困境(阎云翔,2006)。加之我国已经进入老龄化社会,"未富先老"的情势带来了更为严峻的养老现实。

孝敬父母,不仅有助于家庭养老,有助于代与代之间良性互动,有利于建立良好、和谐的家庭关系,也必将有益于和谐社会的建设。那么,在当代中国,人们的孝道认知状况如何?和传统孝道相比有哪些异同?这是孝道心理研究必须面对的问题。本研究将以实证的方式探讨当代中国人的孝道认知结构。

2 孝道认知结构的初步探索

本研究采用了两种途径对孝道认知结构进行初步探索。首先是对传统儒家文献的分析。从古典文献中,挑选出《论语》《孟子》《大学》《中庸》《诗经》《尚书》《仪礼》《春秋左传》《孝经》《荀子》《礼记》等儒家经典著作。搜索关键词为:父、母、孝、悌、亲、祖。得到关于孝的有效句子、短语和词汇共216个。

其次,从西南大学选了四个班级进行开放式调查,研究工具包括开放式问卷和词汇联想测验两种,获得有效问卷共计192份,得到关于孝的有效句子、短语和词汇共814个。

然后,以语段作为分析单元,分别进行内容分析(夏凌翔、黄希庭,2004)。经过反复修订,古典文献和开放式调查均确立了善事父母和立身行道两个一级类目,以及侍生、侍死、立身、行道四个二级类目。

3 孝道认知结构的因素分析

3.1 测试问卷的编制和施测根据

对儒家经典文献和开放式调查结果进行的内容分析，结合杨国枢的孝道个人认知量表（杨国枢、叶光辉、黄丽莉，1989）；Sung的孝道行为量表（1998），Kao和Travis的孝道期望量表（2005），以及Rudolph等的孝道职责期望量表（Rudolph，Cornelius-White，& Quintana，2005），从侍生、侍死、立身、行道四个角度编制了孝道认知的测试问卷。

施测时，将题项随机排列，并设置了反向记分题，还设置了10道测谎题。

测试问卷采用利克特量表（Likert scale）5点计分，在孝道认知问卷中，参照杨国枢的编写方式（杨国枢等，1989），所有题项均以“作为子女，应该……”为基本结构。

3.2 被试选取和构成

以社会分层抽样法在全国范围内选取被试，尽可能考虑年龄、地域、性别、城乡等变量的平衡，以保证研究的代表性。问卷共发放4000份，回收3604份。根据测谎题、正反向题和漏答情况，删除被试1146名，获得有效被试2458名，有效率为61.45%。其中农村和城市被试分别占51.27%和48.8%；男性和女性分别占40.9%和59.1%，地域和年龄分布也比较合理。

3.3 探索性因素分析

对孝道认知问卷的调查结果进行探索性因素分析的结果表明，KMO值为0.948，Bartlett球形检验达极显著水平。说明数据非常适合进行因素分析。

对孝道认知进行主成分分析（principal components analysis），提取公共因素（common factor），求得初始因素负荷矩阵，然后使用正交旋转法（varimax）求出旋转因素负荷矩阵。发现特征值大于1的有四个因素，累积可解释总方差的44.889%，题项的最高负荷为0.749，最低负荷为0.412。

表 1 孝道认知量表因素分析摘要表（$N = 2410$）

题号	养亲尊亲	护亲荣亲	丧葬祭念	顺亲延亲	共同度
16. 作为子女，应该多陪父母散心、休闲	0.730				0.579
15. 作为子女，应该与父母聊天、谈心，以了解他们的想法和感受	0.724				0.560

续表

题号	养亲尊亲	护亲荣亲	丧葬祭念	顺亲延亲	共同度
9.作为子女,为不让父母忧心、出门在外,应该多打电话或写信给父母	0.693				0.511
21.作为子女,对父母说话应该温和有礼	0.582				0.449
10.作为子女,出门前或返家时,应该向父母禀报一声	0.572				0.369
17.作为子女,应该留心父母的身体健康	0.534				0.367
32.作为子女,应该常回家看看父母	0.546				0.395
41.作为子女,应该想方设法让父母开心	0.502				0.416
34.作为子女,应该主动帮助父母做家务	0.505				0.372
20.作为子女,父母交代的事,应该做好	0.416				0.421
43.作为子女,应该牢记父母的生日,并加以祝贺	0.412				0.357
56.作为子女,为不使父母和家族蒙羞,应该遵纪守法		0.733			0.588
65.作为子女,为了让父母省心,在外不应该惹是生非		0.681			0.555
27.作为子女,为了不让父母和家族蒙羞,个人应该言行检点		0.639			0.490
45.作为子女,出于对父母的尊重,应该尊重其他老人		0.583			0.448
22.作为子女,为给父母赢得尊重,应该对社会做出贡献,赢得社会认可		0.570			0.447
4.作为子女,为使父母安心,应该努力工作,力争上游		0.518			0.340
31.作为子女,应该避免做对不起父母的事		0.510			0.382
37.作为子女,父母去世后,应该按时祭拜他们的牌位或遗像			0.701		0.619

续表

题号	养亲尊亲	护亲荣亲	丧葬祭念	顺亲延亲	共同度
12.作为子女,父母去世后,逢年过节,应该祭扫他们的坟墓			0.705		0.527
28.作为子女,父母去世后,在丧葬期间,应该为父母戴孝			0.659		0.467
49.祭奠父母和祖先应该是一件非常严肃的事情			0.625		0.466
19.作为子女,父母去世后,应该做些纪念他们的事情			0.570		0.449
26.作为子女,应该满足父母的遗愿			0.519		0.418
40.作为子女,父母去世后,应该常常念起父母			0.503		0.395
14.作为子女,当不能说服父母时,应该遵从父母的意见				0.701	0.514
61.作为子女,为了延续家族,如果政策允许应该至少生一个男孩				0.659	0.457
33.作为子女,应该继承父母留下的事业				0.638	0.433
7.作为子女,应该避免和父母不喜欢的人交往				0.625	0.405
64.作为子女,选择职业和工作廛,应该征得父母的同意				0.568	0.434
25.作为子女,父母不公或责骂时,不应该当面顶嘴				0.475	0.356
39.作为子女,父母年龄大时,应该和父母在一起				0.458	0.380
特征值	8.886	2.306	1.811	1.362	
贡献率	27.768%	7.205%	5.659%	4.256%	

因素一共11个题项，其中17、34、20、16、41主要反映的是子女对父母的赡养；9、15、10、21、32、43主要反映子女对父母的尊重和体谅。在这些题项中，尊重和赡养的意味并没有截然分开，往往在赡养中体现着尊重和体谅；在尊重和体谅中反映了对父母的赡养。因此，本研究把因素一命名为"养亲尊亲"。

因素二共7个题项，是从正反两个方面反映子女对父母面子的维护和声誉的发扬。其中，56、65、27、31题是从反面论述子女对父母的维护；45、22、4是从正面维护父母。因此，本研究把因素二命名为"护亲荣亲"。

因素三共7个题项，主要反映了父母去世后，子女应该做的事情，主要反映在丧葬、祭、念三个方面，因此，本研究把因素三命名为"丧葬祭念"。

因素四共7个题项，其中14、7、64、25、39反映了日常生活中对父母意见的遵从和重视；61、33反映了对家族和父母的延续。因此，本研究把因素四命名为"顺亲延亲"。

对比前面内容分析的结果可以发现，"养亲尊亲"和"侍生"对应；"丧葬祭念"和"侍死"对应。而护亲荣亲和顺亲延亲两个因素则反映了内容分析中的"立身""行道"部分。

3.4 信度检验

采用内部一致性信度、分半信度（见表2）和重测信度来检验问卷的内部信度。其中，重测信度被试样本为116人，时间间隔为2周。

表2 孝道认知内部一致性信度和分半信度检验

量表名称	克龙巴赫 α 系数	分半信度系数	重测信度
养亲尊亲	0.846	0.817	0.755
护亲荣亲	0.801	0.783	0.721
丧葬祭念	0.802	0.813	0.777
顺亲延亲	0.736	0.731	0.766
孝道认知(总)	0.898	0.880	0.817

4 孝道认知结构的验证

为了验证因素分析得到的孝道认知结构，选取被试1022名，采用AMOS 4.0软件对调查数据进行验证性因素分析，采用ADF法（Asymptotically distribution-free）对模型进行拟合估计。无论是相对指标还是绝对指标，本研究的结果都在公认的可接受范围，表明该模型对数据的拟合较好。其中P值由于受样本量的影响，样本较大时显著亦不妨碍模型的接受（侯杰泰、温忠麟、成子娟，2004）。

5 讨论

5.1 孝道认知结构的分析

5.1.1 养亲尊亲

照顾父母和满足父母的需求是成年人的基本责任，但随着现代生活节奏的加快，家庭结构的变迁，以及子女和父母的分开居住，对年老父母的照顾重新成为社会关注的焦点(Blust & Scheidt，1988；Kosberg，1986；Seelbach & Sauer，1977)。不过，在满足了温饱的中国社会，仅有物质支持而没有精神上的投入还不能叫作孝道。养亲必须用尊重与热情来浸透。这是儒家学者一直重复的主张："今之孝者，是谓能养。至于犬马，皆能有养。不敬，何以别乎？"(《论语·为政》)当代学者的研究也表明，尊重在孝道中具有稳定的核心作用(Chow，2002)，并且中国人很自然很习惯表达对长辈的尊重(Streib，1987)。

尊亲是孝道作为道德的最主要体现，而尊亲需要在养亲的过程中体现出来，因此，养亲尊亲作为一个维度，很好地体现了当代孝道的核心内容。

5.1.2 护亲荣亲

孝道的核心理想是孩子对父母义务的实现。一方面，"父母唯其疾之忧"(《论语·为政》)、"身体发肤，受之父母，不敢毁伤，孝之始也"(《孝经·开宗明义章第一》)、"父母在，不远游，游必有方"(《论语·里仁》)，这些内容反映出，让父母担忧的正是孩子的安全和健康。因此，减轻父母的忧虑是孩子的一种责任，即爱护自己，也是对父母的爱护。

另一方面，在现代社会，父辈与子辈之间增加了更多的社会空间和社会力量，减少了一些可以触摸的、物质化的内容。因此，现代人表达"孝"就必然更加心理化。满足父母的期望，为社会做出贡献，为父母和家族带来荣誉，成了现代人表现"孝心"的重要方面。这是杨国枢要增加"护亲荣亲"这个孝道概念性维度的原因所在(杨国枢等，1989)，也是孝道和成就动机高度相关的重要原因(Ho，1996)。Raiten在香港的研究也揭示(1990)，用个人成就来保护家庭荣誉，仍然是当代人生活中的重要的态度。

5.1.3 丧葬祭念

在传统的儒家思想中，侍死和侍生同样重要。"生民之本尽矣，死生之义备矣，孝子之事亲终矣"(《孝经·丧亲章第十八》)。中国的许多重要节日都与敬祖有关，比如清明节、端午节、中元节等。在当代中国，"丧葬祭念"仍然是民间重要的风俗。人们重建或装修家庙或祖坟的努力也反映了后代们光宗耀祖的能力。

丧葬祭念反映了中国文化的一个重要特征：尊老、敬鬼，而不是尊神。这使得中国人紧密地团结在祖先身边，而不是"上帝"身边。因此，丧葬祭念对家庭团结具有重要的意义，特别是在传统宗法社会。因为只有当祭祀祖先的时候，才能凝聚不同的家庭分支。其实，丧葬祭念的社会意义远大于个人意义。每年祭拜黄帝陵的盛大场面，显示了人们，特别是海外华人对祖先和国家的爱，对祖先的忠诚成为对国家忠诚的重要部分。

不过，由于个人主义的兴起、生活方式与家庭结构的改变（如家庭核心化、父子轴向夫妻轴转变等），人们不再像传统农业社会那样重视父母去世后的丧葬祭念问题，而更加重视父母在世时与自己的情感关系。

5.1.4　顺亲延亲

从历史和社会发展的观点来看，中国孝道制度和父权制强调子女顺从的"责任"（Hamilton，1990）。因此，传统社会中"孝"和"顺"是紧密联系在一起的，往往把"孝"表达为"孝顺"。不过，随着传统权威结构的解体，平权社会的崛起，老人的专制权力受到了制约。成年子女对父母愿望的绝对尊重已经不是主流。但作为家庭和谐的需要，照顾父母的情感和意愿，做出必要的让步，仍然是子女应该考虑的。

另外，中国传统孝道的出现和发展，一个很重要的目的就是为了适应和维护以父子轴为中心的家庭结构。因此，一方面，子女要实现前辈的愿望，完成他们未完成的事业；另一方面，子女有延续家庭生命的责任，"不孝有三，无后为大"（《孟子·离娄上》）。由于家庭结构和功能的变迁、计划生育政策、个人主义思想、女性经济独立和人们受教育程度等因素的影响，延续家族血脉的观念在当代社会已经趋于式微（Ho，1996；Kwan，Cheung，& Ng，2003；黄坚厚，1989）。不过，延续下一代的愿望不仅仅是文化设计的结果，更是人类的一种本能，也是社会存在和发展的基础。因此，并不能说现代生活方式或计划生育政策淡化了人们这种传统观念，这种观念就会消失。只能说文化设计会淡化这种因素在孝道中的分量，或者使之与孝道分离。

总体来看，孝道认知的四个成分中，养亲尊亲是当代人孝道认知中的核心成分，是当代孝道中稳定和不易改变的；而丧葬祭念和顺亲延亲两个成分，由于社会变迁，在当代人心目中的地位明显下降，属于不太稳定，正在变化的部分。

5.2　古今孝道认知的比较

从传统孝道的内容来看，"孝"并不局限于对待父母，而是非常注重把对待父母的心态推广出去，视之为其他人际行为的基础表达方式。"老吾老，以及人之老"（《孟子·梁惠王上》）；"夫孝始于事亲，中于事君，终于立身"（《孝经·开宗明义章第一》）。

从本研究实证调查的结果来看，"养亲尊亲"和"丧葬祭念"因素属于对自己父母在世时及身后的孝行；但当代人对孝的认识也不局限于父母，"护亲荣亲"和"顺亲延亲"两个因素就反映了子女通过"立身""行道"来体现对父母的孝。

因此，当代人的孝道认知结构和传统孝道一脉相承。但当代人的孝道认知结构也显著有别于传统孝道。在传统孝道中，侍生和侍死同样重要；善事父母和立身行道同样受重视。然而，当代人的孝道认知结构中，对父母的“养亲尊亲”占据了核心地位。

5.3 海峡两岸孝道认知结构的比较

在孝道认知方面，台湾学者亦进行了许多有益的探索。杨国枢曾在台湾对孝道认知结构进行探索(1989)，得到三个维度，尊亲恳亲、抑己顺亲、奉养祭念，加上一个概念性维度——护亲荣亲，构成了四维度的孝道认知结构。对比本研究得到的四个维度：养亲尊亲、护亲荣亲、丧葬祭念和顺亲延亲，可以发现，海峡两岸的孝道认知内容同宗同源，结构相似，反映了孝道作为中华文明的精髓，是海峡两岸共同的文化根基。

上述两种认知结构的差别主要表现在三个方面。

第一，在本研究中，“护亲荣亲”维度是因素分析得到的实测结果，而在杨国枢的认知结构中(1989)，并没有在因素分析中得到这个因素，而是根据“护亲荣亲”在现实孝道中的地位，增加了这样一个概念性的类别成分。

第二，维度组合有所不同，主要反映在养亲方面。在杨国枢的维度划分中，养亲和丧葬祭念共同构成了一个维度，叫作“奉养祭念”，尊亲方面自成一体，叫作“尊亲恳亲”；而在本研究的结构中，养亲和尊亲在一起，叫作“养亲尊亲”。而丧葬祭念部分自成一个维度，叫作“丧葬祭念”。

第三，维度的命名有一些差异。比如，本研究的“顺亲延亲”维度，与杨国枢的“抑己顺亲”维度的题项类似。本研究认为，顺亲本身就意味着“抑己”，并且孝本身就包含着“抑己”的意味。而本维度中顺延家族题项的意思杨国枢没能更好地体现出来，因此，本研究把这一维度命名为“顺亲延亲”。

合作者：范丰慧、汪宏、史慧颖、夏凌翔。原文载于《心理科学》2009年第3期

《论语》中的人际责任感及其启示

1 引言

现实中有的人极其热心，忙他人的事比忙自己的事还尽心，亲友遇到难题他自己也跟着着急上火；有的人路遇扒手，能够巧妙地提醒被扒者；还有的人或戍边多年守护国家安全，或做义工为不认识的人奉献爱心。而另一些人则心里没有他人，遇到车多就行驶到对面车道上想伺机插队，造成道路拥堵；更有甚者，如医院的安保人员对患者无动于衷，纵容号贩子横行霸道。这些现象反映了不同个体的人际责任感存在差异。

中国人对他人负责的观念与行为源于中华传统文化——以儒道互补为内核，包含法家、墨家、释家等多元文化整合的复杂体系。中华传统文化以儒家为主流，其核心价值观是“五常”，即“仁义礼智信”，其内涵丰富（景海峰，2012；荆惠民，2006），基本包括了儒家文化中“对他人尽责”的不同层次和要求。

自鸦片战争以来，西学东渐，西方文化输入令国人价值观趋向多元，年轻一代日渐重视自我，对他人的责任感有所淡化，但中西方对人际责任感的重视和理解是不同的，中国与西方一个突出的区别是责任先于自由（陈来，2016）。林语堂曾说，中国社会的根基是家庭制度，其教给国人的第一课就是人与人之间的社会责任，相互调整的必要，自制、谦恭，明确的义务感（1994）。君子要“修身、齐家、治国、平天下”，自我对他者的责任层层外推，范围越来越广阔，“人类命运共同体”的论断就暗含这一意蕴。这说明“对他人负责”不仅是中国人在具体关系中的角色义务与责任，更是做人的基本要求。西方人不甚注重个体对他人的责任感，他们更多地把“对他人负责”归结为个体利他或同情的本能或自由意志的选择。勒维纳斯主张的“个体对他人有无条件责任”的观念远非主流，相关研究也集中于社会责任感或与强迫症有关的、对他人的膨胀责任感（inflated responsibility）与过度担忧上（Coles, Schofield, & Nota, 2015；Moritz et al., 2013；Wray-Lake, Syvertsen, & Flanagan, 2016）。显然，在个体“对他人负责”的积极性与自觉性上，中国人比西方人更为突出，更可能认为他人的幸福与发展是自身的责任，是自己的事，更愿意提高自身修养以促进对他人的负责。

因而，当前研究《论语》中的人际责任感具有重要意义，这既是服务心理学研究中国化的需求（王登峰，2012；黄希庭，2004，2007），也有益于塑造当代国人的人格和构建和谐社会。本研究把人际责任感界定为从个体意识到自身对他人的责任及与他人的关系，愿意为了他人的福祉付诸言行并承担后果的态度，并从《论语》中寻找依据，论述儒家文化关于人际责任感之含义，提出培养当代国人人际责任感的思考。

2 人际责任感之基调："仁道"追求

儒家文化对"仁"的追求奠定了中国人人际责任感的基础。"仁"即"二人"，有人们互相依存、互助互爱的意思，基本含义是对他人尊重和友爱。仁学本质上是一个个体如何做人、如何待人的道理，所谓"仁也者，人也；合而言之，道也"(《孟子·尽心下》)。广义的"仁"乃概括全德之辞，狭义的"仁"是以人与人之间相亲相爱的道德情感为主要内涵的道德规范，是人们处理人际关系使之符合道德要求的情感基础(刘余莉，2010)。

孔子论"仁"有三个最重要的含义：爱人，忠恕之道，礼之本(景海峰，2012)。具体而言，仁包含两个方面：一是对己，要求克己复礼；二是对人，要求爱人，通过推己及人、爱人知人、感化他人的忠恕之道来行仁。克己，实际上也还是为了爱人。

2.1 仁者爱人

"仁"的核心是爱人。《论语·颜渊》记载："樊迟问仁。子曰：'爱人。'""爱人"有三个层次。一是珍惜与呵护生命。把人当人、珍惜生命，是仁最起码的要求。孔子所处的时代人命如草芥，他非常痛恨权贵对于百姓的生命毫无尊重，说"始作俑者，其无后乎"(《孟子·梁惠王上》)。"子之所慎：齐、战、疾。"(《论语·述而》)坐斋、战争、疾病都关乎人之生死、存亡，有仁心的人都会谨慎对待，认真处理。二是爱护自己的亲人。《说文》训"仁"为"亲也"，谓能"爱亲"。《论语》里"爱亲"即为孝道。《论语·学而》说："君子务本，本立而道生。孝悌也者，其为仁之本与？"孝悌是爱护亲人的方式，乃是仁的根本所在。《孟子·尽心上》也说："仁者无不爱也，急亲贤之为务。"这说明爱亲是行仁的重要目标。三是"泛爱众"。"弟子入则孝，出则悌，谨而信，泛爱众，而亲仁。行有余力，则以学文。"(《论语·学而》)孔子认为做人应该有博爱之心，所谓"君子敬而无失，与人恭而有礼，四海之内，皆兄弟也"(《论语·颜渊》)。既然四海之内皆兄弟，那就是把一家之内孝敬父母、尊爱兄弟的态度推之于外，而对超血缘的"同胞"有利益关切与成全。在为人处世上，部落、氏族、社会、国家、天下，无非是家庭的放大、延伸和辐射。如《礼记·礼运》记载："故人不独亲其亲，不独子其子。使老有所终，壮有所用，幼有所长，矜寡孤独废疾者，皆有所养。"因此，"爱人"不仅要爱护一般意义上的群体人类，更要爱护自己所面对的、非常具体的每一个身边人，所谓"一视同仁"。人与人之间的关系应当以仁爱为本，对待自己、对待别人都应该从人心最原始、最真实的爱出发，人相亲爱，才能创造和谐、安详的生活秩序与精神状态，进入天下为公的大同世界。

可见“爱人”的原则，奠定了儒家仁道追求的基调——以他者为先。个体不仅要重视身边认识的人，还要对不认识的他人、群体有所关怀。因而仁道本质上就是“人道”，把人当人看，尊重他人的人格，同情他人的人性，关爱他人的生命，如果缺少这些则可谓“麻木不仁”。这种对他人倾注尊重与关爱的基本姿态，使得中国人非常重视人我关系，在人际交往中看重他人的评价，以他人为先，对他人负责。

2.2　忠恕而仁

实践“仁”的爱人原则有两个基本要求：忠与恕。忠，即“己欲立而立人，己欲达而达人”（《论语·雍也》），乃克服私欲，以利他之心成全他人，重在“尽心”与“达人”。个体想要在自身和生活中确立起来的东西，也要让他人确立起来；自己想要成为圆融通达的人，也要让他人成为这样的人。与人忠，就是与他人相处应该尽心尽力，无私而真诚地奉献出自己的全部，为其殚精竭虑，劝勉人、教育人、引导人向善。“忠于其人，则必以正道规诲之”（钱穆，2002）。恕，即“己所不欲，勿施于人”（《论语·卫灵公》），自己不愿意的事情，也不要强加给别人。恕表示能够以己心体谅、通情于他人之心（董卫国，2013）。个体要关照他人的感受，做任何事之前充分考虑他人会不会接受，以及这样做会给他人带来的后果，努力去体谅别人、理解别人、宽容别人。

忠恕两个字都是以“心”字为底，不仅意味着“仁”是发自内心的，也意味着要把他者放在“心”上，以“心”为载体来体仁、行仁。钱穆指出“尽己之心以待人谓之忠，推己之心以及人谓之恕”（钱穆，2002）。忠恕之道就是将心比心。《孟子·尽心下》中说：“仁者以其所爱及其所不爱。”“老吾老，以及人之老；幼吾幼，以及人之幼。”《论语·颜渊》里说：“夫达也者，质直而好义，察言而观色，虑以下人。”所谓达，是要品质正直，遵从礼义，善于揣摩别人的话语，观察别人的脸色，经常想着谦恭待人。践行忠恕意味着当个体为他人负责时，不仅要照顾他人的感受，也要为他人之长远发展做打算。

结合实际，“仁”具体表现在两个方面：一是对自我利益加以克制——不损人之利；二是对他人利益予以促进（薛富兴，2012）。因而“仁”所体现的人际责任感就是通过“将心比心”的忠恕之道去关爱和增益他人，尊重和无损他人。一方面自觉成全他人利益和福祉，为他人尽心谋划；另一方面理解和体贴他人，任何时候不要把自己的意志强加给别人，要自觉地不损害他人利益，不给他人添麻烦、造成痛苦。

3 人际责任感在“义礼智信”方面的表现

3.1 义与人际责任感

“君子义以为上。”(《论语·阳货》)“义”是中国人人际关系的核心要素(刘嘉庆等,2005;沈毅,2005;黄光国,2001),它起源于人的仪表、人际交往的情谊和追求美好、善良等需要,其基本内涵包括威仪、友谊、情谊、美善、公平、正义、适宜。孟子曰“羞恶之心,义也”(《孟子·告子上》),要求个体“居仁由义”(《孟子·尽心上》),主张个体对非义(自己和他人的行为不当者)报之以羞耻和憎恶的态度。“义”往往被解释为“宜”,即个体的思想与行为合宜。《释名》:“义,宜也。裁制事物,使合宜也。”韩愈在《原道》里说:“行而宜之之谓义。”(《韩昌黎文集校注》)宜与不宜,关键看是否显“仁”与合“礼”。放在当今的人际背景下,“义”意味着个体要遵守道德规范,使自己的言行符合传统美德及时代精神,做一个正直无私的好人。

从孔子的论述中,可以看到“有情有义”“见义勇为”“担当大义”三个方面的人际责任感内涵。

(1)有情有义。对于有情谊的他人,个体愿意为之付出,知恩图报。这一点尤其体现在“孝”上。《论语·阳货》里记载,宰我问孔子,给父母服丧三年,时间太长了,礼乐会崩坏,觉得丧期有一年就够了。孔子说,丧期吃稻米饭,穿锦衣,你能心安吗?宰我说,心安。孔子便说,你心安就照你说的去做吧,并且在宰我走了之后评价他不仁,说“子生三年,然后免于父母之怀。夫三年之丧,天下之通丧也。予也有三年之爱于其父母乎?”(《论语·阳货》)孔子的意思是,儿女出生三年才能离开父母的怀抱,三年之丧,就是对于父母怀抱我们三年,把我们抚养长大的一点点还报,这天下人都是一样的,宰予也能回报以三年的爱给父母吗?这就体现了以感情和恩情为基础的“情义”,情深则义重。《孟子·尽心上》也说:“仁者无不爱也,急亲贤之为务。”

(2)见义勇为。个体要持正守义,遇到正义的事就勇敢去做,特别是在他人遇到危难之时。《论语·述而》中说:“闻义不能徙,不善不能改,是吾忧也。”《论语·子张》也说:“士见危致命,见得思义,祭思敬,丧思哀。”说的都是要守持正义。

(3)担当大义。对于符合“仁”的原则的“大义”,个体要主动担当对他者的责任,并且“当仁不让”。《论语·里仁》里说,“君子之于天下也,无适也,无莫也,义之与比”,提到了天下大义,而天下就是包含范围最大的他者。孟子也有相关论述,如“君子之守,修其身而天下平”(《孟子·尽心下》),“思天下之民,匹夫匹妇有不与被尧、舜之泽者,若己推而内之沟中——其自任以天下之重也”(《孟子·万章上》)。

“义”要求个体具有“情义担当”的品质，古人的事迹和今人的用语都体现了这一点。《水经注·河水五》：“曹操围张超于雍丘，洪以情义，请袁绍救之，不许，洪与绍绝。”说明一个重情的人，也会是一个“讲义气”的人，在对方需要的时候，就要为对方分忧解难。若情深义重，个体对他人就“虽赴汤蹈火，死无辞也”（《三国志》）。现代汉语中也有深明大义、义薄云天、义无反顾、仗义执言、慷慨仗义、有情有义、薄情无义、恩断义绝、忘恩负义等关于“义”的成语。

3.2 礼与人际责任感

“礼”的本义是举行仪礼，祭神求福，后引申为涉及待人接物、事神祀天的社会规范与道德规范。《释名》：“礼，体也，得事体也。”《论语·为政》：“道之以德，齐之以礼。”孔子认为“礼义以为纪，以正君臣，以笃父子，以睦兄弟，以和夫妇”（《礼记·礼运》），意谓要以礼义作为人际关系的纲纪，用它来摆正君臣关系，笃厚父子关系，和睦兄弟关系，和谐夫妻关系。“礼”强调个体的言行要符合身份角色的交往礼仪与社会期待，进退周旋得体。一切以“礼”为准绳，所谓“非礼勿视，非礼勿听，非礼勿言”（《论语·颜渊》）。礼可分为两个水平：(1)整体人际水平上，个体对他人要“一视同仁”“需尽礼义”；(2)具体关系水平上，对不同的他人有不同的礼节要求，如对父母孝，对朋友有信，孝、敬、恭、宽、信、敏等所有合乎“仁”的仪节品格也是由此而来。面对不同身份的他人时，个体有不同的“礼义”，正如《荀子·非十二子》所说：“遇君则修臣下之义，遇乡则修长幼之义，遇长则修子弟之义，遇友则修礼节辞让之义，遇贱而少者，则修告导宽容之义。”

从孔子的论述中，可以看到“孝敬谦恭”“文明礼貌”两个方面的人际责任感内涵。

(1)孝敬谦恭，不论对方是什么身份，个体都要尊重他人，保持恭敬、谦让的态度。孔子说“克己复礼为仁”，礼的核心在“敬”。“恭敬之心，礼也”（《孟子·告子上》）。《论语·季氏》里有“貌思恭”“事思敬”之语，要求人们“恭”在貌而“敬”在心。《礼记》开篇就说“毋不敬”，郑玄注“礼主于敬”。《论语·颜渊》说：“君子敬而无失，与人恭而有礼，四海之内，皆兄弟也。”实际上，“敬”又源于“孝”，“孝”是在内对父母始终保持“敬”的感情，在外要以一定的礼仪作为孝敬父母的具体形式，所谓“生，事之以礼；死，葬之以礼，祭之以礼”（《论语·为政》）。《论语》中的孝道思想，是由孝父母推而广至爱天下人，对父母的小孝是大孝的基础，大孝是对国家、社会和人民的孝（夏海，2007）。这种恭敬谦让的态度是一视同仁的，不以自身优势压制对方，“不挟长，不挟贵，不挟兄弟而友”（《孟子·万章下》），并且无论对方人数多少、势力大小，都不怠慢。“君子无众寡，无小大，无敢慢，斯不亦泰而不骄乎？”（《论语·尧曰》）

(2)文明礼貌，是对他人有礼貌、礼让之言行，体贴他人，保全他人之脸面。《礼记·冠义》:“凡人之所以为人者,礼义也。礼义之始,在于正容体,齐颜色,顺辞令。容体正,颜色齐,辞令顺,而后礼义备。”意思是说,要举动得体、态度端庄、言谈恭顺,然后礼义才算齐备。“以礼待人”,要做出尊重他人的姿态,不仅自身外貌和举止要得体,更要让他人感到舒服,体贴他人之感受,保全他人之颜面。《论语·泰伯》里说“直而无礼则绞”,心直口快却不知礼,就会尖刻刺人,不仅令对方“没面子”,还“伤感情”。

“礼”要求个体具有“恭敬有礼”的品质,古往今来的例子也是数不胜数。孔融五岁就知道让梨,宋代学者杨时和游酢向程颢、程颐拜师求教而有了“程门立雪”的美谈,现代汉语中也有彬彬有礼、额手加礼、礼尚往来、知情达理、礼顺人情等关于“礼”的成语。

3.3 智与人际责任感

“智”通“知”,本义是明智、智慧。《释名》:“智,知也;无所不知也。”“智”是关于认识自我与他人、关心和理解他人、明辨是非善恶等思想的道德范畴和价值取向标准,其内涵丰富,包括:知道遵道、利人利国、自知知人、慎言慎行、见微达变、好学知过、量力而行、居安思危等。《孟子·离娄上》:“仁之实,事亲是也;义之实,从兄是也;智之实,知斯二者弗去是也。”说明关心他人、理解他人的“智”离不开“仁”与“义”,以仁爱他人为基础,所谓“里仁为美,择不处仁,焉得知”(《论语·里仁》)。智以仁为指导,是一个统观全局的认知体系,从整体上帮助个体把握做人做事的方式方法,如何行仁、践义、明礼、守信,都离不开智。个体认为自己对哪些他人负有什么样的责任与义务,以及如何来尽责尽义,都有赖于其“明智”水平。

在孔子的论述中,“智”所涉及的人际责任感包含三个方面。

(1)以身作则,以德服人,增强对他人的积极影响。孔子曰:“其身正,不令而行;其身不正,虽令不从。”(《论语·子路》)孟子曰:“以德服人者,中心悦而诚服也。”(《孟子·公孙丑上》)“君仁,莫不仁;君义,莫不义;君正,莫不正。一正君而国定矣。”(《孟子·离娄上》)

(2)反求诸己,努力提升自己对他者负责的能力。孟子曰:“仁者如射,射者正己而后发;发而不中,不怨胜己者,反求诸己而已矣。”(《孟子·公孙丑上》)个体一方面要尽力去了解他人,“不患人之不己知,患其不能也”(《论语·宪问》),“不得于言,勿求于心;不得于心,勿求于气”(《孟子·公孙丑上》);另一方面努力“修己以安人”(《论语·宪问》),“躬自厚而薄责于人”(《论语·卫灵公》)。

(3)谨言慎行,以避免对他人产生负面影响,并要保存自身能力和资源。一方面要避免损害他人情感、颜面及利益,所谓“君子不以其所以养人者害人”(《孟子·梁惠王上》)。《论语·卫灵公》里说:“君子不以言举人,不以人废言。”“可与言而不与之言,失人;

不可与言而与之言,失言。知者不失人,亦不失言。”。另一方面,人际责任感并不是滥好心,个体需要观察和评判他人的需求是否符合正义,“不逆诈,不亿不信,抑亦先觉者,是贤乎”(《论语·宪问》),也需要在恰当的时候保全自身的尽责能力和资源,以便在更合适的地方和时机,用在那些真正需要负责的对象上。孔子赞同明哲保身,保存实力,“隐居以求其志,行义以达其道”(《论语·季氏》)。“宁武子,邦有道,则知;邦无道,则愚。其知可及也,其愚不可及也。”(《论语·公冶长》)

中庸思想是儒家明智思想的很好诠释(黎红雷,2015),能够反映出在日常生活中个体对他人倾注负责的态度。“中”指“合宜合适”,朱子曰:“中者,不偏不倚,无过不及之名。”(朱熹《四书章句集注·中庸》)庸者,《说文》训为“用也”。中庸,就是“中”而“用”之,其基本含义及精神是执两端而允中,强调以整体视角和全局观念认识外部环境,追求“执中”、适度与“和”,处事多方衡量做出最佳选择,追求生活和谐(Yao et al.,2010;杨中芳,2009)。它在现代中国人的为人处事中占有重要地位(杨中芳、林升栋,2012),越是中庸者,越会在行动面上试着纳入自我与他人的考虑,尝试去找到自我与他者之间最佳的平衡点(林以正,2014)。

3.4 信与人际责任感

信的初义即以言语取信于人,《说文》:“信,诚也。”早在两千多年前,孔子就认识到信的重要,并积极地加以倡导。《论语·述而》中记载:“子以四教:文、行、忠、信。”最初“信”被视为处理朋友关系的原则。《论语·学而》说“与朋友交而不信乎”,“与朋友交,言而有信”。后来,“信”成为一个普遍的交往原则,可推而及之于一般的人际交往过程。从而使“信”成为立身之本,是孔子推崇的仁者“恭、宽、信、敏、惠”五种行为之一。《论语·为政》说:“人而无信,不知其可也。”《礼记·大学》:“与国人交止于信。”凡父子、上下、夫妇、长幼、乡党、邻里、为政、经济、邦交诸种关系和事务,皆需贯穿诚信原则(李景林,2013)。

在孔子的论述中,“信”有“真诚信实”与“践诺履约”两方面的人际责任感内涵。(1)“真诚信实”指个体待人要诚实不欺、言行一致、办事牢靠。相关论述很多,如“君子耻其言而过其行”(《论语·宪问》),“君子疾夫舍曰欲之而必为之辞”(《论语·季氏》)。朱子曰:“信是言行相顾之谓”(黎靖德《朱子语类》卷二十一)。(2)“践诺履约”就是说话做事要说到做到,所谓“言必信,行必果”(《论语·子路》),“驷不及舌”(《论语·颜渊》)。《礼记·表记》也说:“君子不失足于人,不失色于人,不失口于人。是故君子貌畏也,色足惮也,言足信也。”正如陈淳《北溪字义·忠信》所说:“信有就言上说,是发言之实;有就事上说,是做事之实。”不论是说话,还是做事,都有“信实”。

不论是古代还是当代,“真诚守信”都是非常重要的。周幽王因为“烽火戏诸侯”丢了国家,商鞅“立木为信”使得秦国能够推行新法,《史记·季布列传》记载了“得黄金百斤,不如得季布一诺”,即“千金一诺”的故事。而在现代汉语中,也保留了背信弃义、轻诺寡信、言而有信、信誓旦旦、取信于人、信守不渝等与“信”有关的成语。

4 对当代中国人人际责任感的启示

人际责任感是中华民族传统美德的体现,系统地探索当代中国人人际责任感的测量工具及发展特点,有助于筛选、评价高水平人际责任感人才,对教育工作者开展青少年健全人格的养成教育实践工作也具有指导意义,从而有利于提高国民整体心理健康水平。

4.1 人际责任感可能是一种跨情境的人格特征

如前所述,仁、义、礼、智、信各项内涵所涉及的人伦关系规范,构成了传统文化下人际责任感的各方面内容(如图1)。仁表现为“仁爱利他”乃人际责任感的动机成分,是其他几方面的基础。智提供了全局性的认知体系,它与仁共同决定人际责任感的境界高低,以及具体为人处世的行为表现方式。义、礼、信分别体现了个体对他人所需尽责的不同意涵,即情义担当、恭敬有礼、真诚守信。它们有两个共同的意涵,与仁相一致:一是重视他人及与他人的关系,比如恭敬有礼是尊重和维护他人的颜面和感受,情义担当

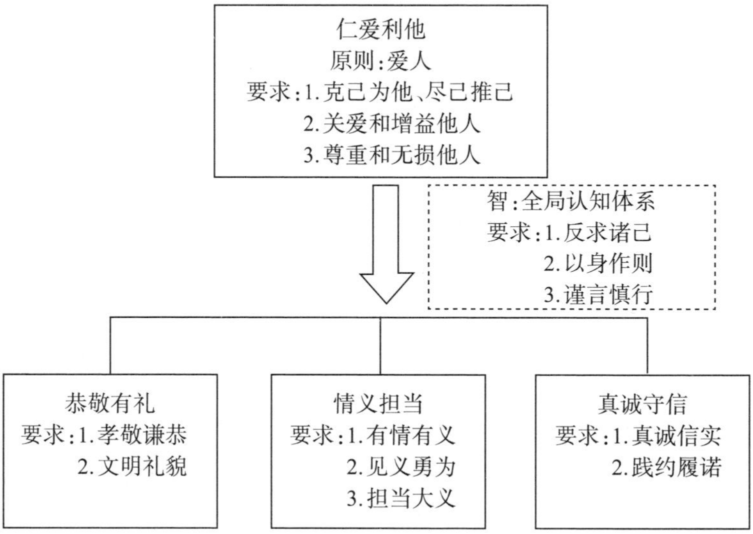

图1 仁、义、礼、智、信内涵中的人际责任感

与真诚守信意味着个体对于他人来说要“靠得住”，总之，要把对方放在心上，“礼尚往来”。二是主动担当对他者的责任，越是有道德修养者越是自发地遵礼、行义、守信，在生活中“居仁由义”，主动了解和照顾他人的需要，为他人谋划周全。

4.2　人际责任感的核心：儒家克己为他的价值取向

如前文所述，在孔子关于五常的论述中，人际责任感彰显了“克己为他”的核心，这也是后世儒家思想一脉相承的重要价值取向。

章太炎曾说：“儒之名盖出于需。”(2006)儒字，从人从需；从需，意味着与需有关的人，或人有所需。因而儒者，既可能意味着是满足他人需要的个体，也可能意味着个体有这种“满足他人需求”的需求。然而无论是哪一种可能，都有一种“舍己为人”或“克己让人”的味道。从历史渊源来看，儒者源于草根阶层，善于为弱者说话，并主动、自觉地认同其弱者代言人的身份。既已生出救世之心，就必须具有开阔的胸怀，发扬充分的利他精神，吃一份饭，操天下心，必须随时随地把他人的利益置于自己的利益之上(余治平，2012)。

梁漱溟指出中国社会是伦理本位社会，人与人之间发生的伦理关系的实质是“克己让人”，即“我”对他者的责任关系(2005)。从孟子的“亲亲而仁民，仁民而爱物”(《孟子·尽心上》)到张载的“民胞物与”思想，以朴素的血缘亲情为基础，儒家文化形成了一种以“孝悌”为核心，把一切社会关系尽收于“父、母、兄、弟”的伦理中，外推“礼义”以至人类社会与自然的责任心理观，以达至“克己让人”的为他责任人格(任亚辉，2008)。“仁者”就是要自觉地关切与成全他人的生命需求和利益，在追求自我生存与发展时，自觉意识到他人、群体大致相同的生命需求，并乐于主动地“成人之美”(薛富兴，2012)。

儒家价值观始终表达了担当责任的严肃性，提倡以一种主动的姿态积极担当责任，“穷则独善其身，达则兼济天下”(《孟子·修身》)。特别是“仁”后来发展为天人合一的哲学，构建了一种包容他人、依存他人的人我观。“对他人负责”是行仁的基本要求，所包含的他人范围越来越大，所谓“修身、齐家、治国、平天下”，这不仅意味着“负责”是做人的基本要求，也意味着个体所要担负的责任对象不仅包括身边的他人，还包括不认识的他人，乃至整个社会。个体与他人、与群体是一个连续的关联。个体在这种关系之中须积极承担自己对对方的责任，以自觉承担对对方的责任为美德；个体不是以权利之心与对象结成关系，而是以责任之心与对象结成关系(陈来，2016)。

4.3 人际责任感是可以培养的

责任心在健全人格的结构中处于第三层次，是幸福进取人生最基本的品质（黄希庭，2014），值此社会转型并重构核心价值观的关键时期，如何传承传统文化，培养当代中国人的人际责任感，具有非常重要的意义。具体而言，有家庭、学校、社会三方面的培养途径。

一是在家庭教育中以孝道为依托培养个体的人际责任感，养成以身作则、推己及人的品质。如前所述，“泛爱众”即是将一家之内孝敬父母、尊爱兄弟的态度推之于外，而对超血缘的“同胞”有利益关切与成全。家庭是各种人际关系的缩影，能处理好家庭各成员间的关系，就能处理好家庭之外的各种人际关系。《礼记·大学》有云：“故君子不出家而成教于国。孝者，所以事君也；弟者，所以事长也；慈者，所以使众也。”一方面，父母要以身作则，教导子女对家人和朋友都体贴关怀、诚实守信；另一方面，子女在践行孝道的过程中，要逐渐学会为他人着想、有所担当，这份内化的人际责任感自然能够指导其在社会生活中礼遇他人，对他人尽责。

二是在学校教育中加强传统美德与国民意识教育，培养个体对于一般他人与弱势群体的人际责任感。有研究表明，较为认同传统美德的当代大学生，其责任对象不论是自己还是他人，都有更高的尽责倾向（朱秋飞、何贵兵，2011）。构建和谐社会需要当代中国人把社会上的他人纳入自我的关怀范围。一方面，学校应将个人发展与社会进步联系到一起，教导学生对他人负责不仅是人际关系能力的体现，也是个体在社会上实现自我价值的重要途径；另一方面，学校应鼓励学生参与社会事务并为学生提供相应的社会实践机会，比如做义工、募捐、去敬老院服务等，使学生能够亲身体验到自身作为对他人产生的实际影响，从而意识到自己与他人是息息相关的。当个体的国民认同度提高，意识到自己对于他人与社会负有责任，就可能使自己忧国忧民意识增强，更愿意去关注、帮扶和影响不熟悉的人甚至是陌生的人。

三是在社会层面利用大众传媒，传递有利于人际责任感形成与发展的价值观。研究显示，互联网时代的信息社会，大众传媒对个体的观念、情感、心理特征和行为倾向的影响超过以往任何一个时代（王俊华等，2007）。一方面，大众媒体应致力于报道民众喜闻乐见、广泛认同的好人好事，体现出关怀友爱、重诺履约、情深义重、勇于担当、舍己为人等人际责任感内涵，以培养民众对这些美好品质的向往和积极追求。另一方面，大众媒体也应客观揭露因冷漠、怯懦、自私自利、轻诺寡信等导致人际关系淡漠、亲友反目、团队解体、遭遇不幸无人帮扶、弱势群体孤苦无依的现象，引发大众反思人际责任感的重要性及其缺失的恶果。

中华文化博大精深，本文只重点归纳了《论语》中体现的人际责任感，得出以上对人际责任感的思考，还有一些问题未能涉及。比如在对他人尽责的过程中，当代中国人如何平衡自我价值与他人价值；又如，好为人师者可能主观上认为自己对他人很具责任感，管得宽，爱好指点他人，但对他人而言也许并不是真正的帮助，可否认为这是其人际责任感的体现。

总而言之，人际责任感所体现的克己为他、主动担当对他者责任的核心内涵，不仅有利于构建和谐社会，在当前国际化的视野下，也是推动继承和发扬传统文化的有利因素，因此中国人的人际责任感是非常有价值的研究课题。

合作者：何垚。原文载于《西南大学学报(社会科学版)》2017年第1期

自谦：中国人一种重要的行事风格初探

1 引言

行事风格是个体所持有的参与社会生活的模式，它反映了特定文化中人们的“存在之道”和“自我之道”。心理学家在解析东西方文化传统对人们行事风格的影响时，最常使用的概念系统就是“个人主义/集体主义”（individualism/collectivism）和“独立我/互依我”（independent/ interdependent self）。在中国文化中，自谦是非常鲜明且重要的哲学思想，它是古人对现实生活的感悟，也是理想人格的道德诉求。中国传统的价值体系并不强调个人控制环境、表现自我或实践潜能，而是强调人境融合、自我克制、顾全大局（陆洛，2007）。因为，自我意识的过度膨胀会疏远、割裂人我以及人与自然的关系，自谦才是对阴阳转换辩证规律的自觉把握及实现整体性和谐的途径。它要求人们不仅要在礼让的前提下，尽量用一些低调、含蓄的方式展现自我，还要使之转化为主体内在的道德要求。

被誉为“群经之首”和“大道之源”的《易经》专设“谦”卦来说明“谦”的道理。谦卦在大有卦之后，它既是用来防止拥有众物后骄傲自满的重要策略，也是阴阳相生相克中的关键环节。在道家的理论中，更是赋予“守弱处柔”以核心的地位，“盛极必衰”的论述比比皆是。儒家对于自谦的价值也深有感悟。一方面，儒家认为自谦是实现其“礼仁”目标的重要践行方式，强调自谦要“发乎情而止乎礼”，实现“仁”与“礼”的统一；另一方面，又很强调其工具性价值，把自谦作为协调人际关系，储备社会资源，实现生活目标的手段，视之为“深其根，固其柢”的长生久视之道。释家追求一种忘我的精神境界，自谦被视为实现其“无念”和“净心”目标的重要途径，是所谓“内心谦下是功，外行于礼是德”（《六祖坛经》）。即使在近代，学者们在谈到民族性格时，也经常提到中国人具有自谦的特质。如，李大钊认为，“东方特质，则在自贬以奉人”（《厌世心与自觉心》）；严复也认为，“中国人美谦屈，而西人务发舒”（《论世变之亟》）。

近年来随着文化心理学的开展，自谦的研究逐渐从哲学领域拓展到心理与行为领域。例如，傅根跃和陈伟伟研究发现，儿童的谦虚行为是在教育和社会文化背景下随着年龄而发展变化的，相对于7岁儿童，9岁和11岁儿童谦虚行为的出现率明显增加（2001）。樊景立和郑伯埙发现，当运用自评式量表考察中国员工的绩效时，在正向题目上存在明显的自谦偏差（1997）。许功余、王登峰和杨国枢也认为，华人最为明显的性格特征是低外向性，在群体中会尽量地不要太突出、太活跃（2001）。因为，在华人的社会生活中，特别强调服从权威和人际和谐，“外向活跃”可能会破坏群体的和谐与平静，引起冲突和竞争，导致权威的约束或同伴的拒绝。学者对自尊的研究也发现，在内隐自尊的测量中，中国大学生对自我持显著的积极、肯定的评价（蔡华俭，2006），华人普遍拥有正向的内隐自尊（余思贤、孙蒨如，2004）；而在自我报告的外显自尊的测量中，东亚人的表现却不如欧美人，很可能是自谦的行事风格限制了东亚人的自我展现（Brown，2003；Sedikides，Gaetner & Toguchi，2003）。林以正研究发现，在与“核心自己人”的社会比较中，华人最为压抑向下比较。因为，在中国人的价值观念里，谦虚、礼让都是促进人际和谐的方式，真正会做人的人，要能刻意隐藏自己的表现，把荣誉和成就适当地让于其他人，而向下比较与这些价值观念是背道而驰的（1999）。

上述文献表明，第一，在中国文化中，自谦不仅是要求传统士族阶层固守的精神家园，也关系到庶民之国民性的塑造。它不仅具有理论层面的应然性，也是实然的社会心理现象，是一个值得进行全面探索，已发展成为心理学概念和理论的重要课题。第二，以往学者们的研究主要将自谦视为中国人重要的人格特质，或追求人际和谐的自我呈现策略，并没有对自谦做精确的概念分析。自谦是一个很具文化特色的范畴，在西方心理学中找不到完全对等的概念，通过对古籍的梳理来界定和讨论其内涵是一个重要的切入点，也是进一步进行实证研究的基础。第三，自谦植根于中国的文化传统之中，它使中国人对待人生世事具有了清醒冷静的理智态度，是中国传统中反思性意识的重要组成部分。但目前没有研究以自谦为主题，将其放在历史/文化的思考框架中，从一个比较全面的角度来审视它。此外，古籍对自谦的论述，主要是注疏式或诠释取向的，而且具有训导的性质，随着时代的变迁，其现实价值如何也是本研究拟讨论的问题。

2　自谦概念分析

通过对典籍的检索，初步构建古籍自谦语料库，分析自谦在古籍中的分布和引用情况，并在此基础上进行内容分析，讨论古籍中“谦”的内涵、功能和类别。

2.1　自谦语料库的构建

2.1.1　资料来源

采用计算机和手工两种检索方式。手工检索针对“谦”相对集中的古籍。计算机检索采用数据库检索的方法，从国学数据库或电子图书中尽可能收集已收录的古籍。并用3种方式检索：（1）组词检索，以“谦”字为核心，从工具书中查找谦词，以此为初步的检索词，再从检索结果中继续搜集谦词。进行追踪检索，共搜集了39个谦词。（2）单字检索,以“谦”为关键词检索。(3)反向检索,古籍中“谦”的反义词主要有“骄”“盈”“满”“矜”,以此为关键词进行了检索。

2.1.2 结果整理

首先,删除了如下表述:(1)人名,如,“惟礼部尚书常熟钱谦益出城迎降”(《清稗类钞》)。(2)地名,如,“其石谷曰谦受之谷”(《韩愈集》)。(3)不是以“谦”为主题的表述。其次,对少数不完整的语料查找原文进行补充,并删除与“谦”无关的表述,简化检索结果,进行标准化列表。

2.1.3 语料库的特征

检索涵盖了古籍1857部。检索到以“谦”为主题,语义相对独立的语句(少数是段落)889条(次),涉及古籍244部,总检出率为13%。结果表明,出现频率最多的是在《周易正义》《伊川易传》这些与《周易》有关的经部古籍中。这提示我们,《周易》是后来相关论述的主要的源泉。此外,在正史、文学(总集和别集)等古籍中,“谦”的检出率较高;在医学、教育、科技、艺术、军事等领域中也有所涉及。我们请2名古汉语专业硕士研究生对语料以讨论的形式进行了初步分类,对不能确定含义和归属的,请教有关专家后决定。结果表明,描述自谦内涵、分类、功能的语句(段落)分别出现了109次(12%)、112次(13%)、616次(69%)。(见表1)

表1 检索范围、检出率和整理后的检索结果

总类	细类	文献总数/部	检索到文献数/部	检出率	检索结果/条
经	十三经	13	4	31%	17
	十三经注疏	13	13	100%	97
	经学史	31	8	26%	83
史	正史	24	20	91%	74
	目录	39	1	3%	4
	别史、杂史	55	2	4%	3
	地理	54	16	30%	49
子	先秦诸子	45	11	24%	33
	术数	14	4	29%	1
	道家	34	8	24%	17
	兵家	33	6	18%	10
	医家	29	2	7%	6
	科技	51	1	2%	1

续表

总类	细类	文献总数/部	检索到文献数/部	检出率	检索结果/条
	艺术	4	1	25%	4
	类书	5	4	80%	29
	儒家	11	4	36%	15
	蒙学	69	7	10%	7
	杂类	20	7	35%	31
	释家	273	31	11%	33
	隋前笔记	59	2	3%	3
	隋唐笔记	101	2	2%	3
	宋元笔记	279	14	5%	16
	明代笔记	240	12	5%	15
	清代笔记	230	7	3%	8
集	总集	65	28	43%	176
	别集	64	32	50%	154

2.2　自谦语义分析

用内容分析法分析，程序为：(1)建立类目，逐步删除重复引用的项目，结合文献的总体特征整理出具体类目，并明确各类目的含义、分类标准及典型范例。(2)分析单元，原则上是以“谦”为主题的语句，但有少数语句可同时归入不同的类别，因此是多重归类，计算时以归类次数为单位。由2名古汉语专业硕士研究生在标准化列表中，分别根据每个单元的含义和态度倾向独立地把它们归到所属类目中。(3)信度的计算，信度$=\frac{N \times 相互同意度}{1+(N-1)\times 相互同意度}$。其中，$N$为编码员人数；相互同意度是在需要分类的单元中，一致赞成或不赞成归入某个类目的单元数所占的比例(杨国枢等，2006)。

2.2.1　自谦的内涵

古人对自谦内涵的解释，不仅多是引述谦卦并对其进行注疏式说明，而且对其含义的理解也相当一致，即大都强调自谦就是要“以阳居阴”，“不自盈大”。阴阳相生相克是《周易》的核心思想，古人对自谦内涵的诠释也始终贯穿着阴阳之对立和统一，论述中不仅涉及“刚柔”“隐显”“进退”等大量对立范畴，而且十分强调对立双方的相互转化。在中国古人看来，物极必反是一条根本的规律，自谦超越了“尊卑”“进退”“隐显”等范畴之间的二元对立，是符合中国人辩证思维特色的行事风格。在《周易》中，“谦”有两层含义：一曰“地中有山”，指个体要自我减损，做到有功能忘，有劳不伐，因此，在意志层面，自谦要克制个体的欲望和冲动，具有明显的自抑性；二曰“裒多益寡，称物平施”，指个体要努力做到减有余增不足，衡量物质多寡公平施予。这就要求人们不仅要超越私欲，还要努力促进公平和谐。据此，在行为层面，可把自谦定义为个体在人际交往中自觉地隐藏和回避自身优势或成功的态度与行为。(见表2)

表 2 自谦内涵相关古籍内容分析结果

类目	检出次数及其比率	信度	实例
以阳居阴不自盈大	85次(9.56%)	0.94	以阳居阴，意能谦退(《周易集解》) 谦者，有而不居之谓也(《见闻杂记》卷六) 为谦之意，是辞高而就卑也(《朱熹集》卷五十七《答陈安卿》) 所谓谦者，或以贵而下贱，或以尊而下卑，或以贤而下愚(《慎言集训》) 地中有山，谦。以高下下，谦虚之义(《春秋左传正》卷四十三)
裒多益寡称物平施	10次(1.12%)	0.99	君子以裒多益寡，称物平施(《周易》) 施不失平也(《周易正义》)
未能归类	14次(1.57%)	0.96	足恭也者，有所为而为之者也。无所为而为之者谓之谦[《王阳明全集·书陈世杰卷(庚辰)》] 诚其意者，毋自欺也。如恶恶臭，如好好色，此之谓自谦(《大学衍义补·卷首》)

注：在表2、表3、表4中，检出次数为2位编码员都同意的次数；比率指占检索到文献次数(889次)的百分比

2.2.2 自谦的类别

“实性”和“虚性”自谦的分界是古人非常关注的问题。“实性”自谦反映了一个人的道德修养，是自己永远觉得有待进一步改进的学习态度。它有两个规范原则：一是“真诚性”，强调自谦不是只合乎外在“礼”的貌似恭敬，而是要有真情实感；二是“适度性”，自谦不仅强调“履内居中”，要在整体上把握阴阳态势、用自我节制的心态，拿捏分寸，求取恰如其分的最佳状态。自谦还强调“不失其壮”，古人追求的是自信和豁达之谦，而不是卑微和怯懦之谦。“虚性”自谦可能是一种自我表现策略，是为了达到某种目的而采取的策略性行为。它有两个特征：一是“虚伪性”，其典型表现是言行相悖，表面以谦为名造立施化，实际上却暗藏心机，结果是自谦被“溺乎其文，昧乎其实”；二是“怯懦性”，自

谦的实质是自信自强，不是轻视自己，它所代表的是积极进取、有所作为的精神。不过，如果只把“谦”的行为方式作为其意义的全部，并使之成为司空见惯的生活方式，就可能丢掉其精神实质，此时自谦的“名”和“实”就被本末倒置了。(见表3)

表　3　自谦类别相关古籍内容分析结果

类目	检出次数及其比率	信度	实例
真诚性	50次（5.62%）	0.94	谦而不贞，则近于邪佞……处谦之极而有闻，则失谦本意（《朱子语类》卷七十《易六》） 履道尚谦，不喜处盈，务在致诚，恶夫外饰者（《周易正义》） 体忠信之资，履谦恭之操，藏器则未尝自伐，虚心而所应必诚（《全唐文》卷三百三十一）
适度性	15次（1.68%）	0.90	谦道虽至于自下，然不可以不执中，尊者之谦，有所止则光（《蓝田吕氏遗著·易章句》） 其执谦也，必在乎合宜；其在卑也，亦存乎随时（《全唐文》卷九百四十六） 升降处谦之仪，柔静居顺之节，莫不中道若性，不严而成（《骈体文钞》卷二十五《志状类》）
虚伪性	23次（2.58%）	0.97	外温人谦逊，内隐忍，睚眦于埃尘，独死者甚众（《前汉纪·前汉孝哀皇帝纪上卷第二十八》） 虽上章表谦恭，而心无忌惮（《旧唐书·王承宗传》） 谦，美德也，过谦者多诈；默，懿行也，过默者藏奸（《蕉轩随录》卷二）
怯懦性	24次（2.69%）	0.90	任刚毅则失于突犯，守谦卑则病于委随（《全唐文》卷七百四十） 善人好谦，亦少能创业，故亦不能入于圣人之奥室也（《论语注疏·先进》） 守谦者，孺人之志也，而奉国制以扬幽潜者，有司之责也（《惜抱轩诗文集·文集卷八》）

2.2.3　自谦的功能

描述自谦功能的古籍可分为5个方面：和谐性，指自谦可以避免自己过分突出而导致人际冲突，具有人际和谐的价值；进取性，把自谦视为以退为进的策略，采用“隐”的方式达成“显”的效果；防御性，自谦具有自我设限的功能，可以防止言过其实，避免灾祸；礼貌性，自谦可以使人符合礼貌的原则，实现“克己复礼”；道德性，自谦可以展示人的道德修养，体现抽象的道德价值理念。其中，描述防御功能的古籍最多，而且，绝大多数强调它积极的正向价值，具有明显的训诫性。这5个方面的功能又可归入两个维度：一是“工具性”，指自谦可以带来各种福祉或利益，体现了人们在特定环境中对具体目标的追求，尤其是面对强势或固执不通的对手，自谦不仅是必要的防御策略，而且还能顺势迂回，静观其变，等待机会，以达成以退为进之功效；二是“超越性”，指自谦超越了特定环境中的具体目标，是为了实现抽象的价值理念。这两个维度与传统文化中“内圣外王”的思想是一致的，自谦不仅有益于“征伐”，也可以“进德修己”，它是靠“忘我”的自我修养达到的精神境界。自谦受两种力量制约：一是建立在群体结构规律上的礼；一种是内在于主体的德。自谦的根本目的是通过克制、超越、转化的途径实现“克己复礼为仁”，达到自我与社会的结合，最终走向道德的至善。因此，在古籍中，自谦不仅是自我修养的方式，也是自我修养的目标。(见表4)

表 4 自谦功能相关古籍内容分析结果

自谦功能	检出次数及其比率	信度	实例
和谐性	42次 (4.72%)	0.98	谦敬以睦中外，吉蠲以奉蒸尝(《全唐文》卷五百四) 温文合雅，谦敬保和(《旧唐书·敬宗五子传》) 虽处荣盛，若非在已，内执谦下，外睦亲疏(《全唐文》卷二百九十二)
进取性	36次 (4.05%)	0.97	安履乎谦，终身不易，自卑而人益尊之，自晦而德益光显(《周易程氏传》) 夫谦道，退故能先，守柔弱故能矜，自卑下故能高人，自损弊故实坚(《文子·上仁》) 谦，亨。天道下济而光明，地道卑而上行(《周易》)
防御性	357次 (40.16%)	0.96	大足以守天下，中足以守国家，小足以守其身，谦之谓也(《说苑·敬慎》) 天道恶满而好谦，前世贵戚，皆明戒也。保身全已，岂不乐哉(《后汉书·樊宏传》) 天地鬼神之道，皆恶满盈。谦虚冲损，可以免害(《颜氏家训·止足第十三》)
礼貌性	47次 (5.28%)	0.97	“礼主其谦”。王肃曰：“自谦损也。”(《困学纪闻·礼记》) 谦恭谨慎，是礼之节制也(《礼记正义·乐记第十九》) 礼让之言宜谦卑也(《论衡·问孔篇》) 人有礼者亦谦恭而卑下，故言“礼也”(《礼记正义·聘义第四十八》)
道德性	103次 (11.59%)	0.97	谦者众善之基，傲者众恶之魁(《王阳明集》卷之三《语录三》) 谦，德之柄也(《周易·系辞下》) 谦则虚，虚则无不容，是故受而不溢，德斯聚矣(《王阳明集》卷之八《文录五》) 道生于安静，德生于谦退(《续金瓶梅》第五十二回)
未能归类	31次 (3.49%)	0.97	满招损，谦受益，时乃天道(《尚书·大禹谟》) 夫天道亏盈而益谦，地道变盈而流谦，鬼神害盈而福谦，人道恶盈而好谦(《周易》) 谦虚则宽绰而有余，矜夸则狭迫而不足(《泾野子内篇》卷七)

3　当今民众对自谦的理解

古籍中的自谦思想毕竟是历史的，随着时代的变迁，现代人如何评价自谦呢？本研究拟通过开放式调查，进一步探讨现代人对自谦的认识，并尝试比较古今人们自谦观念的异同。

3.1　方法

3.1.1　被试

共217人。其中，大学生108人，平均年龄为22.04岁，标准差为1.42；男生43人，女生6人；文科生49人，理科生59人，在授课时测查，问卷回收率100%。社会大众109人，平均年龄为39.61岁，标准差为6.81；男性42人，女性67人；教师54人，公务员30人，公司职员16人，自由职业者9人。在集中培训时测查，问卷回收率100%。

3.1.2　工具

自行设计了6个开放式问题：(1)您认为在日常生活中，自谦的意思是什么？(2)您认为在日常生活中，自谦的目的是什么？(3)您认为在日常生活中，哪些自谦的方法或做法比较有效？(4)您认为在日常生活中，自谦会产生什么样的结果或效果？(5)您认为在日常生活中，哪些情境或情况下人更应该自谦？(6)您认为在现在的社会生活中，自谦重不重要？如果重要，为什么？如果不重要，为什么？

3.1.3　内容分析

在预编码的基础上确定分类框架，之后，请2名心理学专业硕士生进行分类，并计算分类的信度。分类时，原则上是以完整的句子或词语为归类单位，对同时能归入不同类别的词句进行多重归类，统计时以归类次数为单位。信度的计算与分析古籍时的方法一样。(见表5)

表5　开放式问卷内容分析结果

题目测查范围	信度	答题分类	类目及所占比例		
1. 自谦的含义	0.87	行事风格	勿赞己长(48%)	回避夸奖(13%)	
		其　他	虚伪客套(9.4%)	客观适度(7.5%)	尊重他人(6.3%)
2. 自谦的目的	0.88	工具性	防御性(39%)	提升形象(18%)	
		超越性	自我完善(30%)		

续表

题目测查范围	信度	答题分类	类目及所占比例		
3. 自谦的方法	0.88	主动示弱	求教他人(21%)	主动揭短(13%)	
		被动回避	赞美对方(14%)	转移注意(11%)	事实反驳(7.8%)
		其　他	附和他人(2.5%)	共享成功(2.5%)	
4. 自谦的效果	0.87	积极效果	人际和谐(25%)	获得好感(25%)	自我完善(9.8%)
		消极效果	虚伪做作(18%)	丧失机会(8.2%)	信心不足(6.2%)
5. 自谦的情境	0.87	角色失衡	能力强者(18%)	地位高者(16%)	不如己者(6.5%)
		面子失衡	自己成功(19%)	受到表扬(11%)	
		其　他	公开场合(8.6%)	陌生对象(7.5%)	
6. 自谦是否重要(理由)	0.99 (0.86)	重要的理由	自我完善(33%)	人际和谐(31%)	素质修养(13%)
		不重要的理由	丧失机会(7.1%)	虚伪做作(7.1%)	

3.2　结果与分析

第1题的结果显示,认为自谦是一种行事风格的占了六成多,这种行事风格就是要主动克制言及自己的优势和成功,即便是受到别人的夸奖也应该尽量回避,这与古籍中的"以阳居阴"相一致。但是,在古籍中很少言及自谦的负面价值,而本调查中认为自谦是"虚伪客套"的则占了9.4%。这提示,自谦可能不是绝对正向或负向的,对其性质的理解还要结合具体的情境脉络。

第2题的结果显示,自谦作为指向自身的修养境界却明显地带有指向外在世界的意图,它兼具工具性价值和自我超越功能。这支持了中国人的自我实现主要是由社会取向之自我反省、自我批评、自我修养、自我改进的历程,来实现其社会性与关系性自我的观点(杨国枢,2004)。

第3题是自谦的方法。这方面的回答主要可分为两个方面:一是"主动示弱","求教他人"和"主动揭短"倾向属于这方面的策略;二是"被动回避",包括被人夸奖时转而用"赞美对方"、"转移注意"和"事实反驳"来回避优势或成功。

第4题是自谦的效果。结果显示,自谦兼具积极和消极两方面的效果。总体上,认为自谦具有积极效果的乐观者要多于认为自谦具有消极效果的悲观者。

第5题促进自谦的情境包括:"角色失衡",指自己和交往对象之间地位、身份、能力等方面的不对称,这方面的回答占了四成多;"面子失衡",指因为自己很有面子而使别人的面子受到威胁的情况,这方面也占了近三成;另外,认为在"公开场合"和"陌生对象”面前应该自谦的比例也较高。可见,自谦不是刻板的,而是受人际情境和交往对象的制约。

第6题的结果显示:认为自谦重要的占84%,在这些人中,74%的人认为自谦是绝对重要的,无须附加条件;26%的人则认为自谦很重要,但要合理适度。认为不重要的占了16%。

第1题和第6题的结果表明,现代人对自谦内涵的看法与古人是比较一致的,而且绝大多数人都强调自谦对人们的生活依然很重要。虽然调查未涉及自谦分类的问题,但第1、第4和第6题的回答都说明,现代人也很重视“实性”和“虚性”自谦的分界,强调自谦要合理适度,否则可能会适得其反。在对自谦功能的看法中,强调自谦负面价值的古籍很少,而不少现代人则持不同意见,这可能与古籍多是训诫性的有关,因为古籍大都是劝人要自谦的,也就自然强调其正面的功能。第2题的结果表明,现代人对自谦功能的看法无论其内容指向还是比例偏重都与古人有所不同,其缘由在讨论部分会进一步分析。不过,本研究还是支持了自谦兼具“工具性”和“超越性”的观点,认为自谦具有“防御性”、“自我完善”和“提升形象”功能的回答占了八成多。

4　大学生自谦认同度的探索

对古籍和开放式调查结果的整理,都是依据相对明确的标准进行的“外显归类”,其结果并不能完全反映自谦的“内隐维度”。为了在较为微观的层面探讨自谦的功能,本研究拟以自谦的操作性界定为基础,运用探索性因素分析来讨论大学生自谦认同的内隐结构,以便较为精细地展现其现实价值。

4.1　方法

4.1.1　被试

正式施测的被试是从2所学校整班抽取的486名大学生,平均年龄21.48岁,标准差为1.24。男生204人,女生282人;理科生253人,文科生233人。授课时测查,回收率100%。

4.1.2　工具

(1)自编自谦认同度问卷。在对自谦操作性界定的基础上,结合古籍分析和开放式调查来编写项目。虽然古籍和开放式调查对自谦功能的看法并不完全一致,但开放式调查表明,现代人对自谦功能的看法并未超出古籍的范围。因此,项目编写参照了古籍自谦功能(5个方面)的框架,在选择具体项目时则尽量参照开放式调查,以使项目具有广泛的代表性并贴近现代人。初测问卷包括30个项目,每个方面6个项目,从“完全不同意”到“完全同意”,分别记为1~5分。初测对象为252名大学生,根据初测结果,筛选出共同度大于0.16,因素负荷大于0.40的项目,构成包含15个项目的正式问卷,其中有2个反向题。(2)中庸思维量表。自谦就是要“履内居中”,要在整体上把握阴阳态势,求取“中和”的状态。因此,选择了中庸思维量表作为自编问卷的效标工具。该量表由吴佳辉和林以正(2005)编制,包括三个维度:“多方思考”,测量个体在意见表达时从不同角度进行思考的程度;“整合性”,测量个人外在信息和内在想法整合的程度;“和谐性”,测量个人以不偏激的方式作为行为准则的程度。其内部一致性信度为0.87,间隔2周的重测信度为0.81;量表总分和“印象整饬”“一般印象”“互依我”量表的结果间都存在显著的正相关。

4.2 结果与分析

4.2.1 自编问卷的因素结构

首先,分析数据作因素分析的适当性,结果其KMO指标为0.82,Bartlett检验值为1244(df=105),p<0.001,表明数据适合做因素分析。然后,进行因素提取,结果表明,特征根大于1的因素有3个,累计方差贡献率为46%。根据卡特尔的“陡阶检验”原理,因素点状图的陡坡和缓坡发生在第3个因素的位置上,表明抽取3个因素较为合适。采用公因素分析法(principal axis factoring)抽取公共因素,再用斜交旋转(promax)求得最终因素负荷矩阵。(见表6)因素1命名为“防御性”,是对自谦具有避免冲突,实现人际和谐价值的认同程度。因素2命名为“自我完善”,是对自谦具有提高自身修养,使人更加完善功能的认同程度。因素3命名为“提升形象”,是对自谦具有获取好感和积极评价功能的认同程度。在这些因素中,从项目内容来看,因素1和因素3都具有工具性价值,但因素分析表明它们并不属于同一个维度。因为,因素1主要是一种回避取向的自我保护策略,目的是避免消极评价;因素3是一种以退为进的进取策略,目的是获得积极的评价。从项目内容来看,“防御性”的项目大多也可以从“和谐性”的角度来理解,因为“防御性”本身其实涵盖了防止人际关系被破坏这样的内涵。所以,古籍中的“防御性”和“和谐性”更倾向属于同一个内隐维度。

表6 自编问卷因素分析结果（$N=486$）

项目	因素载荷			共同度
	因素1	因素2	因素3	
项目1	0.45	0.24	0.14	0.31
项目2	0.49	0.25	0.14	0.32
项目3	0.59	0.11	0.10	0.35
项目4	0.64	0.04	0.16	0.43
项目5	0.11	－0.07	0.62	0.62
项目6	0.31	0.19	0.55	0.33
项目7	0.10	0.50	0.02	0.36
项目8	0.14	0.49	0.07	0.44
项目9	0.45	0.14	0.34	0.34
项目10	0.59	0.15	0.23	0.41
项目11	0.12	0.63	0.12	0.41
项目12	0.16	0.64	0.12	0.51
项目13	0.40	0.61	0.01	0.48
项目14	0.48	0.23	0.33	0.47
项目15	－0.16	－0.19	0.40	0.36
特征根	3.40	2.03	1.41	—
贡献率	22.63%	13.51%	9.42%	—

4.2.2 自编问卷的信度和效度

经检验，问卷的内部一致性信度系数为0.80，表明问卷的信度是可以接受的。在效度方面，问卷的编制同时参照了古籍分析和开放式调查结果，这保证了问卷内容取样的代表性和生活性。中庸思维是个人在特定情境中，如何整合外在条件和内在需求，并采取适切行动的思维方式。在相关统计上，中庸思维与自谦认同度之间应存在正向关系（见表7）。表7表明，除了项目7以外，自谦认同度问卷的其他14个项目均与中庸思维量表的某些维度存在显著的正相关（$p<0.05$；$p<0.01$）。其中，有10个项目与中庸思维的所有维度相关非常显著（$p<0.01$）。此外，两个量表的各个维度之间也存在显著的正相关（$p<0.05$；$p<0.01$）。这表明自谦认同度问卷具有较好的效标效度。

表7 自编问卷与中庸思维量表的相关 （$N=486$）

项目及因素	M	SD	多方思考	整合性	和谐性
项目1	3.99	0.88	0.13**	0.17**	0.17**
项目2	4.12	0.82	0.15**	0.20**	0.19**
项目3	4.64	0.66	0.21**	0.29**	0.19**
项目4	4.45	0.77	0.33**	0.33**	0.23**
项目5	3.26	0.97	0.15**	0.14**	0.24**
项目6	3.44	0.93	0.24**	0.26**	0.37**
项目7	2.76	1.07	0.07	0.09	0.05
项目8	3.45	0.89	0.17**	0.13**	0.12**
项目9	3.75	0.88	0.31**	0.31**	0.31**
项目10	4.13	0.78	0.29**	0.32**	0.27**
项目11	3.08	1.12	0.05	0.10*	0.12**
项目12	2.91	1.01	0.09	0.09*	0.08
项目13	3.78	0.97	0.18**	0.20**	0.17**
项目14	4.10	0.87	0.43**	0.42**	0.43**
项目15	2.87	1.08	0.08	0.19**	0.23**
因素1	29.19	3.53	0.43**	0.46**	0.42**
因素2	15.98	3.44	0.16**	0.18**	0.16**
因素3	9.57	1.62	0.18**	0.12*	0.21**

*$p<0.05$; **$p<0.01$

5 综合讨论

本研究的目的是从历史/文化的思考框架出发，比较全面地审视自谦的意蕴和价值。自谦植根于中国的传统文化之中，它涉及人我关系、人与社会及人与环境的关系，也彰显了中国人的社会参与和文化实践之特色。但以往相关研究除哲学性界定和反思之外，并未对自谦做精确的概念分析。为了在实证资料的基础上对自谦进行“初探性建构”，本研究在古籍和开放式调查资料分析方面，采用“分析者校正”原则，所有资料均由两位研究者完成分析任务，并针对资料分析进行信度检验，对出现的分歧通过讨论达成编码员间的共识，希望透过具有信、效度的资料对自谦进行分析。

对自谦做概念分析，首先要回答的问题是其古今内涵是否一致。结果表明，在操作层面，自谦主要反映了中国人参与社会生活时一种低调的态度和行为模式，无论古今，人们对其内涵的理解是相当一致的。因为，就抽象的概念而言，无论古今都要处理人与人、人与社会的关系，这就使自谦有可能成为超越历史的共同关注。黄光国研究发现，无论是人际竞争情境还是人际和谐情境，华人在成功时的自谦行为不但能使人较为喜欢，也是一般人认为的较得体的行为(2004)。研究结果还表明，在自谦的操作性界定背后，其实隐藏着复杂的多重面向，它的实质涉及道德良善、人际效果、思维方式等多重视角。在中国重德思想的文化脉络中，游走于虚实之间的自谦首先要面临道德良善的拷问。从研究结果来看，古今人们都很注重构建“虚性”和“实性”自谦间的边界。因为，这会影响自谦的适应性，“虚性”自谦不仅得不到认可，还可能使自己沦为虚伪做作之人，而“实性”自谦才是“修己内圣”之道。从认知过程来看，自谦与传统的辩证思维非常契合。华人传统的辩证思维是一种注重由动态、反面及整体的角度来思考事物的思维方式，它展现在华人对矛盾成语的偏好、个人所持有的自我概念之内涵，偏好情境归因等认知和行为上(许功余，2006)。自谦是一种“以阳居阴”的行事风格，古人在诠释自谦的内涵时，其辩证思维历程也非常明显，而且《周易》可能是它们共同的思想来源之一。因此，自谦是中国人辩证思维的具体展现。

古籍中自谦思想的现实价值如何呢？不少研究发现，中国人所追求的主要是社会取向的自我实现，它是指个人经由社会取向之自我反省、自我批评、自我修养及自我改进的历程，以及适当实践社会性与关系性角色、承诺及承担责任以使其社会生活完善化的做法，是深嵌在社会与关系的义理脉络中的入世之我。这种社会取向的自我实现强调，个人的成就目标以及达成目标的标准主要是由他人和所属群体所决定，因此该成就目标的诱因价值决定于他人和所属群体对该目标的评价与好恶(杨国枢，2004)。在中国文化中，喜欢夸耀的人在遭到失败时得不到人们的同情，反而会遭到嘲讽。对自己能力判断不准的人被视为性格“轻浮”，而举止严肃，审慎估计自己的能力，与人相处细心周到的人被视为“成熟”和“稳重”，自谦不仅是有自知之明的表现，也会增加成功的信心(Hu，2006)。从本研究的结果来看，无论古今，绝大多数人强调，适度的自谦是一种重要的社会适应策略，它能有效地维持个人与关系中的对方、个别权威以及非特定他人的和谐关系，最终促进人们的自我实现。再者，自谦也是传统中庸思维的具体实践。中庸思维对现代华人生活品质具有正向的预测作用，它经由社会自信和生活品质的提升，最后增进了整体生活满意度(吴佳辉，2006)。

开放式调查和问卷结果都表明，古今人们对自谦功能的认同方向有着某种程度的一致性，即都强调其“工具性”和“超越性”价值。“和谐性”是中国人自我实现的前提，“进取性”反映了以退为进的人生智慧、“防御性”则是维持成功和优势的明智选择，这说明自谦很大程度上是由功利性目的引导的。自谦是古礼的基本要求，“礼”不仅能使人们有效地应对生活问题，而且在其浸润于日常生活的过程中，人们还能通过对其所表达的意义的深刻领悟达成塑造人格之功效。传统中国人的自我实践也是指向宽广时空向度上的道德实践，其关键之处在于自我向内的修养。因此，自谦的“礼貌性”和“道德性”功能更倾向于强调自我修养和自我超越。对现代人的研究也表明，无论是在开放式调查还是问卷中，自谦的功能都涉及“防御性”、“自我完善”和“提升形象”三个要素。理论上，这三个要素也可以纳入“工具性”和“超越性”两个较宏观的认同方向中。不过，“防御性”和“提升形象”虽然都可定性为工具性目标，但它们属于相对独立的两个维度。总之，完整的自谦之道应该是“修己内圣”与“济世外王”的统一，只有把修己养谦之功发挥在济世的事业上，通过不断的自我超越，才能使自己之吉转化为天下之利。

现代人对自谦功能的具体看法无论内容指向还是比例偏重都与古籍中有所不同。可能的原因是：

第一，古籍中讲自谦大都具有训诫性，自然就强调自谦的典范作用和道德教化功能，这可能会增加“礼貌性”和“道德性”自谦的频次。古籍中“防御性”自谦出现的频次非常高，这可能是古人为了达到警示的效果，更多地采用了不自谦会导致非常消极的后果这样的叙事方式，这会增加“防御性”的频次。而在开放式调查中，没有涉及“不自谦可能导致什么后果?”这样的问题，这有可能限制了被试的作答方向，降低了“防御性”的频次。

第二，流传至今的古籍多数是记录圣贤语录和事迹的理论性著作，对自谦的描述也更容易渗入“理想人格”的成分。开放式调查主要基于人们的日常见闻，更多地反映了人们的“现实感悟”。这种实证资料性质的差异也是一个重要的原因。第三，古籍的语言大都言简意赅，不少语句往往只表达某一方面的概念。因此，在构建分类框架时，更容易做到相对精细和具体。而在对开放式问卷结果进行分类时，为了保证其可操作性和准确性，会采用更为宽泛的分类框架。不过，从问卷的编制过程来看，尽管选择初测项目时参照了古籍中自谦5个方面功能的框架，因素分析的结果仍然支持了三个维度的结构。这提示，相对于古今语料分类可操作性的不同，前两项原因可能更具解释力。

在中国文化中，中庸是一个非常重要的概念，“中”贯通了儒家的“内外之道”(吴佳辉、林以正，2005)。中庸之道强调人们在处理事务时，既要看到对立两端的差别性和斗争性，更要看到两者之间的平衡性和协调性，重要的是在两种对立的极端之间找到一个限度，适时地调整和节制自己的行为(许功余，2006)。因此，中庸之道和自谦认同度之间的正向关系应该是很明显的，本研究的相关分析与这种预测也是一致的，这说明问卷有较好的平行效度。此外，Morling和Fiske认为，东方文化是柔曲取向（flexible approach）的，非常强调“隐忍”，其目的是避免人际冲突，进行和谐控制（1999），在此基础上，他们还编制了和谐控制量表。Heine发现，东亚人倾向于自我批评的行事风格不只是为了获得好感，还显示出不同文化中人们建构自我概念时的差异（2003）。这些资料也在一定程度上佐证了自谦认同度问卷的效度。不过，自编问卷还是有局限的，其主要针对大学生，他们大都涉世不深，因素分析的结果是否适合其他群体还需进一步澄清。另外，只选择了中庸思维量表作效标工具，显得比较单薄，尚需结合更多的工具来检验其效度。

本研究对自我的跨文化研究可能有些启示。第一，中国人的自谦经常表现为内高外卑的行事风格、以退为进的人际策略、居安思危的人生态度、永不满足的道德境界。考虑到这种极具辩证性的自我观念提示，用诸如负面错觉（negative illusion）和正面错觉（positive illusion）、低于常人效应（below-average effect）和高于常人效应（better-than-average effect）等非此即彼的架构来说明东西方人自我评价的差异可能是有局限的。第二，自谦代表了人性中“尊大”和“菲薄”、人际交往中“自我”和“他人”、社会和谐中“有余”和“不足”之间的阴阳调和，这种阴阳调和观也说明，在解析中国人的文化自我时，“折中自我”（composite self）或“中庸自我”这类概念可能是很有价值的。第三，自谦柔弱的背后，埋伏着柔韧之性生之未来的潜能，随着柔弱的增长，其刚强的一面也在由“隐”至“显”不断发展。这种自我超越观与西方自我增强（self-enhancement）概念间也有微妙的差异。第四，避免人际冲突是自谦最基本的动机，这可能反映了东西方文化中“责任中心”的不同。中国文化给予自我的责任不像西方体系，西方体系是外向表达、表现及实现“个己”。因为，人心皆欲求胜，如果不加限制，就会争夺悖乱，唯有约束人欲才能实现整体性和谐。

未来自谦的研究可能还需结合以下几个方面：

第一，开放式问卷第2题和第5题的结果表明，无论自谦的方法还是影响因素都是多元的。除宏观的文化因素外，就人际交往的结构而言，自谦至少涉及了交往对象、交往事件、交往动机、人际情境几个重要的单元，进一步厘清哪些情境因素会影响到自谦是很重要的。

第二，本研究从个体的角度对自谦进行了初探性建构，主要通过个体的社会认知来透视自谦的历程。欲更为深入地研究自谦，另一个重要的方向是可以着眼于交往双方的互动，以对偶关系为分析单元，这样有利于使自谦的研究建立在人际交往与关系变化的实际历程之上。

第三，中国古籍浩如烟海，自谦语料不仅分布广泛，也存在于“谦词”之外。因此，本研究初步构建的自谦语料库还有待进一步拓展和充实。

第四,自谦是符合中国文化期待的,它反映了个体社会化的成果。Yoshida 等研究发现,小学生就已经开始积极的评价自谦,贬低自我夸耀(show-off)(1982)。因此,从发展的角度揭示自谦的社会化历程也是未来重要的方向。总之,中国传统文化博大精深,作为初步的尝试,本研究希望起到一个抛砖引玉的作用,以便深入地推进这样的基础研究。

合作者:胡金生。原文载于《心理学报》2009年第9期

中国人勇气量表的建构

1 引言

勇气是中华美德的核心范畴之一，也是健全人格的重要组成部分。这一人格概念既继承了优秀的中国文化传统，又具有现代生命力。我国文化中关于勇气的解读由来已久，如“番番矫矫，勇也”(《尔雅·释训》)、“知耻近乎勇”(《礼记·中庸》)、“勇，志之所以敢也”(《墨子·经上》)。伴随知识经济时代的到来，无论是国家还是普通个体都面临着日益激烈和竞争。而应对这种竞争，需要有勇往直前、迎难而上、坚定不移的气魄。同样，现代社会中，见义勇为、临难不惧、大胆创新的精神，可以帮助人们应对心理压力、追求事业成功、创造幸福生活。因此，对中国人的勇气进行探究，具有重要的理论与实践意义。

关于勇气的测量，西方心理学研究者植根于个体主义文化取得了一些有益的成果。测量勇气的工具中，影响较大的是优势行动价值量表(Values in Action Inventory of Strengths，VIA-IS)、伍达德—普瑞勇气量表(Woodard Pury Courage Scale，WPCS-23)。但是对于长期生活在集体主义文化背景中的中国人来说，这些西方的工具存在适用性问题。譬如，VIA-IS的勇气美德包含勇敢、坚持、正直和活力四个维度，仅从语义上看，其活力维度与中国文化中勇气的内涵相距甚远，在开发中文版VIA-IS的实证研究中也发现勇气美德的信效度不高(杨鲁静，2011)。虽然国内个别研究者在勇气的结构与测量的中国化方面做了一些尝试，如吴沙的大学生勇气问卷(2009)和李林兰的中国人的勇心理量表(2009)。与国外的勇气问卷相比，他们的研究更能反映出中国人勇气的实际状况，却仍然未能完全跳出西方勇气研究的理论框架，测量出的结果可能存在偏差。故从中国历史、文化和社会实际出发，发展系统的勇气结构理论，设计适合测量中国人的勇气品格的工具是十分必要的。

在中国文化中，勇气被定义为人在面对困难时表现出来的以坚守、进取、突破等为特点的一种心理品质(程翠萍、黄希庭，2014)。前期系列研究发现，古代学者和现代公众对勇气的构成要素及分类都有比较一致的见解。对中国经典古籍的探析得出，勇气的内涵涉及威猛强悍、临危不惧、坚定笃志、果敢决断、大义担当、知耻革新六个方面，分为义理之勇和血气之勇两类(程翠萍、黄希庭，2015)。现代公众观调查和深度访谈的结果显示，人们认可的勇气很大程度上是一种意志品质，大致由坚定性、突破性、责任性三个因素构成,其在社会和个人两大领域具有不同的外在表现。采用人格特质词对典型勇者进行人格特征分析也获得了类似的结论。这些探索性研究提示,中国人的勇气可能包括社会取向和个人取向两类,并围绕坚毅、突破、担当三个因素分别建构。因而中国人勇气品格的结构可以被假设为:勇气分为社会取向和个人取向两个相对独立的层面,每个层面均由坚定性、责任性、突破性构成。接下来的量表编制过程都在此理论假设的基础上进行。综上所述,本研究试图探究并验证中国人勇气品格的结构,同时编制测量这种品格的有效工具。

2 方法

2.1 被试

2.1.1 预试

选取重庆、四川、江西、广东、山西、云南、江苏7个省的中学生、大学生、社会人员作为预测问卷1~3的调查对象。3次预试样本依次为420人、1000人、1200人;分别回收问卷402份、933份、1157份,其中有效问卷分别为365份、847份、1001份。3次预试有效问卷的答题者中,男性分别为178人、414人、536人,女性分别为187人、433人、465人。

2.2.2 正式施测

正式施测的被试来自重庆、四川、江西、新疆等地的中学、大学、企事业单位。其5个样本分别为430人、130人、200人、900人、550人,回收问卷分别为411份、126份、188份、851份、521份,有效问卷分别为374份、110份、170份、838份、497份。有效问卷的答题者中,男性分别为173人、53人、70人、340人、245人,女性分别为201人、57人、100人、498人、252人。

2.2 项目的编制

预试问卷1的项目编制步骤如下:第一步,根据中国经典古籍分析、公众观调查、深度访谈中的论述收集项目,并参考已有的人格量表如VIA-IS、WPCS-23、马洛—克劳恩(Marlowe-Crowne)社会期望量表中对有关项目的描述,最后共获得了118个题目;第二步,以含义明确、表达简洁、较好反映理论构想、无含义重复为标准修改题目,最后获得90个题目;第三步,将这90个题目编制成问卷,分别请5位心理学专业博士及硕士研究生进行题目评价,并根据他们的意见修改和增删题目,最后确定了70个题目;第四步,对这70个题目构成的问卷，分别请10名中学生、10名大学生、20名社会人士，再次进行评价，根据他们的意见再次删改成47个题目，形式预试问卷1。采用“非常不符合、比较不符合、不确定、比较符合、非常符合”5点评分，其中个人取向分量表22题、社会取向分量表19题、印象管理5题、效度测量1题。预试问卷2和预试问卷3的题目都是在预试问卷1的基础上增删和修改而来。

2.3　研究工具

段文杰等人修订的中文简版优势行动价值量表的勇气美德分量表（VIA-IS-C）（2011）。量表采用5点计分，包含勇敢、毅力、正直、活力4项性格优势，每项优势4个项目，共16个项目。所得总分越高，说明被试具有的勇气美德越突出。本研究中VIA-IS-C的克龙巴赫α系数为0.84。

夏凌翔等人编制的青少年学生人际自立量表（ISSS-AS）（2008）。量表为5点评分，包含人际独立、人际主动、人际责任、人际灵活、人际开放五个维度，共26个项目。各维度得分越高，表示相关特质水平越高。本次调查中各维度的克龙巴赫α系数依次是0.69、0.68、0.57、0.63和0.61。

黄希庭等人设计的青少年学生总体自我价值感量表（TSS-YS）（1998）。量表为5点评分，共6个项目。总分越高，说明自我价值感的总体水平越高。此次研究中的克龙巴赫α系数为0.83。

2.4　数据处理

检查问卷的完整性与真实性，剔除效度题得分小于4分、印象管理题均分大于4分、超过5%题目未作答的数据后，采用SPSS19.0和AMOS19.0对数据进行探索性与验证性因素分析、信度分析。

3　结果

3.1　探索性因素分析

3.1.1　预试问卷1～2的探索性因素分析

分别对预试问卷1（N_1=365）中个人取向和社会取向分量表进行项目分析。根据临界比值、项目与总分相关系数、内部一致性系数及共同性4个指标，实现预试问卷1的项目筛选，共删除了6个项目。再对剩余项目分别进行探索性因素分析，其KMO值0.90、0.91，χ^2值1763、2443，$p<0.001$，MSA值0.86～0.93、0.88～0.95。此结果表明有共同因子存在，很适合做因素分析。用主成分分析法、正交和斜交旋转，综合考虑特征值大于1、陡坡图走向、项目数不少于3、因素可以命名等指标，确定两个分量表的因素个数及名称。结果提示，两个分量表均抽取3个因子，累计解释变异49.89%、53.78%，其中有3个项目交叉负荷过高，予以删除。据以上结果及被试反馈加以删改得到预试问卷2。

采用相同方法对预试问卷2（N_2=847）进行项目分析和探索性因素分析，结果仍然各抽取3个因子，累计解释变异45.35%、50.17%，但交叉负荷过高或有悖于理论构想的6个项目需要删改。由此结果再次修订后形成预试问卷3。

3.1.2　预试问卷3的探索性因素分析

经过对预试问卷3项目的多次探索，中国人勇气量表（Chinese Courage Inventory，CCI）最终保留个人取向和社会取向分量表各14个项目、印象管理题5个项目、效度题1个项目。两个分量表的KMO值0.88、0.89，χ^2值3326、4136，$p<0.001$，MSA值0.85～0.91、0.86～0.90，表明很适合进行因素分析。结果显示两个分量表各抽取3个因子，累计解释变异50.14%、54.72%，因子负荷矩阵见表1。

因子1主要涉及个体在遇到各种困境时百折不挠以及对理想、信念、原则等坚定不移，命名为“坚毅之勇”；因子2主要反映个体敢于打破、超越、挑战现状，命名为“突破之勇”；因子3主要涉及个体主动承担责任、见义勇为，命名为“担当之勇”。坚毅之勇、突破之勇、担当之勇分别聚焦于个人取向和社会取向两大领域。个人取向分量表的3个因子多从维护个人利益的动机出发，而社会取向分量表更多出于对世界、国家、集体及他人的福祉考虑。

表1　预试问卷3因子负荷矩阵（N_3=1001）

题项	直接斜交法转轴后结构和样式矩阵			最大变异法直交转轴后成分矩阵			共同性
	1	2	3	1	2	3	
AA10	0.74（0.75）			0.72			0.54
AA13	0.72（0.70）			0.69			0.54
AA04	0.65（0.61）			0.61			0.44
AA01	0.61（0.58）			0.58			0.39
AA16	0.60（0.53）			0.55			0.39
AB08		－0.75（－0.72）			0.71		0.60

续表

题项	直接斜交法转轴后结构和样式矩阵			最大变异法直交转轴后成分矩阵			共同性
	1	2	3	1	2	3	
AB14		−0.73(−0.68)			0.69		0.59
AB02		−0.71(−0.70)			0.68		0.50
AB11		−0.69(−0.63)			0.63		0.53
AB05		−0.69(−0.67)			0.65		0.55
AC12			0.75(0.71)			0.72	0.58
AC06			0.72(0.71)			0.70	0.51
AC09			0.68(0.64)			0.65	0.48
AC03			0.54(0.45)			0.49	0.38
BA04	−0.80(−0.77)			0.77			0.65
BA01	−0.78(−0.81)			0.78			0.62
BA07	−0.77(−0.71)			0.73			0.62
BA13	−0.73(−0.72)			0.71			0.59
BA10	−0.71(−0.67)			0.68			0.59
BB11		−0.83(−0.80)			0.79		0.68
BB14		−0.77(−0.73)			0.73		0.61
BB05		−0.70(−0.64)			0.65		0.53
BB02		−0.49(−0.37)			0.43		0.35
BC15			0.71(0.68)			0.67	0.52
BC17			0.70(0.75)			0.70	0.50
BC06			0.68(0.60)			0.61	0.48
BC03			0.66(0.65)			0.63	0.45
BC12			0.65(0.55)			0.58	0.47

3.2　信效度检验

3.2.1　信度检验

以正式问卷的样本1数据进行内部一致性信度检验，包含克龙巴赫α系数和分半信度两个指标。对正式问卷样本2施测两次以检验重测信度，时间间隔一周，正式问卷分量表及各维度的信度见表2。

表2 正式问卷的信度(N_4=374, N_5=110)

信度指标	个人取向分量表	坚毅之勇	突破之勇	担当之勇	社会取向分量表	坚毅之勇	突破之勇	担当之勇
α系数	0.89	0.85	0.80	0.80	0.91	0.86	0.84	0.85
分半信度	0.90	0.80	0.81	0.80	0.88	0.85	0.82	0.79
重测信度	0.72	0.68	0.70	0.67	0.76	0.79	0.67	0.60

3.2.2 效度检验

(1)内容效度。采用Polit等人(2007)推荐的量表内容效度指数(scale-level content validity index,S-CVI)作为评价指标。请4名心理学专家对量表各项目与相应维度的关联性、覆盖范围进行4点评分,计算出个人取向勇气分量表的S-CVI指数为0.95,社会取向勇气分量表的S-CVI指数为0.96,两者均达到理想水平。

前期研究在系统梳理国内外对勇气界定的基础上,确定了中国人勇气的操作性定义。量表项目主要来源于中国古籍、公众观调查及深度访谈的结果,是勇气内容范围的代表性取样,说明量表内容效度佳。

(2)构想效度。通过极大似然法对正式问卷样本1进行验证性因素分析,M_I和M_S的结果表明各项目因素负荷量介于0.58~0.85,误差标准误介于0.03~0.06,适配度指标见表3。计算得出潜在变量的组合信度介于0.80~0.86,平均抽取变异量介于0.45~0.59。两分量表的模型适配度及内在质量指标均达到心理测量学标准。

同时,设置了两个替代模型M_{T1}和M_{T2}。M_{T1}表示包含28个项目、3个一阶因子的斜交模型;M_{T2}表示包含6个一阶因子、3个二阶因子的斜交模型。替代模型的适配度指标如表3所示,由于M_{T2}出现非正定问题,说明模型设置不合适,故未报告相应数值。比较原始模型与替代模型可知,两个分量表各包含3个因子的模型设置更为合理。

表3 正式问卷的适配度指标(N_4=374)

模型	χ^2	*df*	χ^2/df	GFI	RMR	RMSEA	NFI	TLI	CFI	PNFI
M_I	208.64	74	2.82	0.92	0.04	0.07	0.91	0.92	0.94	0.74
M_S	232.23	74	3.14	0.92	0.05	0.08	0.91	0.93	0.94	0.74
M_{T1}	1701.99	347	4.91	0.67	0.08	0.10	0.67	0.71	0.73	0.63
M_{T2}										

注:M下标中的I表示个人取向,S表示社会取向,T表示替代模型

对正式问卷样本3的中国人勇气两个分量表与印象管理题SDR及西方勇气量表VIA-IS-C进行相关分析，结果见表4。两种取向的勇气分量表及各维度都与SDR相关较低，且与VIA-IS-C相关很高，表明量表区分效度与相容效度较好。

表4 正式问卷与印象管理、西方勇气的相关(N_6=170)

SDR及VIA-IS-C	个人取向分量表	坚毅之勇	突破之勇	担当之勇	社会取向分量表	坚毅之勇	突破之勇	担当之勇
SDR	0.09	0.08	0.06	0.08	0.18*	0.19*	0.26*	0.02
VIA-IS-C	0.68**	0.67**	0.57**	0.47**	0.68**	0.60**	0.54**	0.52**

(3)校标效度。以人际自立、总体自我价值感作为效标。将正式问卷样本4和样本5的中国人勇气两个分量表与效标变量进行相关分析，结果如表5。勇气两分量表及其三个维度与人际自立的五个维度、总体自我价值感都显著正相关，且大多属中等程度相关，符合心理测量学的要求。

表5 正式问卷与人际自立、总体自我价值感的相关(N_7=838，N_8=497)

人际自立与自我价值感	个人取向分量表	坚毅之勇	突破之勇	担当之勇	社会取向分量表	坚毅之勇	突破之勇	担当之勇
人际独立	0.40**	0.33**	0.39**	0.28**	0.21**	0.12**	0.17**	0.23**
人际主动	0.34**	0.25**	0.36**	0.23**	0.24**	0.13**	0.23**	0.23**
人际责任	0.43**	0.39**	0.29**	0.39**	0.38**	0.35**	0.23**	0.33**
人机灵活	0.38**	0.34**	0.27**	0.34**	0.35**	0.29**	0.24**	0.32**
人际开放	0.31**	0.25**	0.25**	0.27**	0.20**	0.19**	0.07**	0.21**
自我价值感	0.56**	0.54**	0.47**	0.40**	0.37**	0.20**	0.40**	0.32**

4 讨论

4.1 中国人勇气的结构

中国人勇气的结构是设计其测量量表的重要依据。本文基于前期对中西方勇气的文献分析与实证探索，提出中国人的勇气是由个人与社会两大取向围绕坚毅之勇、突破之勇和担当之勇分别建构的，数次调查的实证数据也验证了该理论构想。由此得出中国人勇气的结构既有中华民族的特色，也吸收了西方人勇气的合理成分。

4.1.1 中国人勇气结构的文化特异性

首先,将勇气分为个人和社会两种相对独立的取向,即中国人勇气表现出的文化特异性。不少学者认为,现代中国人的心智系统中同时存在两种不同的互动模式,即个人取向和社会取向(杨国枢,2004;陆洛,2007),并依据这两种取向探索中国化人格概念的结构,如青年学生的自我价值感、华人的自我观等(黄希庭,1998;孙蒨如,2002)。而且中国人的"人己观"也有"大我"与"小我"的差异,社会取向的"大我"与个人取向的"小我"所涉及的内涵各有特色(杨中芳,2009)。可见,分别从个人与社会取向两种视角解析勇气能更能适应中国人的认知特点。

其次,中国人勇气的结构中的"担当之勇"成分,也体现了鲜明的中国特色。担当之勇,意指人们遇事能够主动挺身而出,果断承担责任,不迟疑、不退缩。主动承担自我责任属于个人取向担当之勇,而积极主持捍卫社会正义属于社会取向担当之勇。现代社会倡导的见义勇为精神便属于这一类型,见义勇为在救灾抢险、与违法犯罪做斗争等危急时刻显得尤为重要,历来受到全社会的广泛赞许。研究者通过分析有关"勇"的核心词汇,发现"大义之勇"因子是勇气的构成要素之一(李林兰,2009)。追溯渊源,担当之勇也被古代思想家推崇,常与仁德、大义联系在一起,如"仁者必有勇"(《论语·宪问》)、"有义之谓勇敢"(《礼记·聘义》)、"立义以为勇"(《孔子家语·好生》)。故这种大义担当的勇气不仅承载了优良的中华传统,而且闪烁着时代光辉。相反,梳理现有探讨勇气结构的西方研究,发现其鲜少提及担当之勇这一维度。

4.1.2 中国人勇气结构的跨文化一致性

勇气是一种被全人类崇尚的正向心理品质,中国人的勇气结构与西方人的勇气构成自然存在某些相通的契合点。契合点之一,两种文化背景下勇气都包含坚毅成分。坚毅之勇在中国文化中有很深的渊源,如"折而不桡,勇也"(《荀子·法行》),其反映人们面对挫折、压力、诱惑时坚强不屈,追求理想、坚守信念与原则时矢志不渝;本研究的实证数据探索出坚毅之勇是中国人勇气的构成要素之一。同时,西方人勇气的结构也存在相似的坚毅成分。譬如,被广泛应用的西方勇气量表VIA-IS-C中,坚毅(persistence)即是其中一项重要的性格优势;另一测量勇气的西方量表SCS中的决心(determination)维度与坚毅之勇的含义较接近。这种坚毅之勇也常被西方先哲论及。

另一个契合点即中西方勇气的结构均涉及突破因素。突破之勇,主要指人们敢于对现状做出突破性的改变,表现为开拓创新、战胜恐惧、挑战极限、超越自我等。主动接纳自己的缺陷、努力克服内心的恐惧、尝试新事物等行为,皆是当今中国人突破之勇的现实表现。而古典文献中突破之勇的表述更是不胜枚举,如"勇者不惧"(《论语·子罕》)、"勇于惟新"(《陆九渊集·与廖幼卿》)、"勇于改为"(《清史稿》卷九四)等。类似地,西方学者对勇气的解读亦包含突破创新之意。May提出了创造性勇气(creative courage)的概念(1975),其中包含发现新事物、做出新发明等能够推进社会发展的重大突破等方面。另一些西方学者补充说明生命勇气(vital courage)或心理勇气(psychological courage)也是一种重要的勇气类型,多指遇到潜在心理障碍及情绪问题时,接受关于自我的负面信息,实现自我超越(Putman,2004)。此外,不少西方研究者都赞同勇气包含战胜恐惧或风险这一标志性的成分(Goud,2005)。

4.2 中国人勇气量表的有效性

中国人勇气量表的编制过程具备严谨性和科学性。首先,综合前期古籍分析、开放式调查、深度访谈及传记分析的结果,建构中国人勇气的结构具有坚实的理论基础。其次,严格遵守量表编制的程序,对不同样本进行8次施测,共调查4202名有效被试,并设置11个反向题、5个印象管理题来控制答题定势及社会赞许性。再次,探索性和验证性因素分析支持了两个分量表的三因子结构,各因子的内部一致性信度、重测信度、内容效度、区分效度及相容效度均达到了心理测量学的要求。

5 结论

本研究得到以下两点结论:(1)中国人勇气的结构包含个人取向和社会取向两个层面,每个层面均包含坚毅之勇、突破之勇和担当之勇。(2)本研究编制的中国人勇气量表(CCI)具有较好的信效度,可作为测量勇气的可靠工具。

合作者:程翠萍。原文载于《西南大学学报(社会科学版)》2016年第1期

专题三 时间人格研究

时间是人生的一个基本维度。个人对待时间的行事风格被称为时间人格,可以从不同的角度来分析人们的时间人格。

引言

时间人格是个人对待时间的行事风格。在日常生活中我们可以发现,有的人视时间为珍宝,争分夺秒;有的人视时间如粪土,蹉跎岁月。有人沉迷过去,也有人痛恨过去;有人害怕未来,也有人追求未来。有的人不会管理时间,虽然花了大量时间拼命学习、工作,却始终完不成任务;有的人善于驾驭时间,花较少的时间就取得了出色的成绩。人们在时间维度上的行事风格的差异便是时间人格的表现。

时间人格有多种表现形式。我们团队对时间人格的研究主要集中在时间洞察力、时间管理倾向、时间自我等方面。时间洞察力是指个人知晓时间对自己人生意义的能力。时间洞察力可以区分为过去时间洞察力、现在时间洞察力和未来时间洞察力。时间洞察力往往会决定个人的事业与人生的成败。例如,研究表明,未来时间洞察力较强的人更倾向于追求长远目标和未来更大的奖赏,具有较低的感觉寻求和冲动性。因为未来时间洞察力较强的人具有较强的自我控制能力(蒙茜、郑涌,2006;吕厚超,2014;苏缇等,2019)。曹华等人认为,具有"过去消极、现在享乐和现在宿命时间洞察力取向的个体更可能出现成瘾行为"(2019),而未来时间洞察力取向不仅可以减少成瘾行为的发生,也有利于成瘾行为的矫正。

时间管理倾向是指人们在时间价值感、时间监控观和时间效能感上所表现出的个体差异。时间价值感指个体看待时间是以价值来衡量的信念,这是人进行时间管理的基础。时间监控观指个体利用和运筹时间的能力和观念,体现在计划安排、目标设置、时间分配等外显活动中。时间效能感指个体对自己驾驭时间的信心和预期,反映了个体对时间管理的信心和对时间管理能力的估计。时间管理关系着个人的成长和发展。研究表明,与学困生相比较,学业成绩优秀的中学生更善于管理时间(阮昆良、邓凌,2004)。时间管理不仅影响着学业成绩,更关乎个人心理健康。越是善于利用时间的人,越不容易抑郁(邓凌、陈本友,2005)。越善于管理时间的人,焦虑程度越低(陈本友等,2005)。时间管理技能是可以通过训练得到提高的。例如通过团体辅导可以改变个体的时间管理倾向(石国兴、郭世魁、魏瑞丽,2010;张锋、祝婷,2014)。

自我是人格中的一个核心亚系统,可以从不同的角度进行分析。从时间的角度来看,可以将自我分为过去自我、现在自我和将来自我,主要关注自我发展的连续性。每个人都拥有自己的过去、现在和将来的许多信息,而个体对于这些信息的组合和分类也不同。因此,时间自我不是一个简单的概念,而是一个具有多重结构、多种不同功能的复杂概念。过去自我并非等于过去真实的自我,而是个体对于自己过去特征的认知和评价，依赖于记忆系统的有效运作；通过回忆，可以在脑海中再现，甚至重新建构自己过去的经历。通过回忆，可以再次体验过去的情绪和影响当前的情绪，也可以影响当前的行为动机。对于过去自我的不同评价和体验关系着现在自我和将来自我的发展。现在自我是个体对自己当前属性的认知与评价，将来自我是对未来自己的认知与评价。可能自我是将来自我的一部分，是个体想要成为的自我或者是害怕成为的自我。人们往往会对过去的自己、现在的自己和将来的自己进行评价，这方面的研究称为时间自我评价研究。时间自我评价具有两大功能，一是保持自我认同和觉知自我的变化，二是影响个体的动机和行为。人们从评价过去自我中获得的经验和教训，有助于指导自我当前或将来的行为。个体对未来自我的积极评价有助于激起对自己设定目标的追求，而对未来自我的消极评价则可能会阻挠对自己设定目标的追求。

对于时间人格的研究，主要采用自陈量表，例如津巴多和博伊德（Zimbardo & Boyd，1999）编制的津巴多时间洞察力量表，它包含五个维度，被广泛用于时间洞察力测试。黄希庭和张志杰编制的青少年时间管理倾向量表（2001）是评鉴青少年时间管理倾向的有效工具。刘霞、黄希庭和毕翠华编制的青少年未来取向问卷（2011）可用来测量青少年的未来取向。此外，也可以利用投射法来探索时间人格。

本专题主要收录了我们学术团队对时间洞察力、时间透视、时间管理倾向、时间体验、时间自我评价等方面的一些研究成果。

论时间洞察力

1　何谓时间洞察力

英文中的time perspective和temporal perspective曾被翻译为“时间透视”、“时间展望”、“时间向往”或“时间观”，这些译名缺乏心理学的意味且令人费解，我觉得应译为时间洞察力为妥。《美国传统词典》对perspective下的一个主要定义是“察觉事件真实的相互关系或相对重要性的能力”(The ability to perceive things in their actual interrelations or comparative importance)，察觉事件真实的相互关系或相对重要性实际上就是对事件的洞察。所谓时间洞察力就是指个体对于时间的认知、体验和行动(或行动倾向)的一种人格特质。

时间是物质存在的基本形式之一。它具有不变性、无存贮性和无替代性。但人类心理时间不同于物质时间。人们对时间的认知、体验和行动(或行动倾向)的能力有很大的个体差异。人们对时间的理解、认知是不同的。鲁迅说：“节省时间，也就是使一个人的有限的生命，更加有效，而也即等于延长了人的生命。”“时间就是性命。无端的空耗别人的时间，其实是无异于谋财害命的。”(2005)居里夫人说：“我以为人们在每一个时期都可以过有趣而且有用的生活。我们应该不虚度一生，应该能够说：‘我已经作了我能作的事。’人们只能要求我们如此，而且只有这样我们才能有一点快乐。”(居里，1984)。而英国作家巴特勒(Samuel Butler)把时间称为“真正独一无二的炼狱”(the only true purgatory)，美国诗人爱默生则说时间是“最有效的毒药”(the surest poison)。从事不同职业的人们对时间的理解也可能是不同的。例如对于下列一些时间隐喻的赞同度，学生更倾向于时间就是知识，工人更倾向于时间就是钢铁，农民更倾向于时间就是粮食，军人更倾向于时间就是胜利，商人更倾向于时间就是金钱……这表明人们对时间的情感体验是不同的。时间洞察力包含对时间的认知、理解、动机和情绪已为许多心理学家所认同(Jones, 1988; Lang & Carstensen, 2002; Lennings, 1992; Zimbardo & Boyd, 1999)。

时间洞察力除了包含对时间的认知和情绪体验之外，还包含对时间的行动(或行动倾向)。珍惜时间的人在行动上会注重时间的管理。夸美纽斯说：“时间应分配得精密，使每年、每月、每天和每小时都有它的特殊任务。”列宁说：“历史不会饶恕那些拖延时刻的革命者，他们本来在今天可以获得胜利(而且一定能在今天胜利)，却要拖到明天去，冒着丧失许多、丧失一切的危险。”有人曾对英国、日本、印度尼西亚、意大利、美国等国家和地区中的最大城市和中等城市居民生活节奏做过调查，比较了这些城市里银行时钟的准确度、行人的步行速度和购置邮票所需的时间，结果发现，由于文化及对时间认知的不同，他们的生活节奏也不同：日本城市的银行时钟最准确、行人走路最快、邮局职员办事效率最高，美国城市在这三项调查中排位第三，印度尼西亚城市时钟最不准确、行人走路最慢，意大利城市的邮局职员办事效率最低（Dorfman et al.，1993）。

时间洞察力既是个体的一种能力特质（ability trait），也是一种动力特质（dynamic trait）。说它是一种能力特质，因为人们对时间的感知、记忆推理，对时间价值的理解，对当前时机的把握，对时间的管理，对未来的决策等，都存在着能力上的差异，具有相对稳定的个体差异。我们在对5至8岁儿童时间知觉的研究中发现，有的儿童不论对哪一种时距（3秒、5秒、15秒、30秒）的再现均作提前反应；而另一些儿童恰好相反，无论对哪一种时距均作错后反应（黄希庭，2001）。在成人中时间洞察力在能力上的差异则屡见不鲜。说时间洞察力是一种动力特质，因为人们对时间的价值观、对个人未来的理想和追求、对时间的情操（责任感、义务感、荣誉感、事业心……）、对自我的监控等，都存在着动机上的差异，具有相对稳定的个体差异。正因为时间洞察力具有能力和动力性质，因而它会深刻地影响个人的生活质量。

2 时间洞察力的结构

可以从多种不同的维度对时间洞察力的结构进行分析。下面仅从两个维度对时间洞察力的结构进行分析。

时间总是从无限的“过去”经过“现在”向着无限的“未来”发展。“过去”、“现在”与“未来”使时间成为无始无终的连续体。对时间的洞察力离不开对过去—现在—未来的认知、情感和行动（或行动倾向）。因此，时间洞察力可分为过去时间洞察力、现在时间洞察力和未来时间洞察力。但人们对过去、现在和未来的时间洞察力是不同的。国外的不少研究对时间洞察力的测量大多包含人们对待过去、现在和未来的测量。例如阿加瓦尔（Agarwal）的时间洞察力模型包含过去、现在和将来的总的心理表征（Agarwal，1993）。白井利明的时间洞察力模型包含过去是否接受，现在是否充实，未来是否有希望（Shirai，1994）。杉山成的时间洞察力模型包含是否对过去、现在和未来的不满以及对过去的取向性和未来的取向性构成（Sugiyama，1994）。津巴多和博伊德的时间洞察力模型也包含了过去、现在和未来的维度（Zimbardo & Boyd，1999）。

个体的过去、现在与未来所涉及的事件、情境和计划都具有时间信息，并对个体的情感产生正面或负面影响。个体之所以能记忆这些内容或期待它们的出现，是因为它们对个体的情感或动机具有意义。而中性的或不具重要意义的事件是不可能包含在个体的时间洞察力之中的。由于个体对自己的过去、现在与未来具有正面或负面情绪，因而时间洞察力具有激发、调整和维持个体行动的作用。例如，对自己的未来持正面或乐观的情绪，就会激发个体去追求所期望的目标，有助于目标的达成。这就是说，在过去时间洞察力、现在时间洞察力与未来时间洞察力三个维度中均包含有认知、情感和行动（或行动倾向）成分，而这三个维度所包含的认知、情感及行动（或行动倾向）的具体内容则可能是不同的。例如过去和现在时间洞察力包含行动成分，而未来时间洞察力则包含目标和行动倾向成分。

人们在过去、现在所经历的时间事件很多，对未来所希望的时间事件也很多。有些时间事件可能是情境性的，属于状态时间洞察力（state time perspective），而另一些时间事件可能是相对持久的，属于特质时间洞察力（trait time perspective）；后者是一个人的人格特质，属于时间维度上的人格差异（黄希庭，2001）。人格特质具有跨时间的稳定性，但也有一定程度的变化。许多研究表明，一旦进入成年期后，人格特质就具有相对的稳定性，尽管生活情境可能变化，但人格特质分数的五分之三在整个成年期的生命中是稳定的。大约在21岁至31岁期间，人格已具有了其最终的充分发展的形式（Costa Jr & McCrae，1994），特质时间洞察力有其形成过程，可以推论，进入成年期之后，个人的这种人格特质的充分发展形式已经形成了。

3 时间洞察力与人生

时间洞察力与个人的发展前途密切相关，甚至可以说，时间洞察力决定着一个人的命运。无论年轻者或年老者，无论贫穷者或富贵者，一天24小时，一年365天，人人都能得到相同的时间；但由于人们对于过去的认识、对于现在的把握和对于未来的预期的不同，它可以使贫穷者成为百万富翁，也可以使富贵者成为贫困潦倒的人。时间洞察力是决定一个人的事业与人生成功的关键。

能否有效地总结自己过去的经验与教训，是时间洞察力的一种表现。高时间洞察力者决不会因失败而哀号并丧失信心，而是能从过去的错误中吸取教训，乐观地去寻求加以挽救的办法。对于过去，成功者与失败者之间的主要区别，常在于成功者能以高时间洞察力从过去的错误中吸取教益，并在今后的生活中以不同的方式去进行再尝试。

能否抓住当前时机，是时间洞察力的另一种表现。高时间洞察力者正视现在，善于创造时机，及时把握时机，不因循、不观望、不退缩、不犹豫，该出手时就出手。对于现在，成功者与失败者之间的主要区别，常在于成功者能及时把握稍纵即逝的时机，眼明手快，当机立断，而不是优柔寡断或因循拖延。

能否确定个人未来的目标并按计划有效地加以实现，也是时间洞察力的一种表现。生活是一个宏伟的竞技场。古之立大事者，不唯有超世之才，亦必有坚忍不拔之志。观察周围的人们，我们可以发现，大多数人的未来目标都定得不够高，显得平庸，而成功者为自己未来制定的目标则是既实际又有相当高度的。对于未来，成功者与失败者之间的主要区别，常在于成功者敢于追求卓越超群的未来目标，采取具体措施，踏踏实实地从现在做起，以自己的努力来创造未来，而不是安于现状无所作为。

人们都希望在有限的时间里尝试去做某些事情，例如，人们希望“做出更大的业绩”，“进一步扩展自己的知识”，“做一个有钱的人”，“有一个幸福的家庭”，“学会社会技能，扩大关系网”，“做一名志愿者从事社会服务”……总之，都追求事业成功，人生幸福。而人生成功的关键乃在于其时间洞察力。

4　展望

虽然我国古时已有“人生天地之间，若白驹之过隙，忽然而已”（《庄子·知北游》）、“壮而怠则失时”（《吕氏春秋·达郁》）等对时间的洞察，但直到1985年才开始对时间洞察力进行心理学研究。随着我国经济的发展和社会信息化程度的提高，社会对创新人才与创业人才的需求更为迫切，而时间洞察力乃是创新人才与创业人才的一种基本特质。从祖国现代化建设和建设小康社会的角度来看，开展对时间洞察力的研究既十分迫切，也十分重要。

对时间洞察力的研究还有重要的理论意义。时间和空间是物质存在的基本形式，人是无限时间中的有限存在物。人不仅能够意识到自身的有限性，而且能够意识到时间的价值，并通过有效利用时间，使自己在有限的生存时间里实现更多、更高的目标。时间洞察力是人类的本性，也是人格心理学的一个重要研究课题。然而在以往的人格心理学文献中很少有这方面的研究报告。研究时间维度上的人格差异，研究人在时间洞察力上的共性与差异性，无疑有助于我们深入地理解人的本性。

因此，我们从多维度采用多方法对时间洞察力开展了研究，探讨时间洞察力的结构、机制和形成规律，探讨其他心理因素诸如自我观念、成就动机、社会情绪等如何与时间洞察力一起影响人格的形成与发展。我们将扎扎实实地把此项课题深入进行下去。

原文载于《心理科学》2004年第1期

时间洞察力的理论研究

依据个体主观体验时间的心路历程，可以把心理时间划分为过去、现在和未来三个基本的时间框架。而人们对此三个时间框架的认知、体验和行动（或行动倾向）即蕴含了时间洞察力（time perspective，TP）的内涵（黄希庭，2004）。一个不争的事实是，个体都来自过去，存在于现在，并对未来进行各种展望和预想，这些内容构成了独特的心理背景，可能会对思维、情感和行为产生弥漫性的影响，并由此决定个人事业与人生的成与败。因此，对时间洞察力进行研究意义重大，其研究在国内方兴未艾。鉴于时间洞察力的概念、心理特征、研究方法等内容在有关文献中均已述及（吕厚超、黄希庭，1999，2005），本文仅对时间洞察力的主要理论观点进行阐述，我们将其归纳为八种观点。

1 时间洞察力的发展观

时间洞察力的发展观旨在论述时间洞察力的发展趋势和年龄差异问题。从发展的观点来看，个体从儿童成长为青少年，其对人际未来的观念具有更广阔的视野、更为现实、更有目标取向。Klinsberg假定，未来对于儿童期不现实的幻想来说是一种避难所，但是在青少年期却成为一种现实的成分（1967）。Buhler指出，随着个人从青少年向成人中期逐步成长，在目标的自我确定水平和达成这些目标的手段上有一种逐渐增加的趋势（1968）。Lessing的研究认为，年纪越大，越可能从空想转为现实（Lessing，1968）。在对青年和老年人TP的研究上，Kastenhaum等人的研究发现，未来TP随着年龄的增加范围逐渐变小，青年人的未来TP较长，而老年人的未来TP相对较短（Kastenbaum，1963）。Back等的研究发现，青年至老年的年龄段中（吕厚超、黄希庭，1999），未来TP的长度变化呈倒“U”字形趋势，即青年和老年人的未来TP较短，中年人有较长的未来TP，并指出30～50岁之间的人未来TP最长。陈永进等的一项研究表明，不同年龄的人未来TP具有相似的模式，即关注短的未来，尤其以关注“下几个月”的人数最多，关注“现在以后的几个小时”的密度最大，思考短的未来清晰度最高（陈永进、支愧云，1998）。关注未来时间的密度呈现出从较近的未来、近的未来向远的未来逐渐下降的趋势。个体在未来TP上具有显著的年龄差异，青年关注未来时间的长度最长，关注远的未来时间密度最大、清晰度最高，中年人次之，老年人再次之。一般来说，随着年龄的变化，对时间的态度和意义也发生变化，老年人常被认为是怀旧者，而青年人则积极地思考未来。但是，在TP的年龄差异和发展趋势这一问题上，尚未得出比较一致的结论。

2 时间洞察力的性别观

时间洞察力的性别观主要论述时间洞察力的性别差异问题。传统上，人们认为男女之间的TP有较大的差异。在TP的认知性方面，Platt等人揭示出，大学女生比男生的TP密度大（Platt，Eisenman，& DeGross，1969），而Lamm等人却发现，14～16岁的男生比女生的TP密度更大，且广度更广（Lamm，Schmidt，& Trommsdorff，1976）。陈永进在研究中也发现，男性关注未来时间的长度显著高于女性（1998）。也存在一些不同的研究结果，认为性别差异体现在内容上而不在广度上，这可能与男女性别角色的功能有关。在TP的情绪性方面，Lens认为女性与男性相比，对过去、现在和未来都显示出更为积极的态度（Lens，1975）。我们认为，无论是不同年龄段的个体之间，还是男性与女性之间，TP方面的差异均可能存在，只是差异程度大小的问题（吕厚超、黄希庭，1999）。年龄、性别是影响个体TP的关键因素，而其他一些因素，如人格特征、社会角色、价值观等也会对TP产生影响。至于这些因素通过何种方式对TP产生影响以及影响TP的哪一方面、影响程度如何等问题，尚需要进一步探讨。

3 时间洞察力的学业观

时间洞察力的学业观旨在探讨时间洞察力与学业成绩、成就动机等因素之间的关系。Lessing和Nuttin的研究都表明（Lessing，1968；Trommsdorff，1987），学业成绩、成就动机与TP均呈正相关，学业成绩好、成就动机强的学生其TP的长度更长，态度也更积极。Seijts认为未来TP与高的学业取向是等价的（1998）。在涉及学校生涯和职业生涯的问题时，学业卷入和FTP之间正相关，未来TP预测了学生在家庭作业中付出努力的程度，高分的学生相对于低分的学生来说，更能投入学业中去，在学业上有更积极的洞察力（Peetsma，2000；Zimbardo & Boyd，2015）。很多研究者都发现了时间与学业成绩之间的关系，例如，Volder等人发现，长的时间洞察力在学业成绩提高上是一个影响因素（Volder & Lens，1982），这是因为，成绩好的学生比成绩不好的学生更能把握行为的长期后果。因此，成绩好的学生会投入更大的努力，在日常的学习活动中更具有坚持性，也比成绩不好的学生更能获得好的学业成绩。学业成绩也可以通过时间延伸和积极的时间态度之间的相互作用进行预测。适度的时间延伸和积极的时间态度可以最大程度激发起学生对长期目标的追求，但时间态度消极的个体将很有可能成为后进生（Volder & Lens，1982）。

4 时间洞察力的生活观

时间洞察力的生活观旨在探讨时间洞察力与职业、家庭、婚恋的关系。大多数研究主要集中在青少年对未来教育和职业成就的思考和情感上,而忽略了浪漫关系和家庭计划。由于亲密关系对青少年来说是近的未来(或者甚至是现在),因此婚恋和家庭关系的规划或许与职业规划一样重要。而且,计划未来对于性行为也有重要影响。例如,未来时间定向特别强的青少年倾向于较少的性经历,较少的性伙伴,较为成功地使用避孕方法;未来定向的个体比现在定向的个体更可能使用各种方法来降低艾滋病(AIDS)风险(Rothspan & Read,1996)。未来定向对于处在青春期早期的青少年是十分重要的。在这个阶段,青少年开始对同伴群体、毒品和性的尝试、学业成就的重要性等做出重要的选择(Dryfoos,1991)。展望未来、理解当前行为如何与未来目标相联系以及预见行为后果的能力,对于成功地通过这个阶段是十分必要的。

在职业成熟度与时间洞察力关系的研究中,Das认为TP是影响工作绩效的重要变量(1991),缩短的(reduced)时间洞察力与较低的计划水平有关。Battmen认为具有长期目标并能够以积极的态度看待时间流逝的人踏上工作岗位之后将有较高的职业成熟度分数(1988),因为他们能够更为现实地规划未来,对于工作和时间环境持更为积极的态度。Honess发现未来定向的个体毕业后更能适应工作环境(1989)。Trommsdorf等人指出,较广范围的未来时间洞察力与更好的规划职业角色有关(Trommsdorff, Lamm, & Schmidt,1979),其中性别差异也非常重要,男孩子的未来时间洞察力广度大于女孩子的,但这种差异会随着现实工作经历而逐渐消失。这表明工作经历与时间洞察力之间存在着强烈的相互影响关系,并间接地支持了时间洞察力与职业成熟度存在关联的观点。

5 时间洞察力的文化观

时间洞察力的文化观旨在探讨社会文化对时间洞察力的影响。时间洞察力取决于多种心理社会因素,其中个体所处的社会文化背景是具有决定性的影响因素之一。时间洞察力不仅在不同的文化群体之间存在差异,而且在相同的文化群体里也并不相同。国内的一些研究发现,大学生在对过去时间(最近、新近、近来、近期)和未来时间(最近、短期、近期、近来)的时间修饰词进行赋值时,很少有用星期为单位进行赋值的(黄希庭,1994;黄希庭、孙承惠、胡维芳,1998),这可能是受到我国传统文化时间经验的影响。

6　时间洞察力的健康观

时间洞察力的健康观旨在探讨时间洞察力与身心健康、不良行为之间的关系。研究表明，时间洞察力与健康行为(Rothspan & Read，1996)、心理调适(Melges，1982)、健康预防(Zimbardo，Keough，& Boyd，1997)等有联系。

6.1　时间洞察力与幸福感

时间洞察力影响着人们的幸福感(Boniwell & Zimbardo，2004)。一些研究者假设，现在时间定向是幸福感的先决条件，如Csikszentmihalyi、Boyd-Wilson等人强调当前体验的价值(Boyd-Wilson，Walkey，& McClure，2002；Csikszentmihalyi，2013)。在现在定向与幸福感的各种测量(如快乐、生活满意度)之间的相关中也找到支持这种观点的证据(Diener et al.，1985；Kammann & Flett，1983)。Lennings的研究发现，乐观与稳定的时间定向和未来回避因素(本质上是现在时间洞察力)之间呈正相关(Lennings，2000)。Kazakina也在积极的过去定向与生活满意度之间(Kazakina，1999)，以及积极的现在洞察力和现在情感之间建立了相关。一些研究者指出，各种未来定向与幸福感之间呈正相关，关注未来和未来期望对于维持心理健康、幸福感和积极的机能是至关重要的(Kazakina，1999；Melges，1982；Rothspan & Read，1996；Trommsdorff，1987)。对未来的积极态度与老年人的幸福感指标显著相关，积极的未来定向常被看作个人乐观的表现，被理解为对未来积极变化的预期(Kazakina，1999)。Will、Sandy和Yaeger发现，未来定向与高水平的控制感和积极的幸福感(积极情感)相关，而现在定向与控制感缺乏和消极情感相关(Wills，Sandy，& Yaeger，2001)。Zaleski等进一步发现时间洞察力，尤其是长期目标的达成与幸福感的内容(如有意义的生活、社会自我效能感、现实性/持久性)呈正相关(Zaleski，Cycon，& Kurc，2001)，而高水平的现在定向与较强的情绪压抑和无助感有关。

6.2　时间洞察力与物质使用

关于时间洞察力与物质使用的研究，主要集中在现在时间洞察力方面。现在洞察力与冒险行为(如高速驾驶、酒后驾驶、不戴头盔开车、可能导致事故的冒险行为等)(Zimbardo et al.，1997)、HIV预防(Rothspan & Read，1996)、酗酒和药物滥用(抽烟、吸毒)(Keough，Zimbardo，& Boyd，1999)等有关。药物上瘾者不会预期和计划未来，因为他们不相信其行为与未来时间之间存在工具性联系。相似地，对现在生活感到悲观、不满意和不满足的个体，未来意味着失败和死亡，所以，未来是不可预期的(Seijts，1998)。但是现在定向(洞察力)也具有积极的一面，可以使人更专注于当前任务，更自由地探索，并且与创造性相联系。

6.3 时间洞察力与不良行为

很多研究表明,具有不良行为儿童的未来TP长度短于正常儿童。Megargee和Price(Megargee et al.,1970)研究了收容机构的不良儿童,探讨收容期的长短是否会影响其时间取向。结果发现,收容一周后、六个月后和出所前一个月的三组被试的未来取向都是一个模式,因此他们认为,在收容所中进行以未来为焦点的晤谈具有重要意义。研究发现,违法者的时间洞察力长度更短,他们似乎生活在"现在"里,不关注未来的奖赏和惩罚(Seijts,1998)。在监狱中痛苦和受到损害的程度与未来展望(future outlook)高度相关,与服刑或刑期的真正长度无关。津巴多(Zimbardo)等在斯坦福(Stanford)监狱所做的实验表明,犯人的主观时间感发生了变化,他们由具有相对未来定向的大学生变成了现在被囚禁的犯人,被释放后也对过去和未来缺少关注(Zimbardo et al.,1973)。

7 时间洞察力的人格观

时间洞察力的人格观旨在探讨时间洞察力与各种人格构念之间的关系,其实质是要揭示时间维度上的人格差异。TP可能会以一种特有的方式对各种构念加以整合,这是当前人格心理学研究领域中一个新的关注点。有研究者认为,过度地定向于某个时间区域而忽视其他的时间区域对于个体是有害的(Csikszentmihalyi,2013),尤其是过分地关注过去,会对自我统一性形成、自我满意感、个人成就等产生消极的影响。在时间洞察力与大五维度之间的关系模式上,Goldberg和Maslach发现,现在享乐因素与外倾性显著正相关,而与认真性和情绪稳定性负相关(1996)。未来因素与认真性和外倾性强相关。现在宿命因素与外倾性、认真性、开放性、情绪稳定性负相关。过去积极因素与外倾性和宜人性正相关,而过去消极因素与情绪稳定性、外倾性、认真性和宜人性显著负相关。

8 时间洞察力的精神病理学观

时间洞察力的精神病理学观旨在探讨时间洞察力与精神病理学的关系。很多研究都指出,情绪困扰可能使个体不能很好地理解未来;精神分裂、酒精中毒和抑郁症等患者的时间洞察力与正常人相比,其长度短、一贯性低,并且在内容上也存在差异。Greenacre认为精神病患者具有时间洞察力缺乏的特征(1945)。Strauss指出,受压抑的患者尤其不能抛弃过去,面向未来(1947)。Eissler认为,消沉的个体不能把现在作为连接过去和未来的桥梁,但是总在沉思,把未来看作"不成形的鸿沟"(1952)。Lewis报告,人格解体和无现实感的个体不能展望未来，或独自预期未来（1931，1932）。Escalona发现，精神障碍患者的时间洞察力非常有限，其展望几乎完全局限在心理上的“现在”（1940）。

Israeli对未来展望的研究也表明，精神病理学群体似乎以时间洞察力有限为特征（1936）。Stein等人却认为，精神分裂和神经症患者在时间洞察力上不存在未来广度的差异（1965）。

综括上述八种观点，可以看出，大多数时间洞察力研究在性质上属于相关研究，一般在于揭示时间洞察力的相关因素，理论构建不足，不宜揭示时间洞察力的心理实质。这些相关研究常导致模糊的结果。现在需要的是纵向研究，而不是相关性交叉研究（cross-sectional studies）。在较长的时间段上进行纵向研究有助于检验时间洞察力是如何随着时间发展起来的，以及时间洞察力与其他变量的联系是如何随着时间发生变化的。与简单的相关研究设计相比，应该把更多的注意力投注在理论构建和因果关系的探讨上，这有助于深入地理解时间洞察力的实质。

合作者：吕厚超。原文载于《心理科学进展》2005年第1期

时间洞察力的概念演进与理论模型

人类的存在离不开时间。在时间长河中,不同个体对于物理时间的主观感知存在巨大差异,而个体的心理时间,尤其是时间定向或时间取向会在某种程度上影响行为、思想和动机。基于此,国内外众多研究者对时间洞察力(time/temporal perspective,TP)这一概念展开了大量研究。时间洞察力是指个体在时间的认知、体验和行动(或行动倾向)上表现出来的人格特质,反映了人们在时间维度上的人格差异(黄希庭,2004)。时间洞察力是一种重要的个体差异变量和构建心理时间的基本维度,其研究对于个体理解过去、把握现在和展望未来具有重要的意义(Zimbardo,1994;吕厚超,2006;吕厚超、黄希庭,2004,2005,2005)。本文拟在前期相关研究的基础上(黄希庭,2004;吕厚超、黄希庭,2005;吕厚超,2006;吕厚超、黄希庭,2004,2005),对国内外时间洞察力的概念演进和理论模型发展进行述评。

1 时间洞察力的概念演进

总体而言,对TP的理解经历了从单一到综合、从单维到多维、从分裂到整合的过程。早期对TP的界定一般包括以下几种方式:

第一,把TP作为人类行为的动机因素,主要探讨人们从事活动的原因。有的人为特定的目标而奋斗,而其他人则并非如此。例如,Frank把TP看作人类行为的动机因素,认为TP是指时间态度以及过去和未来之间的相互作用影响人们的现行行为(1938)。

第二,把TP作为认知性因素,指个体对特定时间的心理未来和心理过去的总看法(Lewin,1952);或指一种时间区域,个体的心理观念向此区域延伸以及延伸至该区域内的物体的总和(Nuttin,1985);或指个人对过去、现在和未来时间的经验和观念,表现为对过去、现在和未来生活领域中认知卷入的总范围(Fraisse,1963;Nuttin,1985)。

第三,把TP作为情绪性因素,认为TP既意味着对想象中的时间区域(未来、现在或过去)做出情绪反应,也指对某个时间区域中定位行动的偏向(Lennings & Burns,1998)。

近年来,研究者通常把TP作为综合性的概念进行理解,不仅把过去、现在和未来联系起来,而且将认知、情绪、行动等内容包含进来。例如,津巴多(Zimbardo)认为,TP是一个微妙而重要的组织原则,会对注意、知觉、决策和行动产生影响(1988);博尼韦尔(Boniwell)等认为TP表示个体与心理过去、心理现在和心理未来相联系的方式(Boniwell & Zimbardo，2004）；也有研究者指出，TP是个体下意识或自动化地把自身的经验流（flow）划分为未来、现在和过去的心理时间结构的过程（Zimbardo & Boyd，1999；Zimbardo，2002），此概念整合了动机、情绪、认知和社会过程。最近，通常把TP概括为个体对过去、现在、将来的时间认知、时间体验和行动（或行动倾向）的一种人格特质（黄希庭，2004），我们的研究倾向于采用此种界定。

2　国外有关时间洞察力的理论模型

2.1　津巴多（Zimbardo）等人的理论模型

津巴多（Zimbardo）等人对TP进行了富有特色的研究（Boniwell & Zimbardo，2004；Boyd-Wilson，Walkey & McClure，2002；Zimbardo，1988，2002；Zimbardo，Keough，& Boyd，1997），认为TP属于相对稳定的人格特征，可以借助TP预测个体的行为。他们的“五因素理论”模型认为，TP由消极的过去、享乐的现在、未来、积极的过去和宿命的现在五个因素构成，并以此为基础编制了含有56个项目的津巴多时间洞察力问卷（Zimbardo Time Perspective Inventory，ZTPI）（Zimbardo & Boyd，1999）。问卷中每个因素的重测信度良好，相隔四个星期的信度指数在0.70～0.80之间。通过考察被试在攻击性问卷、Beck抑郁量表、责任心量表、对未来结果的考虑量表、自我控制量表、冲动控制量表、Rosenberg自尊量表、感觉寻求量表等相关测验的得分，并将这些得分与津巴多时间洞察力问卷的五个因素的结果相结合进行分析，表明问卷的聚合效度良好（Zimbardo & Boyd，1999）；对于区分效度，津巴多（Zimbardo）等认为该量表区分效度的证据来自这样一个事实：“未来”因素同奖励依赖性相关，并且“享乐的现在”因素同感觉寻求相关，同时，奖励依赖性与感觉寻求不相关，这些假设均得到了证明（Zimbardo & Boyd，1999）。ZTPI在很多领域得以广泛使用，也有很多不同文化背景的研究者对ZTPI进行跨文化的验证。国内的研究者也在尝试验证该理论模型在中国文化背景下的适用性。

2.2　平衡的时间洞察力理论

TP是个体主观体验的基本内容，会影响个体的选择和行动，当个体偏向性的TP变成主导性的反应方式时，TP就成为一种倾向性特征。研究证明，过度地关注或强调某一时间取向（如，过去、现在或未来）会给个体带来不良后果（Boniwell & Zimbardo，2004；Boyd-Wilson et al.，2002；Zimbardo，1994；Zimbardo，1988，2002；Zimbardo et al.，1997；吕厚超、黄希庭,2004,2005a,2005b)。津巴多(Zimbardo)等据此提出了平衡的时间洞察力(balanced time perspective)的概念,认为平衡的时间洞察力指个体能够根据任务特征、环境要求以及个人的资源状况,以最适宜的方式在三种时间范畴中进行灵活的转换(Boniwell & Zimbardo,2004;Zimbardo & Boyd 1999;Zimbardo,2002)。因此,TP平衡的人能够以与环境相适宜的时间模式活动。例如,TP平衡的人在规划职业生涯时可能以未来取向的方式进行思维,在和朋友交往时可能是现在取向的,而在建立自我统一性时又可能是过去取向的。所以,TP平衡的人完成工作之后可以从中享受成果和创造的快乐。但是,在一些严重压力事件面前,个体可能会产生偏向性的时间洞察力,即过度强调某个时间段而忽视另一些时间段。比如,居住在贫民区、体验着寻找工作压力的失业者也许现在定向表现更为明显。这可能是一种保护性的时间定向策略。在平衡的时间洞察力中,灵活性和转换能力是最重要的成分。有证据表明,这种灵活性在处理极端的环境时是很重要的。但是,其在解决日常生活事件时也同样重要吗? TP平衡的人比不平衡的人更快乐吗? 平衡的TP是否存在文化差异? 关于这些问题,目前尚缺乏足够的实证资料,需要进一步研究。

2.3 先验的未来时间洞察力理论

对很多人而言,身体的死亡并不意味着未来的终结,因为他们相信,人死后仍以某种方式存在着(Boyd & Zimbardo,1997)。博伊德(Boyd)和津巴多(Zimbardo)把未来分为死亡前和死亡后两个时间结构,提出"特殊的时间洞察力"——先验的未来时间洞察力(transcendental-future time perspective)(1997)的概念。"先验的未来"虽是一种想象状态,却影响到个体行为。先验的未来具有宗教信仰的成分,但不等同于宗教信仰。从先验的未来时间洞察力的角度看,很多通常被认为不理性的行为,如自杀、极端英雄主义、过度冒险等会被转换为实现先验未来目标的理性行为。博伊德(Boyd)和津巴多(Zimbardo)基于实证数据编制了相应量表,用于测量TP死后维度(post death dimension)的个体差异(1997)。在"先验的未来"量表上得分高的个体相信自己会因当前的行为而在死后受到奖励或惩罚。女性的时间因素高于男性,50多岁的被试得分高于20多岁的被试。对宗教虔诚的被试得分最高,如非洲裔美国人和拉美裔美国人、基督教徒和天主教徒,而佛教徒和犹太教徒得分最低。"先验的未来"与ZTPI中"过去因素"和"现在宿命因素"相关,但与"未来因素"和"现在享乐因素"无关。对"大五因素问卷"的132个项目进行因素分析后发现,"先验的未来"是个独立的因素,这表明它是一个未被纳入传统人格分析的个体差异维度。

3 国内有关时间洞察力的理论模型

近几年，国内对TP的研究日益增多，主要集中在整体TP、现在TP和未来TP方面，对过去TP尚缺少研究。鉴于之前的研究已对TP的相关研究进行过介绍，下面仅对近几年来提出的理论模型进行评述。

3.1 时间洞察力的整体模型

从整合的视角探讨TP的心理结构是近年来的研究热点。黄希庭和郑涌用画圆测验和完成句子测验，配合时间标定作业对大学生的TP特点进行了探讨（黄希庭、郑涌，2000）。结果表明，TP包括广度、方向和关联性三个因素。该研究初步揭示了建立在时间体验和自我概念的整合基础上的TP的心理结构方式。吕厚超、黄希庭通过文献分析和开放式问卷调查（吕厚超、黄希庭，2004b），初步构建了青少年TP的理论结构，认为TP可以分为过去TP（态度、指向性、清晰度、长度、密度）、现在TP（清晰度、态度、密度、长度）和未来TP（指向性、清晰度、长度、态度、密度）三个维度及其相应的因素。但是，该研究仅从认知的角度探讨TP的心理结构，很多研究都证实，除了认知的成分之外，TP还应包括情绪/情感和行动（或行动倾向）成分（Boniwell & Zimbardo，2004；Zimbardo & Boyd，1999；Zimbardo，1988，2002；Zimbardo et al.，1997）。鉴于此，随后的研究者提出了TP的三成分心理结构模型（见图1）（罗婷婷、吕厚超、张进辅，2011；黄希庭，2004）：时间认知、时间体验和行动（行动倾向），并进行了实证验证。

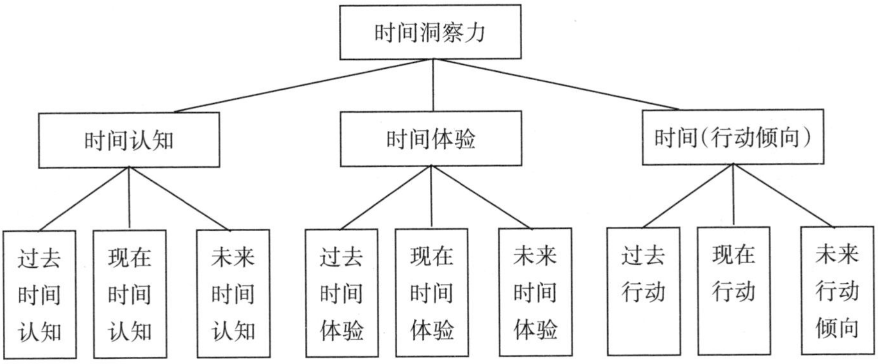

图1　时间洞察力的三成分心理结构

3.2 过去时间洞察力的理论模型

自Frank开创TP研究以来，过去TP一直处于被忽视的领域。多数研究只研究未来和现在，对过去TP关注较少，或只作为一个次要的概念来考虑（Zalesk，1994；吕厚超，

2006;吕厚超、黄希庭,2007a,2007b)。作为TP的独立维度,过去TP似乎被忽视了。而在重视自省和反思的中国传统文化环境下成长的个体,对过去时间的认知、体验和行动似乎并不是可有可无的,这些内容势必会对个体的行为、认知情感等变量产生影响。基于此,研究者对青年学生的过去TP的性质、结构、机制和功能进行了系统深入的探讨(吕厚超、黄希庭,2007b,2007a),结果表明:(1)青年学生的过去TP是一种时间维度上的人格特质,可用于预测个体的行为;(2)青年学生的过去TP是一个多层次多维度的系统结构,包括过去时间认知(过去时间管理评价、反思过去、过去时机评价、沉湎过去、过去时间压力评价、过去时间价值评价)、过去情绪体验(负面过去、正面过去)和过去行动(计划性、制定目标、目标合适性和守时性)三个维度及其相应的因素;(3)过去时间认知与主观幸福感、现实自我和可能自我相关显著,可以用过去时间价值评价和反思过去预测青年学生的主观幸福感,用反思过去、过去时机评价、过去时间价值评价和沉湎过去预测现实自我,用反思过去和过去时间管理评价预测可能自我,反思过去与自信、成就动机相关显著;(4)过去行动与时间管理倾向、自我价值感显著正相关,可以用计划性、合适性、守时性和制定目标预测青年学生的时间管理倾向水平,用合适性、守时性变量预测青年学生的自我价值感水平;(5)过去正面情绪体验者倾向于高自尊,过去负面情绪体验者倾向于低自尊。高过去定向的个体对有关自我的过去信息加工深度更深,能产生较好的回忆,并倾向于优先加工与自我有关的消极信息。

3.3 未来时间洞察力的理论模型

国外很重视未来TP的研究,这可能与西方社会重视未来定向的TP有关,认为未来TP与积极结果相关,比如高社会经济地位、优异的学业成就、较少的冒险行为等;而现在定向占优势的人则相反,他们会冒险尝试各种消极的事物,如不良行为、犯罪、吸毒等(Volder & Lens, 1982; Fraisse, 1963; Strathman et al., 1994; Trommsdorff, 1987; Zaleski, 1994)。国内对未来TP的研究较为缺乏。宋其争在此方面进行了尝试(2004)。研究表明:未来TP包括一般未来TP和特定领域的未来TP。一般未来TP由五个因子构成,即行为承诺、未来效能、远目标定向、未来目的意识和未来意象;特定领域的未来TP由三个因子构成,即目标(未来广度)、计划和评价。吕厚超和黄希庭对青少年未来时间洞察力的心理结构进行了探讨,经过探索性因素分析和验证性因素分析确定六个因素:未来消极、未来积极、未来迷茫、未来坚持、未来清晰和未来计划,并以此为基础编制了青少年时间洞察力问卷,信度、效度良好。

综上所述,虽然国内外均重视TP研究,并取得了一定进展,但尚存在需要进一步探讨的问题。(1)在研究内容上,国内外对过去时间洞察力缺少系统的实证研究,而过去时间洞察力作为整体时间洞察力的一个基本维度对人们的影响是巨大的(Zimbardo et al.,1997;吕厚超,2006);(2)在研究方法上,之前的研究主要以问卷法和量表法为主,辅助以其他测量方法,采用实验法的研究较为少见,今后的努力方向应关注以实验法探讨TP的生理机制,并进行跨文化研究及个案研究;(3)在研究工具上,本土研究工具不够成熟,国内的大多数研究以借鉴和修订国外的研究工具为主,而国外的工具在引入我国时存在明显的适应性问题,这在我们的研究中已有显示(吕厚超,2006;罗婷婷、吕厚超、张进辅,2011)。因此,以后的研究需要把重点放在研究工具的编制和测量标准的设计上,为国内时间洞察力的深入研究提供工具支持。除此之外,历时性的纵向研究和跨学科的综合研究也应该成为时间洞察力的主要研究取向。

合作者:吕厚超。原文载于《西南大学学报(社会科学版)》2011年第2期

时间透视的自我整合:I．心理结构方式的投射测验

心理时间不同于物理时间。时间透视是人们对过去、现在和未来的意识、态度,以及对过去、现在和未来的相对注意。过去(现在之前)与未来(现在之后)的区别之所以进入意识的范围,是源于长期记忆,特别是情节记忆与预期记忆(Block, 1990;Michon & Jackson,1988;黄希庭、郑涌,1995)。最近,黄希庭以未来时间修饰词为材料(1994),探讨了未来心理时间的结构特点,结果显示,心理未来是从较近的未来、近的未来向远的未来移动的过程。黄希庭等的研究还表明,过去的心理时间有着与未来的心理时间相似的结构(黄希庭、孙承惠、胡维芳,1998)。

但是,个人对于自己的过去、现在及未来的不同体验之间存在怎样的关系?其结构方式和功能机制怎样?郑涌和黄希庭的一项研究表明,不同自我同一性状态下的被试对其过去、现在和未来的时间体验存在着差异(郑涌、黄希庭,1998)。为了揭示不同自我同一性状态者的时间透视特点,本文拟设计能够反映被试的时间体验与自我概念的投射测验,并配合自我同一性状态量表,以揭示不同自我同一性状态下时间透视的心理结构方式。至于功能机制的问题,将另文探讨。

1　研究方法

1.1　测验设计

1.1.1　测验1:画圆测验

材料:绘有14 cm×9 cm的空白方框的卷纸。

指导语:"对于自己的过去、现在与未来,你感受如何?请在下面的方框内自由地画出3个圆,表现你的所感。注意:不要有多余的图案,要把你对自己的过去、现在与未来的感受真切自然地融入3个圆的大小及排列组合方式之中;画完后,请对相应的圆用文字注明'过去'、'现在'与'未来'。"

根据被试所画的3个圆的大小及相互位置关系,反应分类确定了3分类指标:

(1)时间支配(time dominance)。指过去、现在与未来三者何者占据时间透视的意识重心和注意焦点,并显示其在态度和行为方面的支配地位。根据分别标志过去、现在与未来的3个圆何者最大,相应地将时间支配分为过去支配、现在支配与未来支配;若3个

圆的大小大体相当，称为时间均衡。

(2)时间取向(time orientation)。指时间透视的方向性和发展性，是从过去向未来的积极延伸，还是消极暗淡。比较3个圆的大小，若过去<现在<未来，定义为未来取向；若过去>现在>未来，定义为过去取向。此外，一律列为其他。

(3)时间关联性。指个人的时间透视中，过去、现在与未来三者之间的结构关系。对于任意两圆的位置关系，分离计0分，接触计1分，部分重叠计2分，包含计3分。然后根据过去和现在、过去和未来、现在和未来3种关系的累积得分，将时间关联性分为分离(0分)、连续(1~3分)和包含(4~9分)3类。

1.1.2　测验2：完成句子测验

造句：紧接测验1，卷面分别设置"我过去……""我现在……""我将来……"开头的5个空格句，要求被试分别结合自己过去、现在、将来的情形造5个句子，共15个。

时间标定：待被试完成全部造句后，出示测验副本，要求被试对照其在测验2中所造的每一个句子，将其中的时间修饰词"过去"、"现在"与"将来"的时间含义逐一在相应的时间量尺上标示出来。所列量尺上，从"此刻"到"无限"，依次标有秒、分、小时、天、星期、月、年、年代以及世纪。

1.2　施测

1.2.1　被试

本科二年级大学生201名。经测谎题筛选后，剩余有效被试154名，其中男95名，女59名。

1.2.2　场所

以班级为单位，利用公共心理学课课堂教学时间，组织团体施测。

1.2.3　附加问卷

被试完成测试后，随即完成自我同一性状态量表(SISS)(郑涌、黄希庭，1998)。154名被试按其得分的高低均分为高自我认同组和低自我认同组。

1.3　效度分析

在完成测验后，对部分被试就下列几个问题作访谈："你所谓的'过去'、'现在'与'未来'分别指什么时期(间)?""如果你画的圆有大有小，它们代表什么意思?""如果你画的圆从过去、现在到未来越来越大(或越来越小)，它们代表什么意思?""如果你画的圆是分离的(或相邻的，或重叠的)，它们代表什么意思?"结果表明：被试所指的"过去"

大多是大学以前，“现在”多是指的大学期间或最近一段时间，而“未来”指的是大学毕业以后或现在以后的时光。关于圆圈大小及其组合方式，也找到了支持画圆测验效度的证据：被试把圆画得大，大多是想显示其“重要性”“充实的感受”“自身感觉好”“辉煌”“有信心”“有希望”等，反之同理；如果被试画的圆越来越大，是表示“希望和选择的机会会越来越大”“懂得越来越多”“会越做越好”“不断扩展”“憧憬”等，反之同理；如果被试画的圆是分离的，表示“是完全不同的”“有明显界线的”“有质的不同”“让过去的成为历史，重新奋斗”“距离的远近”等，反之则表示“相互联系的”“存在影响”“既留下一些，也放弃一些”“未来是以现在为基础，现在以过去为基础”。看来，圆圈大小确实蕴含着时间体验与自我概念两方面的信息，其大小及组合方式可以用来对一定的自我同一性状态下时间透视的心理结构做出推论。

2 结果与讨论

2.1 画圆测验结果分析

2.1.1 时间支配

从总体上看，过去支配型、现在支配型、未来支配型及时间均衡型各有13人、13人、118人、10人，分布极为不均[$\chi^2(3)=219.04, p<0.001$]，大多属未来支配型（76.6%）。比较高、低认同组，达显著水平的差异在于：高认同组现在支配较多[10人比3人，$\chi^2(1)=3.77, p<0.1$]，而低认同组过去支配较多[10人比3人，$\chi^2(1)=3.77, p<0.1$]。如图1所示。

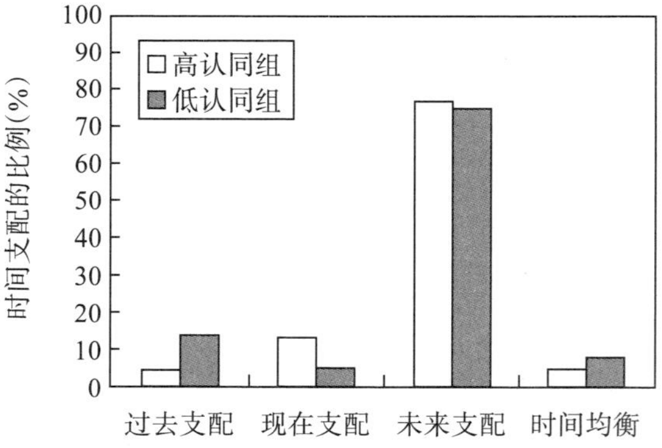

图1 高低认同组的时间支配分布

这一结果正是对前面的研究（郑涌、黄希庭，1998）中不同自我同一性状态对时间体验的回归分析结果的实证。它表明，在如何看待过去与现在的问题上，自我同一性越是趋于达成，就越是立足现在；相反，越是处在混淆状态，就越是沉溺于过去。表现在时间透视心理结构的广度特征上，同一性达成型被试有更广的现在，而混淆型有更广的过去。

2.1.2 时间取向

总体上，过去取向型、未来取向型及其他型分别有5人、80人、69人，分布极为不均[$\chi^2(2)=63.91, p<0.001$]，只有极少数属过去取向型（3.2%）。比较高、低认同组，最显著

的差异在于，所有的过去取向型都在低认同组[5 人，$\chi^2(1)=5, p<0.05$]；另外，高认同组的未来取向型较多(47 人比 33 人)，而低认同组的其他型较多(39 人比 30 人)，但差异未达显著水平($p>0.1$)。如图 2 所示。它表明，在如何看待自己的过去、现在与未来的问题上，自我同一性越是趋于达成，就越是能够“抛开”过去，展望未来，既立足现实，又对未来抱有积极的期待；相反，越是处在同一性混淆状态，就越是看重过去，并以此为参照，因为现在不如过去，又引伸出不如现在的消极暗淡的未来。表现在时间透视心理结构的方向特征上，同一性达成型被试更多未来取向，而混淆型会有过去取向。

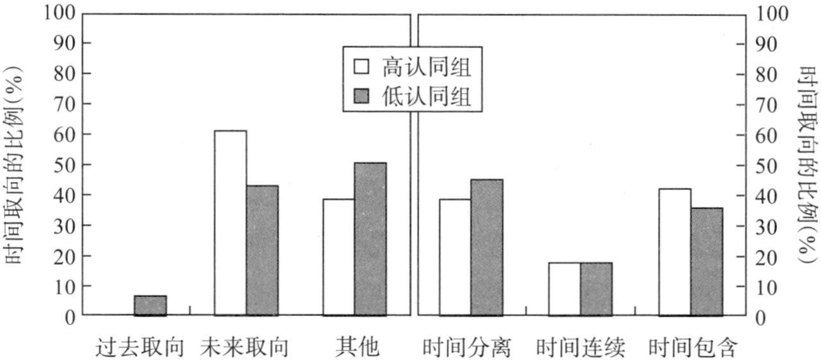

图 2　高低认同组时间取向分布　图 3　高低认同组时间关联性分布

2.1.3　时间关联性

总体上，时间分离型、时间连续型和时间包含型各有 65 人、28 人、61 人，分布也不均匀[$\chi^2(2)=16.06, p<0.001$]，时间分离型(42.2%)和时间包含型(39.6%)较多，时间连续型(18.2%)较少。比较高、低认同组，未见显著的差异($p>0.1$)，但高认同组似乎时间包含型较多(33 人比 28 人)，而低认同组似乎时间分离型较多(35 人比 30 人)。如图 3 所示。这一结果表明，同一性程度可能影响到时间透视的心理结构的紧密程度，同一性程度越高，越是把过去、现在和未来看作是相互关联的，现在是过去的果，又是未来的因；相反，越是处在同一性混淆状态，越是把过去、现在和未来看作是互不相干的，其时间是断裂的。表现在时间透视心理结构的关联性特征上，同一性达成型被试更多时间整合，而混淆型更多时间分裂。

综合以上分析，高认同组被试在时间透视心理结构上是现在广度更广、未来取向更多、时间整合更强，低认同组则是过去广度更广、过去取向更多、时间分裂更强。图 4 是以画圆方式所呈现的两种理论抽象的典型模式。

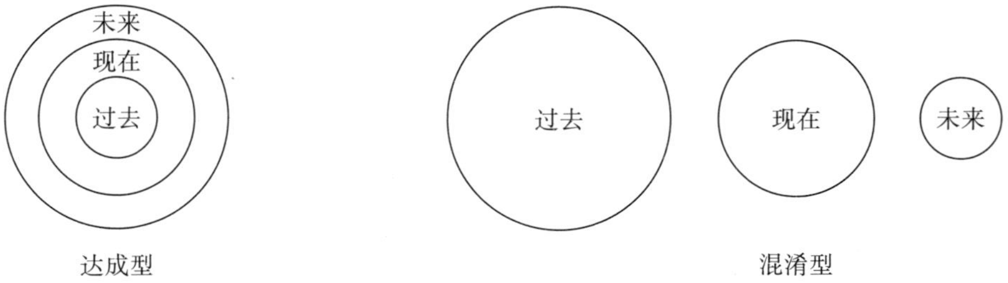

图4 不同自我同一性状态下时间透视心理结构的两种典型

2.2 典型个案

分析按图4的模式，并参考被试在SISS上的得分，表1是同一性达成型被试和混淆型被试各一例在完成句子测验中的典型个案。分析其所造的句子，不难看出，例甲处在同一性达成的状态下，重视眼前的时光，对未来抱有积极的期待，并把现在与过去相对照，对现状感到满意；又把现在视为将来的起点，句子"我现在为将来设计蓝图，愿以血汗营造成功之路"集中体现了现在与将来的这种关联。例乙处在同一性混淆的状态下，觉得过去最为美好，对现在"感觉什么事都不如意"，对未来不抱希望，"只求平平淡淡地生活"，而句子"我过去从没有想到我会有现在这种情形"和"我现在对将来没有任何把握，对未来没有信心"显示了过去、现在与将来的分裂。另外，值得注意的是，例乙只造了2个将来句，似乎是未来时间中断的情形。上述分析表明，例甲与例乙的差别正体现了达成型与混淆型两种不同同一性状态下的时间透视在时间支配、时间取向和时间关联性上的差别。

表1 达成型和混淆型被试各一例的造句反应

例甲	例乙
个人资料： 姓名：×× 性别：女 年龄：19 画圆测验：类似图7.6左图 *SISS*得分：99	个人资料： 姓名：×× 性别：男 年龄：21 画圆测验：类似图7.6右图 *SISS*得分：78
我过去…… 不懂得珍惜时光，日子总是过得迷迷糊糊。 不懂抓住机会，让良机稍纵即逝。 性别内向，不爱结交朋友。 对亲人对自己的爱体会不深，对他们的关怀不够。 爱读文学作品，领略和感受不同的人生。	我过去…… 最大的优点是与同学、老师相处得很融洽。 学习成绩不算很差，学习很顺利，不会感情以特别吃力。 生活得很有规律。 玩耍起来很开心，玩得很痛快。 从没有想到我会有现在这种情形。

续表

例甲	例乙
我现在…… 要珍惜时光,专心致力于我的学业,为将来打好坚实的基础。 培养自己的社会工作能力,不做只会读书的“呆子”。 性别开朗,朋友很多。 和家人关系和睦,以我的成绩回报父母养育之恩。 为将来设计蓝图,愿以血汗营造成功之路。	我现在…… 感觉什么事都不如意。 最大的不如意乃是学习成绩一落千丈。 和同学相处不是很融洽。 感到很委屈,竟然有同学怀疑我的人格。 对将来没有任何把握,对未来没有信心。
我将来…… 可能是事业上的成功,也可能是一个平凡的人,但我会做好我自己。 做人有自己的原则,不因外界环境轻易动摇。 拥有自己的一个空间,闲暇之余,读书、看报、绘画、写字…… 争取到音乐学院学钢琴,继续深造。(如果可能的话) 要带父母到处旅游,让他们幸福、快乐。	我将来…… 只求一份能糊口养家的普通工作。 只求平平淡淡地生活,做一个平凡(得)不能(再)平凡的老百姓。

2.3　完成句子测验的时间标定

2.3.1　总体分析

过去起点、过去终点、现在起点、现在终点、将来起点、将来终点在时间标尺上各时间单位的分布都不是均匀的,也不是渐进的,间接表明了自我时间透视具有阶段性。过去起点明显集中在过去的年(55.2%)和年代(34.3%)上;过去终点除一直持续到此刻(40.5%)而外,过去的年(33%)、月(13.5%)也是重要的终结单位。现在起点、终点是从过去的年(50%)、月(25.8%)持续到此刻(22.7%)或将来的年(32.5%)甚至无限(13.4%)。将来主要以此刻(59.4%)为起点,年(28.2%)也是重要的起始单位;向未来的延伸是无限(49%)的,也有相当一部分只持续到年代(21.8%)或年(18.2%)上,成了将来的终点。可见,除了此刻分点是在物理时间的意义上影响到心理时间而外,年分点(也包括较大的年代分点和较小的月分点)对于自我整合的时间的分段有着特别重要的意义,而无限的延伸更具有突出的透视效果。这些结果与单纯对时间修饰词“过去”、“现在”及“将来”的时间赋值研究结果有相通之处。例如,黄希庭等的研究中(黄希庭,1994;黄希庭等,1998),大学生被试对“将来”一词的时间赋值的单位频数从多到少依次是年、月、天，众数是10年。对“过去”一词的赋值情况相当。也是以大学生为被试，野村和西田用双对尺度法求得“现在”延伸的3个主解是延伸广度、延伸方向及二者的关联程度(野村幸正、西田晃一，1992)，并用因素分析的方法表明了其分别为持续、变化及无时间的心理意义，此后还在矛盾情境的认知与解决过程中证实了这3个基本维度的存在(西田晃一、野村幸正，1994)。这些研究结果相通的原因不难理解，被试完成这类作业时，对时间的基本的认知性心理结构——是心理的而非物理的时间，必然与主体自身及其生活方式有关——都会起作用。也就是说，可能由于来自自我的本原的动力作用，时间透视的自我整合经常是无意识进行的。不过，本研究更加突出了这种整合作用，强调一种有意识的自我整合过程，从而得出了有特色的研究结果，主要表现在更广的现在广度和不对称的过去与未来，后者显然更加开放。

2.3.2 高低认同组的比较

比较高、低认同组被试的时间标定，在过去起点、过去终点、现在起点及将来起点上未见重要而显著的差异，在现在终点和将来终点上有显著的差异。图5显示，在现在终点上，高认同组的无限反应较多[66次比37次，$\chi^2(1)=8.17$，$p<0.1$]，而低认同组的此刻反应较多[104次比71次，$\chi^2(1)=6.22$，$p<0.05$]，说明高认同组被试比低认同组被试有着更广的现在广度，并可能与未来之间有着更好的连续性。在将来终点上，如图6所示，高认同组被试也是无限反应较多[206次比171次，$\chi^2(1)=3.25$，$p<0.1$]，而低认同组被试较多的是年代反应[97次比71次，$\chi^2(1)=4.02$，$p<0.05$]和月反应[10次比2次，$\chi^2(1)=5.33$，$p<0.05$]，再考虑到低认同组在月以下的短时间单位上还有一些反应次数，说明高认同组被试有着更长远的未来透视，而低认同组的未来透视较短一些，较为缺乏由近的未来向远的未来推移的好的心理连续。这些结果与画圆测验的结果看来是一致的。

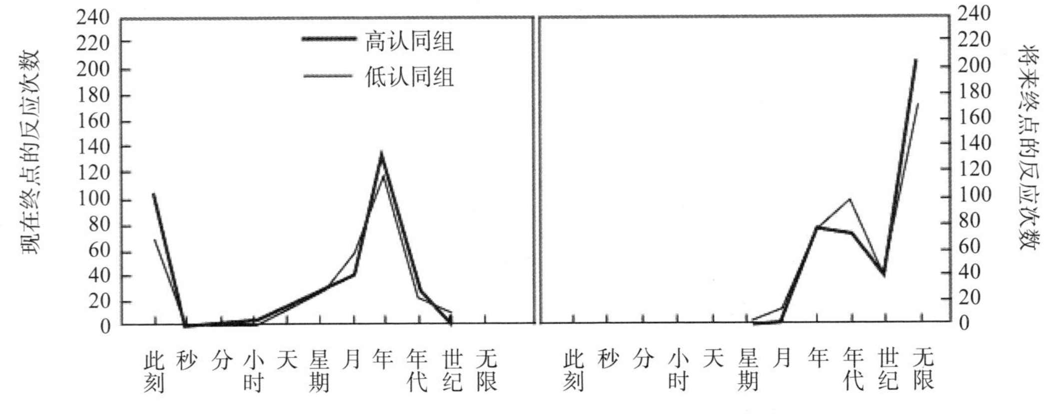

图5 高低认同组现在终点的反应次数图　图6 高低认同组现在终点的反应次数图

3 小结

画圆测验和完成句子测验时间标定的配合使用,揭示了建立在时间与自我整合基础上的时间透视的心理结构。以时间透视的广度、方向和关联性作为其结构要素,可见高自我认同组被试有着更广的现在广度,更积极而远景开放的未来取向,以及更强的时间整合;低自我认同组则是过去广度更广,过去取向更多,其时间分裂及未来中断的现象更易发生。一个处在同一性达成的人格成熟状态的人,也就是一个生活目标明确的人,他既重视现在,又积极地面向未来,并用联系与发展的观点看待自己的过去、现在与将来;而一个尚处在同一性混淆状态的人,也就是一个在现实生活中还没有确定目的、价值或计划的人,他对现实要求感到无所适从,对未来方向感到彷徨迷惑,转而试图从对过去的追寻中找到自身稳定性的支点,他的过去、现在与将来似乎是互不相干的。

合作者:郑涌。原文载于《心理学报》2000年第1期

时间透视的自我整合：Ⅱ．心理功能机制的实验研究

前文所述，已从时间透视的广度、方向及关联性上，初步揭示了时间透视的自我整合的心理结构特征（黄希庭、郑涌，2000）。本文试图用实验法加以验证，并考查对于积极与消极的自我信息，一定的同一性状态下的时间透视是以怎样的方式加以整合的，从而从功能上揭示时间透视的自我整合机制。

用实验法研究时间透视难度很大，国内外迄今未见报告。借鉴有关自我图式（self-schema）的研究方法，本实验拟用积极词和消极词让被试对照自己做“过去的我”、“现在的我”与“将来的我”的三择一式迫选反应，并通过被试对其选择结果的时间标定对自我整合的时间透视做进一步的量化考察。

1 方法

1.1 材料

24个人格形容词，包括了12对积极与消极相对的形容词：健谈的—寡言的、热忱的—冷漠的、活泼的—压抑的、乐观的—悲观的、和蔼的—苛刻的、慷慨的—自私的、友善的—敌意的、合作的—对抗的、正直的—势利的、可靠的—圆滑的、诚实的—虚伪的、认真的—草率的。对所选词在人格维度方面的考虑，依据的是大学生自我概念维度的因素探析（郑涌、黄希庭，1998b）；对所选词在稳定性要求上的考虑，参考了一项以大学生为被试的中国人人格的词汇研究（王登峰、方林、左衍涛，1995）；而对所选词在好恶度相对并相当、熟悉度和意义度相当等方面的考虑，则参考了大学生对中文人格特质形容词的评定研究（黄希庭、张蜀林，1992）。

1.2 被试

本科二年级大学生111名。

1.3 实验程序

24个刺激词随机排列，逐一呈现在计算机屏幕上。每出现一个词（出现时伴有“嘀”声提示），即要求被试根据自己的实际情况尽快而又恰当地做出三择一式判断：该词最

好地描述了“过去的我”、“现在的我”还是“将来的我”？屏幕上呈现相应的选项和反应键符。被试分别以敲1、5或9键做出反应。从被试做出反应到下一个刺激呈现间隔3s，同时刺激词清屏。计算机记录被试的反应和反应时，计时精确到1ms。在预备实验时，被试对另备的10个中性人格形容词进行练习，直至熟悉实验要求为止。

1.4　时间标定

完成上述实验后，要求被试在实验附卷上对其选择的结果完成时间标定作业。在24个实验用词下面，均列有一条示意生命历程的时间线，如图1所示。要求被试先用“↑”符号在全部24条时间线上注明目前的年龄，然后标示你对该词所做出的时间含义的选择（若有更正，以更正的为准）：如果选择的是“现在的我”，就用两个V符号在时间线上标明该词所描述的现在的时间范围；如果选择的是“过去的我”，仅用一个V符号在时间线上标明该词所描述的过去与现在的分节点；如果选择的是“将来的我”，也仅用一个V符号在时间线上标明该词所描述的将来与现在的分节点。

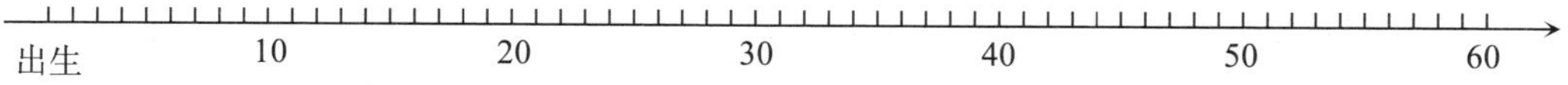

图1　时间标定作业所用的时间线

1.5　量表测试

被试最后完成自我同一性状态量表（SISS）（郑涌、黄希庭，1998a），用以对被试的自我同一性状态做事后分类。

2　结果与讨论

根据大学生对时间修饰词的赋值特点，本实验指导语中选取“过去”、“现在”和“将来”作为指代过去、现在与未来不同时间段的用词。已有的研究表明（黄希庭，1994），以“此刻”“现在”为中点，“过去”和“将来”表现出对称性，且模糊度相当，而“未来”的模糊度较大，因而选用“将来”而不用“未来”；至于仍用“现在”而不用“此刻”，是因为前者在模糊度上与“过去”“将来”较为匹配。

全部111名被试经SISS所含的测谎题筛选后，剔除不合格的资料，剩余完整有效资料被试87名。再按SISS得分，截取最高和最低的被试各20名，分别为达成型和混淆型。40名被试共得960个反应（40×24 = 960）。

2.1 不同同一性状态对不同刺激词的反应时分析

对反应时结果的2(同一性状态:达成型、混淆型)×2(词性:积极、消极)方差分析(ANOVA)表明,两者存在显著的交互作用[$F(1,956)=4.96$, $p<0.05$],其中词性主效应[$F(1,956)=25.03$, $p<0.001$]和同一性状态主效应[$F(1,956)=4.79$, $p<0.05$]显著。图2显示了在反应时上同一性状态与词性之间的交互作用。这表明,无论达成型组还是混淆型组,对积极词的反应时均短于对消极词的反应时,但在达成型组差别的幅度更大:在达成型组,对积极词和消极词的反应时的平均数和标准差分别为192.97±96.97 ms和251.15±151.62 ms,呈极显著差异[$t(478)=5.01$, $p<0.001$];在混淆组,则分别为193.29±118.08 ms和215.62±125.71 ms,呈显著差异[$t(478)=-2.01$, $p<0.05$]。而达成型组和混淆型组在反应时上的差异主要表现在消极词上[$t(478)=2.79$, $p<0.01$],在积极词上没有显著差异[$t(478)=-0.01$, $p>0.05$]。

上述结论与前文研究结果的一致之处在于,由于大学生的自我概念总的说来是积极的,实验中的积极词就更可能与被试的实际相符,从而更易做出选择判断(黄希庭、郑涌,2000)。进而,由于达成型组的自我概念较之混淆型组更为积极,也就出现了统合状态与词性的交互作用。然而,关联性较强因而分辨难度越大、选择反应时越长的假设未得到证实。因为根据假设,达成型组在积极词和消极词上的反应时都应长于混淆型组,但实际上其在积极词上的反应时没有出现预期的显著差异,且同一性状态与词性存在显著的交互作用。这一问题的出现,可能是实验效应分离不清所致。

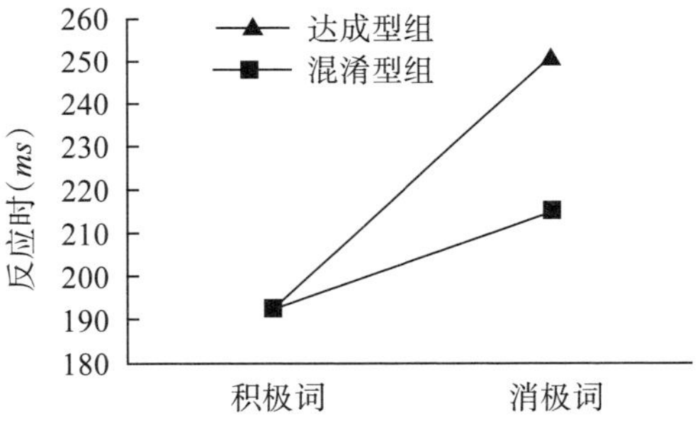

图2 不同同一性状态对不同刺激词的反应时

2.2 不同统合状态对不同刺激词的反应倾向分析

在达成型组和混淆型组各480个反应(20×24=480)中,其各自做出的对过去、现在与将来的反应分别为153次、197次、130次和155次、195次、130次,都是现在多于过去、过去多于将来。但对积极词与消极词,达成型组和混淆型组表现出过去、现在与将来的不同反应倾向。如表1所示,对积极词,混淆型组的过去反应多于达成型组[$\chi^2(1)=$

15.38，$p < 0.001$］；而对消极词，达成型组的过去反应多于混淆组［$\chi^2(1) = 5.40$，$p < 0.05$］。与此相应，对积极词，达成型组的现在和将来反应均多于混淆型组；而对消极词，混淆型组的现在和将来反应多于达成型组，只是现在和将来分别看来差异未达显著水平（$p > 0.05$）。

表1　不同同一性状态对积极和消极刺激词的过去、现在和未来反应次数

过去、现在、将来反应	积极词			消极词		
	达成型组	混淆型组	$\chi^2(1)$	达成型组	混淆型组	$\chi^2(1)$
过去反应	22	59	15.38***	131	96	5.4*
现在反应	138	113	3.49	59	82	3.75
将来反应	80	68	0.97	50	62	1.29

注：*$p < 0.05$，**$p < 0.01$，***$p < 0.001$。下同

这一结果表明，不同同一性状态的被试的时间透视有着不同的自我整合倾向：同一性达成型者比混淆型者更倾向于把积极的自我信息融入自己的现在与未来，把消极的信息抛给过去。随之而来的，同一性达成型者更易表现为既看重现在、又憧憬未来的乐观取向，而同一性混淆型者更易表现为怀旧的悲观取向。这一结果与前文的研究是一致的（黄希庭、郑涌，2000），分别可看作未来取向与过去取向。

2.3　不同反应倾向及其反应时分析

将上述反应时与反应倾向的分析联系起来，可以做进一步的推测：对消极词，达成型组被试因更不符合而反应时明显变长，只是由于必须做出选择，倾向于选择了过去的我；但这一解释不适用于积极词，因为两组被试在反应时上不存在显著差异，其在反应倾向上的差异就只能看作被试自身的真实写照。对反应时结果的2（同一性状态：达成型、混淆型）×2（词性：积极、消极）×3（反应倾向：过去、现在、将来）方差分析（ANOVA）表明，三者存在显著的交互作用［$F(2, 948) = 3.35$，$p < 0.05$］，除了主要来自同一性状态与词性的交互作用［$F(1, 948) = 6.08$，$p < 0.05$］而外，还有词性与反应倾向的交互作用［$F(2, 948) = 3.82$，$p < 0.05$］。方差分析（ANOVA）结果支持了上述推测。

2.4　时间标定结果分析

被试在做时间标定之前，有9.6%（共92人次）的人对实验反应做了更正，其同一性状态和词性分布均匀，未见显著差异。以年为单位，表2列出了不同同一性状态被试对

积极词和消极词的时间标定结果，并做了其差异显著性检验。对这些结果可从以下几个角度加以分析。

表2　达成组合混淆组被试对积极词和消极词的时间标定

分组	过去—现在节点(距此刻)						现在—将来节点(距此刻)			
	过去终点		现在起点		现在广度		现在终点		将来起点	
	积极词	消极词	积极词	消极词	积极词	消极词	积极词	消极词	积极词	消极词
达成型组	3.12	4.57	4.29	3.23	23.61	7.43	19.32	4.20	4.01	12.80
	±2.47	±3.09	±4.01	±3.31	±15.62	±6.46	±14.54	±5.59	±4.58	±10.26
混淆型组	2.11	5.04	3.37	2.21	12.37	6.56	8.99	4.35	5.82	10.34
	±2.06	±4.45	±3.03	±2.13	±8.80	±7.87	±8.78	±6.51	±4.92	±9.82
df	69	230	257	136	257	136	257	136	148	108
t值	1.67	−0.96	2.03*	2.21*	6.89***	0.68	6.70***	−0.15	−2.32*	1.27

2.4.1　“过去—现在”节点

从过去终点看，无论积极词还是消极词，达成型组和混淆型组都未表现出显著差异（$p > 0.05$）；从现在起点看，则都表现出显著差异（$p < 0.05$）：无论积极词还是消极词，都是达成型组远于混淆型组。

2.4.2　“现在—将来”节点

从现在终点看，二者在积极词上有极显著差异［$t(257) = 6.70$，$p < 0.001$］，达成型组大大远于混淆型组；从将来起点看，二者也是在积极词上有显著差异［$t(148) = -2.32$，$p < 0.05$］，达成组近于混淆组。二者结合起来，充分显示了达成型组被试时间透视的更强的自我整合。不过，这些差异在消极词上不显著（$p > 0.05$）。

2.4.3　“现在”的广度与方向

上述现在起点和现在终点也就规定了现在的广度及方向。对积极词，达成型组的现在范围远大于混淆型组的［$t(257) = 6.89$，$p < 0.001$］，但在消极词上差异不显著（$p > 0.05$）。结合图3可进一步发现，达成型组和混淆型组在积极词的心理现在上的差异，还表现在前者有更强的未来取向。

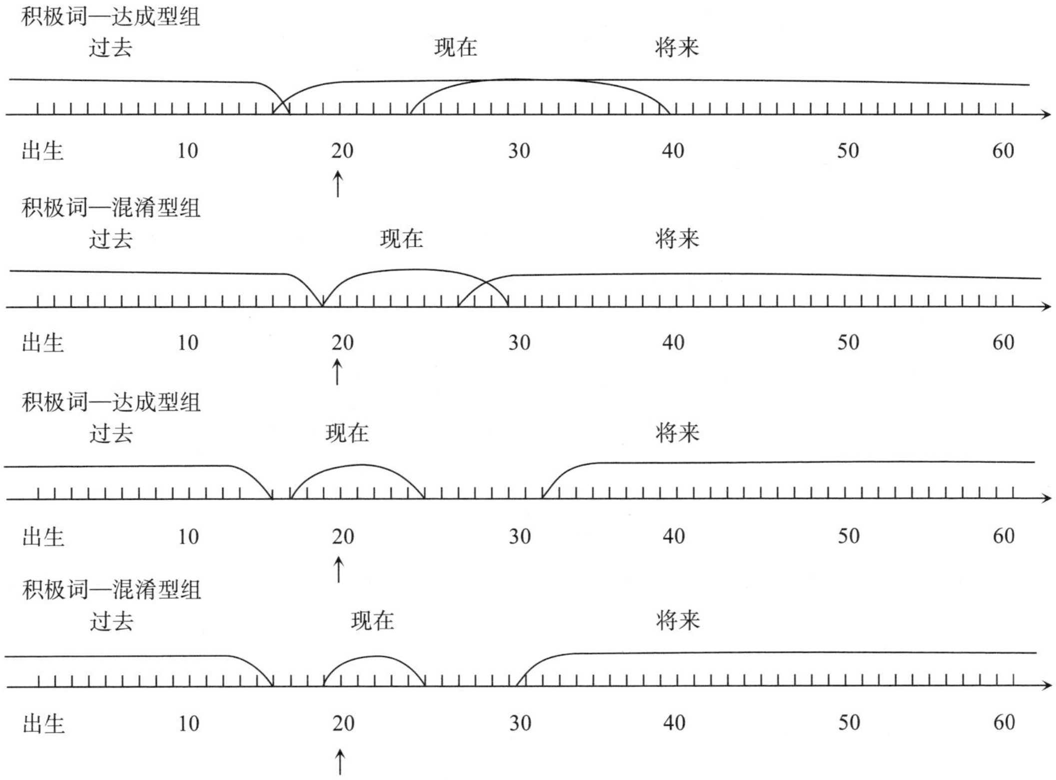

图3　时间透视的自我整合图示(↑表示该组平均年龄)

3　结论

以同一性状态(达成型组与混淆型组)和词性(积极词与消极词)为操纵变量,以“过去的我”、“现在的我”和“将来的我”三择一式迫选程序的反应选择及反应时为因变量,本实验不仅验证了前文的研究结论,即不同同一性状态的被试的时间透视在广度、方向及关联性等的心理结构特征上存在差异(达成型组有更大的现在范围、更强的未来取向和更紧的时间联结),而且表明了二者对于自我信息的整合有着不同的功能机制(达成型组比混淆型组更倾向于把积极的自我信息融入自己的现在与未来,把消极的信息抛给过去)。不过,这种差异主要体现在积极词上,在消极词上差异不显著。

合作者:郑涌。原文载于《心理学报》2000年第1期

青少年未来取向问卷的编制

未来取向是指个体对未来时间的认知偏好和意志行动倾向,同时也包括个体在此基础上形成的主观情感体验,它体现了人类思维和行为指向未来这一重要特征。对于未来取向者,未来不是虚无飘渺的,他们总是未雨绸缪,为将来做好规划,这些特点都会对思维、情感和行为产生影响,并由此决定着个人的事业,甚至决定着个人的成功与失败(刘霞等,2010)。青少年期是一个思考未来,准备向成年过渡的时期。同时,也是未来取向迅速发展、分化和拓展的重要时期(Nurmi,1993)。未来取向的发展对青少年个体的成长起着至关重要的作用。例如,有研究发现,未来取向的大学生更倾向于采用健康的行为方式来维护自身的身体健康(Adams & Nettle,2009;Daugherty & Brase,2010)。Wills和Sandy等对初中生的调查发现,未来取向与早期的物质滥用成负相关,即未来取向程度越高的个体越不容易出现物质滥用现象(Wills,Sandy,& Yaeger,2001)。Apostolidis等对法国青少年的调查发现,未来取向对青少年的物质滥用起间接的保护作用(Apostolidis,Fieulaine,& Soulé,2006)。此外,未来取向对于个体的学业成绩也有积极的预测作用,Bowles等对青少年的调查发现,未来取向与个体的学业成绩有着积极的联系(Bowles,2008)。Barber等对大学生的调查也发现,未来取向高的个体更有可能获得较高的学业成绩(2009)。

对于未来取向的研究主要采用问卷法和投射法。圆环测验,讲故事技术等投射技术由于难度大、计分困难,且具有主观性,实用性受到一定的限制。近些年来,针对未来取向编制的问卷得到广泛的使用,但不同的学者由于对未来取向的建构不同,他们所编制的测量工具也有所不同,有些问卷仅仅考察未来取向的认知因素,如Gjesme编制的未来时间取向量表(1979),该量表的卷入、期望、速度和占据都是认知因素。有些问卷则考察未来取向情感因素,Trommsdorff等人的未来取向问卷用来评估人们对于未来的希望和焦虑(Trommsdorff,Lamm,& Schmidt,1979),这也从侧面反映了人类的情感因素。而有些问卷主要考察未来取向的意志行动因素。津巴多和博伊德((Zimbardo & Boyd)编制的未来时间洞察力量表中的未来分量表包括计划性这一维度(1999),这是人类意志行动最好的体现。针对未来取向的问卷大都是把未来取向固有的认知过程、情感过程和意志行动过程割裂开来。其次,国内对于未来取向的研究还相对薄弱,对中国人未来取向的研究都采用国外的研究工具,直接用国外的未来取向问卷来测查中国人的未来取向程度是否合适还是一个值得探讨的问题。

国外对于未来取向的研究至今尚未形成专门的领域，关于未来取向的研究仍然没有取得系统完整的研究成果。国内对于未来取向的研究更是相对薄弱，几乎未见国内对于中国人的未来取向的结构进行探讨，更未见有中国化的测量工具出现。因此，本文在对国内外未来取向进行研究综述的基础上，探讨中国青少年未来取向的心理结构，并在此基础上编制中国青少年未来取向问卷，意义重大。

1　方法

1.1　问卷结构的初步确定与预测问卷的初步形成

1.1.1　青少年未来取向心理结构的初步构想

我们通过对相关文献进行整理分析形成了对"青少年未来取向"的基本认识。在此基础上，对初中生、高中生和大学生进行了开放式问卷调查。开放式调查主要围绕以下三个问题进行：(1)每个人对过去、现在和未来的关注程度不同，有的人喜欢沉湎过去，有的人喜欢展望未来。您认为那些比较关注未来的人有哪些突出的行为表现和人格特点？(2)您认为自己是一个关注未来较多的人吗？请说明原因。(3)您通常会关注未来的哪些方面？请详细列举(刘霞、黄希庭、高芬芬，2011)。根据开放式问卷调查结果，再结合文献，将青少年未来取向界定为：未来取向是指个体对未来时间的认知偏好和意志行动倾向，同时也包括个体在此基础上形成的主观情感体验。初步构想的青少年未来取向的心理结构包括未来认知、未来情感和未来意志行动三个维度。其中，未来认知又包括广度和密度两个因素；未来情感包括乐观性和思虑性两个因素；未来意志行动包括计划性和执行性两个因素。

1.1.2　青少年未来取向预测问卷的初步形成

依据开放式问卷的调查结果与有关专家的意见，参考国内外的相关研究，编制出青少年未来取向预测问卷，该预测问卷共包括60个题项。为了使问卷结构合理、通俗易懂，我们反复请心理学院的老师和专家对问卷的题项进行修改。为了避免答题定式的影响，问卷中设置了反向计分题。为便于施测，将所有题目随机排列，构成青少年学生未来取向预测问卷。问卷采用五点量表自评，从"完全不符合"、"较不符合"、"不确定"、"较符合"到"完全符合"依次记为1分、2分、3分、4分和5分。

1.1.3　青少年未来取向正式问卷的形成

对山东省的两所中学和重庆市的一所大学进行了预测问卷的调查，共发放问卷450份。收到有效问卷412份。初中生119人，高中生128人，大学生165人。被试年龄11～

25岁。其中男生192人，女生220人。通过对预测问卷的数据分析，删除使用区分度、共同度、因素负荷等指标29个题项，青少年未来取向正式问卷由31个题项构成。

1.2 被试

在开放式问卷调查阶段，共发放问卷370份，收回有效问卷357份。被试年龄12~24岁。男生139名，女生217名，其中1份问卷未注明性别。在预测问卷调查阶段，发放、收到问卷情况及参加测试者情况见前文所述。在正式问卷实施阶段，共发放问卷1200份，回收有效问卷1140份。再从中剔除无效问卷，共剩余有效问卷1004份。有效问卷答题者中，初中生292人，高中生305人，大学生407人。

1.3 数据管理与统计

本研究的调查问卷数据资料采用SPSS15.0 for Windows XP统计软件包进行分析处理。

2 结果与分析

2.1 探索性因素分析

2.1.1 项目筛选

对初测问卷进行探索性因素分析，并根据以下标准删除题项：(1)将因素负荷值>0.40的题目删除；(2)将共同度>0.30的题目删除；(3)将在两个以上题目中的因素负荷均过高且负荷值近似的题目删除；(4)将归类不当的题目删除。

2.1.2 一阶探索性因素分析

经过无数次的探索分析，根据以上标准共删除29个题项。最后，对剩余的31个题项进行探索性因素分析，并根据以下标准确定因素：(1)因素的特征值(Eigenvalue)大于1；(2)因素解符合陡阶检验；(3)碎石图拐点(Screeplot)；(4)每个题目至少包含3个子题目。对青少年未来取向问卷进行一阶因素分析，结果发现6个因子的结构较为合理，共解释总变异的52.203%，结果如表1所示。

表1　一阶探索性因素分析的结果

题号	项目	共同度	因素负荷
因素1　密度(贡献率为10.584%)			
33	我时常在心中勾勒自己未来的生活	0.530	0.703
18	对未来美好的想象时常在我的脑海中浮现	0.530	0.666
28	闲暇时,我喜欢畅想未来	0.510	0.651
43	我经常思考自己的未来人生之旅	0.523	0.629
7	我很少思考未来	0.314	0.507
23	我经常考虑未来要做的一些事情	0.373	0.502
因素2　思虑性(贡献率为9.777%)			
49	未来的不确定性让我紧张不安	0.628	0.769
34	我常常为自己的将来发愁	0.611	0.755
19	未来的不确定性太多,我害怕走向未来	0.596	0.697
13	想到未来时,我有点惴惴不安	0.543	0.694
60	面对未来,我有点手足无措	0.541	0.683
因素3　计划性(贡献率为9.470%)			
46	我喜欢有计划的学习	0.555	0.734
57	我喜欢给自己设定目标,并为之努力	0.594	0.729
56	我们应该提前规划好每一天的生活	0.476	0.620
20	在做事情之前,我会制定详细的进度表	0.365	0.515
52	一旦我决定了做什么事情,我就考虑怎么去完成它	0.480	0.510
5	我常常结合自己的实际情况制定计划	0.457	0.475
51	我一直在为自己的将来做准备	0.447	0.444
因素4　乐观性(贡献率为8.650%)			
4	我对未来充满了信心	0.586	0.666
9	我对未来充满了期待	0.574	0.645
50	我相信我有能力创造美好的明天	0.594	0.639
30	我对未来生活抱有极大的热情	0.647	0.603
14	展望未来让我感觉心情舒畅	0.416	0.488

续表

题号	项目	共同度	因素负荷
因素5　执行性(贡献率为7.854%)			
6	对要做的事,我不能持之以恒	0.633	0.790
31	我的计划常常因为各种原因半途而废	0.496	0.673
16	我往往在最后时刻才把任务完成	0.513	0.648
26	对于制定的计划,我会认真执行	0.560	0.558
11	在完成任务的过程中,我能抵挡住来自外界的各种诱惑	0.405	0.558
因素6　广度(贡献率为5.867%)			
27	我能想象到自己十年后的生活情境	0.647	0.762
48	我能想象到若干年后的自己会是什么样子	0.617	0.726
37	我经常考虑未来五年要做的事	0.424	0.448

2.1.3　二阶探索性因素分析

根据理论构想,一阶因素之上还应该有二阶因素,因此对得到的6个因子又做了二阶的探索性因素分析。依据以下标准确定因素数目:因素的特征值(Eigenvalue)大于1;因素解符合陡阶检验。最后确定了3个因素,见表2。

表2　二阶因素分析的结果

因素名称	共同度	因素负荷
二阶因素1　未来认知(贡献率为30.007%)		
密度	0.753	0.849
广度	0.690	0.805
二阶因素2　未来情感(贡献率为23.386%)		
思虑性	0.866	0.909
乐观性	0.795	0.705
二阶因素3　未来意志行动(贡献率为23.214%)		
执行性	0.826	0.899
计划性	0.667	0.704

从表1可以看出第一个因子共包含6个题项,是指个体思考未来的程度和频率,命

名为“密度”；第二个因子共包含5个题项，是指个体对未来的焦虑、担忧和恐惧，命名为“思虑性”；第三个因子共包含7个题项，是指个体做出计划以实现目标的能力，命名为“计划性”；第四个因子共包含5个题项，是指个体对未来事件的积极期望，命名为“乐观性”；第五个因子包含5个题项，是指个体为了实现目标而采取的积极行动，命名为“执行性”；第六个因子包含3个题项，是指个体未来延伸的时间长短范围，命名为“广度”。

从表2可以看出，第一个二阶因素包含了两个一阶因素，内容涉及个体对未来的认识和关注，命名为“未来认知”；第二个二阶因素包含两个一阶因素，内容涉及个体对未来的情感体验特点，命名为“未来情感”；第三个二阶因素包含两个一阶因素，内容涉及个体为了实现未来目标而做出的意志努力，命名为“未来意志行动”。

2.2　问卷的信度和效度分析

2.2.1　问卷的信度

本研究拟采用两个指标来检验青少年未来取向问卷的信度：内部一致性信度（即即克龙巴赫α系数）与重测信度。从表3可以看出，问卷总体的内部一致性信度为0.869，各维度内部一致性系数都在0.750以上，均为可接受水平；重测信度为0.920，且达到显著性水平，这些都表明该问卷具有较好的信度，作为青少年未来取向的测量工具是稳定和可信的。

表3　问卷的信度系数

量表名称	克龙巴赫α系数	重测信度
未来认知	0.789	0.892
未来情感	0.838	0.954
未来意志	0.792	0.935
总量表	0.867	0.920

2.2.2　问卷的效度

内容效度。本问卷中的项目主要来源于文献综述、开放式问卷调查结果，以及相关测验中的一些题项，将初步拟定的条目请心理学院的教授和博士研究生、硕士研究生等对维度构建和题项设置进行评定，通过多次修改和评定，最后形成了60个题项的预测问卷。通过以上工作在很大程度上保证了问卷的内容效度。

结构效度。从表4中可以看出，各分问卷与总分之间的相关在0.699～0.810之间，且相关显著；各分问卷之间的相关在0.333～0.481之间，相关显著，且相关程度均小于各分问卷与总问卷的相关程度。这说明各分问卷既有一定的独立性,又有一定的归属性,问卷具有较好的结构效度。

表4 各分问卷之间、分问卷与总分之间的相关

维度	未来认知	未来情感	未来意志	总分
未来认知	1			
未来情感	0.382**	1		
未来意志	0.333**	0.481**	1	
总分	0.699**	0.809**	0.810**	

校标效度。采用津巴多和博伊德时间洞察力量表中的未来分量表作为效表。该量表的克龙巴赫α系数为0.77,重测信度为0.80,表明该量表具有较好的信度。从表5可以看出,青少年未来取向量表各维度和总分与津巴多(Zimbardo)的未来分量表都具有显著的正相关,且总分之间相关高达0.565。这说明自编的青少年未来取向问卷较好地体现了未来取向的内容。

表5 校标效度分析结果

维度	未来认知	未来情感	未来意志	总分
未来分量表	0.247**	0.336**	0.651**	0.565**

2.3 验证性因素分析结果

本研究采用验证性因素分析,对探索性因素分析中抽取的因素结构进行验证,以实施交叉验证。研究采用AMOS7.0统计软件对模型进行验证性因素分析。

从表6可以看出,未来认知分量表的χ^2/df值为3.150;RMR为0.035,小于1;RMSEA为0.046,接近0.050;其余各指标都在0.900以上,表明模型的拟合效果比较好。情感分量表的χ^2/df值为4.783,RMR为0.061,小于0.100;RMSEA为0.069,小于0.080;其余各指标都在0.900以上,表明模型的拟合效果较好。未来意志行动分量表的χ^2/df值为4.462;RMR为0.054,小于0.100;RMSEA为0.059,小于0.080;其余各指标都在0.900以上,表明模型的拟合效果比较好。

表6 三个分量表的拟合指标

分量表	χ^2/df	P	AGFI	CFI	GFI	RMR	RMSEA
未来认知	3.150	0.000	0.968	0.965	0.982	0.035	0.046
未来情感	4.783	0.000	0.935	0.935	0.960	0.061	0.069
未来意志	4.462	0.000	0.941	0.917	0.960	0.054	0.059

然后又对整个量表进行了验证性因素分析，即总体是包括6个一阶因素、3个二阶因素的模型，3个二阶因素自由相关。结果模型各拟合指数为χ^2/df值为3.75；AGFI为0.88；GFI为0.90；NFI为0.81；RMR为0.08；RMSEA为0.05；这些参数都表明该模型是青少年未来取向较为理想的模型。

3 讨论

对于未来取向的研究，国内外存在明显的差异。国外对于未来取向的研究比较深入，深刻探讨了其心理结构，并编制了许多测量工具，同时也涌现了大量的相关研究成果。但是，国内对于未来取向的研究还相对薄弱，对其含义和心理结构研究相对较少，且还没有开发出具有中国特色的适合中国国情的测量工具。这就使得我们国内的研究都采用国外的测量工具，把国外的测量工具直接拿来测量国内被试，本身就存在不适当性。其次，青少年是一个蓬勃向上的群体，研究青少年的未来取向具有重要的意义。因此，本研究在查阅国内外大量文献的基础上，对青少年开展开放式问卷调查。我们发现中国青少年的未来取向是由未来认知、未来情感和未来意志行动三个维度构成。其中未来认知又包括广度和密度两个因素；未来情感包括乐观性和思虑性两个因素；未来意志行动包括计划性和执行性两个因素。

在青少年未来取向问卷的编制过程中，我们以大量的文献资料为基础，以中国青少年未来取向的开放式问卷调查为重点，结合两方面的资料来确定青少年学生未来取向的心理结构。其次，在项目来源上，我们以开放式问卷调查所包含的题项为重点，同时借鉴了国内外比较好的测量工具的少量题项。请心理学院的教授、博士生、研究生同学对编制的题项进行了三次修订，保证了题项的质量。从对青少年未来取向问卷的探索性因素分析可知，探索性因素分析所得到的维度和先前的理论构想相一致，并且构成问卷的条目的因素负荷取值都达到了较高的要求，其中最低负荷值为0.71，最高负荷值为0.91，三个因子的总解释量为76.61%。三个因子与未来取向总分间的相关分别为0.699、0.809和0.810。各因素之间具有中等偏低的相关。这说明各因素既有一定的独立性，又反映出相应的归属性。探索性因素分析的结果表明理论构想得到了实证研究的支持。为了进一步验证问卷的合理性，我们又对形成的正式问卷进行了验证性因素分析。结果模型各拟合指数为χ^2/df值为3.75；AGFI为0.88；GFI为0.90；NFI为0.81；RMR为0.08；RMSEA为0.05。这些参数表明该模型是青少年未来取向较为理想的模型。

本研究还对问卷的信效度进行了检验，采用克龙巴赫α系数和重测信度来考察问卷的信度。研究结果表明，总问卷和各维度的内部一致性系数分别为0.789、0.838、0.792、

0.869；重测信度分别为0.892、0.954、0.935、0.920。各项指标均达到了测量学的基本要求，说明本研究编制的中国青少年学生未来取向问卷比较稳定和可靠，可以作为研究测量工具。本研究还对问卷进行了内容效度、结构效度和校标效度的检验，其中内容效度可以通过前面的研究得以保证，各维度与总问卷的相关系数较高，但各维度之间的相关较低也保证了本问卷的结构效度。本文采用津巴多(Zimbardo)的未来分量表作为校标，考察青少年未来取向问卷，结果显示本研究所编制的问卷与未来分量表的相关达到0.565。

本研究通过探索性因素分析、验证性因素分析、信效度分析等对青少年未来取向问卷进行了验证，结果都显示本研究所编制的青少年未来取向问卷结构比较合理，且比较稳定和可靠，可以作为广泛使用的测量工具。

合作者：刘霞、毕翠华。原文载于《西南大学学报(社会科学版)》2011年第6期

论个人的时间管理倾向

1 何谓时间管理倾向

个人的时间管理倾向(time management disposition)是一种人格特征。虽然理论家们对人格特征的理解存在着差异,例如人格类型论者强调个人的先天因素,特别是那些机体的、遗传的、相当稳定的因素,以及它们与心理特征和行为特征有关的生理学和形态学的属性。特质论者认为人格是一些特质或者是某些行为、思想、感情、动作反应等方式的集合。卡特尔假定每一个人的潜源特质是相同的,但人们所具有的程度却是不同的,并设计出量表来进行预测。可以这样认为,人格特征是稳定的、在各种不同情境中重复出现的个体行为特点。这些特点在不同的人身上具有不同的表现程度、跨情境性和潜在的可测度。例如外倾、内倾、外控、内控、宜人性、依赖性、焦虑性、攻击性等都属于人格特征。

时间无处不在,给每个人以相同的机会。但人们对时间的认知、态度和行为是不同的。我们在对5至8岁儿童时间知觉的研究中发现(黄希庭、张增杰,1979),有的儿童不论对哪一种时距(3秒、5秒、15秒、30秒)的再现均作提前反应;而另一些儿童恰好相反,不论对哪种时距均作错后反应。每个人的时间紧迫感也不同。Friedman和Rosenman的临床观察发现,B型人格与易患冠心病的A型人格在时间紧迫感上有很大的差异(1974)。我们的一项研究表明,A型人格者对于较长目标时距(40秒和60秒),无论即时再现、剥夺使用内部时间标尺再现或口头言语估计都显著地短于B型人格者;对于短时距(3秒和16秒),在剥夺使用内部时间标尺和口头言语估计的条件下,A型人格者再现和估计均显著短于B型人格者(梅传强,1991)。时间透视是指个人对于过去、现在和将来的时间所持的看法、态度和观念,以及对过去、现在和将来的相对注意。我们的研究发现,不同自我同一性的被试对其过去、现在和将来的时间体验不同;在时间透视的广度、方向及关联性等方面,高自我认同的被试有着较广的现在广度、较积极的远景开放的未来取向及较强的时间整合;低自我认同的被试则较注重过去,较易发生与未来中断的倾向,这些都表明在人在时间维度上具有人格差异(郑涌、黄希庭,2000)。时间维度上的人格简称时间人格。

时间维度上的人格差异明显地表现在时间管理倾向上。时间是一种重要的资源,一天24小时对每个人都是相同的。但是由于管理的不同,时间可以使一个人在青春年华里，成就事业，摘取皇冠，到达理想的彼岸；也可以使年轻人转眼间滑向老年，终生一无所成。时间的种种隐喻，诸如“时间就是财富”“时间就是力量”“时间就是生命”“时间就是一切”“时间就是过客”，都反映了人们对待时间的态度和价值观念。个人在利用和支配时间上的人格特征不仅表现在行为上，而且与其对待时间的态度及其时间的价值观念密切相联系。时间的价值观念和对待时间的态度促使人朝着一定的目标行动。基于此，我们把时间管理上的人格特征称为时间管理倾向。这种人格特征具有动力性，在不同的人身上有不同的表现程度、跨情境性和潜在的可测度。

2 时间管理倾向的结构

有些研究者曾对时间管理的结构成分做过探讨。Britton和Glynn从信息加工的角度把人的时间管理与计算机操作系统加以类比（1989），提出了一个时间管理的理论模型。他们把时间管理分为宏观、中间和微观三个水平的成分。宏观水平的成分包括选择目标和子目标，排列目标的优先级；中间水平的成分包括产生任务和子任务，并且排列任务的优先级；微观水平的成分包括安排和执行任务。依据此模型，Britton和Tesser编制了时间管理问卷（Time Management Questionnaire，TMQ）（1991），问卷由三个因素即短期计划、时间态度和长期计划构成。Macan等人认为，时间管理的特征行为应包括以下几个成分（1990）：辨别需求，根据其重要性来排序以及据此分配相应的时间和资源。在此基础上，Macan等编制了时间管理行为量表（Time Management Behavior Scale，TMB）。该量表包含四个基本维度，即设置目标和优先级、计划—机制和安排、时间的自觉控制、混乱倾向。

我们在查阅文献和开放式问卷调查的基础上，提出了一个时间管理倾向的三维论模型并编制了青少年时间管理倾向量表（Adolescence Time Management Dispostion Scale，ATMD）（黄希庭、张志杰，2001）。该模型把时间管理倾向划分为时间价值感、时间监控观和时间效能感三个维度。其详细结构如图1所示。

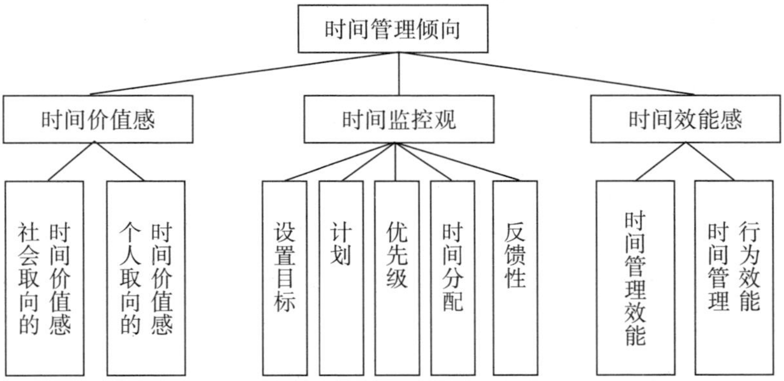

图1　时间管理倾向结构图

时间管理倾向中的时间价值感是指个体对时间的功能和价值的稳定的态度和观念，包括时间对个人生存与发展以及对社会存在与发展意义的稳定态度和观念，它通常是充满情感的，从而驱使人朝着一定的目标行动，对个体驾驭时间具有动力或导向作用。时间价值感是个体时间管理的基础。时间监控观是个体利用和运筹时间的能力和观念，它体现在一系列外显的活动中，例如在计划安排、目标设置、时间分配、结果检查等一系列监控活动中所表现出的能力及主观评估。时间效能感指个体对自己驾驭时间的信念和预期，反映了个体对时间管理的信心以及对时间管理行为能力的估计，它是制约时间监控的一个重要的因素。因此，时间价值感、时间监控观和时间效能感分别是价值观、自我监控和自我效能在个体运用时间上的心理和行为特征，即时间维度上的人格特征。

3　与时间管理倾向相关的因素

能否有效地实现对时间的管理与个人的生活质量密切相关。只要分析一下古今中外的成功人士，就可以发现他们原来都是管理时间的高手。可以推测，善于管理时间者，其生活质量是高的，即事业有成，能力强，有正面的自我观念和幸福生活。

善于驾驭时间的人，快捷出色地完成了任务，成绩显著，成就动机高，薪水高，出人头地的时间也早；不会驾驭时间的人，尽管他拼命地干，工作仍停滞不前，成绩平平或很差，出人头地的时间晚甚至不可能出人头地。有些人曾研究过学生的时间管理行为与学业成绩的关系，例如，Stone和Hanson的研究表明，大学生在时间管理量表上的得分高低与其学业成绩呈显著的正相关（Zimmerman，Greenberg，& Weinstein，1994）。

时间管理倾向与个人的能力有关。善于驾驭时间的人，具有较强的统筹时间的能力、捕捉时机做出决策的能力；相反，不会驾驭时间的人，这些能力相应地要差得多。

善于驾驭时间的人有正面的自我观念。他们成才早，出人头地早，地位高，收入高，其自立意识必然发展得早，自信心和自尊心强，有强烈的自我实现动机和行为；相反，不会驾驭时间的人，在自立、自信、自尊、自强等方面相应地要差得多。

善于驾驭时间的人，能做到按时回家与家人团聚，有时间关爱家庭成员，在业余时间能进行自我提高，生活方式丰富多彩，家庭圆满幸福。相反，不会驾驭时间的人，工作拖拖拉拉，牺牲自己的业余时间去干工作，生活方式单调乏味，无暇关心家庭成员，很可能会导致夫妻间、亲子间的感情产生裂隙，甚至导致家庭破裂。

上述是依据日常观察和传记文献资料所做出的推测要验证这些推测是否正确则需要做大量的研究。不过，我们最近的两项研究表明，时间管理倾向与自我价值感、主观幸福感都有显著的正相关（张志杰等，2001），从而增强了我们对上述推测正确性的预期。

4 时间管理技能的训练

对时间管理倾向的结构及与时间管理倾向的相关因素的探讨，目的是试图采取措施以提高人们的时间管理技能。时间管理技能是可以通过训练得到提高的。Weinstein等在美国得克萨斯大学建立起一套训练课程（Zimmerman et al.，1994），目的是帮助学生成功地驾驭时间，成为一个有效的学习者。这套训练课的开初，时间管理被作为一个独立的专题进行讲授。训练课的主要讲授内容是时间管理的理论和实践应用等，接着再把时间管理与其他的学习内容结合起来，使学生有更多的机会来对他们的时间管理策略的使用效果进行检验，同时也接受教师给予的反馈。在学生学习时间管理策略时，教师的主要任务是：(1)使学生对他们的时间使用状况有一个明确的认识，如一天或一周的时间里个人时间的浪费情况，以及如何减少或消除对时间的浪费，要求学生进行监控，并对成功或失败的结果进行自我分析；(2)估计出完成学业任务所需要的时间。结果表明，通过训练，不少学生养成了良好的时间管理的行为习惯，学业成绩也提高了。

中岛孝志在总结自己的经验时提出了对工作人员时间管理技能训练的策略（1999），例如怎样利用早晨的时间，怎样利用星期一的时间，怎样摆脱不会管理时间的“蜗牛”状态，短时间内完成工作的方法以及如何使时间增值的方法等，认为进行时间管理，只掌握理论是不够的，还应有实践精神。一个人通过时间管理实践形成时间管理技能，从而可以摆脱磨蹭的不良习惯，改变命运。

其实，时间管理技能的训练是可以从小抓起的。虽然幼小儿童并不懂得什么是时间以及时间的含义，但时间管理技能的训练完全可以与培养良好的学习、生活习惯结合起来。从少年期起，则完全可以将对时间的意义、价值的理论讲解与实践结合起来，进行系统的时间管理技能训练。善于驾驭时间可从根本上提高人的素质，提高人的生活质量。

假定一个人的生命为80年，约合70万小时，如果去掉孩童时期的10年（8.7万小时）和退休后的17.5万小时，以及睡眠时间（13万小时），那么就只剩下30余万小时，而逝去的时光不再来，再减去10岁至22岁的10余万小时，最后所剩者仅为20万小时。“人生天地之间，若白驹之过隙，忽然而已。”（《庄子·知北游》）有效地管理好时间，也就是使个人的有限生命更加有成效，也便是延长了自己的生命。

时间管理技能的训练是一项造福子孙、提升民族素质的工作，让我们一起来研究时间心理学问题，重视青少年时间管理技能的训练工作，把这项工作开展起来。

合作者：张志杰。原文载于《心理科学》2001年第5期

青少年时间管理倾向量表的编制

科学合理地使用时间是现代人社会性格的一个重要标志。时间是一种重要的资源，它具有不变性、无存贮性和无替代性，但我们却可以对其进行有效的管理和使用。现在，时间管理和使用已成为心理学研究中的一个新领域。

虽然心理学家对于诸如时间态度、时间经验和时间结构的研究也反映了个体利用和支配时间的一种行为倾向（Bond & Feather, 1988; Calabresi & Cohen, 1968; Wessman, 1973），但并没有明确提出时间管理的概念及其结构。例如，Wessman把个体时间经验（time experience）划分为三个维度：近期的时间压力、长期的个人方向和时间利用。Bond和Feather认为时间结构反映了个体对时间有组织、有目的的使用程度的知觉，并把个体的时间结构划分为目的感、有结构的常规行为、当前定向、有效组织和坚持性五个维度。

Britton、Macan等对时间管理和时间管理行为的探讨开创了心理学家对时间管理的研究。Britton和Glynn从信息加工的角度把时间管理看作是心理管理的一个方面（1989），把人的时间管理与计算机操作系统进行类比，并在此基础上提出了时间管理的理论模型。他们把时间管理分为宏观、中间和微观三个水平的成分。宏观水平的成分包括选择目标和子目标，排列目标的优先级；中间水平的成分包括产生任务和子任务，并排列任务的优先级；微观水平的成分包括安排和执行任务。依据此模型，Britton和Tesser编制了时间管理量表（Time Management Questionnaire, TMQ）（1991），由三个因素即短期计划、时间态度和长期计划构成。Macan认为时间管理的特征性行为应包括以下几个成分：分辨需求，根据其重要性来排序以及据此分配相应的时间和资源（Macan et al., 1990）。在此基础上，Macan等编制了时间管理行为量表（Time Management Behavior Scale, TMB）。该量表包含四个基本维度，即设置目标和优先级、机制—计划和安排、时间的自觉控制、混乱倾向。其实，时间管理倾向既是个体对时间的态度、计划和利用等认知特点，也是个体对时间的价值观和行为倾向，是一种具有多维度、多层次心理结构的人格特征。

我国对于时间管理的研究还相对较少。我们认为，个体在运用时间方式上所表现出来的心理和行为特征是一种人格倾向，可称之为时间管理倾向。本研究的目的是，参照国外文献并结合我国的社会文化背景，编制出一份具有较高信度、效度的青少年时间管理倾向量表，为评鉴我国青少年掌握和支配时间的人格特征提供有效的工具。

2 方法

2.1 被试

由本课题协作组各地负责人在大学和中学进行调查。被试取样的要求是，大学本科中文、理、工、医及其他系科的学生比例约为2:2:2:1:1，男女比例大致相等；三种不同类型的中学，如省市重点中学、一般中学、职业中学（或其他类型的中等学校），初一至高三各年级学生人数和男女比例大致相等。由课题组负责人在全国12个省（直辖市），按指导书进行施测。截至2000年4月，共收回有效问卷14258份。

2.2 程序

2.2.1 量表项目的选择

根据对既往文献的分析和开放式问卷调查结果，初步提出时间管理倾向的理论维度，即时间价值感、时间监控观和时间效能感三个维度，同时搜集有关项目。对国外的时间管理问卷，即时间管理问卷（Time Management Questionnaire，TMQ）和时间管理行为量表（Time Management Behavior Scale，TMB），以及时间结构问卷（Time Structure Questionnaire，TSQ）进行翻译，并结合开放式问卷所搜集的项目，最后确定的预测问卷为51个项目。量表采用利克特量表（Likert scale）5点计分，从“完全不符合”至“完全符合”分别评定为1～5分。然后选取重庆市321名中学生进行预测，对所得结果做探索性因素分析。以各项目的共同度和因素负荷作为项目区分度的指标对量表的项目进行筛选，筛选后正式量表共有44个项目，见附录。

2.2.2 量表因素的确定

在所收回的有效问卷中随机选取1207份进行探索性因素分析，以确定各分量表的因素结构。分量表的因素结构及组成项目的负荷值见表1、表2、表3。

表1　时间价值感分量表的因素结构和负荷值

项目序号	个人取向	项目序号	社会取向	项目序号	个人取向	项目序号	社会取向
5	0.695	11	0.694	16	0.547	3	0.503
28	0.684	39	0.681	9	0.478	31	0.428
6	0.632	1	0.624	贡献率	57.2%		

注：9号项目为反向题，统计时进行了转换

表2　时间监控观分量表的因素结构和负荷值

项目序号	设置目标	项目序号	计划	项目序号	优先级	项目序号	反馈性	项目序号	时间分配
10	0.714	12	0.712	33	0.685	21	0.710	42	0.641
4	0.689	25	0.677	7	0.662	44	0.647	14	0.633
15	0.671	41	0.666	19	0.612	38	0.643	34	0.445
17	0.663	8	0.638	22	0.498	26	0.544	37	0.383
40	0.414	2	0.583	27	0.452	43	0.478		
贡献率	61.8%								

注:17、41、27号项目为反向题,统计时进行了转换

表3　时间效能感分量表的因素结构和负荷值

项目序号	个人取向	项目序号	社会取向	项目序号	个人取向	项目序号	社会取向
24	0.743	18	0.689	35	0.576	23	0.571
13	0.686	29	0.666	30	0.490	32	0.438
36	0.610	20	0.665	贡献率	54.6%		

注:30号项目为反向题,统计时进行了转换

3　结果

3.1　信度指标

采用重测信度和内部一致性信度(克龙巴赫α系数)作为本研究的信度指标。其中,重测信度的被试为重庆两所中学的学生和西南师范大学(今西南大学)的学生,共216人,时间间隔为四周。结果见表4。

表4　青少年时间管理倾向量表的信度指标

信度	时间价值感		时间监控观					时间效能感	
	社会取向	个人取向	设置目标	计划	优先级	时间分配	反馈性	时间管理效能	时间管理行为效能
克龙巴赫α系数(N=1027)	0.70	0.73	0.81	0.72	0.62	0.65	0.63	0.74	0.61
重测信度(N=216)	0.75	0.80	0.85	0.71	0.73	0.71	0.77	0.75	0.78

3.2 效度

3.2.1 内容效度

时间管理倾向量表的内容效度结合已有的两种时间管理量表和较有影响的时间结构问卷进行分析,即 Britton 和 Tesser 的时间管理问卷(TMQ),Macan 和 Shahani 的时间管理行为量表(TMB)以及 Bond 和 Feather 的时间结构问卷(TSQ),它们的因素结构都在有关的研究中得到验证(Adams & Jex, 1997; Mpofu, D'amico, & Cleghorn, 1996; Mudrack, 1997)。这三种时间管理量表的因素结构可归纳如表5。

表5 三种时间管理量表因素结构

量表名称	因素1	因素2	因素3	因素4	因素5
TSQ	目的感	有结构的常规行为	当前定向	有效组织	坚持性
TMQ	短期计划	时间态度	长期计划		
TMB	设置目标与优先级	机制—计划、安排	时间的自觉控制	混乱倾向	

从表5中可以看出,TMQ中的短期计划和长期计划,TMB中的机制—计划、安排都属于自我监控的一些典型的行为表现。另外在TMB中也存在时间控制的因素,因此可认为相当于本量表中时间监控观的有关内容。

Britton 和 Tesser 在其研究中认为 TMQ 中时间态度的测量与自我效能非常相似(1991),根据班杜拉的观点,自我效能包括个体对自己控制事件能力的信念。而在时间态度的测量中包括这样的项目:管理自己时间的情感、对别人说“不”以便集中于自己的作业等。班杜拉认为高效能感会增强坚持性。因此TMQ的时间态度维度、TSQ的坚持性维度与本量表的时间效能感具有内在一致性。

TSQ中的目的感、当前定向所包含的项目涉及个体对过去、将来时间的看法或观点,例如“你是否花一定的时间考虑过曾失去了的机会”,“你是否花一定的时间考虑过将来是什么样子”等。这些内容几乎包含在本量表的时间价值感中。

从以上分析可以看出,时间管理倾向量表的项目可以反映出时间管理的基本特征,具有较好的内容效度。

3.2.2 结构效度

为了进一步检验时间管理倾向的时间价值感、时间监控观和时间效能感的3维度因素结构的假设,我们在探索性因素分析的基础上另选取507名学生的数据,根据皮尔逊(Pearson)相关矩阵进行验证性因素分析。结果得到所构建的二阶一因素同质性测量模型的参数:$\chi^2_{(24)}=113.46$, $p<0.01$, $\chi^2/df=4.71$, GFI=0.95。

在此基础上,考虑有关的等值模型的存在,对这三个维度之间的相关关系进一步分析，结果见表6。

表6 时间管理倾向量表三个维度之间的相关

三个维度	时间价值感	时间监控观	时间效能感
时间价值感	1.000		
时间监控观	0.433***	1.000	
时间效能感	0.475***	0.684***	1.000

注：***$p < 0.001$

从表6中可以看出，这三个维度之间存在显著的相关。其中时间监控观和时间效能感之间的相关较高，达到0.684。根据有关理论，本研究设置了两个可资比较的模型，并且这两个模型也就是原构想模型的放宽模型（unconstrained model）：（1）这三个维度合并成一个维度，也就是时间管理倾向的结构模型由二阶模型变为一阶同质性模型；（2）时间监控观和时间效能感维度合并，时间管理倾向结构模型的一阶因素变为两个。在此基础之上，通过比较这两个模型与原模型的卡方差异，来评估这些放宽模型的效应。表7列出了这两个放宽模型的χ^2检验结果。

表7 两个放宽模型的拟合度检验

模型	χ^2	df	χ^2/df	GFI		$\Delta\chi^2$	Δdf	p
三维模型a	113	24	4.71	0.95				
二维模型b	251	26	9.65	0.89	Ma&Mb	138	2	< 0.01
一阶单因素模型c	324	27	12.00	0.86	Ma&Mc	211	3	< 0.01
					Mb&Mc	73	1	< 0.01

注：χ^2/df为模型与数据的拟合值，其值越小越好，一般较为公认的模型与数据的拟合标准为（χ^2/df）<5

表7结果表明，与两个放宽模型相比，原有的三维模型对时间管理倾向结构提供了较为准确的拟合。其中一阶单因素模型的拟合效果最差，χ^2以及χ^2/df都是三个模型中最大的，表明时间管理倾向并不是一个单一的因素结构。二维模型$\Delta\chi^2$=138，Δdf =2（$p <$ 0.01），与三维模型相比，表明这两个模型之间拟合效果存在显著的差异。从总的效果上来看，含有3个一阶因子的二阶因素模型似乎更为合适。该模型的其他参数分别为RMR=0.048、AGFI=0.91、NFI=0.93、CFI=0.93、IFI=0.93，这些参数都表示该模型对时间管理倾向有更为理想的拟合。

4 讨论

4.1 时间管理倾向量表的构成

时间管理是个体在时间价值和意义认识的基础上，在活动和时间关系的监控和评价中所表现出来的心理和行为特征。时间管理倾向的概念是我们在分析了国外有关时间管理的心理学研究的基础上，从个体支配和利用时间的人格特质的角度提出来的。对于时间管理倾向维度的划分，我们还参考了其他领域中有关时间管理的论述，并结合价值观研究、自我监控理论和自我效能感研究，初步提出时间价值感、时间监控观和时间效能感的三维度结构。在此理论假设的基础上，我们编制出了时间管理倾向量表。

本量表由3个分量表构成，包括时间价值感量表、时间监控观量表和时间效能感量表，其所包含的项目数分别为10项、24项和10项。探索性和验证性因素分析的结果表明，时间管理倾向的较理想结构是由3个因素构成，即时间价值感、时间监控观和时间效能感，其中时间价值感由社会取向和个人取向两个维度构成；时间监控观由设置目标、计划、优先级、时间分配和反馈性五个维度构成；时间效能感由时间管理效能和时间管理行为效能两个维度构成。

4.2 时间管理倾向是一种人格特征

青少年时间管理倾向这个概念是我们在分析前人研究的基础上提出来的。我们认为时间管理倾向是个体在对待时间功能和价值上、在运用时间方式上所表现出的心理和行为特征。实际上，时间管理倾向的三个维度是从时间管理的整个过程来区分的，是一种过程性的特征结构。具体地讲，时间价值感是指个体对时间的功能和价值的稳定的态度和观念，包括时间对个体人生和社会发展意义的稳定态度和观念，它通常是充满情感的，对个体运用时间的方式具有导向作用。时间价值感是个体时间管理的基础。时间监控观是个体利用和运筹时间的观念和能力，它通过一系列外显的活动（例如计划安排、目标设置、时间分配、结果检查等一系列监控活动）来体现；时间效能感指个体对自己利用和运筹时间的信念和预期，反映了个体对时间管理的信心以及对时间管理行为能力的估计，它是制约时间监控的一个重要的因素。因此，时间价值感、时间监控观和时间效能感分别是价值观、自我监控和自我效能在个体运用时间上的心理和行为特征，即时间维度上的人格特征。

时间管理倾向是一种多维度、多层次的人格特征，也可以从以下的研究中得到佐证。Calibresi等的研究表明，个体的时间态度反映了一种基本的人格特征，并且个体支配时间的方式与性格(character)结构有着密切的联系(Britton & Glynn,1989)。Knapp等的研究发现,在个体时间意象(time imagery)的类型和成就动机之间以及时间态度和审美倾向(esthetic preference)之间存在一定的相关。Wessman也发现个体对时间的态度和利用反映了一种基本的人格特征(1973),并认为"个体的时间经验以及在时间背景中安排和构建其生活的方式是一种基本的人格特征"。其他有关时间结构、时间管理和时间管理行为等有关时间利用和支配的研究(Bond & Feather,1988;Britton & Tesser,1991;Macan et al.,1990),都表明时间管理与自我价值感、主观幸福感、工作满意度等人格特征存在显著的相关,而与抑郁、焦虑、躯体紧张感等人格特征之间存在显著的负相关。既然时间管理倾向是一种人格特征,那么它可能对个人的工作绩效具有预测作用,例如对学生的学业成绩具有预测作用。对于这个问题,我们将在另一项研究中加以探讨。

5 结论

本研究自编的青少年时间管理倾向量表具有较好的信度和效度,可以作为评鉴青少年时间管理倾向的有效工具。

合作者:张志杰。原文载于《心理学报》2001年第4期

重庆市中学生时间管理自我监控的特点

1 前言

时间管理(time management)是指对时间的利用和运筹。研究表明,时间管理与中学生的学业成绩、自尊、主观幸福感密切相关(García-Ros, Pérez-González, & Hinojosa, 2004;张志杰等,2001;曹立人、曹晓华,2004)。然而,进一步的研究发现,时间管理行为与诸变量之间的关系模式是复杂的。如,Macan的研究表明,时间管理不是成绩的直接前提,但有助于个人获得控制感,这会积极影响成绩和满意感,并降低紧张和压力反应(Macan, 1994)。凯利(Kelly)的研究表明,时间管理行为与焦虑无关(2003)。从这些研究结果中可以发现,时间管理行为并不必然引起积极的结果,而对时间管理行为的自我监控才是时间管理效应的关键变量。如,Eilam和Aharon的研究表明,学业成就高的被试通常比学业成就一般的被试显示更多的自我监控技能(2003)。Zimmerman等也把时间计划与管理作为自我监控学习技能之一而进行系统研究(2001)。因此,深入探讨时间管理自我监控是必要的。位居西部大开发前沿的重庆市,中学生的时间管理自我监控的心理结构是怎样的?其特点是什么?本文对此进行了初步探讨。

2 研究方法

2.1 研究对象

选取重庆市三种类型的学校(包括普通中学、联招中学和重点中学)作为调查对象,共有832名有效被试。

表1 被试的构成

中学类别	初一/人	初二/人	初三/人	高一/人	高二/人	高三/人	总计/人
普通中学	20	32	46	103	59	55	315
联招中学	60	32	40	60	69	69	330
重点中学	48	49	46	44	—	—	187
总　计	128	113	132	207	128	124	832

2.2 工具

本研究采用自编的中学生时间管理自我监控量表。在对中学生的个案访谈和开放式问卷调查、结果分析的基础上，参考以往文献资料和常用的相关量表(Bond and Feather, 1988; Britton & Tesser, 1991; Macan et al., 1990; 黄希庭、张志杰，2001)，本研究认为，时间管理自我监控是一个多层次、多维度的心理结构，并根据心理结构抽象程度的不同，把时间管理自我监控分为整体监控和具体监控两个层次来进行理论分析。整体监控从宏观上比较稳定地反映了个体时间管理自我监控的一般的整体特征，但比较笼统模糊，抽象程度也较高。具体监控从微观上反映了个体时间管理自我监控的具体层面，体现了个体对时间管理自我监控的实际操作过程。

基于上述概念性架构，根据前期调查搜集的题项，参照时间管理的有关量表(Bond & Feather, 1988; Britton & Tesser, 1991; Macan et al., 1990; 黄希庭、张志杰，2001)来撰写题项，并请心理学专家和研究生进行评定修改，初步形成77个题项的预试量表。题项均随机排列，并采用利克特量表(Likert scale)5点计分的方式。通过对832名中学生的测试结果进行分析，最后确定了40个题项为正式的中学生时间管理自我监控量表内容，其中含有8个反向题。

2.3 程序

施测时采用统一的指导语和统一的答卷纸。以班级为单位进行团体施测。对回答不认真或存在反应偏向的数据予以剔除，得到832份有效数据。把结果输入计算机，使用SPSS11.0和AMOS4.0软件进行数据转换、统计与分析。

3 结果

3.1 中学生时间管理自我监控量表的信度和效度

对417名中学生的测试结果做项目分析和探索性因子分析，依据三个标准(因子的特征值大于1;因子解符合陡阶检验;每个因子至少包含3个题项)确定因子数目。最终的因子负荷矩阵结果见表2。根据各因子所含题项内容进行命名，分别为主动性(F1)、开放性(F2)、有效性(F3)、目标设置(F4)、时间规划(F5)、灵活性(F6)、自制力(F7)、检查评估(F8)。其中，主动性、开放性和有效性3个因子构成了整体监控量表的维度，主要从宏观上比较稳定地反映了中学生时间管理自我监控的一般特征。目标设置、时间规划、灵活性、自制力、检查评估5个因子构成了具体监控量表的维度，主要从微观上反映了中学生对时间管理自我监控的具体过程。

表2　中学生时间管理自我监控量表的因子负荷矩阵及信度、效度指数

时间管理自我监控量表及因子	项目数	因素负荷范围	解释率(%)	α系数	重测信度	验证性因素分析拟合指数
整体监控量表	16			85	66***	χ^2/df=2.63 GFI=0.93
F1(主动性)	5	426～728	12.545	66	55***	NNFI=0.89 CFI=0.91
F2(开放性)	6	478～687	18.770	76	61***	RMSEA=0.06
F3(有效性)	5	451～790	15.231	72	54***	
具体监控量表	24			90	75***	χ^2/df=2.32 GFI=0.90
F4(目标设置)	4	549～682	8.325	61	60***	NNFI=0.87 CFI=0.89
F5(时间规划)	3	597～666	5.562	68	61***	RMSEA=0.06
F6(灵活性)	6	537～677	12.719	82	60***	
F7(自制力)	5	447～788	10.109	71	45***	
F8(检查评估)	6	482～786	14.693	80	61***	

使用AMOS4.0软件对415份未做过探索性因子分析的量表测试结果，进行验证性因子分析，采用极大似然法估计检验拟合程度。选取其中的104名高中生在间隔15天后进行重测，计算稳定性系数以及各维度与量表间的相关矩阵。

从表2可看出，中学生时间管理自我监控量表的探索性因子分析结果与量表结构的理论构想基本是一致的，因子的方差解释率较高，而且整体监控量表和具体监控量表结构模型的各项拟合指标基本符合要求，这说明模型拟合效果较为良好。

表3的相关矩阵显示，整体监控量表的三个因素之间是中等程度的相关，而三个因素与整体监控量表的总分相关最高，其次才是与具体监控量表总分有较高相关。具体监控量表的五个因素之间基本是中等程度的相关，而五个因素与具体监控量表的总分相关最高，其次才是与整体监控量表总分的较高相关。矩阵中相关系数均达到0.01的显著水平。这说明，两个分量表中的各因素之间既有所不同，有一定的独立性，但又测的是同一心理结构。而且，两个分量表所测量的是不同层次、不同抽象水平的时间管理自我监控。因此，中学生时间管理自我监控系统的理论建构是比较合理、可以接受的，具有良好的结构效度。量表及各维度的克龙巴赫α系数在0.61～0.90之间，内部一致性较高，重测相关系数在0.45～0.75之间，均达到0.001的显著性水平，测量的稳定性

较为理想。所以,中学生时间管理自我监控量表具有良好的信度。

表3 时间管理自我监控各维度与量表间的相关

	主动性	开放性	有效性	目标设置	时间规划	灵活性	自制力	检查评估	整体监控	具体监控
开放性	0.607**									
有效性	0.564**	0.559**								
目标设置	0.458**	0.604**	0.572**							
时间规划	0.662**	0.659**	0.609**	0.568**						
灵活性	0.734**	0.644**	0.607**	0.548**	0.614**					
自制力	0.270**	0.253**	0.378**	0.470**	0.270**	0.366**				
检查评估	0.718**	0.692**	0.646**	0.512**	0.762**	0.687**	0.260**			
整体监控	0.831**	0.894**	0.808**	0.650**	0.761**	0.774**	0.345**	0.806**		
具体监控	0.750**	0.747**	0.729**	0.786**	0.818**	0.854**	0.559**	0.857**	0.873**	
总量表	0.808**	0.853**	0.786**	0.754**	0.820**	0.848**	0.487**	0.863**	0.954**	0.979**

3.2 中学生时间管理自我监控的特点

3.2.1 测试的总体结果(见表4)

表4 测试的总体结果

	F1	F2	F3	F4	F5	F6	F7	F8	整体监控	具体监控	总量表
平均数	3.27	3.57	3.30	3.67	3.16	3.52	3.26	3.02	3.38	3.33	3.35
标准差	0.70	0.70	0.59	0.83	0.89	0.76	0.75	0.78	0.59	0.61	0.58

从量表及各维度的平均数来看,中学生的时间管理自我监控处于中等偏上的水平,但各个维度的平均水平并不均衡。对自我评定结果进行方差分析,结果见表5。

表5　方差分析表(F值)

年级与性别	F1	F2	F3	F4	F5	F6	F7	F8	整体监控	具体监控
年级	3.75**	5.12***	7.66***	1.54	6.04***	4.33**	5.13***	5.06***	6.64***	6.10***
性别	0.01	0.02	2.71	6.25*	1.00	2.46	0.43	2.72	0.31	1.23
年级×性别	0.41	2.53*	0.33	3.00*	1.58	0.97	1.46	0.91	0.98	2.00

注:×表示交互作用,*表示$p<0.05$,**表示$p<0.01$,***表示$p<0.001$

3.2.2　年级发展特点

从图1和图2可看出,中学生时间管理自我监控及各维度的年级发展趋势基本呈“W”形,大体的发展模式是,初一水平较高,然后开始下降,直到初三,高一又有所上升,高二再回落,到高三又开始上升。不过,各维度的“W”形发展并不一致,表现为折线的平缓程度不同。而且,时间管理自我监控各维度在各年级也呈现出不均衡的分布态势。

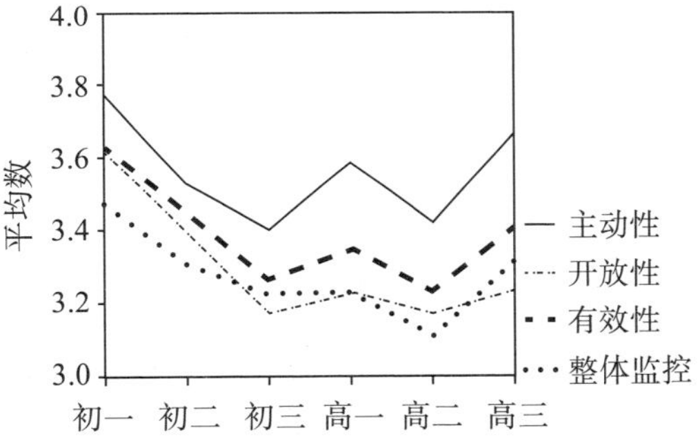

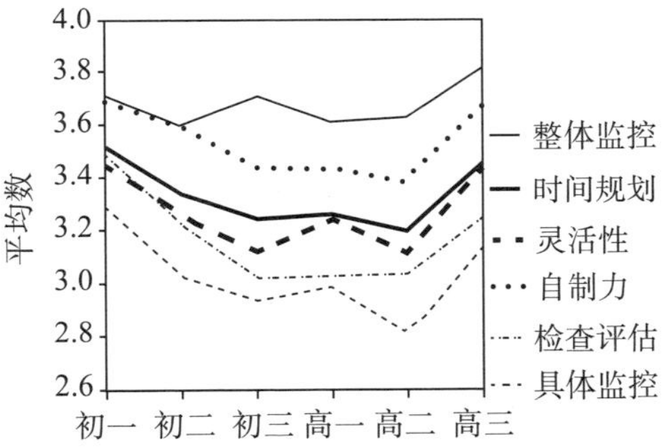

图1　时间管理整体监控的年级发展趋势　图2　时间管理具体监控的年级发展趋势

表5显示,时间管理整体监控量表及各维度,时间管理具体监控量表和时间规划、灵活性、自制力、检查评估维度有极显著的年级差异。进行多重比较加以具体分析,结果见表6。

表6　时间管理自我监控的年级差异比较分析表

自我监控维度	初一(*N*=128)	初fg(*N*=113)	初三(*N*=132)	高一(*N*=207)	高二(*N*=128)	高三(*N*=124)
主动性	3.47(0.75)[1]	3.21(0.77)	3.23(0.68)	3.23(0.69)	3.11(0.60)[6]	3.32(0.68)
开放性	3.77(0.69)[3]	3.53(0.67)	3.40(0.71)	3.59(0.69)[9]	3.42(0.72)	3.67(0.69)[10]
有效性	3.62(0.67)[2]	3.41(0.76)[4]	3.17(0.71)	3.23(0.70)	3.17(0.57)	3.24(0.74)
时间规划	3.45(0.91)[2]	3.21(0.90)	3.02(0.95)	3.03(0.86)	3.04(0.84)	3.24(0.83)[11]
灵活性	3.68(0.78)[1]	3.60(0.74)	3.45(0.76)	3.43(0.73)	3.38(0.74)	3.66(0.78)[12]

续表

自我监控维度	初一（N=128）	初fg（N=113）	初三（N=132）	高一（N=207）	高二（N=128）	高三（N=124）
自制力	3.44(0.72)[3]	3.25(0.75)	3.12(0.85)	3.23(0.68)	3.11(0.74)	3.44(0.75)[12]
检查评估	3.28(0.82)[3]	3.02(0.83)	2.93(0.75)	2.99(0.73)	2.81(0.73)[7]	3.13(0.80)[10]
整体监控	3.62(0.58)[2]	3.42(0.63)[5]	3.27(0.58)	3.35(0.58)	3.23(0.52)	3.41(0.59)[13]
具体监控	3.52(0.59)[2]	3.33(0.64)[8]	3.24(0.62)	3.26(0.57)	3.29(0.58)	3.46(0.63)[13]

注：1表示初一显著高于初三、高一、高二，2表示初一显著高于初二、初三、高一、高二、高三，3表示初一显著高于初二、初三、高一、高二，4表示初二显著高于初三、高一、高三，5表示初二显著高于初三、高二，6表示初二和高三显著高于高二，7表示初二、高一显著高于高二，8表示初二显著高于初三、高一，9表示高一显著高于初三、高二，10表示高三显著高于初三、高二，11表示高三显著高于初三、高一，12表示高三显著高于初三、高一、高二，13表示高三显著高于高二

3.2.3　性别特点

就平均数水平而言，图3和4显示，男生在整体监控及各维度和具体监控的检查评估维度上高于女生，女生在具体监控及目标设置、时间规划、灵活性和自制力维度上高于男生，但由表5可知，只在目标设置维度上存在显著的性别差异。

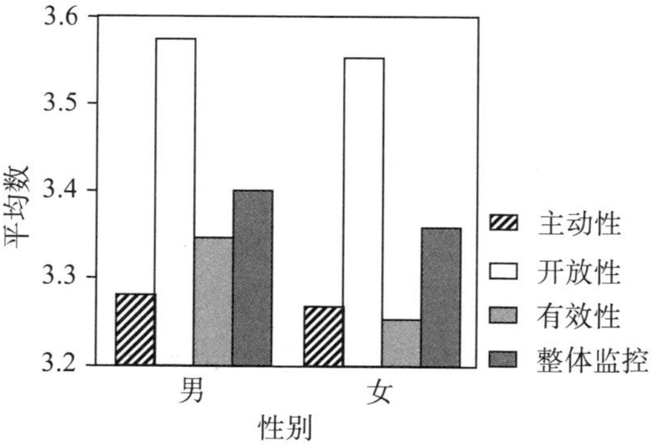

图3　时间管理整体监控的性别特点

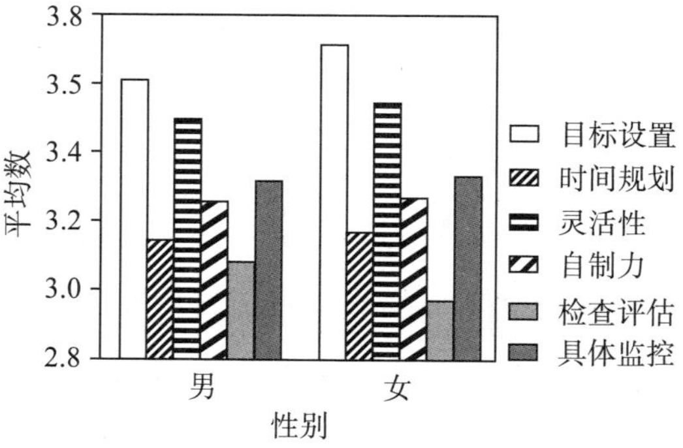

图4　时间管理具体监控的性别特点

时间管理自我监控各维度在男女中并不均衡。在就整体监控水平而言，开放性优于主动性和有效性。就具体监控水平而言，目标设置和灵活性在各维度中始终居于优势地位，时间规划、自制力和检查评估在各维度中则相对处于劣势水平。

3.2.4　交互作用分析

研究发现，开放性维度在年级和性别之间的交互作用显著。因此，需要深入了解年级和性别在主动性维度上相互作用的具体模式。简单效应分析结果表明，在女生中存在着极显著的年级差异（$p<0.001$），初一显著高于初二、初三、高一和高二，初二和高一

显著高于高二，高三显著高于初三、高一和高二。而且，在初一时女生显著高于男生，在高二时男生显著高于女生。

年级和性别在目标设置维度上也存在显著的交互作用。简单效应分析结果显示，在女生中有极显著的年级差异（$p < 0.01$），初一和初三显著高于高一，高三显著高于初二、高一和高二。而且，在初二和高三时，女生显著高于男生，在高一时男生显著高于女生。

4 讨论

4.1 关于测评工具

对于中学生时间管理自我监控的研究应该采用中国化的测评工具，即在参照国外有关理论模型和测评工具的基础上，通过对我国中学生实地深入的调研而建构理论和编制量表，这符合心理学研究的本土化要求和发展趋势（林崇德、俞国良，1996；黄希庭，2004）。

研究在参考相关文献和开放式调查的基础上建构了中学生时间管理自我监控的维度结构，从系统分析的观点出发，对中学生时间管理自我监控系统进行多层次多维度的理论分析，编制出预试量表进行分析和实证检验。结果显示，研究所编制的正式量表具有良好的信度和效度。这说明，研究对时间管理自我监控的层级结构性的理论构想是合理的，量表内容符合中学生的实际情况，是稳定有效的。而且，正式量表共有40个题项，其中含有8个反向题。题项总数适宜、通俗易懂，能够作为测评中学生时间管理自我监控特点的有效工具。

4.2 中学生时间管理自我监控的特点

4.2.1 年级发展特点

在年级发展特点上，时间管理自我监控及各维度的年级发展趋势基本呈“W”形，具体表现是，初一水平较高，然后下降到初三，到高一又有所上升，高二再有所回落，到高三又开始上升。进一步的方差分析表明，整体监控及各个维度都存在显著的年级差异，具体监控及时间规划、灵活性、自制力和检查评估维度均表现出极显著的年级差异。而且，各个维度的年级发展水平并不均衡，有效性在整体监控量表上高于主动性和有效性，目标设置和灵活性在具体监控分量表上始终居于优势地位。

从小学升入初一后，学生由于升学成功而对未来抱有很高期望，充分利用时间的主动性和积极性也会提高。因此，初一学生会有时间管理自我监控的内在动力和需要。而且，初一的学习科目不是很多，课程内容也是基础而相对容易的知识，这使初一学生时间管理自我监控的水平较高，也是其时间管理自我监控水平一直高于其他年级的重要原因。然而，从初一、初二直到初三，学习科目逐渐增多、任务逐渐加重、难度逐渐加大，这就要求学生不得不对原来的时间利用方式进行调节，通过对时间的合理分配和利用来缓解学习任务和时间之间的矛盾，以保证学习的成功。吕勇和阴国恩对中学生时间利用的调查（吕勇、阴国恩，1996）表明，总的说来目前中学生的生活比较紧张，学习负担较重。同时，处于少年期的初中生身心发展的种种特殊矛盾和表现，使他们面临一系列的心理危机（林崇德，1995），初中生尤其是初二和初三的学生，他们的时间管理自我监控更多地会受到学生身心发展特殊性和心理冲突加剧期的消极影响。因此，初中生虽然希望能够改进时间管理自我监控状况，但由于种种主客观原因而实际导致时间管理自我监控的不断下降。

经过初中阶段的低沉，高一学生由于中考的成功会对自己抱有极大的信心，学习目的更加明确，学习动机更加强烈，而且，高中生的学习策略和技巧更加完善，学习的途径、方式和方法多样化（郑和钧等，1993），高中生意志品质的发展也趋向"成熟和稳定阶段"（陈建绩、陈会昌，1988），这些因素都会导致学习活动和时间运用合理有效，中学生在高一时的时间管理自我监控就会上升到一个新的水平。进入高二，知识学习的扩展、兴趣的增加以及交往范围的扩大，使学生在不断丰富的校内外活动与学习时间安排上出现了新的矛盾和冲突，这时他们需要重新对原有的时间安排和利用进行调整，以适应新的生活和学习需要。再加上暂时没有高考的现实压力，所以高二时学生的时间管理自我监控水平又会有所下滑，但幅度相对较小，从研究结果中也可看出，高一和高二在整体监控和具体监控总体水平上都不存在显著差异。但是一旦进入高三，学生就面临着会考和高考的重大压力，会更加主动地加强时间管理的自我监控，积极服从管理并听取一些合理的建议来充分利用时间，以取得良好的成绩，这些因素进一步促使高三学生的时间管理自我监控水平不断提高。

中学生从初一到初二，以及从高一到高二，都出现了时间管理自我监控的不同程度的下降，这可能与中学生的时间策略有关。陈红兵对中学生时间策略的调查研究发现（1991），中学生有意识地对时间进行计划安排是其时间管理自我监控的一种主要方式，但其对时间不是有充分意识的利用，而是受某种规律化的作息习惯的影响，这种作息习惯的形成是由于学生在学校有其自身活动的特殊性，他们必须在一系列相对特定的时间顺序中进行一系列相对特定的活动，如上课、自习等，这就可能使其在特定的时间与特定的学习活动之间建立比较稳定的联系。因此，从初二和高二开始，学习任务的加重和其他主客观条件环境的变化，要求中学生做出相应的调整，这就与学生已经形成的时间管理自我监控习惯发生冲突和矛盾，这可能是中学生时间管理自我监控在年级发展趋势上呈现起伏状态的一个重要原因。

4.2.2　性别特点

就平均数水平而言，男女生在时间管理自我监控及各维度上存在一定差异，但只有在目标设置维度上女生显著高于男生。这与已有的研究既有相似的结果，也有不同的地方（邓麟，2001；阮昆良、邓凌，2005）。研究还发现，在开放性和目标设置维度上，性别和年级之间的交互作用显著。而且，时间管理自我监控各维度水平在男女生中并不均衡。从整体监控水平看，开放性优于主动性和有效性。从具体监控水平看，目标设置和灵活性在各维度中始终居于优势地位。

对于男生和女生在时间管理上的性别差异，赵国军等从时间管理方式的角度进行了探讨（赵国军、魏天强，2006）。结果发现，中学生总体上自我的一般时间管理方式趋向于时间表式，同时会因具体学习情境的变化而调整。在性别维度的时间管理方式中，男生趋向于罗盘式，而女生趋向于时间表式。罗盘式的管理方式强调学习方法，时间表式的管理方式强调学习主动性。这说明，在学习活动中，男生考虑得更多的因素是如何改善学习方法，而女生考虑得更多的是学习的计划性和如何提高学习效率的问题。这也提示我们，中学生时间管理自我监控的性别特点会受到诸多因素以及各个层面变量的影响，需要进一步进行综合系统的考察。

5　结论

本研究结果表明：

（1）自编的中学生时间管理自我监控量表具有良好的信度和效度。

（2）时间管理自我监控的年级发展趋势基本呈“W”形。整体监控及各维度都存在显著的年级差异，具体监控及时间规划、灵活性、自制力和检查评估维度均表现出极显著的年级差异。

（3）女生在目标设置维度上显著高于男生。性别和年级在目标设置和开放性维度上的交互作用显著。

（4）时间管理自我监控各维度在年级和性别中呈现不均衡的分布态势。

合作者：张锋。原文载于《西南大学学报（社会科学版）》2007年第2期

大学生时间体验维度的因素探析

时间是流逝不居的，时间体验处于从过去、现在到未来的透视经验之中。每个人的生活经验，以及基于这种经验的未来希冀是不同的，因而各人的时间体验也就有所不同。目前，心理学界对时间的认知性研究较多，而对其情绪性研究较少，尽管后者对于理解人们在现实生活中的各种复杂心态更为重要。究其原因，除了认知心理学潮流的影响而外，情绪难以客观掌握的事实，也使时间体验的情绪性研究很受局限。为此，我们拟在已有的有关时间体验的研究和大学生时间体验访谈的基础上，构想大学生时间体验的理论维度，设计问卷项目，并通过探索性因素分析获得初步结果。

1　大学生时间体验的理论维度

1.1　时间体验在时间透视研究中的定位

时间体验的研究往往与时间透视（time perspective）的研究结合在一起。早在20世纪30年代，就有人提出时间透视的概念（Frank，1938），自20世纪50年代以来，国外也对此开展了不少研究。时间透视的概念转借自视觉上的透视原理，一般而言，它是指处在一定时间点的个人对自己的过去与未来的全部心理感受、评价及调整。各人关于自己的过去、现在与未来的这种透视经验，从认知方面说，就有时间的广度（extension）、密度（density）、一贯性（coherence）和方向（direction）等内容；从情绪方面说，则有时间关联性（time relatedness）、方向性（directionality）、时间态度（time attitude）和感情意义（affective meaning）等内容。而所谓时间体验，本质上是个人生命历程的情感折射，其操作定义就是指个体对时间的态度或情感性体验，明确地是指情绪性时间透视研究中的时间态度和感情意义的内容。

1.2　有关时间体验的因素分析结果

关于时间体验，国外主要采用问卷法和投射法加以研究。黄希庭等曾用兼有问卷法和投射法特点的SD法研究过青少年学生和中年教师的时间态度。这些研究一般还结合因素分析的方法，进一步获得有关时间体验的结构的认识。例如，Calabresi和Cohen经因素分析抽取出时间焦虑、时间遵从、时间所有和时间流畅性4个因素（1968）。

Wessman对大学生被试完成的201个项目的时间经验问卷做因素分析(1973),结果抽取出当前的时间压力、长期的个人定向、时间利用、个人的不一致、后悔持续、怀旧回顾、积极预期和远虑的时间范围7个因素,这一结果与Calabresi和Cohen的研究结论基本一致(Calabresi & Cohen,1968),只是析出因变量较多,结果更为细致。冈萨雷斯(Gonzales)和津巴多(Zimbardo)也曾用因素分析鉴定人们对现在和未来态度的维度(在早期研究中,研究者发现被试很少有强的过去定向)(1985),得出未来任务坚持、未来计划、现在享乐主义、现在宿命论、时间压力五个维度。白井利明的一项以大学生为被试所做的时间透视体验研究(1994),则抽取了现在充实感、目标导向性、过去接纳、希望等5个因素(第5因素未予命名)。

1.3 大学生时间体验维度构想

已有研究表明,年龄是影响时间体验的重要因素之一。大学生所处的特定的高校环境,尤其是四年学制,更使大学生的时间体验带有不同于一般青年的特点(Bortner & Hultsch,1972;Fingerman & Perlmutter,1995;Hultsch & Bortner,1974;Tsien-Lee,1974)。因此,构想大学生自我概念的维度,必需考虑到大学生的年龄特征,并立足于大学生活实际。依据与大学生围绕"你对时间作何感想"这一主题所做的访谈中获得的印象,同时参考已有研究,尤其上述因素分析研究结果,对大学生时间体验维度构想如表1所示。

表1 量表构成的预期的维度及其观测项目

对时间的体验	维度	题序[a)]
对时间的情感体验	A[b)]过去:接纳与否	[04][07][12]
	B现在:充实与否	[01][05][06][13]
	C未来:希望与否	[08][11][16]
对时间的态度体验	D主动:对时间的计划	[09][10][02][15][17]
	E被动:对时间的焦虑	[03][14]

注:a)实际参加统计的题项之排序:另有5项因故在统计时已先行剔除;

b)英文符号为预期维度编号

2 项目设计与问卷测试

2.1 项目设计

在大学生时间体验维度构想的基础上,参考几种有代表性的时间体验方面的量表,包括Wessman时间经验问卷(Wessman,1973)、Zimbardo-Gonzales时间态度问卷(Gonzales & Zimbardo,1985)和白井氏时间透视体验量表(白井利明,1994)。设计观测项目,共有22题,并按不同的预期维度在问卷中大体轮次出现(题项内容及序号见表2,题项序号及其理论维度分布见表1)。每题后面有“完全不符”、“比较不符”、“难以确定”、“比较符合”和“完全符合”5种符合程度不同的答案,供被试根据自己的实际情况做出选择。

表2 大学生时间体验维度的因素分析

因素及命名(维度)	特征值	贡献率	类积率	项目内容	因素负荷量
F1对未来的希望	3.11	18.3%	18.3%	〔C〕[a][16][b]我的未来充满希望	0.727[c]
				〔C〕[08]我自信能开拓自己的未来	0.727
				〔C〕[11]在我看来,凡事命中注定,没必要担心将来(-)	-0.586
F2对现在的激情	1.65	9.7%	28.0%	〔B〕[05]年复一年,日转一日,我感到厌烦(-)	0.747
				〔D〕[15]计划不如变化快,我不喜欢给自己订计划(-)	0.691
				〔B〕[13]每天无精打彩的,好像在消磨时光(-)	0.613
F3对过去的接纳	1.43	8.4%	36.4%	〔A〕[07]我不愿想过去的事(-)	0.760
				〔A〕[04]我的过去充满痛苦(-)	0.710
				〔A〕[12]我能接受自己的过去	-0.619
F4对时间的遵从	1.22	7.2%	43.5%	〔D〕[09]我是个守时的人	0.830
				〔D〕[10]我总是把事情安排得井井有条	0.750
F5对时间的焦虑	1.13	6.6%	50.2%	〔E〕[03]我的生活节奏紧张	0.765
				〔E〕[14]光阴似箭,总觉得时间不够用	0.741
F6对现在的满足	1.10	6.5%	56.6%	〔B〕[01]我每天过得很充实	0.856
				〔B〕[06]总觉得现在的我不是真正的我(-)	-0.528
F7对时间的计划	1.04	6.1%	62.8%	〔D〕[02]我认为每天都该有个计划	0.836
				〔D〕[17]我现在已开始考虑将来的事	0.537

注:a)括号内的英文符号提示表1的维度;
b)题序,对应于表1;
c)保留大于0.5的项目;
(-)表示反向项目

2.2 施测

大学生时间体验量表,连同Zung自评焦虑量表(SAS)和大学生自我概念量表,以自我评定问卷的形式要求被试作答。1995年11~12月间,通过授课教师在课堂上向大学生被试当堂集体发放、回收问卷的方式,发放问卷350份,回收有效问卷324份,其中男生的问卷190份，女生的问卷134份。另有50份用于间隔1月的重复测试，回收有效问卷47份。

3 结果与讨论

3.1 大学生时间体验维度的确立

对大学生时间体验实际17个观测项目的324份有效问卷进行因素分析，结果7个特征值大于1的因素解释总变异的62.8%。其项目集成等方差极大旋转的因素分析结果见表2。这7个因素也就是大学生时间体验的较为重要的维度。在抽取的7个因素中，F1、F3和F5的题项分布与预期完全一致，分别命名为"对未来的希望"、"对过去的接纳"和"对时间的焦虑"。预期属对时间的计划之维度的题项分布在F2、F4和F7，其中F4和F7较易解释，表3也显示两者关联甚弱（r_{324}=0.1068，p>0.05），分别命名为"对时间的遵从"和"对时间的计划"。F2和F6基本上是预期现在充实感的项目，表3也显示两者关联甚强（r_{324}=0.2856，p<0.001），解释较难。从项目内容分析，F2和F6确实都是通常意义上反映生活充实的，但F2偏于激情体验，它与对生活的厌倦情绪相对；F6则偏于一种满足感，它与对现实自我的否定情绪相对。因此，拟将F2和F6分别命名为"对现在的激情"和"对现在的满足"。F2和F6的这种区别，类似于我们对审美倾向的探索性研究中壮美和优美的分野（郑涌、李宏翰、黄希庭，1996）。审美倾向和时间体验的心理实质都属情感反映，二者应有相通之处。也就是说，一个对现在充满激情体验的人，不一定就是对现在感到满足或不满足的人；反之亦然。

表3 大学生时间体验各维度得分的相关矩阵

相关	F1	F2	F3	F4	F5	F6	F7
F1	1.0000						
F2	0.3596**	1.0000					
F3	0.2206**	0.1887**	1.0000				
F4	0.0910	0.2030**	0.1070	1.0000			
F5	0.1741**	0.2061**	0.0089	0.1150	1.0000		
F6	0.1444*	0.2856**	0.2002**	0.1985**	0.0827	1.0000	
F7	0.1998**	0.2080**	0.0054	0.1068	0.2445**	0.1278	1.0000

注：N = 324；*p < 0.01；** p < 0.001

为了进一步考察这些维度之间的结构关系，表3列出了大学生被试在各维度的得分相关矩阵，其中一半以上是显著相关。如果把这些维度看作一个新的变量集，进一步的聚类分析揭示出这七个维度的类属关系如图1。考查3类解，对时间的遵从自成一类，对现在的激情、对未来的希望、对现在的满足和对过去的接纳，以及对时间的计划和对时间的焦虑，构成另外两类，分别如预期的，可视为对时间的情感体验和态度体验的意义。

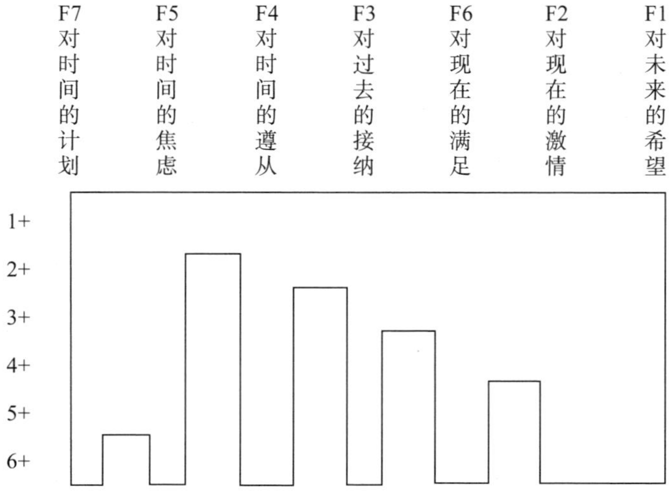

图1　大学生时间体验维度　（变量　）聚类冰柱图

3.2　信度与效度

3.2.1　信度检验

以*t*系数计算同质性信度，结果如表4所示。时间体验各维度的同质性信度在0.3320 ~ 0.5905，量表总信度系数为0.6935。就量表与项目之间的关系而言，项目总概括统计分析结果表明，项目[7]、[2]、[17]、[9]、[11]和[6]等项得分与剔除该项后剩余各项得分之和的相关较低，在0.1573 ~ 0.1966，其中项目[7]又是剔除后唯一可使量表同质性提高的项目（*t*系数将从0.6935增加到0.6986）。将47名大学生间隔约1个月的两次测验得分的重测相关稳定性系数也列于表4，可见各维度的重测信度在0.4372 ~ 0.7616，时间体验总分的重测信度为0.9243，均达显著性水平（p <0.001）。可见以本量表获得的大学生时间体验有一定的信度，但对时间 的计划、对现在的满足和对时间的焦虑等维度的同质性有待提高。另外，如果将大学生时间体验量表的*t*系数和1个月间隔稳定性系数相比较，似可见属情感体验方面的维度同质性较好，但稳定性较差；属态度体验方面的维度反之。再将时间体验量表的*t*系数与同时研究的自我概念量表的*t*系数相比（郑涌、黄希庭，1998），可见各时间体验维度的稳定性较差且差异较大，但时间体验总体稳定性

更好的特点。这些特点如果确实，则显然是与时间体验的性质有关的，即不仅是信度的问题，而且是本研究效度的体现。

表4　大学生时间体验量表的t系数和1个月间隔稳定性系数

系数	对未来的希望	对现在的激情	对过去的接纳	对时间的遵从	对时间的焦虑	对现在的满足	对时间的计划	时间体验总表(分)
t系数	0.5281	0.5909	0.5160	0.5400	0.4664	0.3854	0.3320	0.6935
稳定性系数	0.4048*	0.4775**	0.5560**	0.6552**	0.7499**	0.6350**	0.6310**	0.9220**

注：$^{*}p < 0.01$；$^{**}p < 0.001$

3.2.2　大学生时间体验与焦虑

表5显示，大学生的时间体验与焦虑程度在对现在的激情、对未来的希望、对现在的满足和对过去的接纳维度上有一定的负相关（从－0.2323到－0.3887），这些维度都是情感体验方面的；而在对时间的计划、对时间的焦虑和对时间的遵从这些属态度体验的维度上相关不显著。不同焦虑程度组的平均分差异的单因素方差分析显示了同样的结果，只在属情感体验的几个时间体验维度上差异显著，随着被试的焦虑程度由轻度到中度再到重度，其对过去、现在和未来的时间体验也表现得越来越消极。另外，对时间的焦虑显示出与一般意义上的焦虑不显著的正相关，既反映出二者有共通之处，更反映出二者的不同特质，前者是有积极意义的适度焦虑，后者则是指过度的甚至病理的焦虑。这些结果表明，本量表可视为时间的情感体验和态度体验两个分量表，前者对焦虑具有一定的聚合效度，后者则具有一定的区分效度。但是，所谓时间态度体验的情绪性质也因此受到质疑。

表5　大学生时间体验各维度及总分与焦虑程度相关及不同焦虑程度组的平均分

时间体验维度	相关	焦虑程度			F(2,321)
		轻度 $N=259$	中度 $N=59$	重度 $N=6$	
对未来的希望	－0.2945**	4.15(0.76]	3.71(0.85)	3.61(0.98)	9.678###
对现在的激情	－0.3887**	3.72(0.97)	2.97(1.05)	2.50(1.05)	17.365###
对过去的接纳	－0.2323**	3.90(0.88)	3.51(1.03)	2.72(1.32)	8.787###
对时间的遵从	－1.1010	3.91(0.98)	3.72(0.99)	3.83(0.93)	0.937
对时间的焦虑	0.0699	3.58(0.98)	3.72(1.02)	4.08(0.58)	1.139

续表

时间体验维度	相关	焦虑程度			F(2,321)
		轻度 $N=259$	中度 $N=59$	重度 $N=6$	
对现在的满足	−0.2353**	3.35(1.02)	2.84(1.16)	2.83(1.57)	6.192##
对时间的计划	−0.0022	4.07(0.89)	4.14(0.81)	4.00(1.14)	0.176
总分	−0.3172**	26.69(3.39)	24.60(3.64)	23.58(4.11)	10.608###

*$p<0.01$；**$p<0.001$

#$p<0.05$；##$p<0.01$；###$p<0.001$

3.2.3 大学生时间体验与自我概念

积极的时间体验应伴随积极的自我概念。表6显示，除对过去的接纳维度外，大学生时间体验各维度与自我概念存在着普遍的低正相关(0.1532～0.3805)。大学生自我概念水平的高低是与立足现在、展望未来的时间体验相联系的，与对过去的体验关系不大，这也显示出大学生自我评价的积极倾向。不同自我概念水平组的平均分差异的单因素方差分析显示了同样的结果，只是在对过去的接纳这个时间体验维度上差异不显著。随着被试的自我概念水平由低到高，其对现在和未来的情感及态度体验也表现得越来积极。这些结果表明，本量表对自我概念具有一定的聚合效度。

表6 大学生时间体验各维度及总分与自我概念的相关及不同水平自我概念组的平均分

维度	相关	自我概念			F(2,321)
		低 $N=53$	中 $N=221$	高 $N=50$	
对未来的希望	0.3805**	3.47(0.01]	4.13(0.72)	4.36(0.54)	23.660###
对现在的激情	0.2413**	3.03(1.14)	3.62(0.98)	3.81(0.97)	10.319###
对过去的接纳	0.1123	3.59(1.02)	3.86(0.91)	3.81(0.96)	1.784
对时间的遵从	0.2977**	3.55(1.00)	3.83(0.99)	4.45(0.63)	12.738###
对时间的焦虑	0.1532*	3.36(1.09)	3.62(0.93)	3.89(1.02)	3.826#
对现在的满足	0.3234**	2.81(1.10)	3.21(1.04)	3.87(0.88)	13.972##
对时间的计划	0.1790**	3.81(0.98)	4.09(0.83)	4.03(0.89)	4.160#
总分	0.4473**	23.62(3.18)	26.36(3.32)	28.56(3.14)	29.702###

*$p<0.01$；**$p<0.001$

#$p<0.05$；##$p<0.01$；###$p<0.001$

4　小结

大学生的时间体验内容广泛，其中对未来的希望、对现在的激情、对过去的接纳、对时间的遵从、对时间的焦虑、对现在的满足和对时间的计划等维度是较为重要的方面，并显示出以情感体验和态度体验为组织的结构特征。

合作者：郑涌。原文载于《西南师范大学学报（自然科学版）》1997年第1期

时间自我评价的性质

1 时间自我评价及其功能

自我是人类意识的一种最为基本的特征,也是人格的核心因素之一。自我是一个复杂的系统,从时间维度上看,它可分为现在我、过去我和将来我。现在我不是单指当下的瞬间我,而是与过去我、将来我联系在一起的,正如詹姆斯(James)所说,现在"……不是小刀的尖角,而是山脊,因为在山脊上有一定的宽度供我们休息,而且从那里我们可以看到时间的两个方向"(1892)。时间自我也是一个复杂的系统,就自我知识而言,主要包含了两种知识:时间自我情节知识和时间自我语义知识。时间自我情节知识又可分为自传体记忆和将来情节想象。例如,回忆或想象自己在过去或将来某一天和朋友欢聚的场景。时间自我语义知识主要是从时间自我情节知识中抽象出来而形成的较为一般的稳定的知识。譬如,如果一个人回想起自己过去很多次在公众场合讲话因紧张而脸红,就会得出过去的我是相当害羞的的结论。而时间自我评价就是个体对自己的过去我、现在我和将来我的认知和评价(黄希庭、夏凌翔,2004),它主要由时间自我语义知识构成。例如,个体对于自己在过去、现在和将来的特性的评价。时间自我评价还可细分为过去自我评价、现在自我评价和将来自我评价。

时间自我评价的功能主要表现为两个方面。一方面,时间自我评价具有保持自我认同和觉知自我变化的重要功能。自我认同或自我同一性是指个体觉得自己是一个连续的自我。我们认同今天的我是从过去的我发展而来的,并且会发展成为将来的我。自我认同使个体在主观上保持了自我的连续性。如果没有自我认同,就会出现严重的心理障碍或疾病,如有一种精神分裂症就没有自我认同感。自我并不是一成不变的,也会随着时间的流逝而有所改变,如上大学、参军、结婚或经历重大灾难事件等等,也会使个体的自我观念发生某些变化,甚至发生重大变化。因此,个体的自我认同是基本的并且也是在觉知自我变化的基础上实现的。自我也需要觉知自我的某些变化,尤其是重要的变化,否则就会出现严重的适应问题。例如,如果个体进入大学后觉知到自己的人际自我要比过去差,他或她就会做出适当的调整来改变人际自我;如果个体不能觉知到人际自我发生了变化,不能对其人际关系做出正确的自我评价,其人际交往就会出现障碍。又如,个体有了孩子之后,能觉知到自己的角色身份发生了变化,他或她就会担负起父亲或母亲这个角色相应的责任,从而改变自己的家庭自我;如果个体不能知觉其角色身份的变化，则会引起家庭冲突和矛盾。另一方面，对过去自我、现在自我和将来自我的评价会影响个体的动机和行为。时间自我评价具有激发、调整和维持动机和行为的作用。人们从评价过去自我中获得经验和教训，从而能够指引当前或将来的行为。个体对未来自我的积极评价将会激发其对目标的追求并坚持下去，而个体对未来时间自我的消极评价则可能会影响其对目标的追求。譬如，如果一个医学院学生的职业自我是当一名优秀的医生，并且个体对此理想抱有积极乐观的态度的话，则他或她会尽力抵制娱乐的诱惑，努力学习医学相关知识和技能；但是如果他或她觉知自己当一名优秀医生的前景比较渺茫，产生悲观的情绪话，则会影响其为该目标付出努力的程度，甚至使其放弃当医生这个目标。

2　时间自我评价与文化

要了解一个人，就必须深入到其对自己独特的看法和评价中，就不能不关注文化对时间自我评价的影响。文化是一套共享知识的网络，这些共享知识在一个相互关联的个体集合中被生产、散布和再生产（赵志裕、康萤仪，2011）。它影响着时间自我评价。一方面，时间自我评价有跨文化的相同之处，同时又具有各自文化的独特之处。前者称为文化的普遍性（elics），后者称为文化的特殊性（emics）。例如，所有的文化都有“自信”这个概念，指个体信任自己，对自己的知识、能力具有信心。但是除了这种文化普遍性之外，不同文化对自信的关注和强调不同。我国文化中的自信，更加强调自信作为稳定人格特征的一面，不能准确对应具体行为情境中的某种心理机能，并且还包含了西方对自信相关概念中没有的内容，如品格、成就等因素（毕重增、黄希庭，2009）。

时间自我评价的跨文化普遍性表现在对将来自我的积极评价上。在东西方关于将来自我的研究中，无论是在行为水平上还是神经生理水平上，均发现了人们倾向于积极地看待将来（Luo et al.，2010；Newby-Clark & Ross，2003；Sharot et al.，2007；罗扬眉，2011）。人们认为自己的将来是美好而且光明的，很少考虑到将来消极事件会发生。尽管东西方文化对将来自我的评价普遍是积极的，但是在看重将来的程度上具有各自的文化特殊性。已有研究发现，东方人更加看重过去，而西方人更加强调将来（Ji et al.，2009）。另外，在过去自我和现在自我评价的相对关系上，东西方文化也各有其特殊性。在西方的研究中，过去自我评价和现在自我评价存在显著差异（Haddock，2006；Kanten & Teigen，2008；Wilson & Ross，2001）。Wilson和Ross认为，个体为了使自己当前的状态有积极感觉，有意地建构或夸大消极的过去自我，称赞现在自我（2002；2001）。然而，在东方文化中（如日本和中国文化中），研究发现过去自我评价和现在自我评价并不存在差异(Luo et al.,2010; Ross et al.,2005;罗扬眉,2011;陈莹,2008)。例如,陈莹和黄希庭在中国文化背景下研究中国人在情感维度上时间自我评价差异后发现,人们普遍积极地看待自己的将来,但在对过去自我和现在自我的评价上不存在效价差异,有混合的情感体验。

然而,东西方文化在时间自我评价上存在特殊性的机制还需要进一步探讨。例如,在过去和现在自我评价存在文化差异的动因上,还需要确定到底是由于东方文化中自我增强动机的减少和缺乏(Wilson & Ross,2001),还是由于自我增强动机的表现形式受到文化的影响。对其文化差异背后机制的研究,可能有助于间接地解决当前关于自我增强是否具有跨文化普遍性这一热点争议问题。另外,在具体的研究方法层次上,目前大多数研究没有直接对东西方的时间自我评价进行比较,因此得出的结果可信度还值得怀疑,未来还需要对东方和西方文化中的时间自我评价进行跨文化直接比较。最后,东西方被试在外显自我报告时受到社会赞许性的影响还不一样,东方被试可能更容易受到其影响,所以采用内隐社会认知的研究对时间自我评价展开研究也是未来可以探索的方向之一。总之,对于时间自我评价的文化差异问题,未来还可以在很多方面展开研究。

3 时间自我评价与经验

个体对时间自我形成的评价大部分是来源于日常生活经验。人们从过去、现在和将来的大量生活事件中提取出了相对抽象的自我评价,形成了时间自我评价。此外,时间自我评价也要受到经验的制约。经验会影响个体知觉世界和自我的方式,从而会影响到时间自我评价。例如,创伤事件这一经历会影响到时间自我评价。患创伤后应激障碍(Posttraumatic Stress Disorder,PTSD)的被试通常会认为自己在经历创伤之前的过去自我要比别人好,而现在自我和将来自我都要比别人要差(Brown, Buckner, & Hirst, 2011)。

黄希庭和李宏翰采用了时间态度量表、自我概念量表和A型行为类型问卷对青年学生和中年教师的时间自我评价及其与自我概念、A型行为类型之间的关系进行了研究,发现不管是青年还是中年,都对自己的过去、现在和将来持积极评价;但从过去、现在和将来的比较来看,青年学生对将来评价更加积极,过去次之,对现在自我的评价最低,而中年教师则比较重视现在,过去次之,将来评价最低。可能是因为青年对未来抱有很高的期望,但当前的学习任务过重,所以他们对现在的评价较低;而中年教师由于生理机能的下降和任务较重等原因,他们重视现在,对过去时间自我评价最好,而对将来自我评价低。这说明生活经验会对时间自我评价产生影响。研究还发现，时间自我态度与自我概念是正相关的，A型行为类型者的A型行为类型问卷得分与时间自我态度量表的得分是负相关的（黄希庭、李宏翰，1995）。除了研究不同年龄被试的时间自我评价模式之外，黄希庭和郑涌采用了画圆测验、完成句子测验、时间标定作业，人格形容词迫选法对不同同一性状态个体的时间自我特点进行了研究（郑涌、黄希庭，2000；黄希庭、郑涌，2000），结果发现，不同同一性状态被试的时间透视有着不同的自我整合倾向，高自我认同的个体有更宽的现在广度，有更为积极和开放的未来以及更强的时间整合能力；而低自我认同的个体有更宽的过去广度，更多采取过去取向，并且过去、现在和未来似乎是割裂的，易表现为怀旧的悲观取向。

然而，从经验的维度来研究时间自我评价还是初步的，未来在研究内容上还可以进一步拓展。首先，不同人格类型的时间自我评价的特点还没有得到研究。譬如，A型和B型人格，荣格的内倾和外倾型人格，霍兰德（John Holland）的现实型、研究型、艺术型、社会型、企业型和传统型等六种人格类型等。其次，时间距离对时间自我评价影响也是需要探索的。以往研究显示，过去和未来在心理结构上是分段的。过去时间和未来时间在心理结构上是对称的，可分为三个对称的心理时间段，即以秒和分为计时单位的"较近的过去"和"较近的未来"，以小时、日和月为计时单位的"近的过去"和"近的未来"，以年为计时单位的"远的过去"和"远的未来"（何嘉梅等，2010；黄希庭，1994；黄希庭、孙承惠、胡维芳，1998；黄希庭、李伯约、张志杰，2003）。可以推测，时间自我在过去、未来的不同时间阶段上的心理表征上可能存在差异，这也是未来值得研究的问题。最后，在年龄差异上，不同年龄的个体，譬如儿童、青少年和老年人，由于其生活经历和主观期望不一样，其时间自我评价模式也可能存在显著的差异。

另外，目前已有的研究大多是只从经验的角度开展的，很少有对其他时间自我维度的研究。例如，自我是一个多维度、多层次的系统，可以从各种不同的维度对自我进行划分。从自我与人的关系来分，可以分为个体自我、关系自我和集体自我；从发展的维度来分，可以分为身体自我、物质自我、心理自我和社会自我；从个人活动的领域来分，可以分为工作自我、学业自我、家庭自我；等等（黄希庭、夏凌翔，2004）。这些自我均具有时间属性，都能够从时间维度对它们加以研究。

4　时间自我评价与心理健康

心理健康是一个连续体，又可以分为若干分层次。如可以分为心理疾病或障碍、心理机能正常和健全人格三个层次。心理疾病或障碍是不健康的层次；心理机能正常以心理适应为基本特征,属于低层次的心理健康;健全人格属于高层次的心理健康。正面的时间自我评价有利于促进心理健康,负面的时间自我评价会导致心理障碍或疾病。反过来,不同心理健康状态的人也会影响到个体对自己过去、现在和将来的评价。

时间自我评价与每个层次的心理健康都有密切联系。例如,在心理疾病或障碍层次上,Beck的抑郁认知理论指出,抑郁个体消极地看待自己的将来属于三组消极认知图式之一(Haaga,Dyck,& Ernst,1991)。患有精神分裂症和创伤后应激障碍的患者与控制组相比有着不同的时间自我评价模式(Brown et al.,2011;Dinos,Lyons,& Finlay,2005)。在心理适应机能层次,津巴多(Zimbardo)和博伊德(Boyd)的研究发现,与那些对过去抱有消极态度的人相比,那些对过去有着乐观态度的人,更加倾向于快乐、健康和成功(2010)。时间自我评价与高层次的心理健康即健全人格也是紧密联系在一起的。黄希庭提出的健全人格理论就认为,健全人格者的特征之一就是要以正面的态度看待过去、现在和未来,追求现实而高尚的生活目标。一个健全人格者应能以辩证的态度看待世界、他人、自己,过去、现在、未来,顺境与逆境,是一个自立、自信、自尊、自强、幸福的进取者。它说明了个体对过去、现在和未来的态度与健全人格、幸福感之间的关系。

尽管时间自我评价在心理健康和幸福感上均有重要意义,但是时间自我评价在心理健康各个层次的应用意义还很少得到实证探索。未来需要对心理障碍患者的时间自我评价模式进行研究,识别其独特的时间自我评价模式,用于抑郁症或其他临床心理障碍患者的早期甄别和治疗效果的评估,这可能对其心理咨询和治疗具有重要指导意义和应用价值。另外,还可以比较不同心理障碍患者的时间自我评价模式的异同,如抑郁症患者和焦虑症患者之间的异同,这有利于探明心理障碍的发生机制;还可以比较不同健康状态的心理疾病患者的时间自我评价的差异,比如抑郁症患者(临床)、抑郁情绪个体(非临床)和正常人之间的时间自我评价模式,以在不同阶段采取不同治疗和干预方法。在心理机能适应方面,辩证思维可能会对时间自我评价和心理健康产生影响,未来还需要证实。在健全人格方面,健全人格者和幸福进取者的时间自我评价模式也是我们需要关注的,这样才有利于健全人格的培养和教育。

5 时间自我评价的脑机制

自我加工的脑机制问题成为社会认知神经科学领域的热点之一。虽然当前大量脑成像研究都是针对当前自我展开的,然而时间维度上的自我评价脑成像研究已开始受到研究者们的关注。D'Argembeau等人率先对时间自我评价进行了两项脑功能成像研究。这两项研究均采用自我参照范式,即让被试判断特质形容词如“亲切的”是否适合描述时间维度上的自己或他人。结果均发现，与过去自我评价和将来自我评价相比，脑内侧前额叶在现在自我评价时有更大的激活；与现在自我评价相比，过去和将来自我评价时右侧顶下回有更大的激活（2008，2010）。然而，在另一项脑功能成像的研究中却发现了不同的激活模式。Ersner-Hershfield、Wimmer和Knutson发现，现在自我评价比将来自我评价在前扣带回皮层喙部（rostral anterior cingulate cortex，RACC）有更大的激活（2008）。

现有对时间自我评价脑机制的研究也存在某些缺陷。一方面，在以往对时间自我评价的脑成像研究中均没有发现情绪效价对脑机制的影响（D'Argembeau et al.，2008，2010；Ersner-Hershfield et al.，2008），在过去的行为研究和对自传体记忆的脑成像研究中却发现了效价对时间自我评价有影响（Newby-Clark & Ross，2003；Sharot et al.，2007）。另一方面，以往在研究工具上存在缺陷。尽管脑功能成像研究具有高空间分辨率，但其时间分辨率低，得到的结果可能是多种心理过程的叠加。因此，Luo、Huang、Chen、Jackson和Wei采用高时间分辨率的事件相关电位来研究时间自我评价的时间进程（Luo et al.，2010），让被试根据他们的过去自我、现在自我和将来自我进行自我参照判断。结果发现，与积极词相比，消极词在过去自我和现在自我条件下，在650ms ~ 800ms的晚期正成分（late positive components，LPC）引发了更为负性的偏向，即负性偏向（negativity bias），而在将来自我条件下，正性词和负性词引发的ERP波形在同一时间窗口没有分离。这可能说明人们对自己的过去和现在有混杂的正性情绪和负性情绪体验，但对于自己的将来却是一致的乐观。

目前，对时间自我评价的脑机制是在自我脑机制研究背景下展开的，对于时间自我评价包含哪些神经过程，是否有特定的大脑区域参与等问题，还不得而知。并且自我评价与时间自我评价的神经过程有何异同也是需要探究的问题。此外，将来情节想象成为近来心理学特别是认知神经科学中炙手可热的研究课题（Szpunar，2010），未来可以探究对过去和将来的自我语义知识与过去和将来的情节想象在大脑激活区域上可能存在的异同。

6 三个值得研究的方向

6.1 时间自我评价的理论构建

尽管时间自我评价的研究已经取得了一定成果，但是在理论构建方面还远远不够。未来还需要构建理论，特别是构建具有本土文化特点的理论来促进人们对于时间自我的理解。尽管西方有时间自我评价理论来解释人们的时间自我评价，但其并不具备全人类普遍性。许多研究表明，以西方文化为代表的个体主义和以东方文化为代表的集体主义文化中人的心理和行为是有差异的。个体主义文化强调的是个人独立自由发展以及个人目标的实现；集体主义文化强调的是个人与他人、与环境关系的和谐，集体规范的遵守。个体主义和集体主义文化差异在自我构念上得到了反映，比如个体主义文化中的个体对自我或他人的知识是一般性、概括性的，而集体主义文化中的个体对自我或他人的知识则是具体的、情境化的；个体主义文化中的个体擅长分析思维，而集体主义文化中的个体擅长辩证思维；个体主义文化中的个体不轻易接受别人的意见，而集体主义文化中的个体容易相信和服从权威；等等。正是由于东西方文化在自我构念上是存在差异的，因此不能将西方的时间自我评价理论简单地套用和照搬，来描述和解释东方人的时间自我评价。例如，东方人的时间自我评价中可能包含了社会自我评价、关系自我评价和家庭自我评价等等，而西方人的时间自我评价更多地包含独立自主的个体我的评价。东西方的文化差异决定了我们需要构建植根于本土社会和文化传统、具有中国文化特色的时间自我评价理论，这是我们未来需要努力的方向。

6.2 时间自我评价的方法

目前对时间自我评价的研究多以问卷法、实验法为主，方法较为单一，应对其进行拓展。每种研究方法都存在优缺点。单一的研究方法不能揭示时间自我评价的全貌。未来需要从多维度采用多方法对时间自我评价展开研究，可以从人格心理学、社会心理学、生理心理学和临床心理学等多维度进行探索，不仅需要量化研究，如实验法、问卷调查法和相关法等，还需要结合质性研究，如个案法、深度访谈法、叙述研究法、文献分析法等。例如，采用深度访谈法或叙述研究法来研究时间自我评价的问题，可能比量表或实验法等量化方法获得更为丰富的资料。只有采用多维度多方法，才能较为全面地探明时间自我评价的结构、性质和机制，并探讨其他因素如文化、经验、人格特征等对时间自我评价的影响规律。

6.3　时间自我评价的应用

时间自我评价研究除了在心理疾病或障碍上具有应用价值之外，还对健全人格的养成具有重要应用意义。一个健全人格者，应该能以辩证的态度对待自己的过去、现在和将来。具体地说，健全人格者的时间自我评价总体上是积极的，有积极的过去自我评价，能够认识和接纳负面的过去自我，从对过去自我的反思中获得经验和教训来指导现在自我和将来自我；现在自我评价能够经常把现在自我和过去自我、将来自我相比较，以找出现在自我的不足之处和努力的方向；将来自我评价可为将来自我树立理想与目标，并对将来自我实现理想抱有乐观的态度。当然，这些仅仅是推论，还需要实证研究来证实。未来还需要扎实推进时间自我评价在健全人格培养、人才选拔和培训等方面的应用，这对于对于健全人格的培养和国民心理素质的提升有莫大的益处。

合作者：罗扬眉。原文载于《西南大学学报(社会科学版)》2011年第6期

专题四 中国心理健康服务体系研究

为中国人的幸福安康服务，我国心理学家责无旁贷。

引言

心理健康服务体系(mental health service system)是指政府和社会通过投资和监管手段,由专业人员和机构执行,向社会成员提供的心理促进服务,以及围绕此服务的教育、培训和管理监督所组成的系统。心理健康服务体系是现代社会提高公众心理健康水平、防治精神障碍和疾病,使人们能够积极和健康地适应社会生活的有效手段。对于我国社会来说,这一服务体系的建立和完善是社会的和谐发展和社会成员幸福安康的重要支持和保证。

然而,相较于的实际需求,我国目前的心理健康服务体系建设还有很大提升空间。首先,当前我国心理健康服务的目标不够明确,许多从业人员认为心理健康服务就是针对心理障碍群体进行治疗服务,而忽视对非心理障碍群体的心理健康服务。其次,缺少中国特色的心理健康服务的理论体系。虽然自改革开放以来,我国的心理健康服务的理论研究工作已经有了较大发展,但这些发展大多建立在对外国理论的移植工作上,还没有建立起具有中国特色的心理健康服务体系。再次,缺少中国化的心理健康服务方法学原则。当前我国心理健康服务体系的研究思路、研究工具和实践技术大多移植自国外,由于国情的不一致,国外的方法学原则并不能满足当前中国的实际需求。因此,有必要立足于国情,对中国心理健康服务体系展开深入研究,这对系统地建设中国特色的心理健康服务体系具有重要的理论意义。

另一方面,研究心理健康服务体系也具有重要的实践价值。第一,有助于解决当前我国心理健康服务需求巨大的问题。我国目前精神疾病患者约有1600万人,受情绪障碍和行为问题困扰的青少年约3000万,心理健康问题导致的恶性事件亦屡有发生,是和谐社会发展需要解决的一个问题。研究心理健康服务体系会为我国心理健康服务水平的提高给予有效的支持。第二,有助于建立心理健康服务体系中教育培训的长效机制。当前我国心理健康服务从业人员不仅数量少,而且专业素质偏低。许多应用心理学专业毕业的本科生,在进入心理健康服务机构后,也难以胜任社会需要对其提出的要求。研究心理健康服务体系可对建立心理健康服务人员教育培训长效机制提供系统性的指导。第三,有助于为心理健康服务的监督管理提供政策咨询。我国当前的心理健康服务体系存在培训机构资质参差不齐、从业人员日常管理权限分散和缺乏专业监督等问题,这些问题导致专业学术团体和专业人员培养机构(如高校)无法有效参与到培训、认证和监督过程中去。研究心理健康服务体系会为心理健康服务的监督管理机制提出建议性的对策。

本专题收录了我们关于中国心理健康服务体系研究的很少一部分成果，主要涉及以下论文。

在心理健康服务体系建设的评估方面，《关于中国心理健康服务体系建设的若干问题》一文从我国心理健康服务的基本模式、技术体系、服务主体、教育培训、管理监督等五个方面回顾了我国心理健康服务体系的现状，认为我国心理健康服务体系从无到有，发展迅速，但也存在若干亟待解决的问题，如：服务的技术体系不完善，心理服务的从业机构和个人良莠不齐、总体水平偏低，从业人员的教育培训、从业人员和机构的资质认证缺乏有效的监督管理机制等。《心理健康服务人员核心胜任特征问卷的编制》，通过文献分析和专家访谈，编制出心理健康服务人员核心胜任特征问卷，其中心理健康服务人员核心胜任特征包含一般特质、专业特质、知识修养、专业技能和职业伦理五个因素。《中国大学生心理健康服务需要调查与评估》，通过编制大学生心理健康服务需要问卷，考察了大学生群体心理健康服务需要现状和特点。

在大众心理健康水平的调查方面，《心理健康服务需要：概念和评估方法》总结了心理健康服务需要的概念和评估方法，认为心理健康服务需要和心理健康服务需求是两个不同的概念，前者指取决于公众实际与理想心理健康状况之间的差距而提出的对心理健康服务的客观要求，后者指在一定时期内、一定价格水平上人们愿意而且有能力消费的心理健康服务量；评估心理健康服务需要的方法主要有常规结果评估、消费者调查、需要评估的三角测量、构建统计模型和总人口调查。《健康信念的研究取向与展望》指出，健康信念（health beliefs）是个体所持有的一套有关预防疾病、维护健康、力求达成最佳生活状态的观念系统。该文通过对已有健康信念研究取向的综述，发现健康信念研究主要有实证研究、诠释学研究和社会文化研究三种取向，这三种研究取向从不同角度进行研究，能够显示健康信念触及复杂的人格结构。《中国成年人多维度健康信念量表的编制》首先通过深度访谈和开放式问卷调查，搜集民众健康信念的信息，编制题项；然后根据初测调查，采用项目分析和探索性因素分析确定量表的最终题项；最后使用正式量表进行测试，发现中国成年人多维度健康信念量表具有良好的信效度，中国成年人的健康信念包含德性修养、健康行为习惯、无疾病征兆、适应和享受等四个维度。

在建设和完善心理健康服务体系的对策和建议方面，《中国心理健康服务：基于需求与服务关系的研究》一文指出，我国的心理健康服务基本上还处在起步阶段，亟待发展。在需求方的需求满足方面，亟需促进心理健康服务需求的行为外化、服务方式的多样化，以及发展性服务内容的强化等；在服务方的质量提高方面，包括行业准入标准有待提高、采取心理健康服务人员分层次培养模式、加强心理咨询从业者的管理与监督，以及增加专职心理健康服务人员的比例等。今后应密切围绕需求与服务的关系，促进我国心理健康服务体系的建设，加强理论突破与方法创新，走中国式的发展道路。《儒家文化对当前中国心理健康服务实践的影响》从儒家文化的视角探讨了心理健康服务体系构建途径，认为中国心理健康服务植根于中国文化的土壤之中，它本身就是文化的产物，而儒家文化作为中国传统社会的主流文化，在中国心理健康服务过程中具有表征、构建、指导、唤起功能；儒家文化可以对心理健康服务者和被服务者的人格、应对方式以及服务态度和行为产生直接和间接影响。因此，构建适合中国文化土壤的心理健康服务体系，需要研究儒家文化传统对心理健康服务模式的观念、理论及实践操作层面的作用和影响。《中小学生心理健康服务体系模式的构建》以中小学生心理健康服务体系建设为出发点，提出了中小学生心理健康服务体系建设的理论模型，具体包括促进学生心理健康水平的心理健康教育体系、矫正学生心理健康问题的心理咨询服务体系、预防突发事件治疗学生心理疾病的心理疾病治疗与危机干预体系等三个子系统，以建立一个符合我国中小学实际的学生心理健康服务体系。

中国心理健康服务体系研究是一个长期性的工作，我们的研究仅仅对构建和完善中国特色的心理健康服务体系做出了很微小的贡献。随着时代的发展，我国心理健康服务体系势必会有新的问题产生。希望本专题能够对新时代心理健康服务体系的研究有所启示，有助于中国特色的心理健康服务体系的构建和完善。

关于中国心理健康服务体系建设的若干问题

心理健康服务体系(mental health service system)是指由专业机构和人员遵循心理健康规律向社会成员所提供的心理促进工作,以及围绕此工作的投资、教育培训、管理监督等所组成的系统。最近,《中共中央关于构建社会主义和谐社会若干重大问题的决定》指出:“注重促进人的心理和谐,加强人文关怀和心理疏导,引导人们正确对待自己、他人和社会,正确对待困难、挫折和荣誉。加强心理健康教育和保健,健全心理咨询网络,塑造自尊自信、理性平和、积极向上的社会心态。”这对构建社会主义和谐社会具有重要的意义。虽然近二三十年来我国心理健康服务有了较快的发展,但离党中央的要求还相差甚远。本文将从心理健康服务的基本模式、技术体系、服务主体、教育培训、管理监督等五个方面对我国心理健康服务的现状进行述评,以探求我国心理健康服务体系建设如何更好地服务于构建和谐社会的要求。

1 中国心理健康服务的基本模式

我国的心理健康服务模式主要分为医学、教育、社会三种。医学模式是新中国起步最早、最先得到认可的一种心理服务形式。在医学卫生系统中,最早是各种精神卫生中心、综合医院精神病科提供心理康复服务。大致于1980年代初期,医疗机构中的心理咨询门诊开始出现。近几年综合医院心理咨询机构发展迅速,卫生部将建立心理咨询门诊作为考核综合医院工作的内容,三级甲等医院都设立了心理咨询门诊。医疗系统的心理健康服务主要以心理障碍或身心疾病患者为对象,从业人员大多为医学专业出身,多有处方权而且常常需要使用药物,咨询形式带有较浓的临床色彩。教育模式起步于1980年代中期,最初出现于高校,后推及中小学。这些年来,随着学生素质教育的推进,学校心理咨询受到越来越普遍的重视。教育系统的心理健康服务以学生的发展性心理咨询为主,从事咨询或辅导者身份多是教师。社会模式起步相对较晚,且地区差异很大,但近年来有迅速发展之势。目前社会上开办的各种心理咨询机构,虽然从业人员大多经过一定的培训,但其运行机制实质上是工商认证,以致从业者水平良莠不齐,人员构成鱼龙混杂,运作方式随意性大,专业化程度很低。我国现行的三种心理健康服务模式各自独立,尚未整合为一个有机的整体。

2 心理健康服务的技术体系问题

心理健康服务的技术体系是心理健康服务的直接内涵,包括服务目标、理论、方法和内容,是心理健康服务体系建设的基础,也是该体系最为专业化的部分。但是,我国现有的心理健康服务技术体系与社会民众对心理健康服务的需求不相适应。

三种模式的服务目标各有侧重。医学模式主要是通过药物和心理治疗使患者恢复心理健康;教育模式的根本目的是促进学生健康成长和增强其社会适应能力,更好地开发学生的心理潜能;社会模式则看重短期疗效,以缓和情绪性的心理困扰为主。目前,我国在服务目标方面重治疗轻发展,无论何种服务模式,对发展性目标均重视不够。

服务理论基本上是引进和模仿西方理论。引进的理论可分为五大类:精神分析理论、行为主义理论、人本主义理论、认知心理学理论、系统家庭治疗理论。对引进理论进行再创造的较少,钟友彬创立的中国式心理分析疗法可算是其中的一例。在心理健康服务理论上的引进和模仿,对于我国心理服务的理论研究和实践工作的起步和开展是必要的,但是,原创性中国化理论的缺位显然不利于我国心理健康服务的发展。

服务方法主要有:认知领悟疗法、意象对话技术、系统脱敏法、冲击疗法(满灌疗法)、厌恶疗法、格式塔疗法、森田疗法、生物反馈法、认知行为疗法、家庭疗法、心理剧疗法、生物医学治疗等,基本上是引进和模仿外国的技术。虽然方法不少,但真正为业界常用和擅长的方法屈指可数,例如,学校心理咨询就主要采用认知疗法和行为疗法两种服务方法。

服务内容主要包括:通过心理测量,帮助人们了解自我;提供心理学知识,帮助人们增强社会适应能力、提高心理素质;对个体成长发展中遇到的人际关系紧张、情绪困扰、工作压力、社会适应不良、婚姻家庭关系等问题的咨询;对各类心理障碍如癔症、恐怖症、抑郁性神经症、疑病症以及各类异常心理的治疗;针对特殊群体的特殊心理问题提供的各种恢复和促进人们心理健康的服务。

心理咨询和心理治疗依赖于真诚和直接的交流。中国人与西方人在信念、价值观、生活方式、宗教信仰、对性的态度、家庭结构以及习惯化的非言语表达方式等方面都有很大的差别,因此,我们不能直接硬搬西方心理健康服务的理论和方法,而应当着力发展适合我国国情的、科学有效的心理健康服务的理论和方法(包括心理测量工具的中国化)。这是中国心理健康服务体系建设中的长期而艰巨的科研任务,需要我国几代心理学家的努力工作才能完成。

3 心理健康服务的服务主体问题

目前,我国从事心理健康服务的机构有综合医院的心理科、精神科、神经科、康复科以及精神卫生中心,高等院校、中学的心理辅导中心,社区服务机构的心理健康咨询中心,私立心理服务机构,以及有关组织和单位自己组建的心理服务机构等。有关调查表明:大多数心理健康服务机构是非营利性的,不少机构在医疗卫生单位和教育系统;多数机构没有登记注册,硬件设施较差。

在我国现有的心理健康服务队伍中,人员构成比较复杂,有医生、教师、政治辅导员,还有居委会成员、妇联工作人员、电台电视台有关人员,其他背景和身份的业余爱好者,只有部分心理咨询机构聘请了心理学专家或专门的心理工作者。对在线心理咨询工作者的调查表明,在线咨询工作者中有职业心理咨询师、心理学专业的学生,也有心理学爱好者,89.2%的在线咨询工作者有本科及以上学历,以本科居多;他们大多为兼职人员,缺乏工作经验,从事心理咨询工作年限很短,1年以内的占64.9%,仅2.7%的人认为自己能解决严重的心理疾病。

总的来看,我国现有的心理健康服务人员专业素养参差不齐,人数不够,专职不多,咨询时间和年咨询量不够,与社会需求不成比例。按照指令性要求建立的心理服务机构和人员体系比较正规,但是提供的服务相对较少,心理健康教育方法比较单一。而私立的服务机构和人员则呈现出鱼龙混杂的局面,心理咨询员缺乏系统的专业学习和训练,缺乏实践经验;更有甚者,有些机构和从业人员根本没有执业资格。由于心理服务工作的特殊性,从业人员的素质对求助者的心理有着重要影响,不合格的心理服务人员可能会加重求助者的心理问题,所以必须要加强对从业人员的培训和管理。

4 心理健康服务的教育培训问题

4.1 专业学历教育

专业化是心理健康服务的发展方向,相关的学历教育在其中承担着传授知识与技能的使命。回应此需求,目前开办心理学专业的高校越来越多。这些专业的教学计划,相对重视科学训练,而对临床训练重视不够,只有少量的心理学专业侧重临床心理学与心理治疗的专业教学计划。而且医学院校重视的是精神病学而不是临床心理学。少数院校已设精神卫生系,但心理治疗的内容偏少,高校心理学系的心理咨询课程和技术训练也不足,心理健康服务教育体系的建设明显滞后。

在培养目标和培养方向方面，高校各心理学院系培养的本科生，主要在中小学担任心理健康教育课的教师，同时兼任各中小学心理辅导中心的辅导员；而硕士生、博士生主要在各高校担任心理学教学和心理咨询工作。只有少数高校心理学系针对企业或医院的心理健康服务培养人才，远远不能满足社会对心理健康服务的需求。人才短缺加上培育机制不健全已成为目前阻碍我国心理咨询职业化最大的因素之一。

4.2 非学历培训

非学历培训是心理健康服务专业人员职业发展不可缺少的组成部分。除了承担继续教育的功能，非学历培训目前也是培养从业人员的一条重要渠道。非学历培训在短时间内培养了大量从业人员的同时，也给专业化带来了问题。如，培训机构的资质鉴定这一环节相当薄弱，既没有明确的标准和考评程序，也没有合适的评审机构，造成商业化倾向突出、培训机构混杂，整体专业水准不高，降低了受训人员的专业素质。

近几年，国家和有关部门针对这些问题已经加强了对心理健康服务的教育与培训管理。如，2001年，国家劳动和社会保障部委托中国心理卫生协会组织心理卫生领域的专家，制定颁布了《心理咨询师国家职业标准（试行）》，规定从事心理咨询业的人员将持证上岗；并联合中国心理卫生协会和中国心理学会共同组建“全国心理咨询职业资格培训鉴定工作指导委员会”，负责在全国开展统一的职业培训和职业资格鉴定工作。2002年，卫生部根据本系统的情况提出“心理治疗师”专业技术称号，并委托有关人员编写了心理治疗学专业的考试指南。这些举措无疑为心理咨询工作的专业化和职业化奠定了必要的基础。

总的来看，我国的心理健康服务的教育与培训还没有形成多层次、系列化、正规学历教育与继续教育相结合的体系。如何使专业发展与社会需求和心理健康服务发展相融合，是摆在心理健康服务体系建设面前的一项重要任务。在这方面，英、美等国家的做法可以为我们提供借鉴。他们教育培训的途径首先以正规教育为主，由大学的心理学系和心理学研究所承担；其次是继续教育，由大学的心理学系、心理学研究所、民间心理服务机构举办在职或远程教育培训，教育培训的内容起点高，具有统一性、综合性和发展性，教育培训对象、培训时间也有严格规定。我国高校中心理健康服务人才的培养应在培养目标、教学计划、教材建设上下功夫，使我们的心理治疗和心理咨询工作者不仅能较好地掌握心理治疗和咨询的技能，更重要的是应具有提升人性尊严的情操和思想境界。

5　心理健康服务的管理监督问题

5.1　心理健康服务的规范体系

精神卫生立法是心理健康服务健康有序发展的根本保障。在立法规范方面，1985年，我国成立了精神卫生立法小组；2004年国务院办公厅转发的卫生部等七部门《关于进一步加强精神卫生工作的指导意见》指出，“依法保护精神疾病患者的合法权益”，“加快精神卫生国家立法进程”。对比已有超过100个国家实施了精神卫生法，我国除了上述国务院办公厅转发的“指导意见”以及一些省市的地方法规，还没有出台国家性的专门法规，应当继续推动有关国家法规的立法进程。

职业伦理规范方面，我国的高等医学院校和卫生系统开展了医德教育，部分医院成立了专门的医院伦理委员会。卫生部颁布有《中华人民共和国医务人员医德规范及实施办法》，各省市结合本地实际也颁布有相应的医德规范。但我国目前尚无明文规定的专门针对心理咨询与治疗的道德规范要求，由于心理咨询与治疗职业、方法和手段的特殊性，仅仅以医德规范作为心理咨询与治疗的伦理学守则是远远不够的。对比欧美各国心理学会对其会员制定的伦理准则，以及专业学会具有的对违背职业伦理的行为具有的处罚权或开除权，我国从业专业伦理基本上处于真空之中。而对于医患纠纷和医疗事故，无论是政府部门还是行业学会都没有设置专门机构来判定心理服务者的职业操守和解决心理健康服务纠纷。借鉴有关国家设立精神卫生法庭、精神卫生署和精神卫生代表委员会等机构的做法，健全服务规范监督，是目前行业自律建设的迫切任务。

5.2　心理健康服务的行政管理体制

从精神卫生服务的管理体制看，我国是“四驾马车”的体制：卫生部门设立的精神卫生服务机构是精神卫生服务的主体，提供面向全体居民的预防、治疗和康复服务；公安部门主要承担对危及社会治安的精神病人的收容和治疗康复工作；民政部门的精神病福利机构主要服务于无法定抚养人和赡养人、无劳动能力、无生活来源的精神病人（简称“三无病人”）和复员退伍军人中的精神病人以及特困精神病患者。中残联则致力于精神残疾人群的社会康复服务。精神卫生行政管理机构的部门所有和条块分割弱化了精神卫生服务体系的服务能力，影响了现有资源的有效利用和整合。而有些国家的精神卫生公共体系一般由国家统一进行管理，例如泰国卫生部设有精神卫生司等7个司，把精神卫生工作独立地作为一个组织机构进行管理，这种方法值得我们借鉴。

5.3 行业学会建设

目前,我国心理健康服务行业相关组织积极开展学术科研与交流以及科普活动,并进行相关的培训与指导监督工作。然而,它们无权对培训机构和从业人员进行资格认证和监督管理。而且,各个行业学会之间不能有效沟通和整合,缺乏行业的统一领导,也缺乏行业职业伦理规范的制定和监管,不利于心理健康服务行业的规范化和专业化。而在国外,心理治疗师与咨询师一般是由行业学会进行管理的。行业学会有相应配套的行业准入标准、培训机构认证标准、内部管理体系和自我监控机制,可以决定从业人员和培训机构资格,并对行业进行有效的内部监控和自我管理,做到行业内部自律。

5.4 资格认证与督导制度

我国目前对从业人员的资格认证主要是政府的相关部门,如卫生部、劳动和社会保障部、人事部等。劳动和社会保障部已经开始实行"心理咨询师"执业执照制,卫生部规定了"心理治疗师"专业技术资格的职称评定,现在人事部与卫生部正在建立"心理保健师"的行业资质论证体系。

这些资格认证有助于规范心理健康服务,但其本身也存在着完善或发展的问题。首先,缺乏对培训机构的资质认定和对培训工作的有效监管,咨询员的准入条件过低,导致获得资格证书的人员素质良莠不齐;其次,资格认证制度没有时间限制,缺乏更新机制;再次,还没有完善的督导体制和规范。在欧美,专业培训机构的认证体系比较完善,咨询员的资格认证制度包括两个层次:第一个层次是认证咨询员培养机构和培养课程,第二个层次是认证某个申请者是否达到了咨询员的特定标准。对培养机构和课程的资质鉴定主要由行业协会负责,对个人的开业资格进行认证则既有官方的也有行业的。

5.5 投入体系

目前我国心理健康服务工作实施的是以政府投资为主体的多渠道、多方位、多层次投入体系。具体来说,就是政府投入是精神卫生工作发展的基本保障,在政策和资金上给予精神卫生工作必要的支持和倾斜,并适度增加对精神卫生工作的投入。同时多渠道、多方位、多层次筹措资金,鼓励单位、团体、个人和社会福利事业等资助精神卫生工作。如,设立贫困精神疾病患者的医疗和救助专项经费、慈善基金、残疾人就业保障金等资助精神卫生事业发展。

投入体系存在一些问题:首先,投入不足;其次,由于实行"分灶吃饭"的财政体制,省(自治区、直辖市)、市、县、乡级精神病医院财政补助占医院总收入比重逐级下降,其结果是越需要财政补贴的低收入患者获得的补贴越少,凸显了财政补助制度的缺陷。目前,世界上许多国家已经形成比较完备的投入体系,通过政府资助、社会救济、医疗保险和个人资助等途径来保障心理健康服务有效投入,而且对于民间的心理健康服务机构也进行鼓励和资助。如,在日本,精神残疾者康复机构费用的75%是由国家和地方政府负责。在美国,临床心理学家的诊疗服务大多可得到保险公司和医疗保险系统的付费。

6　中国心理健康服务体系建设展望

总体上看,我国心理健康服务体系已经有了一定程度的发展,服务体系雏形已具。在快速发展的同时,我国心理健康服务体系的各要素、各环节也面临着严峻的挑战:技术体系不成熟;从业机构庞杂、设施较差;从业人员总量少,专业素质偏低;相应的从业人员培训、认证和监管、从业机构的资质与监管,以及相关管理职能等方面均未理顺,难以适应当前我国社会和民众对心理健康服务的需求。尤其是由于体制上的原因,医疗、教育、社会三种模式各行其是,成为当前困扰我国心理健康服务体系建设的一个瓶颈。

成熟完善的心理健康服务体系是和谐社会发展的重要内容。在建设我国心理健康服务体系的过程中,要参照其他国家和地区心理健康服务的经验和模式,但不可照搬。这既是因为中西方基本人格结构和人格动力存在差异,心理问题产生的原因及其表现存在差异,也是尊重实际、尊重实践的表现。我们必须要遵循心理健康服务系统本身的发展规律,充分考虑中国的文化传统和国情现状,通过扎实的研究和细致的工作,努力建设科学的、系统的、中国化的心理健康服务体系。

合作者:郑涌、毕重增、陈幼贞。原文载于《心理科学》2007年第1期

心理健康服务人员核心胜任特征问卷的编制

1 引言

Appell认为，在心理咨询过程中，心理咨询师能带入咨询关系中最有意义的资源，就是自己（1963）。由于心理健康服务工作的特殊性，从业人员的素质对求助者的心理有着重要影响。不合格的心理服务人员不但不能很好地帮助来访者，还可能会加重求助者的心理问题（黄希庭等，2007）。由此可见心理健康服务人员的胜任特征对于服务质量的重要性。调查表明，目前国内心理咨询与治疗从业者多数有难以胜任专业工作的感觉（赵静波等，2009），这更加引起我们对于心理健康服务人员胜任特征问题的关注。

胜任特征是有效业绩所需的知识、技能以及个人特质的组合（Hoge et al., 2005）。胜任特征又可分为核心胜任特征与特殊胜任特征。在心理健康服务领域，核心胜任特征是指所有心理健康服务提供者都应具备的基本胜任特征；特殊胜任特征则是指儿童心理辅导、婚姻与家庭治疗、成瘾咨询、危机干预等具体实践领域或情境所需的胜任特征（Kaslow et al.，2004）。鉴于我国心理健康服务事业还处于发展阶段，不同心理健康服务人员之间的专业分工还不是十分明确和精细，因此目前我们主要关注的是心理健康服务人员的核心胜任特征。

自20世纪60年代起，较早开展心理咨询与治疗的西方国家就有研究者针对心理健康服务人员的胜任特征开展实证研究（LaCrosse，1980；Linden，Stone，& Shertzer，1965；Myrick & Kelly Jr，1971）。这些早期研究大多采用等级评定量表，考察心理健康服务人员胜任特征的某些方面，如：关于心理咨询的知识、心理评估技能、心理咨询师的共情、解决临床问题的能力等（Scofield & Yoxtheimer，1983；Vallis，Shaw，& Dobson，1986）。20世纪80年代中期以来，欧美国家的临床心理学、咨询心理学、学校心理学等领域在教育与培训、实践与认证方面逐渐形成一种“胜任特征文化”（competency-based culture）（Kaslow，2004；Kaslow et al.，2004；Kaslow，Dunn，& Smith，2008；Rubin et al.，2007）。在此期间，也有研究者采用量表评定法对心理健康服务人员的胜任特征加以考察。所编制的量表有心理咨询自我评价量表（Larson et al.，1992）、多元文化学校心理咨询胜任特征量表等（Rogers & Ponterotto，1997）。由于很多欧美国家心理健康服务的对象具有文化背景多元化的特点，因此有不少研究者关注心理健康服务人员的多元文化胜任力。这是目前欧美国家有关心理健康服务人员胜任特征的研究与我们在关注点上的一个较大差异。尽管国外这些评定量表可以为我们的研究提供参考，但是，由于文化背景的差异，研究中国心理健康服务人员的胜任特征，需要适于中国文化特点的量表或问卷。

国内现有采用问卷调查法的心理健康服务人员胜任特征研究，或者没有报告所调查心理健康服务人员的胜任特征在年龄、受教育程度、专业背景、工作年资等变量上的比较结果（谢雯，2008），或者在这些变量上所做的心理健康服务人员胜任特征水平比较不存在显著差异（梁悦，2008），表明这些问卷可能未达到理想的心理测量学标准。且其中有的研究对象仅限于学校心理咨询从业人员。因此，为了考察当前我国不同领域心理健康服务人员的胜任特征现状，有必要编制一份能有效反映各领域心理健康服务人员核心胜任特征的问卷。期望通过该问卷能够发现当前我国心理健康服务人员在胜任特征方面存在的不足，为心理健康服务人员的培训、管理以及从业人员的自我完善提供参考。

2 研究方法与程序

2.1 初测问卷的形成

首先，广泛查阅国内外相关文献，明确胜任特征与核心胜任特征的定义，获得已有与心理健康服务人员胜任特征相关的问卷。接下来对6位分别工作于高校、科研机构、医院和私立心理咨询机构的国内心理健康服务领域资深专家进行电话访谈。结合文献分析和专家访谈结果，初步确定心理健康服务人员胜任特征的结构包含四个维度，即个人特质、知识修养、专业技能和职业伦理。

根据初步确定的心理健康服务人员胜任特征结构，拟定出问卷的初测题项。经多次讨论、修改后得到包含50个封闭式问题、3个开放式问题的半封闭式问卷。50个封闭式问题是描述心理健康服务人员胜任特征的条目，要求被试在利克特量表（Likert scale）5点计分上对这些条目的重要性进行评价。开放式问题则是让被试回答：问卷中哪一种素质对于心理健康服务人员最重要，哪一种最不重要，理由是什么。发放该原始问卷460份，收回有效问卷402份。首先进行项目分析：第一步是按被试的问卷总分排序，取前27%作为高分组，后27%作为低分组，然后对高分组和低分组在各个题项上的得分进行 t 检验，结果发现高分组和低分组在各题项上的平均得分均差异显著（$p<0.01$），表明问卷各题项具有较高的区分度。第二步是对被试的各题项得分与问卷总分进行相关分析，结果表明所有题项均与问卷总分显著相关（$p<0.01$）。接下来进行探索性因素分析，综合考虑特征值（大于1）、碎石图、因素负荷（大于0.30）等指标，得到包含5个因素、31个条目的心理健康服务人员胜任特征初测问卷。

2.2 正式问卷的编制

2.2.1 被试

被试分布于除青海省之外的30个省、自治区、直辖市。收回有效问卷1809份。有效问卷答题者中，男性509人，女性1281人，未填写性别者19人；年龄21~76岁，平均年龄33.62岁；来自高校者825人，中小学410人，私立心理咨询机构143人，精神科专门医院69人，综合医院及其他专科医院92人，政府机关60人，企业51人，民间非营利组织46人，司法部门21人，部队11人，其他机构56人，未填写机构性质者25人。将有效问卷随机分成两部分，其中905份问卷用于探索性因素分析，另外904份问卷用于验证性因素分析。

2.2.2 程序

主要通过两种渠道发放问卷：一是寻求全国各地心理学或心理健康服务机构同仁的帮助，由他们向当地不同机构的心理健康服务人员发放问卷；二是在心理健康服务培训班或学术会议上发放问卷。问卷全部回收之后进行废卷检核，然后采用SPSS15.0和AMOS5.0对有效问卷进行数据处理与分析。

3 结果与分析

3.1 探索性因素分析

为了检验数据是否适合进行因素分析，首先采用KMO检验和Bartlett球形检验对取样适当性进行考察。统计显示，取样适当性指标KMO值为0.963，Bartlett球形检验的χ^2值为13261.471，$df = 465$，$p < 0.001$，说明各题项之间有共享因素的可能，对数据进行因素分析是非常适当的。

接下来对问卷的31个题项进行探索性因素分析，使用主成分分析、快速斜交旋转Promax法抽取因素。以特征值大于1作为因素抽取的基本原则，并结合碎石图、研究构想、因子的可解释性和因素累积解释率来确定因素数目。题项删除标准为：(1)因素负荷小于0.40；(2)共同度小于0.30；(3)在两个及两个以上因素上有载荷且载荷之间的差值小于0.20。经过多次探索，最终获得5个因素，一共能够解释56.239%的变异。因素分析的主要结果见表1。

表 1　心理健康服务人员胜任特征问卷的因素分析摘要表（$N=905$）

题号	因素负荷					共同度
	因素 1	因素 2	因素 3	因素 4	因素 5	
18	0.800					0.649
19	0.761					0.589
5	0.644					0.588
17	0.562					0.581
16	0.556					0.476
21	0.537					0.548
8	0.532					0.473
28	0.467					0.521
29	0.402					0.566
13		0.682				0.542
7		0.653				0.531
10		0.630				0.579
2		0.563				0.545
3		0.528				0.468
1		0.520				0.444
23			0.753			0.644
12			0.708			0.632
25			0.483			0.631
31			0.405			0.545
20				0.738		0.571
22				0.558		0.588
24				0.535		0.549
15				0.495		0.618
26				0.448		0.565
14					0.741	0.710
9					0.630	0.644
11					0.586	0.539
6					0.544	0.578
旋转后特征值	9.785	7.999	7.033	6.835	5.422	
贡献率	39.905%	4.937%	4.432%	3.536%	3.429%	56.239%

根据各因素所包含题项的意义对5个因素命名。第一个因素(包含9个题项)的主要内容涉及心理健康服务人员的洞察力、领悟力、共情能力、表达能力,命名为“专业特质”;第二个因素(包含6个题项)的主要内容涉及保密、负责任等,命名为“职业伦理”;第三个因素(包含4个题项)的主要内容包括热情、耐心、有亲和力等,命名为“一般特质”;第四个因素(包含5个题项)的主要内容涉及心理测验能力、诊断能力、问题解决能力等,命名为“专业技能”;第五个因素(包含4个题项)的主要内容涉及阅读兴趣、人文知识、专业知识,命名为“知识修养”。

通过以上研究,可以认为,心理健康服务人员胜任特征问卷的结构是由一般特质、专业特质、知识修养、专业技能、职业伦理5个因素构成,基本符合理论构想。从探索性因素分析的结果来看,5个因素的项目分布较为合理,而且每个题项在相应因素上的载荷较高。5个因素累计解释了56.239%的变异,这个解释量是比较高的。因此心理健康服务人员胜任特征问卷的结构和内容是可以接受的。

3.2 信度分析

本研究采用克龙巴赫α(Cronbach's α)系数作为信度指标,对心理健康服务人员胜任特征问卷进行信度检验。问卷总体和五个维度(因素)的内部一致性系数见表2。

表2 心理健康服务人员胜任特征问卷的内部一致性系数

信度指标	专业特质	职业伦理	一般特质	专业技能	知识修养	总体
克龙巴赫α系数	0.872	0.762	0.790	0.790	0.772	0.940

不同的研究者提出了不同的α系数可接受值。德维利斯认为,对于研究用量表,α系数值低于0.60,不能接受;0.60～0.65(不含0.65),不够好;0.65～0.70(不含0.70),最低可接受程度;0.70～0.80(不含0.80),较好;0.80～0.90,非常好(德维利斯,2010)。表2显示,心理健康服务人员胜任特征问卷总体和五个维度的克龙巴赫α系数在0.762～0.940之间,表明问卷具有良好的信度。

3.3 效度分析

3.3.1 内容效度

本研究所编制的心理健康服务人员胜任特征问卷的题项来源于文献分析和专家访谈的结果,初测问卷经过了多次讨论和修改。而且,在正式问卷形成的过程中,先进行了小范围试测,从而保证了问卷的项目能较好地反映我国心理健康服务人员的胜任特征。因此,问卷应该具有较高的内容效度。

3.3.2　构想效度

近年发表的APA出版物将构想效度看作是最重要的一种效度(麦坚泰、米勒,2009)。下面即将报告的验证性因素分析结果表明,本研究所编制的心理健康服务人员胜任特征问卷具有较好的构想效度。

3.4　验证性因素分析

验证性因素分析是采用结构方程模型来评估理论模型对数据的拟合程度。本研究运用AMOS5.0软件,采用最大似然法对模型进行拟合估计。对于拟合指标,比较常用的有:χ^2/df、GFI、RMR、RMSEA、AGFI、NFI、CFI、IFI。拟合度比较好的模型应该具有以下特点:(1)$\chi^2/df \leq 5$;(2)RMR < 0.05,RMSEA < 0.1;(3)GFI、AGFI、NFI、CFI、CFI接近于1。本研究中各主要拟合指标见表3。

表3　心理健康服务人员胜任特征问卷验证性因素分析的主要拟合指标(N=904)

χ^2	df	χ^2/df	GFI	RMR	RMSEA	AGFI	NFI	CFI	IFI
1478.05	340	4.35	0.91	0.02	0.06	0.89	0.89	0.91	0.91

可见,研究模型的拟合指标达到了推荐标准,模型对数据的拟合较好,表明心理健康服务人员胜任特征问卷具有较好的构想效度。

4　讨论

在问卷编制之初,结合文献分析和专家访谈的结果,我们初步确定心理健康服务人员核心胜任特征的结构包含个人特质、知识修养、专业技能、职业伦理四个维度,而探索性因素分析的结果却得到了一般特质、专业特质、知识修养、专业技能、职业伦理5个因素。可以说这一结果与事先的构想是基本吻合的。因为对于心理健康服务人员而言,其所应具备的个人特质可以分为一般特质和专业特质。上述验证性因素分析的结果也证明了这一五因素模型的可接受性。

关于心理健康服务从业人员个人特质的重要性,有学者谈道:"在他接受培训之前,他应该已经是关心人的、富于同情心的、聪明的、敏感的人。培训可以提高他关心人和共情的能力,但是,如果他开始的时候不具备这样的能力,那么培训很难给予他这样的能力。"Gillbert等也认为,恰当的个人品质是一个人从事心理咨询与治疗并在工作上取得成功的关键和根本(Gilbert, Hughes, & Dryden, 1989)。正因为如此,国内外众多有关心理健康服务人员胜任特征的研究,都体现了对心理健康服务人员个人特质的重视。

比如，Menne通过因素分析所确定的心理咨询师胜任特征的十二个维度中，按照所解释的变异量大小排列，个人特质排在第一（Menne，1975）。在Roe针对心理健康服务人员提出的“胜任特征建筑结构模型”中，能力、人格特质与其他个人特征被认为是该建筑模型的基础（2002）。在一项针对心理健康服务人员胜任特征的调查中，“个人对于职业的适合度”被认为是很重要的胜任特征（Kaslow et al.，2004）。国内一些关于心理健康服务人员胜任特征的研究，也程度不同地体现了心理健康服务人员个人特质的重要性（梁悦，2008；王智、张大均，2012；谢雯，2008）。因此，本研究所得出的心理健康服务人员胜任特征结构包括一般特质和专业特质，与上述相关研究具有一致性。

研究胜任特征的代表人物Spencer认为，胜任特征包括知识、技能、动机、特质、自我形象、社会角色等。在Roe提出的心理健康服务人员“胜任特征建筑结构模型”中，知识、技能与态度被认为是该建筑模型的三大支柱（Roe，2002）。Hoge等人则认为，心理健康服务人员的胜任特征包含知识、技能、才干与个人特征4个构成要素（2005）。可见，心理健康服务人员的胜任特征包含知识与技能，是众多研究者的共识。本研究所得出的心理健康服务人员核心胜任特征结构中，包括知识修养与专业技能，与前述研究是一致的。

国内已有关于心理健康服务人员胜任特征的几项研究中，仅有一项研究所建立的胜任特征模型涉及职业道德（谢雯，2008），表明职业伦理问题尚未受到国内多数研究者与心理健康服务从业人员的重视。而国外关于心理健康服务人员胜任特征的早期研究中，就有研究者通过因素分析得出“职业伦理”是心理咨询师胜任特征的一个构成成分（Menne，1975）。2002年在美国召开的心理健康服务人员胜任特征会议上，与会者一致认为，具有职业操守是心理健康服务人员的一项重要胜任特征（Kaslow et al.，2004）。在我国，随着心理咨询与治疗事业的快速发展，职业伦理问题的重要性日益突出。一方面，由于某些从业人员违背职业伦理而导致来访者受到伤害的案例时有发生；另一方面，许多有着较强职业伦理意识的心理咨询师或治疗师也常常会面临这样那样的伦理困境。而在面临伦理困境时能否做出正确抉择，既关系到对来访者权益的保护，也关系到心理咨询与治疗事业的健康发展（张爱莲、钱铭怡、姚萍，2007）。因此，心理健康服务人员胜任特征的结构中包含“职业伦理”这一因素，既具有理论上的合理性，也具有重要的实践意义。

综上所述，可以认为，心理健康服务人员的核心胜任特征包含一般特质、专业特质、知识修养、专业技能和职业伦理5个因素。

在问卷的信效度检验方面，问卷总体内部一致性达到了非常好的标准，5个因素的内部一致性也达到了较好或非常好的标准，表明心理健康服务人员核心胜任特征问卷信度良好。考虑到所编制的问卷将用于考察我国各领域心理健康服务人员的胜任特征，因此在问卷编制之前，查阅了涉及“心理治疗与咨询从业人员”“学校心理咨询师”“高校心理咨询从业人员”等不同范围研究对象的文献。所访谈的心理健康服务领域资深专家也分布于不同地区、不同机构。问卷题项的生成也遵循了较为规范与严格的操作程序，保证了问卷具有较好的内容效度。研究采用验证性因素分析对最重要的效度指标“构想效度”进行检验，结果显示，研究所得出的五因素模型的拟合指标达到了推荐标准，模型对数据的拟合较好，表明问卷具有较好的构想效度。因此，从信效度检验结果来看，心理健康服务人员核心胜任特征问卷具有良好的信度和效度，可以作为评估心理健康服务人员胜任特征的工具。

合作者：张爱莲。原文载于《西南大学学报(社会科学版)》2014年第2期

中国大学生心理健康服务需要调查与评估

1 引　言

近年来,大学生的心理健康状况受到社会的多方关注。大学生作为有着较高受教育水平、较高智商和较高自我价值感的群体,在追求自我展现与现实成功的过程中,通常也伴随着较同辈更高的精神与生活压力。"80后""90后"的大学生们,更是在展现其愈益个性化的精神风貌的同时,感到各种压力突显:刚经历了升学压力,又面临学业、情感、经济等诸多压力,还有挥之不去的就业压力,而转型期社会的各种矛盾及价值取向的多元化,更可能使得大学生们面对这些压力无所适从。多年来,我们一直对大学生的心理健康状况予以持续的关注与研究,而近年来的调查证实,我国大学生的心理健康状况确实不容乐观,总体上在校大学生出现心理问题的比例在三成左右,而存在较严重心理障碍的大学生约占一成(黄希庭、郑涌,2007,2009)。

了解和把握服务对象的心理健康服务需要,是建立心理健康服务体系的重要环节(黄希庭等,2007)。心理健康服务需要评定(assessing needs for mental health service)是对特定群体或个体的心理健康服务需要进行系统的确认和评价的过程。心理健康服务需要评定不同于一般的评价,它不是对已经做了什么及其效果进行评价,而是着眼于个人和群体心理健康水平的提升和发展,对将要达到的心理健康目标进行评定和规划,因而是一种发展性需要评定。目前国内对大学生的心理健康服务需要的研究还比较零散,缺乏国家层面的、大样本的需要调查评估报告,难于从整体上把握当前中国大学生心理健康服务需要的总体情况和发展趋势。本研究拟通过全国性的横断面抽样调查,评估大学生群体带有共性的、符合服务对象群体特定年龄特征和发展需要的心理健康服务需要,从而为有效开展大学生心理健康服务工作提供前提和基础。

2 方　法

2.1　调查工具

遵循心理测量学规范要求编制大学生心理健康服务需要问卷(The College Students ' Mental Health Services Needs Questionnaire,CMHSNQ),研究参考了国内外心理健康服务需要评定的相关文献和量表，通过对大学生的开放式问卷调查与访谈调查，归纳出中国大学生心理健康服务需要的态度、机构人员、内容、方式和途径等结构体系，在此基础上编制问卷的初始题项库，初步拟定了60个题项（每个方面12个备选题项），之后请心理学院11名研究生同行对问卷题项进行专家评议，根据评议结果对其中的部分题项进行修改、合并和删减，编制出48个题项的初试问卷。问卷所有题项采用利克特量表（Likert scale），按照不希望、很少希望、希望、非常希望的强度排列。

初试由高等院校公选课教师和课题组成员组织学生以班级为单位进行团体施测，测试前表达知情同意，测试后致谢并提供部分信息反馈。对来自西南、中南地区2所大学的586份初测数据进行因素分析，将初测样本随机分为两部分：其中261份进行探索性因素分析，抽取专业服务、服务项目、态度与方式、非专业服务、公共服务、民间服务6个因素，累计解释方差变异量的51.396%；另外的325份数据进行验证性因素分析。结果表明CM HSNQ结构与理论构想数据拟合较好。问卷各维度及问卷整体的内部一致性信度（Cronbach α）在0.717 ~ 0.781之间，Guttmamn分半系数在0.780 ~ 0.854之间，符合心理测量学的通行要求。最终发展出评价大学生心理健康服务需要的六因素模型，包括44个题项。提取的因子能较好地反映中国大学生目前的心理健康服务需要现状。探索性因素分析、验证性因素分析及信度、效度检验，从不同角度支持了大学生心理健康服务需要问卷的合理性和有效性。

2.2　调查人员

由国内六大区35所高等院校40名高校心理学教师组成。

2.3　调查方法

采用横断面调查（cross-sectional survey），分层随机抽样，以班级为单位进行团体施测。

2.4　调查样本

取自国内六大区，东、西、南、北、中35所高等院校。包括国家重点院校（985和211院校）、省属重点院校、地方一般院校三个层次，大一、大二、大三、大四4个年级层，样本容量5058人。（详见表1）抽取的样本基本涵盖了当前中国大学生群体的主要特征，具有较好的代表性。

表1 中国大学生心理健康服务需要调查样本分布情况(N=5058)

性别	年龄/岁	民族	居住地	学校	年级
男(1966人)	20.60±1.50	汉族(4490人)	农村(2236人)	国重(2290人)	一年级(1093人)
女(3081人)		少数民族(565人)	城镇(1856人)	省重(2258人)	二年级(1961人)
缺失(11人)		缺失(3人)	乡镇(958人)	一般(510人)	三年级(1470人)
			缺失(8人)	缺失(0人)	四年级(522人)
					缺失(12人)

3 结果与分析

3.1 大学生心理健康服务需要特征

3.1.1 总体情况

数据汇总结果(见表2)表明,六维度需要均值在2.16~2 .94之间,需要总均分为2.54,介于“有点希望”(2分)和“希望”(3分)心理健康服务的区间内,总体偏向希望得到有效的心理健康服务。需要强度排列的前3位依次为:服务内容(2.94±0.50)、态度与方式(2.69±0.40)、非专业服务(2.68±0.60)。显示当前大学生群体对心理健康服务内容有明确的需要;另一突出特点是态度与方式在心理健康服务需要表达中占有重要地位;特点三是大学生需要非专业化服务;从题项的具体内容看,非专业服务是指来自同辈、学校、家庭的环境支持与人际互动服务,它体现出中国大学生在心理健康服务需要表达上的社会取向的特征。

表2 大学生心理健康服务需要的总体情况(N=5058)

	专业服务	服务内容	态度与方式	非专业服务	公共服务	民间服务	总分
均值	2.35	2.94	2.69	2.68	2.45	2.16	2.54
标准差	0.59	0.50	0.40	0.60	0.58	0.63	0.39
排序	5	1	2	3	4	6	

3.1.2 服务机构

对服务机构需要频次的统计表明,大学生希望提供心理健康服务的机构排序依次为:学校心理中心—社区心理中心—单位心理中心—私立心理机构—医院—防疫保健部门—精神卫生机构—民间机构。机构需要的前三位是:学校心理中心(71.2%),社区心理中心(56.3%),单位心理中心(55.0%)。精神卫生机构(26.2%)排倒数第二,民间机构(23.2%)为最末一位。反映出当前大学生心理健康服务需要特点是既需要专业机构提供专业化的服务,也需要社会环境提供非专业化的一般性社会支持。

3.1.3　服务人员

对提供心理健康服务人员的需要频次统计表明,大学生希望为其提供心理健康服务的(人员)选择排序依次为:同学朋友—学校健康专家—父母家人—学校老师—私人健康专家—精神卫生专家—医生—自己(解决)—无须人员(任其自然)—民间人士。接近八成的大学生把同学朋友(79.6%)作为希望提供心理健康服务的首选人员,学校心理专家(72.4%)次之,父母家人(66.5%)居第三位,学校老师(51.8%)居第四位。自己(解决)(40.6%)、无须人员(任其自然)(18.9%)、民间人士(16 .4%)居倒数第三、二、一位。反映出大学生对心理健康服务人员的需要特点:既需要专业心理健康服务人员提供专业化服务,同时更需要来自同学朋友、父母家人的人际互动与支持来化解成长过程中的心理问题。

3.1.4　服务内容

对心理健康服务内容的需要频次统计表明,大学生希望提供的心理健康服务内容和项目依次为:人际关系调适—择业和职业发展—学业问题—自身管理—生计与生活—婚恋两性心理—危机干预—精神疾病预防—物质依赖。人际关系调适(91.8%)、择业和职业发展(90.4%)、学业问题(89.9 %)高居前三位,自身管理(88.2%)排第四位,生计与生活(84.4%)排第五位,前五位服务内容“希望 + 非常希望”的需要频次均在80%以上,表明这是当前中国大学生最关注的心理健康服务热点;精神疾病预防(56.3%)、物质依赖(53.8%)排最后两位;婚恋和两性心理(69.6%)则排列第六位。反映出当代大学生的心理健康服务需要聚焦在对良好人际关系追求、事业发展和学习进步等发展性需要上。

3.1.5　方式和途径

对心理健康服务方式和途径的频次统计表明,大学生希望获得心理健康服务的方式和途径依次为:科普宣传—健康教育—向同学朋友咨询—与心理专家面谈—与家人讨论—网络服务—向老师咨询—书信咨询—与医生面谈—与精神科专家面谈—电话咨询。居于前五位的方式为科普宣传(80.0%)、健康教育(77.2%)、向同学朋友咨询(74.7%)、与心理专家面谈(73.2%)、与家人讨论(67.9%);而与医生南谈(42.9%)、与精神科专家面谈(42.3%)和电话咨询(37.3%)被排在最末三位。科普宣传、健康教育、向同学朋友咨询是当前大学生首选的获得心理健康服务的方式和途径。

3.1.6　服务态度

统计大学生对心理健康服务态度的频次表明,84.3%的大学生希望有固定的心理健康服务机构提供服务;83.2%的大学生认为自己有必要了解心理健康知识;74%的大学生认为有必要和心理健康服务人员讨论自己和家人的心理健康问题。反映出当前大学生群体有较强的心理服务需要和较高的心理健康服务意愿。

3.2 人口社会学变量差异检验

3.2.1 性别差异检验

性别差异检验结果表明:在服务项目、非专业服务两个维度上,男女大学生差异的性别主效应非常显著,女大学生的需要强度显著高于男生;在专业服务、民间服务维度上男生的需要强度高于女生,但差异未达到显著水平;在需要总均分上,性别差异接近显著水平。表明男女大学生在心理健康服务需要的具体内容上有明显的差异性,但需要的总体水平差异不大。

3.2.2 民族差异检验

民族差异检验发现,汉族大学生与少数民族大学生在心理健康服务的态度和方式上差异显著,其余维度和需要总分差异不显著。表明不同民族特有的心理健康观念和心理健康维护机制可能影响到其成员对待心理健康服务的态度、求助方式和行为。

3.2.3 独生子女与非独生子女差异检验

独生子女与非独生子女差异检验结果表明:独生子女与非独生子女在专业服务、非专业服务、民间服务三个维度的差异显著。专业服务与非专业服务维度上非独生子女学生表达的服务需要显著高于独生子女;民间服务维度上独生子女学生表达的服务需要显著高于非独生子女。从需要总分看,非独生子女大学生表达的心理健康服务需要显著高于独生子女。可能是独生子女在家庭中的核心位置使其需要满足程度高于非独生子女,导致独生子女表达的服务需要相对较低。

3.2.4 农村与城镇生源差异检验

农村生源与城镇生源差异检验结果表明:农村生源和城镇生源在非专业服务和民间服务两个维度上差异非常显著,在非专业服务维度上农村生源的服务需要显著高于城镇生源;在民间服务维度上城镇生源的服务需要显著高于农村生源。需要总分上两者差异不显著。

3.2.5 有无宗教信仰的差异检验

有无宗教信仰的需要差异检验表明:无宗教信仰的大学生在非专业服务维度上的服务需要显著高于有宗教信仰的大学生;在其他维度和总分上差异不显著。可能宗教信仰在一定程度上满足了部分心理需要。

3.2.6 成长环境的差异性检验

家庭成长环境的差异检验结果表明：在正常家庭环境中由双亲抚养成长的大学生与其他家庭环境中成长的大学生在心理健康服务需要问卷各维度上的差异未达到统计学显著性。

3.2.7 经济状况差异性检验

经济状况差异检验结果表明：经济困难（月费用支出低于300元）与经济状况一般（月费用支出在300元～1000元）的大学生在专业服务、服务内容、态度与方式、非专业服务、公共服务五个维度和需要总均分上有显著差异，与富裕（月支出超过1000元）大学生在专业服务、服务内容、非专业服务三个维度和需要总均分上差异显著。经济贫困生表达的心理健康服务需要显著高于经济状况一般和经济富裕学生，说明经济困难大学生在发展过程中面对更多的发展限制，需要更多的心理社会资源支持，有更多的心理健康服务需要。

3.2.8 年级差异检验

大学生年级差异检验表明，大一学生在服务内容、态度方式、非专业服务三个维度和需要总分上显著高于大三、大四学生；大二学生在专业服务、服务内容、态度与方式、民间服务四个维度和需要总分上显著高于大三、大四学生，“二年级现象”较为突出。数据还显示，大学生心理健康服务需要强度呈现“前高后低”现象；大一、大二学生的心理健康服务需要显著高于大三、大四学生，可能是大学新生面临学习和生活的双重适应压力，需要更多的心理社会资源支持，导致心理健康服务需要增加，并在大二阶段集中体现出来。

3.2.9 专业差异检验

专业差异检验表明，理科生在专业服务、服务内容、态度与方式、非专业服务、公共服务、民间服务和需要总分上表达的心理健康服务需要显著低于文科生。医学生对专业服务需要显著高于理科生和工科生，对服务内容、态度方式维度的需要显著低于文科生、理科生和管理专业学生；在公共服务、需要总分上显著低于文科生。总体看，理、工、医学类学生表达的心理健康服务需要相对较低，文科、管理类学生居中，其他类别（艺术、体育类）学生表达的心理健康服务需要最高。

3.2.10 学校差异检验

对国家重点院校（985高校和211高校）、省属重点院校和地方一般院校的需要差异检验表明：在专业服务、态度与方式、非专业服务、需要总均分上，省属重点院校学生心理健康服务需要显著低于国家重点院校和地方一般院校学生，需要均值呈V字形分布。服务内容、公共服务维度上的差异未达到统计学显著性。总体看，省属重点院校学生表达的心理健康服务需要低于国家重点院校,而地方一般院校学生表达的心理健康服务需要最高。

4 对策建议

第一,鉴于大学生群体有较强的心理健康服务需要和较高的心理健康服务意愿,高等教育应加强心理健康服务网络的建设,让心理健康服务覆盖校园,深入班级、宿舍,与大学思想政治工作和校园文化建设有机结合,形成全方位育人、全过程服务与促进大学生心理健康,最大限度满足大学生身心健康发展的心理服务需要。

第二,从大学生对心理健康服务机构、人员、途径和方式的需要分布看,当前大学生心理健康服务需要特点是既需要专业机构提供专业化的服务,也需要社会环境提供非专业化的一般性社会支持;既需要专业心理健康人员提供专业化服务,更需要来自同学朋友、父母家人的人际互动与支持来化解成长过程中的心理问题。因此,学校、家庭、社区和社会应携起手来,营造一个促进大学生健康成长的良好环境。

第三,从当代大学生的心理健康服务需要焦点看,追求人际关系和谐、事业发展和学业进步的发展性需要是主旋律,高等学校开展心理健康服务也要围绕这一主旋律。事实上,高校心理健康服务的根本目的就是要提高学生的整体心理素质,维护和增进学生心理健康。因此,学校心理健康服务必须以促进大学生全面健康发展为核心,以预防和促进为主要手段,以矫治作为必要的补充和辅助。

第四,关注经济贫困大学生的心理健康,在为经济贫困大学生提供经济物质支持的同时,提供配套的心理和社会支持资源。

第五,有针对性地加强一、二年级大学生的心理健康服务,引导大学生尽快适应大学的学习和生活环境。

第六,加强地方一般院校心理健康服务体系建设,加强地方院校与重点院校在心理健康服务人员和信息方面的沟通与交流,在共享心理健康服务资源的基础上逐步缩小地方院校与重点院校的差距。

合作者:郑涌、罗鸣春、苏丹、陈本友。原文载于《西南大学学报(社会科学版)》2011年第3期

心理健康服务需要:概念和评估方法

评估心理健康服务需要是心理健康服务的起点。1988年,美国医学研究所(IOM)定义了公共健康服务的三个核心功能:评估、政策发展和保障(为社会提供必要的公共健康服务)。1994年,美国公共卫生署(US Public Health Service)确立了公共健康服务的基本功能,其首要功能是"监测健康状况,确定社会健康问题"。2009年,联合国世界卫生组织(WHO)指出,解决公共健康问题的框架应包括4个要素,其第一要素是"问题识别(流行病学监控)"。可见,公共健康服务的首要功能是评估公众健康状况,识别他们在服务方面的需要,这也是心理健康服务执业者所面临的重大课题(Klerman et al.,1992)。目前,心理健康服务存在诸多问题,如初级保健和专业治疗分工不明,发达城市资源浪费与偏远地区资源稀缺,公众客观需要缺口巨大但有效需求不足,医患关系紧张等矛盾非常普遍。追根溯源,心理健康服务需要评估失败是根源之一。1998年,Wright、Williams和Wilkinson曾提出三点导致评估工程失败的主要原因:(1)没有正确理解心理健康服务需要的概念以及如何评估心理健康服务需要;(2)缺乏时间、资源或者服务方与需要方之间的有效承诺;(3)评估结果与服务计划没有进行有效整合,无法保障服务的连续性(Wright,Williams & Wilkinson,1998)。本文紧紧围绕第一个问题,澄清心理健康服务需要的概念,阐述评估心理健康服务需要的方法,最后指出已有概念及评估方法存在的问题,引出未来研究应遵循的方向。

1 心理健康服务需要的概念

1.1 概念的由来

心理健康领域对于需要的定义从未得到过统一,充满了争议。归纳起来主要有两种定义取向:(1)纯粹主义(purism)取向,其单纯地关注需要本身,需要被描述为"健康匮乏"、"达到健康和幸福"或"个体对于达到、维持或恢复某种社会独立水平或生活质量的要求";(2)实用主义(pragmatism)取向,其关注需要和服务的重要联系,需要被看作"保健需要"、"服务水平不足"或"可从服务中受益的能力"(Aoun,Pennebaker,& Wood,2004;Evans,Greenhalgh,& Connelly,2000)。实用主义取向把需要看作"可从服务中受益的能力",这是需要内涵的重要发展,因为它直接指向特定的服务。早在1962年,Mushkin就指出“健康是一种投资”,经济学家舒尔茨也认为健康保健是人力资本投资的重要内容之一,心理健康服务体系存在的意义就在于此(王翌秋、王舒娟,2010)。

保健服务需要(needs for care and services)的术语最早来源于1971年Matthew在经济学中的定义,随后由Wing和Haile、Brewin和Wing修正发展,区分出需要(need)和需求(demand)。1992年,Wing、Brewin和Thornicroft把心理健康中的保健服务需要区分为需要 、需求、供给和利用,认为如果个体在社会适应方面有障碍,同时又存在一种致力于改进或预防心理失调的服务,此时个体就有接受干预的需要;当个体表达出接受服务的愿望时,就产生了需求;供给包括干预、人员、设施及是否被使用;利用产生于个体实际接受服务的时候(Thornicroft,Brewin,& Wing,1999)。目前,这一界定已成为心理健康服务需要理论研究引用的经典。然而由于其包含许多混淆不清的因素,缺乏可操作性,并未得到很好的继承。与此同时,来自经济学的定义已被成功地用于医疗服务需要评估中,在目前的多数文献中,医疗服务需要指人们客观上需要的服务,医疗服务需求指人们愿意负担费用并使用的服务量。一些研究给出了居民年医疗服务需要量和需求量的常用公式:年门诊服务需要量=常住人口总数×两周患病率×26×两周就诊次数;年门诊服务需求量=常住人口总数×两周就诊率×26×两周就诊次数(其中“26”是将两周数据换算为全年数值的常数)(左汉宾、李安明,2001;肖水源、刘飞跃,2010;饶克勤、陈育德,1999)。具体到心理健康领域,许多研究仍不愿承认资源短缺的事实,认为所有客观存在的心理健康需要都应得到满足。但有学者指出,定义居民健康状况(流行率)是一个科学问题,确立服务需要是一个政策问题,最终的资源配置和政策导向是基于社会现状而不仅仅是事实真相,两者的混淆势必造成评估工程的失败(Klerman et al.,1992)。总而言之,医疗服务需要和需求的概念和计量方法相对较为成熟,可以借鉴到心理健康服务领域,下文即在此基础上进一步分析心理健康服务需要的内涵,并对两个容易混淆的概念(需要和需求)进行比较分析。

1.2 心理健康服务的需要和需求

心理健康服务需要指取决于公众实际与理想心理健康状况之间的差距而提出的对心理健康服务的客观要求(肖水源、刘飞跃,2010)。须从两个方面理解:第一,心理健康服务需要是客观存在的,有需要的个体总是在生理或心理上感受到某种缺乏或不平衡,它强调接受心理健康服务的必要性;第二,心理健康服务需要是在一定规范或标准(即某种理想心理健康状况)下确立的,所谓“理想心理健康状况”,是由心理健康专业人员 、社会学家或政治学家等基于现有心理健康知识、社会经济条件以及研究目的所提出,强调评估心理健康服务需要的目的性。在影响因素方面,已有研究指出,影响群体心理健康服务需要的因素有心理健康问题的流行率和发病率,基于服务使用的社会资本和供给,群体的文化、道德和生活方式等;影响个体心理健康服务需要的因素有社会功能、症状表现、诊断结果、生活质量和服务可得性等(Aoun, Pennebaker, & Wood, 2004; Stevens et al., 2004;王翌秋、王舒娟,2010)。总之,心理健康服务需要以公众真实的心理健康状况为出发点,重点在于以何人视角、用何种标准测量和评价,这直接决定了评估结果的最终价值。

心理健康服务需求是与经济相关的概念,指在一定时期内 、一定价格水平上人们愿意而且有能力消费的心理健康服务量(肖水源、刘飞跃,2010)。其产生有两个必要条件:第一,个体具有利用服务来维持和缓解心理健康问题的愿望(愿意买);第二,个体具有经济负担能力(买得起)。只有同时具备这两个条件,才有可能形成现实的心理健康服务需求。心理健康服务需求与服务利用密切相关,主要有三类测量指标:(1)门诊服务利用,包括就诊率、两周内患者就诊率和未就诊率;(2)住院服务利用;(3)急诊服务利用(肖水源、刘飞跃,2010)。影响心理健康服务需求的因素很多,较为突出的有:个人因素,如健康状况、经济条件、社会地位和受教育水平;社会因素,如媒体宣传、社会经济与社会文化发展水平等;心理健康服务系统中的相关因素,如候诊人数、服务费用、质量和服务人员的数量等(Stevens et al., 2004;王翌秋、王舒娟,2010)。总之,心理健康服务需求从服务利用出发,评估的关键在于临床记录及各种数据统计的准确性,是资源使用情况的反映。

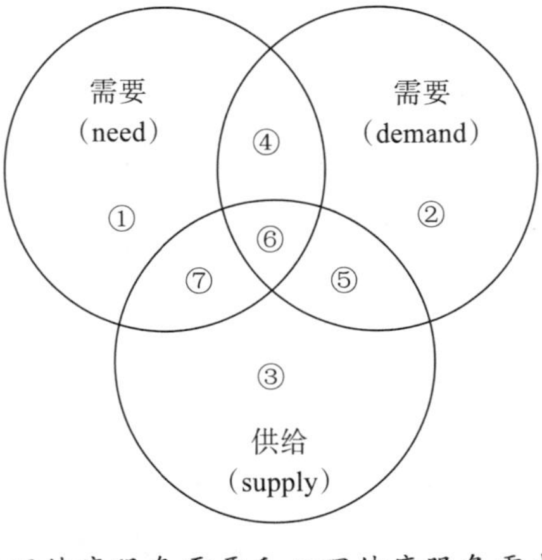

图1　心理健康服务需要和心理健康服务需求的关系

(Wright, Williams & Wilkinson, 1998; Stevens et al., 2004)

通过论述可以看出,心理健康服务需要和心理健康服务需求分属两个不同的概念体系,但又有着密切的关系。其联系在于,心理健康服务需要仍然是构成心理健康服务需求的原始因素之一。Stevens、Rafter和Mant曾论述了健康需要评估中的需要、需求和供给的关系，认为评估心理健康服务需要的最终目标在于尽量使需要、需求和供给更加一致，并可通过三种途径实现该目标：一是需要管理，指缩减不恰当需求（图1中②和⑤），促进合理需要（图1中①和⑥），或更好地处理觉察到的未满足需要（图1中④）；二是改变供给，指增加合理供给（图1中⑥和⑦），减少不合理供给（图1中③和⑤）；三是更加科学地界定需要。总之，对于某种心理健康服务，有需要不一定有需求，而没有需要也可能寻求心理健康服务，正确理解和处理需要和需求的关系直接关系到如何做好心理健康服务规划，如何分配服务资源的重大问题（Wright，Williams & Wilkinson，1998；张明园，2009；肖水源、刘飞跃，2010）。

2 心理健康服务需要的评估方法

鉴于评估心理健康服务需要的重要性，诸多文献曾探讨过需要的评估方法。Wright、Williams 和 Wilkinson 认为，健康需要评估（health needs assessment）是保证服务体系善用资源，以最有效的方式提高群体健康状况的系统方法，应包含流行病学的、定性的和比较的方法（1998）。在心理健康领域，Klerman、Olfson、Leon 和 Weissman 认为科学的政策导向和资源配置必须依赖三类研究：（1）流行病学研究，测量心理疾病的流行率；（2）临床研究，测量治疗的有效性；（3）心理健康政策研究，处理经济和组织管理方面的问题（1992）。2004年，Aoun、Pennebaker 和 Wood 回顾了20年来的主要研究，提出五种评估心理健康服务需要的方法：常规资料（routine data）、消费者调查（consumer surveys）、比较与整合方法（comparative and corporate approaches）、构建统计模型（modeling need for services）和总人口调查（surveys of the general population）（2004）。进一步分析文献发现，常规资料方法起源于 Ellwood 在1988年所倡导的“现代结果运动”（modern outcome movement），当代心理健康服务需要评估中称之为常规结果评估（routine outcome assessment）（Kightley，Einfeld，& Hancock，2010；Lakeman，2004；Slade，2002；Trauer，2010）；而比较与整合方法常作为另一个综合评估方法的补充工具而出现，该方法被称为需要评估的三角测量（triangulation of needs assessment）（Stevens & Gillam，1998；Stevens et al.，2004）。因而，以下将分别论述常规结果评估、消费者调查、需要评估的三角测量、构建统计模型和总人口调查五种方法。

2.1 常规结果评估

常规结果评估指利用临床上记录的资料对患者接受服务的过程进行分析，评价服务的结果和效果，例如，哪些服务是有效的，哪些服务应该或不应该实施，患者偏好何种服务模式，服务过程中患者的健康状况和满意程度如何变化等。常规结果评估源于一个基本的争议，即心理健康服务需要评价的焦点是“需要”还是“服务结果”。由于心理健康服务的核心目标是使服务结果最优化，与其评估需要本身，不如有针对性地分析服务结果。因此常规结果评估认为，分析临床服务效果有助于了解患者在心理健康服务中的需要偏好，将其反馈给服务人员，如果他们接受并认同，就会产生服务行为的改进，最终达到加强治疗联盟(therapeutic alliance)、减少未满足需要并提高患者生活质量的目标(Gilbody, House, & Sheldon, 2002; Trauer, 2010)。

常规结果评估有三种具体方法。(1)资料法。指通过分析资料室或计算机里存储的原始资料对心理健康服务需要进行评估，是一种粗略的评估方法。(2)量表法。是通过记录某种治疗或心理问题在时间序列上的变化，然后比较两个时间点上各指标的差异来评估心理健康服务效果的方法。常用量表有两个，国家健康成果量表(HONOS)和临床疗效的日常观察量表(CORE-OM)。前者适用于严重心理疾病患者，由医生来完成记录，评价指标有行为、心理功能、症状表现和社会功能；临床疗效的日常观察量表是一般心理问题者的自我评估量表，评价指标有主观幸福感、特定症状或问题、机能和危害。有时也用Camberwell需要评估量表(CAN)来记录时间序列上的心理健康状况。(3)元分析方法。指针对同一服务主题的研究结果进行综合、分析与评价，概括出研究结果的共同效应。分以下步骤：一是收集文献，按照纳入指标与排除指标选择文献；二是数据析取，从文献中提取常规信息(如样本大小、随访时间、研究结果等)和研究者特别关注的信息，并进行编码；三是选择比较标准，计算合并效应量；四是进行敏感性分析和发表偏倚分析。已有的常规结果评估主要评价了治疗方法、治疗理论、来访者变量和治疗师变量对心理健康服务效果的影响，有时也包括治疗联盟(therapeutic alliance)、治疗忠诚(treatment allegiance)和治疗效果等指标(Fitzpatrick et al., 2010; Gilbody, House, & Sheldon, 2002; Zirkelback & Reese, 2010)。

2.2　消费者调查

消费者调查指在评估心理健康服务需要时以病人为中心，又被称为用户至上主义(consumerism)。一些研究指出，对于病人的心理健康服务需要，权威人士的评价与病人自评并不常常一致，Tunner和Salzer检测了对40个精神分裂症患者的治疗发现，服务方认为精神药理学治疗和个案管理非常重要，但是病人提出良好的人际关系与社会支持也非常重要(2006)。消费者调查强调病人的感受和需要，早在20世纪40年代，世界范围内盛行的对精神病人进行额叶切除和电击治疗引发了病人的不满，被认为是不恰当、不人道的服务方式；70年代后期开始，有心理障碍患者自发组织起来，参与心理健康服务方案的研究和改进；1990年，英国出台的国民保健制度和社区保健法（The NHS and Community Care Act）指出，健康需要评估的导向应由服务方转向需要方；2008年，WHO提出，最佳的医疗保健应该由“提供者诱导、消费者驱动”的需要所决定。总之，消费者调查强调病人自评的重要性，致力于找出更合适、有效的服务方式（Wright, Williams & Wilkinson, 1998）。

消费者调查的具体方式有病人访谈、非正式讨论、意见箱、投诉、健康讨论会、焦点小组和快速评估等（Wilkinson & Murray, 1998）。标准化的消费者调查常借助于量表进行，常用量表有Camberwell需要评估量表、主要需要评估量表（CNS）、医学研究护理需要评估表（社区版）（NFCAS-C）、觉察到的服务需要问卷（PNCQ）、需要评估量表（NAS）等，各量表适用于不同的研究类型。以Camberwell需要评估量表为例，该量表适用于评估心理问题病人的健康和社会需要，适合小样本调查，目前有12个分量表分别针对成人、学习障碍者、司法相关人员（包括罪犯）、孕妇和母亲、老年人等五个病人群体，每个量表又有两种评价版本，病人版是工作人员运用结构性访谈的方法搜集病人心理健康服务需要方面的信息，工作人员版是工作人员评价自身对病人心理健康服务需要的看法。基本版均包括住房、饮食、自我照料、身体健康、心理症状和抑郁等22项需要评价指标，近期发展的某些版扩展至26项指标（Phelan et al., 1995；Slade et al., 1996；Trauer, Tobias, & Slade, 2008）。

2.3 需要评估的三角测量

需要评估的三角测量又名流行病学方法，指基于客观流行率、服务提供方和需要方的评价方法，认为这三方数据及其比较分析的结果能代表所要评估的需要。三方的评估指标分别是：（1）发病率和流行率，指客观上有多少人需要服务或干预；（2）现有服务，指服务方提供的服务项目、资源投入等；（3）效益和成本效益（effectiveness and cost effectiveness），指针对一项服务，公众权衡评估其受益和付出之间的关系，以此决定是否进一步寻求服务。需要评估的三角测量主要是基于各种心理健康问题的流行病学调查，同时考虑现有服务资源及需要方的意向与支付能力，可用于决策心理健康服务的政策导向和资源配置（Stevens et al., 2004；Williams & Wright, 1998）。

需要评估的三角测量包括以下要素：（1）问题的现状及背景描述；（2）问题的分类所属，包括类别、病因和严重程度等；（3）患病率和发病率；（4）服务的效益和成本效益，即现有服务及费用；（5）服务量化模型，由于患病率和发病率预测了客观需要，效益和成本效益预测了主观需要，就有可能存在一个简单的服务需要公式，找出需要和供给之间的逻辑关系；（6）确立结果评价、审计方法和目标；（7）确立优先权，指出研究应重点放在哪些特定地区。需要评估的三角测量强调了服务需要方的得失权衡，并认为在（成本）效益和流行率数据缺失的情况下，公众可通过两种简单的方式来确认自身需要（Williams & Wright，1998）：（1）比较法，（comparative approach）指从地域比较的视角，将所在地区和其他地区接受服务的群体进行对比，如 Tempier 等人基于流行病学的资料比较了加拿大和澳大利亚居民在心理失调和心理保健方面的差异（2009）；（2）整合法（corporate approach）是根据多重比较的视角，以专业人士、政府、公众的要求和愿望为出发点，从服务方（普通从业者、专业医疗人员、公共健康医生、服务部门管理者、志愿机构、社区健康顾问）与需要方（公众 、病人）搜集信息对心理健康服务需要进行综合评价。比较法和整合法是两种相对粗略的评价方式，常作为正式研究的补充工具以提高研究效力（Stevens & Gillam，1998；Stevens et al.，2004）。

2.4　构建统计模型

构建统计模型是借助于统计分析，估计心理健康服务对增进健康的边际贡献，评估心理健康服务需要及其影响因子的方法。该方法认为，构建统计模型可推进心理健康服务需要研究向纵深方向发展，并寻找其他方法无法发现的一些潜在关系。主要在两个层次上进行：宏观分析，以县、州，甚至国家为基础，常用死亡率、发病率、流行率作为衡量指标；微观分析，以个体为基础，使用总体心理健康自评、某种心理问题发生情况以及近期（例如两周或者本月）心理状况等指标来分析（王红玲，2001）。

构建统计模型主要有三种具体模式。（1）基于使用率的社会指标模型（social indicator models based on utilization），指通过多元回归模型在众多人口学变量中筛选与入院率呈高度相关的变量。一般由某地区入院率和人口普查数据建构统计模型，可用于诠释保健不公（inequality of health care）、社会剥夺（social deprivation）等现象。该模型常用于预测医疗服务需要与需求量，如申俊龙和徐州在考虑人口规模和老龄化基础上计算出2020年南京市的住院服务和门诊服务需要量（申俊龙、徐州，2009）。（2）基于流行率的社会指标模型（social indicator models based on prevalence），以流行率为参照建立社会学变量和心理健康服务需要之间的统计模型，鉴别哪些社会学变量和心理健康服务需要有关。如 Ciarlo 和 Tweed 分析了心理健康服务需要与精神疾病流行率发现，贫困和离婚与男性精神失调、功能丧失、道德颓废有密切关系（1992）。（3）基于资源配置的社会指标模型（resource allocation using social indicator models），指根据某地区的人口数量、结构（年龄、性别、婚姻状况等）和社会经济分层，推断该地区的心理健康服务需要和利用情况（Aoun，Pennebaker，& Wood，2004；罗鸣春，2010）。

2.5 总人口调查

总人口调查指采用流行病学方法对某一地区进行横断面或纵向调查，从中抽取心理健康状况信息，提供相对准确的发病率和流行率的统计数字，以此估计心理健康服务利用状况。总人口调查的基本理念为，某个地区的发病率和流行率代表了该地区心理健康服务需要的压力，可用于确立高危（at-risk）人群，是心理健康服务需要评价的出发点。

总人口调查主要基于目标群体（如药物滥用、精神分裂症、抑郁等群体）觉察到的需要，通过大规模问卷调查对目标群体满足和未满足的需要进行调查。总人口调查适合国家或地区层面的探索性研究，对外部效度要求较高，在样本大小、取样方法和调查工具上须谨慎选择。标准化的总人口调查至少涵盖两类信息，以Tom、Dimitri、Juli和Sabine对欧洲药物滥用者的回顾性研究为例（Decorte et al.，2009）：（1）方法（methodological）信息，包括全国对照取样、常规特性（研究背景、分析水平等）、研究人员特征、目标群体特征、取样方法、取样特征等；（2）内在（intrinsic）信息，包括目标群体的确立、药物滥用的流行率及测量工具、药物使用的频率与数量、个体的社会人口学与经济学特征、生活环境、生活方式、态度和信念等。因而，总人口调查中心理健康服务需要的指标也就相应主要由某种心理健康问题的方法信息和内在信息构成，如流行率、发生频率与次数等（Williams & Wright，1998）。

3 评价与反思

心理健康服务需要的概念异常复杂，以往的研究对此争议颇多，主要体现在以下两方面。第一，是否应该把现有服务资源纳入服务需要的定义框架。以往有些研究对服务资源不做要求，如科学家视角的评价在于找出客观的患病率数据；而有些研究必须考虑现有设施、资金与技术等资源，如医生和执政人员视角的评价在于为居民提供切实可行的服务。因此，文中强调，在界定一项心理健康服务需要时，须明确某种评价视角（科学家、医生、执政人员或其他）。第二，如何区分心理健康服务的需要与需求。借鉴“医疗服务需要和需求”的概念对心理健康服务需要和需求进行了界定，很好地解决了“服务资源”和“需要与需求的争议”问题。然而，这种界定把评价视角纳入心理健康服务需要的概念，并以服务利用区分出心理健康服务需求，其普适性及理论和应用价值仍需进一步探讨。

关于心理健康服务需要的评估方法，以Aoun、Pennebaker和Wood的研究为基础提出的五种方法几乎涵盖了所有的评价视角，包括临床医生、心理障碍患者、执业者和科研人员等,从不同角度说明了如何评估特定或一般人群的心理健康服务需要。然而,一些基本问题仍然存在。第一,五种评估方法对心理健康服务需要内涵的理解各不相同,有些甚至存在偏颇。例如构建统计模型的方法将资源使用率纳入模型,混淆了心理健康服务的需要和需求,而需要和需求正是所要评估的核心概念(Williams & Wright,1998)。第二,已有研究主要使用了元分析、构建统计模型 、问卷或量表调查等技术,研究方法的局限性限制了评估结果的有效性和可信度。其中元分析技术往往追求资料完整性,参与分析的信息非常有限,统计模型的构建对需要本身、资源配置与应用等关注过少,问卷或量表的项目及水平数固定,可能漏掉许多有用信息等(Aoun,Pennebaker,& Wood,2004;Fitzpatrick et al.,2010)。第三,研究对象的局限性。群体调查发现,所选诊断群体是影响心理健康服务需要评估结果的重要因素之一(Joska & Flisher,2005)。使用以上五种方法所选择的评估对象大多是高度筛选的同质群体(如精神病患者、药物滥用者等),即便如此,他们的心理健康服务需要也千差万别,但所接受的评估只是有限的几项,存在严重的混淆和选择偏差。

无论是概念还是评估方法,心理健康服务需要都还面临着一个较大的问题,即由于长期形成的"重治疗轻预防"的惯性模式。已有研究主要关注了心理障碍群体的服务需要,较少关注健康和亚健康群体的需要。根据黄希庭、郑涌、毕重增和陈幼贞对心理健康服务模式的分类(医学模式、教育模式和社会模式),对心理健康服务需要的研究多属于医学模式,教育模式和社会模式的研究相对较少(黄希庭等,2007)。当前,随着社会经济水平的发展,人们的物质需要基本得到满足,心理健康服务需要逐步突显,亚健康群体的心理健康问题逐渐得到重视,同时,我国学者提出了以追求幸福生活为目标的"幸福进取者"概念(黄希庭,2004),他们的心理健康服务需要研究关注的不是治疗心理疾病,而是维持心理健康、促进身心和谐及养成健全人格。健康和亚健康群体所构成的普通人群占人群的绝大部分,他们对心理健康服务的渴望亟待关注。因此,如何界定和评估普通人群的心理健康服务需要,更好地维护和促进全人类的心理健康,这是未来研究尤其值得关注的方面。

合作者:杨帅、李琼、苏丹、崔爱善。原文载于《西南大学学报(社会科学版)》2011年第3期

健康信念的研究取向与展望

1 引言

健康是人类生存和发展的基础，是人类获得幸福的基本前提。世界各国家在现代化进程中都会经历一个健康模式转变的过程，即人们的健康状况发生很大变化——出生率和死亡率降低、期望寿命增加、人口老龄化导致慢性病的发病率和死亡率增加。而影响我国人群健康的主要疾病，也已由传染病逐步转变为非传染病（冯显威，2012）。从多学科、多层次、多角度出发的生物—心理—社会医学模式已被广泛接受，心理和社会因素在人们保持健康、防治疾病过程中的地位日益凸显，有关健康问题的研究已扩展到与健康有关的政治、经济、文化、心理等领域。怎样引导人们关注自身健康，被科学界公认为是未来几十年里值得研究的十大社会科学问题之一（Giles，2011）。

健康信念是个体所持有的一套有关预防疾病、维护健康、力求达到最佳生活状态的观念系统，即人们坚持相信的健康生活观念。它包括个人在关于什么是健康、个人健康水平的影响因素、增进健康方法以及健康的重要性等问题上所坚持的看法。健康信念是信念的一个组成部分。信念是人们坚定相信的观念，个体充分认可它的合理性、正确性（郭永玉，1995）。同所有信念一样，健康信念包含着强烈的情感（Fichter，1968），影响个体对信息的理解、建构并指导其行为，指引人们的生活方式和对环境的适应，导致不同的健康状况。信念的基础是个体对世界、自然和社会的各种观念，这些观念来自特定的社会文化（Pepitone，1994），并具有动态性。个体的健康信念是其在与所处的社会环境交互作用中形成的，已经形成的健康信念是一种相对稳定的人格特征。健康信念包含哪些内涵？具有怎样的心理结构？它是如何形成的？具有怎样的神经生理基础？这些问题都是心理学家所关注的。目前，心理学家对健康信念进行研究，主要有实证研究取向、诠释学研究取向和社会文化研究取向。

2 健康信念的实证研究取向

实证研究取向的哲学基础是逻辑实证主义。实证主义认为，一切有效的知识必须以感性经验为基础，只有感性经验才具有公共可观察性，并能通过测量加以量化，科学所需要的客观性和精确性才能建立起来。与该理论相一致，健康信念的实证研究取向有三个要点：(1)确定经验事实；(2)发现现象间的一致性，建立有关现象间的规律性理论；(3)从理论推导出那些能对未来现象加以预言的经验命题，并通过经验事实证实或证伪该理论。

实证研究取向是当代西方健康心理学的主流取向，对健康行为进行了详细、系统的研究，如Belloc和Breslow进行的一项经典研究。他们通过调查归纳出7种与健康密切相关的行为(每天保证7～8小时睡眠、不吸烟、每天吃早餐、不饮酒或适度饮酒、定期锻炼、正餐之间不吃零食、保持或接近标准体重)，并对7000名居民的这7项健康行为进行了追踪调查，发现实施7项健康行为的人的死亡率显著低于只实施0～3项健康行为的人。上述7种与健康密切相关的行为已成为许多人健康信念中的重要内容。

健康信念中的许多成分是不能直接观察到的，研究者透过对这些健康信念下操作性定义，并对可操作的行为进行测量，得出了不少有价值的结果。例如Wallston等人把健康控制源界定为个体把健康看作可控的或不可控的归因倾向，并编制了健康控制源量表(Wallston，Strudler Wallston，& DeVellis，1978)。该量表被广泛应用。其中对德国成年人的调查发现，认为健康不可控的被试，其健康行为更少，如很少锻炼、不注意口腔保健，不去听健康课程，很少系统地寻求健康信息(Grotz et al.，2011)。有研究者以问卷调查法调查了首次心梗患者住院期间及随后6个月对心肌梗死的归因及其健康相关行为，发现了两类归因方式，一类患者归因为压力和高胆固醇等不可控因素，另一类归因为不良习惯等可控因素，后一类患者更倾向于改变饮食习惯(Weinman et al.，2000)。不切实际的乐观、风险补偿等风险知觉方面的因素也有研究涉及，如Rabia等提出了补偿性健康信念，即可以通过一个健康的行为来补偿或“中和”不健康行为的负面影响(如“我运动了，那我可以吃巧克力了”)，并建构出理论框架来解释人们产生补偿性健康信念的原因及怎样运用它来调节自己的健康行为，该理论可以解释为什么人们无法坚持节食或运动(Rabia，Knäuper，& Miquelon，2006)。Radtke等编制出一个评估青少年吸烟的补偿信念量表，通过预测分析发现，青少年对吸烟有越多的补偿性健康信念，就表现出越低的戒烟意愿，补偿性健康信念可能是吸烟者解决认知失调的一种机制(2011)。

健康信念与健康行为的关系非常复杂，不是单个或几个因素就能做出预测的，于是研究者便将各种因素加以整合，形成结构化的模型。这类模型数量繁多，例如在20世纪60年代提出(Rosenstock，2005)，70—80年代不断发展的“健康信念模型”(health belief model，HBM)，其基本假设是，个体是否采取健康行为，取决于其对某种疾病所持有的一系列信念。最初健康信念包含有：疾病的易感性、疾病的严重性、行为所需代价、行为的效益及行为线索。之后为了提高预测的准确性，又先后增加了两个信念：健康动机和可知觉的控制。“保护动机理论”(protection motivation theory，PMT)的提出为健康信念模型增加了新的因素(Rogers,1975),该模型认为,害怕的作用、严重性、易感性、反应有效性、自我效能等五种信念会共同影响个体的行为意向。它较深入地分析了个体行为转变的过程,认为个体的威胁评价和应对评价共同形成保护动机,进而促使行为的发生或转变。“理性行动理论”(theory of reasoned action,TRA)和“计划行为理论”(theory of planned behavior, TPB)将个体置于社会背景中,个体对其所处的社会环境的表征也被加入模型加以测量(Ajzen & Madden,1986)。理性行动理论认为,行为意图是直接决定行为的因素,而行为意图受到个体对行为的态度(对结果的信念、对结果的评估)和主观规范(重要他人对行为的态度的信念、顺从重要他人的动机)的影响。计划行为理论则加入了行为控制因素,该因素既可影响行为意图,也可直接影响行为。“健康行动过程观”(health action process approach,HAPA)则给健康行为的认知模型加入了时间和过程因素(Schwarzer,1992)。该理论把个体从健康信念到健康行为的转变过程分为了决策/动机阶段和行动/保持阶段;在动机阶段,自我效能感、结果预期、对威胁的评估等信念促成了行为意图;在行动阶段,行动计划、行动控制与社会支持、无环境障碍等因素在自我监控下发动和保持行为。对上述模型,均有很多实证研究检验,如对588名妇女的乳房自检行为与健康信念模式的关系调查表明,易感性、代价及知识等因素与乳房自检行为相关(Champion,2010)。另一项研究中,研究者通过与患者频繁的交流来提高其对牙科疾病严重性和易感性的认识,最终发现自我效能和易感性对行为改变的预测作用最大,从而支持了保护动机理论(Beck & Lund,1981)。上述健康信念的模型和理论都整合了若干个子健康信念,它们都以操作性定义和一些题项来加以界定,这样便能够通过测量加以量化,以达到科学研究所需要的客观性和精确性。

健康信念的实证方法注重科学的可检验性,认为这种检验必须具有普遍性,它不以个别人的经验为依据,而注重检验的程序和结论,这是研究者们一致赞同的。健康信念的实证研究取向就是用经验事实来说明健康信念的特点、结构、机制,健康信念与自然现象一样服从于“普遍的因果律”(law of universal causation),其目的是按照规律对将发生的健康行为进行预言。其实,人们的健康信念丰富多彩,实证研究取向把活生生的人物化为自然之物,这样的做法可能会带来片面性。

3 健康信念的诠释学研究取向

诠释学(Hermeneutic)一词源自希腊文“hemenuein”,意为“解释”“注释”,它研究解释的技艺,是一种有关如何通过解释增进理解的学说。其代表性人物如狄尔泰[Wilhelm Dilthey,1833—1911]、胡塞尔[E.Edmund Heid Husserl,1859—1938],以及海德格尔[Martin Heidegger，1889—1976］、伽达默尔［Hans-Georg Gadamer，1900—2002］等人。诠释学家认为实证取向研究外部刺激与心理反应之间的关系，以量化的方式研究健康信念的形成规律，用归纳、假设、推论及实验和调查来加以说明是太狭窄了。人，不是某个“客体”，而是有思想、情感和理解力的“主体”。每个人的心灵生活都是独一无二的，正如狄尔泰所说，“它是只能被体验和描述，不能被定义的”（张庆熊，2010）

诠释学取向的健康信念研究涉及从经验主体的角度理解个体的健康信念，力求穷尽某一个体健康信念的所有方面，来描述和理解这个人的健康信念的特性，而不太关注两个人或与更多人之间的异同。现实生活中人们的种种行为和选择并非都是出于理性来考虑健康风险及疾病对患者的意义。每个人都是独特的，健康信念不是某种变量，而是其生命过程的经历，是患者及其家庭对疾病的经验。因此健康信念的诠释学研究取向把目光投向个人的健康与疾病体验。Donnelly在多年临床观察中发现，病人及其家属在经历慢性疾病的过程中，对疾病经验的理解有其独到的见解，表现出惊人的韧性和个人成长，并认为这些观念还能用来指导护理人员的实践（1993）。Donovan和Blake对首次就诊的关节炎患者进行了追踪访谈，询问了他们的患病体验、患病对生活的影响等，结果发现，他们中的一些人之所以不能坚持服药，其原因是不愿意正常生活被服药或康复训练所破坏，他们坚持自己在治疗中应有所作为（1992）。

一些研究者通过深度访谈发现，个体的健康信念不仅仅有以身体为中心的意义，患者还透过身体从更广阔的角度来对其进行理解；健康信念的内涵并不局限于个体身体的认知，还包括价值观、世界观的改变。发现长期的痛苦和不适对个体关于身体、自我与世界的联系的概念带来严重冲击。包括破坏个人最基本的时间感——推翻了个体对于时间和未来的各种设想；改变了个体对身体的认识，有的还出现了身体的疏离感（Dennison，1996）；改变了个体与他人的关系，致使个体与周围的人在生活、交往方式上发生了变化且体验到孤独。例如Stein报告了助理家庭医生对一名慢性疾病患者进行干预的个案：令人沮丧、难以控制的糖尿病影响到患者生活的方方面面——婚姻、人生阶段、家庭、宗教、职业、经济，以及对医生的选择，Stein最终发现，患病给个体带来的最主要的痛苦是，让个体体验到衰老而产生的失落感和悲伤感（Stein，1992）。不少研究发现，如果能够转变慢性病患者的人生体验，使其不再纠结于患病的身体，而是转向于关注生活中的情感、心灵、社会等方面，其结果是患者会更欣赏生活、更爱人们，更能安慰和帮助他人，出现一个全新的心灵状态（Paterson et al.，1999）。Herzlich通过长期的访谈归纳出个体对疾病的多种感知方式：疾病是一项“职业”、疾病是“破坏者”、疾病是“解放者”（1973）。表明人们用各不相同的复杂的方法解释疾病，有时甚至自相矛盾。人们的健康信念是多种多样的。

世俗健康信念是朴素的，而不是健康的科学解释的简化版，与科学理论不同，其重点是连贯的描述，而不是测量看不见的变量。一项经典研究对美国南部农村70名老年人的深度访谈发现，一组有关保持健康的主题（包括七个主题）——正确的饮食、饮水、锻炼、保持忙碌、与人一起、信任神参加教会、好好照顾自己，可归为四类：平衡和节制、整体的健康观、社会平等和个人责任（Arcury，Quandt，& Bell，2001）。这些老年人的健康信念包含了生理、心理、心灵和社会等方方面面，这使他们能保持健康，保持社会活动的能力。Hughner和Kleine对1983—2003年间的Medline、Sociological Abstracts和Psychinfo中收录的普通大众的世俗健康观进行了研究，归纳出关于健康的18个主题：健康是没有病症、健康是功能健全的能力、健康是平衡、健康是自由、健康是约束、通过冥想或祷告可获得健康、健康有赖于心态、通过工作获得了健康、宗教和超自然的解释、通过仪式获得了健康、健康是一种道义责任、透过内部监测获得健康、自我责任、健康作为政策和制度、现代生活方式、健康是遗传的、健康的价值和地位，以及健康信念与行为之间的差距。他们还将这些信息进一步分为四个类别：健康的定义、对健康的解释、冲击健康的外部因素或无法控制的因素，以及健康在人们生活中的地位（2004）。

文本是诠释学的重要概念，人类所有的活动及活动的产物都可当作文本进行诠释。在中国民间广泛使用的健康谚语历史悠久、简洁通俗、饱含经验和智慧，可视为健康信念领域的重要文本，对其进行阐释是深入理解民众健康信念的一个途径。我国一些学者进行了这项工作，如温长路对健康长寿民谣谚语进行了挖掘，把这些谚语分为环境—精神、健身—养生、食物—药物、医疗—防病四类，进行分类整理、逐一阐释，并运用中西医药理论进行了论证（2010）。高山英等把健康谚语归纳为心理健康、防病治病、良好习惯、膳食保健、果蔬养生、对症用药、体育锻炼及其他等八个方面并进行了解释（2006），如“养生先养德”说明道德修养对人体健康的重要意义，“食补不如神补”道出了维护精神健康对保障人体健康的巨大作用。对一些不正确的、过时的谚语进行了辨析，如对“男儿有泪不轻弹”从现代医学的角度阐明了压抑情绪对人体健康的损害。通过此类分析发现，民间流传的健康谚语既有合理性，也有自相矛盾的部分，它们对人们延年益寿、强身健体的活动给予了指导，同时也反映了健康信念的多样性和动态性。

诠释学的健康信念研究取向反对把人视为机器、把人简化为变量之间的关系的理论，主张以整体的人为出发点，而不是以凭空假想为起点，从而为健康信念的研究提供了富于启发性的有价值的观点。人们的生命如同诗一样，难以完全透彻地解释（舒尔茨，2011）。这就要求我们从个体的多种影响因素、多种生活动机交互作用的角度，找出更具说服力的资料，更合乎逻辑地一次又一次地解释，这样才可能对健康信念有更深刻的理解。

4　健康信念的社会文化研究取向

社会性是人的本质属性，人的行为都具有社会意义，健康行为也不例外。社会文化取向关注社会文化因素（个体所处的文化、亚文化环境以及社会结构、社会制度等）怎样影响个体心理与行为的形成过程。认为人们的心理与行为模式取决于他们所归属的特定文化模式和所承担的社会角色，社会文化被视为健康信念的重要来源。1970年代以来，越来越多的研究者突破个体认知，把复杂的社会生活纳入关于健康的讨论。研究方法则不拘于量化或质性研究，实证研究和诠释学研究都有。

Zola进行了一项开创性研究，他对美国的爱尔兰裔和意大利裔门诊患者进行了访谈，发现两个族群理解和交流健康问题的方式有差异，且在就医前都曾利用民间转诊系统，于是进而提出在求医决定方面，社会对症状的反应比症状本身更为重要，并在后序研究中归纳出影响患者就医决定的个人和社会因素，包括从人际危机（如亲人去世）到应该结束症状的感觉等五个因素（1973）。人们的疾病体验及是否就医、何时就医的决定一定程度上取决于其所从属的文化，受社会结构制约，是在和他人相互影响的社会生活中形成的社会产物（Pescosolido，1991）。问卷调查研究的结果也发现，在健康观的认知构造上存在着文化差异，即健康观受所置身的文化背景、社会环境的影响（张日昇、生熊让二、于泳红，2005）。Durie对新西兰毛利人的健康观的研究发现，其传统健康观与西方的健康观很不一样。毛利人认为，健康这个概念是由生活中的四个基本信念组成，每个都同等重要，它们共同支撑起健康：一是心理健康，它包含思想、感觉和行为，毛利人的健康思维是关于关系的，他们认为情感交流非常重要，超过了言语；二是精神健康，他们认为这是健康的基本必要条件，没有精神意识的个体是有病的；三是身体健康，他们认为身体是神圣的世界的一部分，与世界有着复杂的关系，传统的治疗实践既处理症状也注意恢复潜在的不平衡；四是家庭健康，他们认为维持家庭关系、照顾老小是生活中的重要部分（Stopforth，2005）。

健康信念受文化影响已是普遍共识，社会建构论者更进一步强调社会文化的决定性影响，关注人们作为社会或文化群体中的一员所做的实践，而非一个自主个体。提出人们以语言为途径建构现实，在特定的社会群体中，人们共享的某种说话方式在日常生活中被用来建构一个共享的现实，而健康、疾病、行为举止都是在语言的使用中建构的。因此个体的健康信念不是个人的特性，而是通过语言和多重环境背景与同一文化背景内的他人共享。如Herzlich和Pierret在研究中宣称的文化表征被编织成共同的思维模式，以形成疾病的社会现实观念（1987）。默里（Murray）等对加拿大二战后婴儿潮时出生的一代人进行了访谈，发现他们对健康和疾病有特定的社会性叙述，都注重生活方式和自我保健。默里等指出,这样的健康信念是来自个体与各时期公共健康信息的互动——包括1974年颁布的健康促进文件中确定的健康的四个方面(人类生理、环境、生活方式、卫生保健),1984年加拿大全民免费医疗的实施,1990年代财政紧缩导致免费医疗服务范围的缩小(Murray, Pullman, & Rodgers, 2003)。在一项对英国健康和生活方式大型的、综合方法的研究中,研究者也发现人们对健康、病因的看法是特定社会的历史的产物。尽管问卷调查的结果显示,受访者认为行为是疾病的主要原因,对疾病过程的理解原则上与先进的权威的医学解释无异(Blaxter, 1983),但当对同样的受访者进行访谈时,他们给出了更个人的具有当地文化特点的解释,如发现了认为现代都市生活不健康的观点,但这类观点很少有一个确切的含义,研究者认为是受媒体和文化表征的影响(Blaxter, 2002)。

社会文化并非一成不变。要讨论社会文化的影响,文化的变迁与时代性是不可忽视的一个维度。在人类历史上,很多文明中都存在健康与社会、自然环境相关联的信念,关于疾病及其潜在的治疗措施也有各种各样的信念。而自18世纪以来,实验研究的成功使还原论的、依靠技术的"正统医学"占据了主导地位。在过去的一百年里,医学取得的巨大成就深刻地改变了人们对机体本质及其与疾病斗争机理的理解(王一方、张大庆,2000)。大众认为国家应对医疗行业负责,而个人的健康信念则演变为患病就要求医。正统医学具有过大的权威而降低了人们使用多种方法应对疾病、保持健康的自主性和自由度。直到20世纪五六十年代后,医源性疾病增加,对癌症等慢性病以及其他退行性疾病研究进展缓慢,动摇了人们关于只依靠医学就可以防治疾病的乐观信念。尽管认识到了医学化倾向的不利影响,并对其有一定的反思,但相信并期望通过药物改善健康状况的信念仍是现代性的一个突出特征。

西方一些理论家讨论了在当代后现代社会中,"健康"对人们的同一性建构的意义,认为健康已成为一个"主流文化主题"(Williams, 1998)。在这个缺少安全感的时代,人们通过重视生活方式和自我提升的实践,让身体和心理成了"控制场所",从而能得到一些微小的控制感和安全感(Shilling, 2012),"健康"因此成为人们感知到的"健康生活"中不可缺少的一种目标。同时,健康也与道德品质联系在一起了,因为它反映了人们认为什么是健康的、正确的和负责任的的观念。当前人们的健康信念渗透着自律、自我否定、自我控制、意志力等观念,健康的状态是健康自我、道德自我和责任自我在躯体上的最重要的表现。反之,非健康及风险行为隐含的价值观和意义则象征着失控、健康状况糟糕、道德低下、没有责任心等。而在我国,姚泽麟通过深度访谈等质性研究,发现当前农村居民的健康观念、行为模式与其上一代人及他们自己在改革开放前有明显差异,健康的工具性色彩已经明显淡化,健康成了他们享受生活的一部分(2010)。

社会文化取向关注社会、文化和历史背景在健康信念中所扮演的角色，使健康信念这个概念更加丰满、全面。这是一种把某种社会文化群体作为研究对象的阐释视角，从而在使我们了解到个体健康信念的独特性之外，还了解到个体健康信念的社会文化属性。社会文化的发展也促使个体健康信念的发展。

5　展望

健康信念是一个开放的观念系统。任何一个系统都可以从不同的维度对其进行分析（黄希庭，2014），用单一的方法和视角无法全面了解。健康信念的实证研究取向，从把说明、经验观察以及对理论的经验证实相联系的角度来探究决定个体健康状况诸因素的数据，并构建了众多模型；健康信念的诠释学研究取向，从意识与语言的关联性、语言与生活方式的关联性的角度，用描述阐释的方法来研究健康信念问题；健康信念的社会文化研究取向，则强调社会文化因素在健康信念的形成、发展中所扮演的角色。这三种研究取向侧重点不同，并且各具特色，但也都有不足之处。

健康信念的类型、形成、作用机制都有待深入探讨，应把实证研究取向和诠释学研究取向、量化研究方法和质性研究方法结合起来研究。同时，对中国社会、文化和历史背景的关注贯穿始终。任何实证研究都应在特定的理论假设指导下进行，研究者首先要对健康信念做出推论，要进行这种预测需要深入真实的个体，以诠释学的视角进行详细的考察。因此首先需要采用深度访谈法鼓励被试自由交谈，探索个体复杂而精细的健康信念。中国传统文化中对人的理解强调“天人合一”（黄希庭，2004），反映出中国传统哲学在看待身与心、人与自然、人与社会的关系上与西方不同的思维方式，而这些特点也反映在中国人的健康信念中，如阴阳平衡、形神统一、天人统一（赵利、陈金泉，2003）——把人的身心活动的整体状态及其与自然界的关系作为一个相互联系的整体，来认识其运动变化过程，把握健康（李灿东等，2011）。这些被中国人世代传承的健康信念，深入生活的各个角落。如人们用阴阳、气血等概念理解和描述身体状态，上火了清热，气虚了补气；使用按摩、针灸等物理疗法治疗疾病；注重根据季节变化适时进补；也懂得生气伤肝、药补食补不如心补等心身健康观念。我们认为，开展研究时，应在访谈中注意这些内容，梳理出反映中国人独特健康信念的系统，及其在西方正统医学主导的医疗体系中对民众的健康所扮演的角色。然后，再通过实证研究检验推论和预测的正确性、恰当性，即在分析解释访谈资料的基础上对健康信念进行分类，编制测量健康信念的量化工具，使用量化工具施测，考察健康信念与身心健康的关系，并发现两者间的影响因素，从而建立健康信念与健康状况的关系模型。

合作者：苏丹。原文载于《西南大学学报（社会科学版）》2014年第4期

中国成年人多维度健康信念量表的编制

1 引言

健康信念是个体持有的一套关于预防疾病、维护健康、力求达成最佳生活状态的观念系统,是人们所坚信的健康生活观念。它包含个人对什么是健康、影响个人健康水平的因素、增进健康的方法、健康的重要性等问题的看法(苏丹、黄希庭,2014)。信念不同于一般观念,人们采纳一些观点并不仅仅是为了理解世界,同时还为了满足心理和社会生活的需要(Jervis,2006)。因此健康信念能影响个体对信息的理解和建构,进而指导其行为,指引自己的生活方式和对环境的适应。持不同健康信念的个体会导致不同的健康状况。

国民健康水平是国家综合国力和国家竞争力的一个重要成分,是影响国家社会与经济发展的一个重要战略因素。因此全民健康成为世界各国社会发展的重要目标,也是各国实施人才发展战略的重要前提(中国医药卫生事业发展基金会课题组,2009)。2013年11月11日,国家卫生计生委通报的我国居民健康素养水平监测状况显示,近年来,我国不同地区和人群的健康素养水平有较大提升,但仍存在城乡、地区和人群差异,健康知识尚不能有效转化为健康行为。同时国家卫生计生委还表示,将大力开展全民健康素养促进行动,加强重点地区、重点人群、重点领域健康教育与健康促进工作。促进国民健康需要个体层面和社会层面的共同努力,如何支持和促进个人与社会共同承担保健责任,倡导健康生活方式,提高国民健康意识和技能,心理学家对健康信念的研究可以提供重要的参考。

心理测量法不仅可以用来探讨能力、气质、性格,而且能用来研究态度、感情和信念,探究其结构、机制和机能。目前国内外已编制出一些测量健康信念的量表。例如Bishop和Yardley在世俗健康概念定性研究的基础上编制出健康信念量表(Wellness Beliefs Scale,WBS)用以测量普通人关注的健康不同方面的重要性(2010)。该量表共21个题项,包括三个方面:无疾病的健康、执行日常活动的能力、活力和平衡的经验。Downey和Chang编制的大学生版世俗健康概念调查表(Lay Concept of Health Inventory,College Student Version)(2013),包含35个题项,测量大学生社会情感健康、积极健康实践、无压力和焦虑、充分休息等健康因素。张日昇、生熊让二和于泳红调查了中国和日本的大学生,编制了50个题项的大学生健康观问卷(张日昇、生熊让二、于泳红,2005),用来测量中日两国大学生的健康认知结构。郝志红和梁宝勇(2012)编制的中国成年人健康信念量表测量中国成年人健康可控性和合理性,其题项来自中华人民共和国卫生部编制的《中国公民健康素养———基本知识与技能释义》(2008)一书,从公共健康管理的角度反映民众的健康信念。从上述我们在文献里能够检索到的测量工具来看,这些量表对于我们编制中国成年人健康信念量表有一定参考价值,却不能直接移用来测量我国成年人的健康信念。其理由是:(1)健康信念与人们所处的社会发展水平、经济状况、生活方式,甚至人的世界观、价值观、生命意义等都有密切关系,国外成年人健康信念量表和大学生健康信念量表显然测量不出中国成年人真实的健康信念。(2)国内虽然有郝志红和梁宝勇编制的中国成年人健康信念量表,但该量表的题项却来自中华人民共和国卫生部编制的《中国公民健康素养——基本知识与技能释义》(2008)一书,而该书是经专家筛选后的民众健康信念,是否是民众的真实想法可以质疑,因为有研究表明人们的想法并不遵循专业知识(Hughner & Kleine,2004),大众信念和医学知识之间存在鸿沟(Good,1993)。该量表把健康信念分为可控性和合理性维度也仅仅是一种视角。其实,健康信念是一个开放的观念系统,我们可以从不同维度对它进行分析(黄希庭,2014),随着我国物质文明、精神文明、政治文明、生态文明建设的发展,国民的健康信念也会发生变化。因此,编制出一种更加贴近民众、贴近时代,适合中国成年人的多维度健康信念量表就显得十分必要。这也是本研究的目的。

2 前期调研与初编问卷

2.1 深度访谈和开放式问卷调查

采取目的性抽样,抽取能够提供较大信息量的成年人,共深度访谈21人。其中女性14人,男性7人;18~29岁6人,30~39岁6人,40~49岁2人,50~59岁1人,60岁及以上6人。其职业身份有学生、教师、职业经理人、私营企业主、公司职员、家庭主妇、服务业人员和退休人员等。访谈提纲包括"请你说说怎样才算健康,健康意味着什么,哪些人是健康的,你自己健康吗,并举例说明""请你说说你追求健康吗,人们追求健康是为了什么""怎样能增进健康?你曾采取哪些方法、哪些途径来增进健康?"等。在访谈中问题尽量开放,凡是涉及健康的话题都让受访者尽兴地谈,内容不限,时间不限,访谈时间在40至120分钟不等,全程录音。

开放式问卷调查题项为"一个非常健康的人有哪些特点?请用简短的句子描述,尽可能多地列举(至少十项)"和"怎样做能够保持健康?请用简短的句子描述,尽可能多地列举(至少十项)”,每个题项后设15个空行,供被试填写。同时填写人口统计学数据。其中,一部分被试($N=82$,43.4%)由研究人员在社区当面发放纸质问卷,另一部分被试($N=107$,56.6%)通过互联网发放电子版问卷。补充告知,参加的是一项关于健康意识的调查,要求其根据自己的真实意见作答,尽可能多地填写。收回有效问卷189份。答卷者中男性85人,女性104人;年龄18岁至86岁,其中18~25岁112人,26~30岁31人,31~40岁11人,41~50岁11人,51~60岁16人,60岁及以上8人;来自28个省、自治区、直辖市;学历小学3人,初中20人,高中、中专29人,大专16人,大学本科100人,研究生及以上21人。

采用QSR Nvivo 8.0质性分析软件对深度访谈和开放式问卷调查资料进行分析,以被试所使用的一个特征或一个行为作为一个基本分析单位进行开放式编码。对于健康的含义、健康的人的特点、增进健康的行为等进行逐句编码,采取完全开放式的态度,分析原始资料时不使用理论框架,以原始资料中的关键词为基础进行编码。关于健康概念得到160个节点,健康途径得到172个节点。

2.2 初编问卷

以健康概念的160个节点制作健康概念评级问卷,要求对“以下说法是否符合您对健康的理解”进行11级评分。为防止疲劳,将节点随机分成了两份问卷,每份80条。通过网络调查平台发放,被试使用个人机算机(PC)或手机填写问卷,调查被试211名,收回有效问卷139份。以个体为单位,将每名被试在每个题项上的评分数据转换为标准分后求平均分,作为每个题项的评分,得到标准分大于0的题项共85个。

以健康途径的172个节点制作健康途径评级问卷,要求对“以下说法对健康的重要性”进行11级评分,填写人口统计学数据。为防止疲劳,将节点随机分成了两份问卷,每份86条。通过网络调查平台调查被试199名,收回有效问卷154份。以个体为单位,将每名被试在每个题项上的评分数据转换为标准分后求平均分,作为每个题项的评分,得到标准分大于0的题项共98个。

3 问卷初测

3.1 问卷施测

初测问卷题项来自深度访谈和开放式问卷调查。其中健康概念的题项从精简后得到的85个节点中选取抽象程度较高的条目32项,健康途径的题项从精简后得到的98个节点中选取抽象程度较高的条目38项;量表设置1项质量监控题项。共71个题项,无反向计分题项。量表采用利克特量表(Likert scale)5点计分,从“完全不相信”到“完全相信”评定为1至5分。

通过网络调查平台调查,告知被试参加的是一项关于健康意识的调查,要求其根据自己的真实意见作答,同时填写人口统计学数据。调查被试368名,收回有效问卷362份。有效问卷答题者中:男性173人,女性189人;年龄18~25岁60人,26~30岁71人,31~40岁109人,41~50岁102人,51~60岁14人,60岁以上6人;来自26个省、自治区、直辖市;居住地农村21人,乡镇45人,城市296人;学历初中及以下3人,高中、中专17人,大专48人,大学本科260人,研究生及以上34人。

3.2 项目分析

经项目分析,排除质量监控题项,全部70个题项的区分度合格,27%高低分组组间均值差异t值达0.01显著性;可靠性分析都合格,计算各题项分数与总分数的相关,全部70个题项均大于0.40;计算题项的内部一致性系数,全部70个题项修正的项目总相关均大于0.40。

3.3 探索性因素分析

KMO统计量为0.97,Bartlett球形检验数据达到0.01以上显著水平,说明数据适合做因素分析。使用主成分分析法与Proma x斜交法进行因素提取和旋转,根据:主要因素载荷小于0.45、在两个及以上因素的载荷都大于0.4、在两个因素上的载荷差值小于0.25、因素包含的题项小于3个的标准删除题目,最后得到4个特征值大于1的因素,累计解释总体方差62.5%。初测问卷探索性因素分析结果详见表1。

因素一主要涉及个体在社会中、与他人相处时如何调整心理、保持健康,命名为“德性修养”(virtue cultivation);因素二主要涉及个体保持健康的行为习惯,命名为“健康行为习惯”(health behaviors and habits);因素三主要涉及没有疾病等影响正常生活功能的健康问题,命名为“无疾病征兆”(absence of illness);因素四主要涉及个体适应周围,有较好的生活状态,命名为“适应和享受”(adaptability and enjoyment)。

表1　初测量表题项的因素载荷

		成分			
		1	2	3	4
T61	与人为善	0.92			
T19	感恩	0.90			
T44	帮助他人	0.80			
T29	宽容	0.77			
T36	有道德	0.73			
T32	淡泊名利	0.67			
T58	信任朋友	0.65			
T33	关爱家人	0.63			
T11	运动锻炼		0.83		
T59	保持规律的作息休息		0.81		
T51	饮食规律		0.74		
T10	营养均衡		0.74		
T01	劳逸结合		0.72		
T21	戒除致病习惯		0.71		
T34	纾解压力		0.66		
T27	保持良好心态		0.65		
T02	不容易得病			0.79	
T06	没有疼痛			0.79	
T30	体检各项指标合格			0.78	
T53	没有任何疾病			0.77	
T24	气色好			0.67	
T25	没有心理疾病			0.45	
T67	适应环境				0.82
T62	享受生活				0.77
T64	生活充实				0.71
T49	生活自立				0.7
T48	充满激情				0.63
T28	人格完善				0.54

注：提取方法——主成分法，旋转法——具有Kaiser标准化的倾斜旋转法

4 量表复测与信效度检验

4.1 信度检验

以初测数据对正式量表进行内部一致性信度检验，各维度及总量表的α系数见表2。

表2 正式量表的内部一致性系数

信度指标	德性修养	健康行为习惯	无疾病征兆	适应与享受	总量表
α系数	0.92	0.89	0.84	0.89	0.95

重新随便抽取40名被试对量表做四周重测信度检验，所得的重测信度 r_{tt} 结果见表3。

表3 重测信度系数

重测信度系数	德性修养	健康行为习惯	无疾病征兆	适应与享受	总量表
r_{tt}	0.86	0.83	0.88	0.82	0.9

4.2 效度检验

使用正式量表及其他效度量表，通过网络调查平台调查被试379名，收回有效问卷367份。有效问卷答卷者中男172人，女195人；年龄18～25岁94人，26～30岁85人，31～40岁133人，41～50岁42人，51～60岁11人，60岁以上2人；来自27个省、自治区、直辖市；居住地农村32人，乡镇48人，城市287人；学历初中及以下14人，高中、中专19人，大专60人，大学本科226人，研究生及以上48人。

4.2.1 验证性因素分析

使用Mplus 7.0对健康信念四因素模型进行验证性因素分析，结果见表4。各拟合指标符合测量学相关要求，表明健康信念量表结构效度良好。

表4 健康信念量表验证性因素分析拟合指标

χ^2	*df*	χ^2/df	TLI	CFI	AIC	BIC	SRMR	RMSEA(90%CI)
670.19	344	1.95	0.9	0.91	18712.26	19064.26	0.06	0.051(0.045,0.057)

4.2.2 效标效度检验

以健康行为作为效标。美国护理学家Pender于1987年编制，1996修订的健康促进生活方式量表（Health-Promoting Lifestyle Profile Ⅱ，HPLP-Ⅱ）用于评价人群的生活方式水平，作为健康促进行为操作性定义的测量工具。该量表采用1～4级评分法，量表总分52～208分，得分越高，表示其健康促进生活方式水平越好。量表共52个条目，包括6个方面内容：健康责任、自我实现、营养、人际关系、压力应对、运动。国际、国内研究数据已显示该问卷具有良好的信度、效度，该量表中，总量表的α系数为0.97，各分量表的α系数在0.81～0.92，可用于检验健康信念量表的效标关联效度。

因本研究中的多个变量为同源性数据，在进行各变量的相关分析之前，首先对2个变量（健康信念和健康促进生活方式）共十个维度一起进行验证性因素分析，以检验其共同方法偏差（Dulac et al.，2008）。结果发现，多因素模型（健康信念四因素和健康促进生活方式六因素）各项拟合指数优于单因素模型和二因素模型（健康信念和健康促进生活方式），表明各变量间并无显著共同方法偏差，各模型拟合指数见表5。

表5　共同方法偏差的模型比较

因素	χ^2	df	χ^2/df	TLI	CFI	AIC	BIC	SRMR	RMSEA(90%CI)
单因素	8654.95	3080	2.81	0.55	0.56	52897.36	53801.76	0.107	0.075（0.073，0.077）
二因素	6499.91	3079	2.11	0.73	0.73	50554.65	51462.82	0.07	0.059（0.057，0.061）
多因素	5023.31	3035	1.66	0.84	0.84	49036.16	50110.13	0.057	0.045（0.043，0.047）

分别计算健康信念各因素与健康促进生活方式各因素及总分的相关（见表6），除健康信念的健康行为习惯因素与健康促进生活方式的责任因素相关不显著，健康信念其他各因素与健康促进生活方式其余各因素及总分相关系数在0.22～0.44，是中等程度相关，符合测量学相关要求，健康信念量表效标效度合格。

表6　健康信念各因素与健康促进生活方式各因素及总分的相关

健康信念因素		德性修养	健康生活习惯	无疾病征兆	适应与享受
	M(SD)	4.07(0.59)	4.42(0.43)	3.76(0.66)	3.98(0.58)
健康责任	2.38(0.61)	0.27^{**}	0.1	0.34^{**}	0.28^{**}
自我实现	0.96(0.55)	0.40^{**}	0.36^{**}	0.40^{**}	0.39^{**}
营养	2.71(0.56)	0.32^{**}	0.27^{**}	0.40^{**}	0.31^{**}
人际关系	2.87(0.49)	0.34^{**}	0.32^{**}	0.38^{**}	0.34^{**}
压力应对	2.88(0.54)	0.34^{**}	0.33^{**}	0.39^{**}	0.38^{**}
运动	2.67(0.70)	0.28^{**}	0.22^{**}	0.40^{**}	0.31^{**}
健康促进生活方式总分	2.74(0.51)	0.37^{**}	0.29^{**}	0.44^{**}	0.38^{**}

注：$^{**}p<0.01$

5　讨论

本研究结果表明，中国成年人多维度健康信念量表包含四个维度：德性修养、健康行为习惯、无疾病征兆、适应和享受。信念系统的组织不根据逻辑规则，而是依赖情感体验、需要、意义等个性化的心理规则，因而结构松散、内容开放，包含大量情景材料——来自个人经验、民间传说或各类宣传的信息，与专业知识有很大的不同。因此，在探索健康信念结构之初并未设定理论框架，量表题项以深度访谈和开放式问卷调查的资料为主体，且最初收集到的题项经过了各地区不同年龄段民众的评级，筛选出认同度高的题项，保证了题项内容的有效性；项目分析表明题项的区分度和可靠性均较好；因素分析中，题项均有较高的因素负荷和共同度，表明题项质量较好。健康信念四维度因素累计解释总体方差62.5%，各题目的载荷均大于0.45，表明具有较好的因子效度。这个结构得到了验证性因素分析和效标效度检验结果的支持，表明健康信念四因素的结构是合理的。下面再从该量表各维度的具体内容进一步加以论证。

本量表中的德性修养维度包含与人为善、感恩、帮助他人、宽容、有道德、淡泊名利、信任朋友、关爱家人8个题项，是独具中国特色的健康信念，表达了“以德养生”的观念。儒家主张“调身先调心”，儒家经典《论语》说“仁者寿”，《中庸》说大德“必得其寿”，都是强调道德修养的养生延寿作用，通过提高道德修养获得内心的和谐、安宁而促进健康。《荀子·修身》篇中说：“扁善之度，以治气养生则后彭祖；以修身自名则配尧、禹。”其意在于阐述遵循美德、礼义调气养生、修身，就能健康长寿。道家也很重视道德对健康的作用，《老子》中就说道：“天道无亲，常与善人。”阐明道德是万物生长的必备条件，只有“善”人，才是天之“亲”，才能得到长生的利益（程雅君，2013）。同时，这些优秀心理品质都有助于促进人际和谐，反映了人际和谐是维护健康的重要信念。人际和谐不仅关系到心理健康，对身体健康也有直接的影响，研究发现人际敏感可能会增加传染性疾病和心血管疾病的风险（Marin & Miller，2013）。在特别重视人际和谐的中国社会，修身养性会落实到处理人际关系的准则。“至善”是儒家的最高理想，“老者安之，朋友信之，少者怀之”（《论语·公冶长》）。道家把“慈”作为人际关系的最基本原则，《老子》说：“善者，吾善之；不善者，吾亦善之，德善。”把慈爱扩展到一切人际关系之中，同时强调对人要宽容，《老子》还强调“圣人执左契，而不责于人”“见素抱朴，少私寡欲”以及无为不争，等等（邱炳武、王极盛，1997）。可以看出，本量表中的这一维度反映了我国民众认同优秀心理品质和人际和谐在维护和促进健康中的作用，与我国传统文化是一脉相承的。

本量表中的健康行为习惯维度包含运动锻炼、保持规律的作息时间、饮食规律、营养均衡、劳逸结合、戒除致病习惯、疏解压力、保持良好心态八个题项。健康行为习惯虽然受到自然环境和社会环境的影响,却是可由个人选择和控制的行为。众所周知,心脑血管疾病、癌症和中风已成为人类的三大死因。其中一个重要原因就是不健康的行为习惯。有一项经典的研究(Belloc & Breslow,1972),对7000名居民的7种与健康密切相关的行为(每天保证7~8小时睡眠、每天吃早餐、正餐之间不吃零食、不吸烟、不饮酒或适度饮酒、定期锻炼、保持或接近标准体重)进行追踪调查,结果发现实施7项健康行为的人死亡率显著低于只实施3项的人。本量表中的健康行为习惯维度表明,我国一般民众已经认识到健康行为习惯及健康生活方式对于维护健康的重要性,并且健康行为习惯已成为许多人健康信念的重要内涵。

本量表中的无疾病征兆维度包含不容易得病、没有疼痛、体检各项指标合格、没有任何疾病、气色好、没有心理疾病6个题项。一般民众都认为无病就是健康。从这一维度,我们可以看到,一般民众关注自己的健康,已不限于只关注躯体无症状、体检指标合格,还关注无心理疾病。本量表中的适应和享受维度包含适应环境、享受生活、生活充实、生活自立、充满激情、人格完善6个题项。正如世界卫生组织宪章中对健康的定义——健康是身体的、心理的及社会的完好状态,而不仅仅是没有疾病和虚弱。我们喜悦地看到,我国民众的健康信念包含了无功能的疾病和各方面的良好状态两个方面。在以往的研究中也有类似发现,如Blaxter的一项定性分析发现,对一部分人来说,健康就是不生病;而对大多数人来说,健康被视为一种储备,健康的生活即精力充沛、有效地工作和身心健康等(2003)。Calnan的研究也发现人们的健康概念可分两种,正面的定义包括精力充沛、感觉良好、体重适中、积极地展望未来和有良好的生活、婚姻等,负面的定义包括没有感冒咳嗽、很少去看病、体检结果正常等(1987)。从本研究编制的中国成年人多维度健康信念量表可以看出,我国民众的健康信念不仅包括身体的、心理的和社会的健康,而且还包括各方面要均衡协调的完好状态。

本研究编制的中国成年人多维度健康信念量表中的德性修养维度和健康行为习惯维度,与Downey和Chang编制的大学生版世俗健康概念调查表中社会情感健康和积极健康实践两个主要维度有相似之处;而本量表中的无疾病征兆、适应和享受两个维度与Bishop和Yardley编制的健康信念量表中的无疾病的健康、执行日常活动的能力、活力和平衡的经验三个维度有相似之处。虽然我们在编制这个量表之初就十分注意从我国的实际出发,开展深度访谈,进行开放式问卷调查,而最后编制出的本量表中的维度与国外民众健康信念维度有相似之处,这既反映了健康信念结构具有跨文化的共同性,同时也说明本量表测得的结果是有据可依的。

人们在谈论自己所理解的健康时,有时会具体到走路抬脚的高度、吃各类食物的数量之类的细节,有时又以非常抽象的语句来说明。过于具体的条目是可以包含在有一定概括性的普遍原则下的，限于量表题项数量，本研究选取有一定原则性、概括性较高的条目进入初测问卷。通过因素分析得到的健康信念的四个维度仍有层次上的区别：健康行为习惯和无疾病征兆维度包含的是相对具体的条目，更贴近现实生活，内容是指基础性的健康，反映出个体重视健康的保障功能；而德性修养、适应和享受维度则更抽象，是提升性的理念，反映出个体对更高层次健康的追求。

6　结论

中国成年人的健康信念包含德性修养、健康行为习惯、无疾病征兆、适应和享受等四个维度，本研究编制的中国成年人多维度健康信念量表符合心理测量学要求，具有良好的信效度。

合作者：苏丹。原文载于《西南大学学报(社会科学版)》2015年第6期

中国心理健康服务：基于需求与服务关系的研究

2005年底，我们承担了教育部哲学社会科学重大研究课题攻关项目“中国心理健康服务体系现状及对策研究”。本项目研究在分析当前我国心理健康服务的理论现状、中国国民心理健康状况、国外先进的心理服务人员培训方法以及中国文化背景的特殊性等的基础上，对中国国民心理健康服务需求、心理健康服务人员服务现状以及提高心理服务效果的途径等方面进行了大量调查和实验，力图构建适合当今中国社会并具有前瞻性的中国心理健康服务体系。整个研究集合了西南大学、北京大学、华中师范大学等全国数十所高校的科研力量，会同医疗、教育、社区等各部门，取样5万余份，历时5年完成。从需求与服务的关系角度说，我国国民对心理健康服务有着普遍而较强的需求，但由于需求者出于各种原因怯于寻求专业帮助，而服务者又限于各种条件无法提供高质足量的服务，我国的心理健康服务基本上还处在起步阶段，有很大的发展空间。

1 心理健康理论与服务的中国化

目前，我国心理健康服务从业者所使用的理论主要来自国外，以认知理论、精神分析/心理动力学理论、人本—存在主义理论和行为主义理论等西方传统理论流派为主。然而，不同文化背景下的个体具有不同的思维方式、价值观念、心理特征和行为方式等，这就需要符合相应文化背景的心理健康理论。中国特色的文化背景对心理咨询的需求方以及心理咨询的服务是有影响的：虽然中国的中庸、辩证等思维对纠正人们的不合理信念有积极作用，但中国传统文化中也有很多不利于心理咨询工作开展的因素。例如，中国传统文化的社会取向性导致中国人倾向于忽略自身内在的精神需要，因此出现更多的心理问题躯体化现象；中国儒家重视内省，这种内向思维使得中国人普遍欣赏的性格是知足、忍耐、感情不外露等，遇到心理问题倾向于做内部归因，因而更愿依靠自身的力量而不是求助于心理健康机构来化解个人心理问题；传统上有把心理健康与道德品质联系起来的倾向，给精神疾病带来极大的污名化，也阻碍了中国人心理求助活动的实施；传统的伦理纲常过于重视等级森严的家长制习俗，这使得中国人对心理咨询师的期待也含有更多的依赖和服从，心理咨询师直接就问题给出指导和建议被认为是适合中国人的心理问题解决方法；等等。

针对中国文化背景下的国民性格，我国心理学家提出了从我国的实际出发，积极开展心理健康相关理论研究，同时对西方舶来理论进行改造，并积极应用于心理治疗实践。今后，我们一方面要从理论上继续探究中国人的人格结构、心理健康机制，并在此基础上构建和完善中国化的心理健康标准。另一方面，要以中国的传统文化和现代文化为背景，研究当代人的心理健康问题，在我国特有文化的范围内描述、解释中国人心理问题的原因、形成机制、表现特点和改善的方法。针对中国人特有的特点，进一步构建完善有中国特色的心理健康服务体系。

无可否认，西方的心理健康服务研究历史较久，成果也较多，因此以他们的理论、概念和方法为出发点，这无可厚非。但是我们如果只停留在"拿来主义"的模仿阶段，而不进行反思、不进行突破，就不可能发展出具有中国特色的心理健康服务体系。我们的心理健康服务体系要真正为在中国社会文化下生活的人们服务，就必须要考虑到我国的社会文化、历史背景和现实条件。

2　需求方的需求满足问题

2.1　促进心理健康服务需求的行为外化

本课题研究显示，虽然国民的心理健康服务需求态度都倾向积极，但是人们对待社会心理咨询的态度则比较保守，尤其体现在咨询需求认知和人际开放性上。这说明国人的心理健康需求在很大程度上并没有外化为求助行为。这种现象有诸多原因，一方面可能与我国心理咨询发展较晚，人们对其的了解不足有关。目前心理健康的服务形式多是一对一的咨询。心理咨询师是什么样的职业？心理咨询师能帮助人什么，不能帮助人什么？对心理咨询师吐露心声是否安全？心理咨询师的要求有哪些是来访者可以拒绝的？这些疑问单凭心理咨询机构接待处的一面之词，是难以让来访者释怀的。另一方面则可能与我们保守的国民性格有很大关系。贸然接受一个陌生神秘却又需要自己完全坦诚的心理服务虽然有吸引力，但少有人愿意以身试"险"。鉴于这些原因，心理健康服务业的发展首先要解决的问题就是如何促进国民心理健康服务需求的行为外化。

2.2　服务方式的多样化

本研究中针对国民需求服务方式的调查显示，国民所需心理健康服务（或曰排解心理问题的方式）的优先顺序从高到低依次为与亲属讨论、向亲戚朋友咨询、科普宣传、与心理专家面谈、社区健康教育与促进、与医生面谈、网络服务、与精神专家面谈、电话咨询、书信咨询、自我反思;而青少年学生的服务途径居于前列的依次为科普宣传、健康教育、向同学朋友咨询、与心理专家面谈、与家人讨论等。心理健康服务的方式是多种多样的,但是目前我国的心理健康服务主流却只有咨询一种方式,咨询的特点限制了心理健康服务市场需求的充分表露,而这种市场的未开发甚至又造成一种心理健康服务供过于求的假象,使得心理学的学习者甚至从业者大量转行。如何更好地利用心理学知识,灵活服务于需要心理健康服务的地方,是当前心理健康从业者需要着重解决的问题。

2.3 发展性服务内容的强化

心理咨询更倾向于治疗性服务,对于国人来说尤其如此,人们通常都是遇到严重心理问题时才会求助于心理咨询。然而心理健康服务不只限于治疗,早已有发展性服务的理念提出。本课题组针对学生心理问题辅导效果的研究结果显示,在进行症状性辅导和一般健康辅导后,学生心理问题会有明显改善,而代表个体潜能的发展性心理品质则无明显提高。这说明发展性心理辅导应作为学校心理辅导的主要内容,不适合采用心理咨询的服务方式。本研究对城市社区人群心理健康需求服务内容的频次统计表明,社区民众希望获得的心理健康服务内容依次为家人健康、子女教育与亲子关系、自身的身心问题、人际关系、婚恋和感情、生计与生活、社会与环境适应、精神疾病预防、危机干预、物质依赖。其中子女教育与亲子关系、人际关系、社会与环境适应等大多都属于发展性心理辅导的内容。基于这些研究,我们有理由相信,针对广大国民的心理健康服务内容的有效程度与服务方式之间也有重要关系,而前述我国目前服务方式单一的现状,也必然导致其有效服务内容的单一倾向,即通过个体咨询能使国民心理健康服务需求得到充分满足的内容较少,还有很多服务需求因为其服务方式的限制而不能得到充分满足。

3 服务方的质量提高问题

3.1 提高行业准入标准

3.1.1 专业背景

在对心理健康服务从业人员的专业背景和受教育程度方面,发达国家和地区的要求不尽相同。比如,美国要求心理咨询师申请人的最低进入标准是硕士,且必须是临床心理学或咨询心理学专业毕业(江光荣、夏勉,2005);而临床心理学专业毕业者若要独立从业,则必须具有博士学位。在加拿大具有临床心理学博士或硕士学位者均可独立从事临床心理学工作(姚萍,钱铭怡,2008)。在我国台湾地区,由于选择临床心理学课程的学生人数经常超过预期,为了解决学生数量与教学质量之间的矛盾,经过长期的探讨与思索,后来决定采取"保质弃量"的人才培育策略,将临床心理工作人员培育工作的重点放到硕士层次,将临床心理师考试资格也提高到"硕士且具有一年精神医院实习经验"的高标准。在台湾的专业人员考试里采取如此高标准是前所未有的(柯永河,2008)。相对来说,大陆心理咨询师的准入标准较低。

我国覆盖面最广的人力资源和社会保障部心理咨询师资格考试,尽管对参加考试人员的专业背景、受教育程度及培训小时数都有规定,但许多机构在执行时却失之过宽:基础知识考试的门槛较低,多数培训都是短期速成,很难达到本应达到的效果。且因利益相关,某些培训机构为了多招学员,提高通过率,甚至出现帮助学员造假其咨询实践经历等行为。因此,我们有必要借鉴发达国家和地区的经验,同时结合我们的实际情况,制定适当的心理健康服务人员资格证应试条件,并严格执行。

3.1.2 人格特质

如果说专业背景和受教育程度对于心理健康服务人员来说很重要,那么个人人格特质在某种意义上可以说更为重要。McConnaughy强调,有效的心理咨询更依赖的是咨询师的人格特征,而不是知识与技巧(1987)。由于人格特质对于心理咨询的重要性,美国学者Pope和Kline呼吁,在心理咨询培训项目招生以及对心理咨询专业的学生进行评估的过程中应考虑个性因素(1999)。英国学者Thornicroft等(Thornicroft, Tansella, & Goldberg,2006)也提到,对于心理健康服务从业人员的人格特征和态度因素是有必要考虑的,这在受训对象选择阶段是最重要的,接下来才是培训的内容和形式。在招聘阶段也应注意人格特征和态度因素的识别,尽量不任用不合适的候选人。

在英国,要获得"注册心理咨询师"资格认证,就需要满足个人特质方面的要求(王丹君,2007)。英国心理咨询和心理治疗协会《关于咨询和治疗的伦理规范和执业完善框架》中,也有对心理咨询和治疗从业人员个人品质方面的要求,包括共情、诚实、正直、达观、尊重、谦虚等(石国兴,2004)。在德国,由于有许多人希望参加心理治疗的培训,申请者需要经过严格的考核和筛选,例如申请参加精神分析培训者需要经过三次访谈式的评估,通过者方可参加培训;申请参加行为治疗的培训也需要经过两天的考核筛选。因此,进入心理治疗培训者,通常都是心理学系或教育学系毕业生中的优秀者(钱铭怡等,2010)。

相形之下,我们目前在这方面还几乎是空白。事实上,拥有一支高素质的心理健康服务人员队伍，不仅是对心理健康服务对象的保护，也关系到从业人员的绩效与工作满意度，关系到心理健康服务事业的发展。为此，有关部门和专业组织很有必要就此进行探讨，制定出切实有效的措施及人员甄选制度，使我们的心理健康服务从业人员有能力探寻心迹和理解人生，点燃人们心灵中的真善美，激发人性的光辉！

3.2 采取心理健康服务人员分层次培养模式

我国目前的心理咨询师培训属于非学历培训，即满足准入条件的人（拥有一定学历的各种专业背景的人）都必须通过相关单位组织的培训，参加心理咨询师国家资格证书考试取得心理咨询师的从业资格，心理学专业的学位证书等不能等同于心理咨询师从业资格证书。目前我国的心理咨询师培训采用的是一劳永逸制，即一旦取得国家心理咨询师资格证书，再无硬性规定要求其参加培训。国家针对心理咨询师的再培训以及心理咨询师资格的持有并无详细的政策规定出台，心理咨询师在通过职业资格培训后再参加培训，多是根据自己的兴趣以及经济能力等自主选择。这使得我国的心理咨询师队伍素质参差不齐，很多并非心理学背景又没有参加再教育培训的心理咨询师的素质更是让人堪忧。是否需要规定心理咨询师在取得职业资格证书之后仍然有必修的培训课程？这是目前心理咨询师的培训与管理首要需要回答的问题。本课题调查结果显示：从当前心理健康从业人员对接受培训的评价来看，从业人员对参加培训的积极性很高，但各种非学历培训时间过短，且培训标准混乱，培训机构水平参差不齐，培训目标人群定位混乱，培训性质区分不清，因而培训作用受到质疑。因此，急需出台相关的管理政策以及设立强有力的管理机构来规范心理咨询师的培训，并将学历教育与非学历教育很好地结合起来。

然而针对心理咨询师的培训管理，我们却要首先提到一个问题：我们将采用哪种培训模式来培养咨询师？美国对临床心理学从业者的培训模式有“Boulder模式”（科学家—实践者模式）和“Vail模式”（实践者模式）两种。科学家—实践者模式由美国心理学会于1949年确立，该模式要求临床心理学家既要有扎实的心理学理论知识，又要有较丰富的临床经验和较娴熟的临床技能；1973年美国心理学会又确立了实践者模式，这种培养模式降低了对学生科学研究方面的培养要求，更多地强调对学生进行实践操作技能的培养，而不是培养学院式的研究人才（姚萍、钱铭怡，2008）。在澳大利亚，由于临床心理学专业的很多学生对研究不感兴趣，只对实习感兴趣，也使科学家—实践者培训模式的应用受到了限制（赵艳丽等，2008）。以我国目前的情况来看，似乎是学历教育基本在培养科学家，非学历教育在培养实践者，因此非心理学专业背景的人直接参加国家心理咨询师资格考试，遵循的就是实践者模式，而具有心理学教育背景者则成为科学家—实践者模式培养的成品。又因为非学历教育存在管理混乱、培训时间过短之类的问题，因此总体来讲仍然是“实践者”成分的教育较为缺乏。我们多在强调实践者模式培训的缺乏，却没有考虑科学家模式培训的去留。总结发达国家培训模式的发展历程，并结合目前国内心理健康服务人员的构成现状，我们认为，我国未来应考虑采取心理健康服务人员分层次培养模式，大部分从业人员以掌握心理健康服务实践技能为主，小部分从业人员应具备对心理健康服务有关问题的研究能力。就像已有研究所提到的那样，在心理健康服务的教育培训中，我们要努力兼顾普及和提高两个目标，一方面要有较多的普及型心理健康服务人才，来满足我国广大基层的需要；另一方面更要注重培养高水平的专业心理健康服务人才（徐华春、黄希庭，2007）。

再有一个问题是关于实习培训。首先，目前实习培训缺乏的一个重要原因其实是实习培训的成本问题：心理咨询行业本是一个朝阳行业，但心理咨询费却不能供养一个全职的心理咨询师，这使得资深的心理健康从业人员不得不依靠别的方式来“创收”，比如开展收费较高的实习培训课程；另一方面，本来就支撑不了自身开支的新入行的咨询师则无力承担心理咨询的进修费用。其次，心理咨询师培训的管理存在自相矛盾的地方，比如：心理咨询工作的应聘一般都要求有心理咨询资格证书，然而心理咨询资格证书的取得却要求有心理咨询工作经历，这种循环要求也让不少立志考取心理咨询资格证书的人不得不通过伪造自己的实践经历来获取入行资格。总之，心理咨询实践的实习培训不仅是心理咨询师培养的标准问题，也是心理咨询师管理的问题。例如，在英国，根据英国心理咨询与治疗协会近年公布的认证标准，申请心理咨询师认证的申请人必须完全满足的8项认证标准中就包含“培训和督导实习申请人”，这就为那些实习申请人必须保证参加450小时正常的心理咨询培训提供了有力的支持，也更好地帮助了心理咨询师完成知识与技能代际的传承。这种将对从业人员的管理纳入对下一代咨询师的基础培训中的做法值得我们借鉴与学习。

3.3　加强心理咨询从业者的管理与监督

在心理咨询行业较发达的美国，心理咨询的伦理问题被高度关注，有严格的伦理守则（杨凡、钱铭怡，2009）。比如，对来访者保密的要求以及什么情况下打破保密限制、对使用和解释心理测验的伦理标准、对人做试验的伦理要求、对个案记录的法律和保密要求等都有详细规定，每年不乏被告到法庭的咨询师。相形之下，一项对国内145名有从业经验者的调查发现，被调查者职业伦理意识总体较强，但在知情同意方面的意识较弱，体现在不向来访者透露测试的目的、未经来访者同意进行录音、不向来访者说明保密原则受限的情况、向自己的学生或被督导者提供咨询等方面（张爱莲、钱铭怡、姚萍，

2007)。这说明目前我国社会心理咨询机构在管理上存在巨大盲区,这些机构如何提供咨询服务、服务效果如何都没有明确的部门进行管理。

我国亟待制定心理咨询与治疗伦理规范,加强政策教育和行业伦理规范教育,统一现有的培训标准。如相关管理部门建立伦理专业委员会,建立健全职业伦理守则,包括如何处理保密例外情况、双重关系、知情同意等,提升我国心理咨询从业者的职业伦理意识;坚持来访者利益至上的原则;聘请专业素质较高的人员为心理健康从业人员提供培训,有针对性地加强对从业人员的职业伦理教育等。

3.4 增加专职心理健康服务人员的比例

这看似是一个数量问题,实则与整个心理健康服务队伍的质量密切相关。在我们的访谈研究中,受访专业人员认为,专职从事心理健康服务对于从业人员精力的投入、专业水平的提升等都更为有益。关于我国心理健康服务从业者培训动机的调查也发现,在提高自我的动机上,专职从业者强于兼职者(陈红等,2009)。且我们关于心理健康服务人员胜任特征的调查表明,专职心理健康服务人员在胜任特征问卷总分和多数具体胜任特征条目上平均得分都显著高于兼职心理健康服务人员。然而专职服务人员的增加需要有足够的市场需求来支撑,那么,除了通过逐步开拓市场需求创造专职心理健康服务岗位这一途径外,是否还有其他加快这一进程发展的方法?

我们认为,心理健康服务应该尝试进行跨领域的合作,比如和医疗援助计划、住房安置机构、教育、儿童机构、刑事司法系统、惩戒所等的横向合作。可以要求某些离婚案的当事双方必须先接受关于婚姻家庭治疗的服务,在治疗服务无效的前提下才能提起诉讼;而针对违反治安条例等的较轻犯罪,除处以罚金拘役等惩罚之外,强制要求其参加一定时期的心理健康辅导。这些举措在国外都得到了很好的执行,例如以参加心理咨询为条件的保释等,而中国目前在这方面几乎完全是空白。由政府强制要求的心理健康服务也可以服务于那些受限于经济条件的弱势人群,这对提高国民的整体心理健康状况非常重要。

4 对策建议

中国心理健康服务体系的建设必须贯彻落实科学发展观,坚持以人为本,以发展性服务和预防性服务为主,积极探索心理健康理论与心理健康服务的中国化,使心理健康服务在预防心理疾病、促进精神疾患康复、提高国民心理素质方面带来积极变化,助推"中国梦"的实现。

4.1　形式多样地满足民众心理健康服务的需求

采取多种多样的途径提供心理健康服务，如基于社区的临床服务、半住院服务、住院治疗、居家治疗、基于家庭的服务、治疗寄养服务、案例管理服务、健康图书馆、自助团体等。倡导人性化服务理念，满足心理服务对象的多方面需求，提高服务对象对所接受服务的满意度。确保心理健康服务的可获得性，加强心理健康宣传，推行健康、文明的生活方式，提高全民心理健康水平和幸福感水平。

4.2　着力提高心理健康服务的水平和质量

在心理健康服务队伍建设方面，提高行业准入标准，采取心理健康服务人员分层次培养模式，增加专职心理健康服务人员的比例，提高服务人员的业务水平和工作能力，规范其职业行为，为心理健康服务提供人力资源保障和继续教育、培训项目，促进心理健康服务人员的专业成长。心理健康服务机构建设方面，完善现有精神卫生工作机构功能，拓展提供精神卫生服务渠道，逐步形成结构适宜、布局合理、功能完善、规模适度的精神卫生服务体系。

4.3　建立协调统一的心理健康服务的管理体制

目前医疗、卫生、教育“三驾马车”各行其是是一个严重制约我国心理健康服务事业发展的瓶颈问题，应尽快建立政府领导、多部门合作和社会参与的心理健康服务工作体制、组织管理和协调机制，以明确各服务机构主体在心理健康服务中的领导隶属关系和职责分割。与此同时，应建立起对心理健康服务的监督、评估和问责制度，确保政府及卫生行政部门有能力对心理健康服务机构的规划方案、服务资源、服务过程和效果进行评估，确保心理健康服务机构对本机构人员的服务过程和效果进行定期的考核和评估。

4.4　建立高效规范的心理健康服务运行机制

明确心理健康服务对象的普遍性和各类重点人群所需的服务特点，在服务对象对服务的可获得性、多样性、延续性、经济性、社会公平性评价的基础上，实施心理健康服务的运行模式，理顺心理健康服务的主要功能（包括教育、评估、预防、咨询、心理治疗、危机干预、护理、康复、重大自然灾害与人为事故下的心理救助等）与心理健康服务途径，强化心理健康服务各部门和机构的协调合作。

4.5 建立可持续发展的心理健康服务创新机制和人才保障机制

应积极开展与心理健康服务有关的精神病学、临床心理学、咨询心理学、心理辅导等领域的科学研究和人才培养，加强国内外学术交流，促进新的治疗措施的开发和服务方式的改进，借鉴和推广国际先进科学技术及成功服务经验，为服务者和决策者提供科学技术支持。积极采取措施，改进心理健康服务人员的工作条件和生活待遇，形成一支稳定的、高素质的、与我国心理健康服务相适应的专业人员队伍。

4.6 形成政府主导的心理健康服务多元投入机制和合理收费机制

确保心理健康服务的社会公平。要努力消除不同文化、年龄、性别、种族、民族和社会经济地位的群体在服务获得和服务质量上存在的差距，特别是为弱势群体、农村和边远地区的社区提供便捷的、有效的心理健康服务。提高民众健康生活的质量，即帮助各年龄段的个体提高生活期待、改善生活质量，消除不同人群间的健康差距。

4.7 出台心理健康服务的相关法律法规和政策

建议出台心理健康服务的相关法律、法规和政策，形成与国民经济和社会发展水平相适应的心理健康服务保障体系。由政府或主管部门制定全国性或地域性的心理健康服务基本制度、法律、政策，重要社会生活领域（医护、学校、军队、社区等）心理健康服务的法律、法规，针对特殊人群（残障人、精神病患者、物质成瘾者、涉及司法刑的个体等）心理健康服务的法律、法规，心理健康服务从业人员的资格、培训标准与职业服务规范等，确保我国的心理健康服务体系切实地为民众的健康、和谐社会的建设服务。

合作者：郑涌。原文载于《心理与行为研究》2015年第5期

儒家文化对当前中国心理健康服务实践的影响

1 前言

文化(culture)是社会里一群人共同遵循的特殊生活方式,表现在其传统思维、信仰、生活习俗、价值观念等方面,经由世代相传而保留,也是群体人们所遵照的行为准绳(曾文星,2002a)。文化的中心意思是表征不同历史的人类群体的生活方式、工具、符号、习俗和信仰等。Singer指出,文化是一种由习俗、传统、理想与价值观念组成的相关网络(1988)。儒家文化(confucian culture)指以儒家思想为指导的文化流派。儒学的中心思想是孝、悌、忠、信、礼、义、廉、耻,其核心是“仁”。儒学的传承和发展对中国文化的发展起了决定性的作用;在中国文化的深层观念中,无不打着儒家思想的烙印。故一般说儒家文化是中国的主流文化(冯大彪等,1998)。鉴于文化的传承性和对心理健康作用的必然性,本文尝试从文化(文中的东方文化、中国文化、传统文化,主要指儒家文化)与心理健康服务关系的角度,探讨儒家文化对当前中国心理健康服务实践的作用和影响。

广义的心理健康服务(mental health services)指利用一定的原则、手段和方法解决人的心理和行为问题(罗鸣春、苏丹、孟景,2009)。狭义的心理健康服务指以心理学的理论和方法为主导来维护与促进人们的心理健康的活动。心理健康服务与个人心理因素和社会文化因素有必然联系,文化既是心理健康服务的中介变量,也是背景变量,中国心理健康服务植根于中国文化的土壤之中,它本身就是文化的产物。正如Cross所言:“文化是理解人类行为、社会支持、问题解决、积极情感、身体健康和精神幸福的源泉。”(2003)可见,文化是构成心理健康(本文中精神卫生、心理卫生、精神健康等同于心理健康)服务的有机因素。

2 儒家文化的功能与中国心理健康服务的关系

Kleinman等认为心理病感(mental illness)是患者感到不适的一种主观体验,包括经历症状、痛苦、求助、治疗的部分效果,社会污名,致病原因的解释,诊断预后以及在职业和家庭生活中的个体地位。心理疾病(mental disease)是治疗者对患者问题的界定和诊断,他们根据自己在接受专业训练时所掌握的疾病模式,将患者的问题诊断为某种具体的疾病(Kleinman, Eisenberg, & Good, 1978)。也就是说,心理问题患者以某种方式构建、表征他们的心理不适的经验和体验;心理健康服务者则根据自己的一套文化机制以另一种方式进行构建。这种区别的产生源于心理健康服务提供者和接受者所掌握的不同文化。由于中国心理健康服务是在特定的中国文化情境中服务者和被服务者的互动过程,作为中国社会主流的儒家文化体系,它所具有的文化表征、构建、指导和情绪唤起功能,必然会在中国心理健康服务过程中发挥重要作用和影响。

2.1 儒家文化的表征功能

文化的表征功能(representational function)指文化使文化群体像社会组织那样运作,使身处其中的个体能够认识和表征外部世界并与群体成员进行信息交流。人们使用具体的文化符号来进行互动,只有先理解符号所代表的文化,才能理解符号所代表的心理问题的意义。儒家文化强调天、地、人、己(甚至包括鬼神、魂魄等)四纬同构,即“天人合一”,在心与身的关系上体现为“身心一体”或“形神合一”;而且身心问题只是这四纬同构的宇宙整体中的一部分。这种整体思维方式对中国人表征心理问题产生了很大影响。浸濡在儒家文化里的中国人自然而然地用儒家文化符号来表征其心理过程,所以中国人的身心是一个无法截然分离的统一体。也因为如此,中国人常把心理问题诉诸生理问题,把神经官能症表征为神经衰弱,把心理困扰描述为心慌、心悸或偏头痛等生理反应。

2.2 儒家文化的构建功能

人们利用文化的符号系统将世界描述给自己和他人以及进行彼此之间的相互交流,所以构建了文化实体(culture entities)。一个文化实体在某种程度上是由社会一致性(social agreement)构建出来的事物,由此可以说是文化意义体系即文化实体构建了个体意识中的事物,否则这一事物就不会在个体的观念层次上存在,这就是文化的构建功能(constructive function)。如美国DSM-IV中的心理障碍分类标准和体系就是专家集体一致同意的结果,即若干专家小组互相交流,然后集体决定到底是什么原因导致了特定障碍的出现(Spitzer,1991)。可见DSM-IV具有构建规则的功能,它构建出一套文化意义体系作为个体构建和表征心理问题的依据。儒家文化作为对中国社会影响最大的文化,它提供的立身处世的理论和规范同样可以为中国人的心理建构提供材料和依据。儒家文化虽然没有构建出具体的心理问题分类体系,却构建了以伦理纲常为核心的价值观念体系;构建了仁、义、礼、智、信的行为准则;构建了“圣人”“君子”的理想人格,也建构了“小人”人格。

2.3 儒家文化的指导功能

不同的群体在其特定的社会历史发展过程中创造出不同的文化实体，这些文化实体又成为文化意义体系的一部分，对浸濡其中的人们产生影响并且指导着他们的行为，这就是文化的指导功能（directive function）。举例来说，如果某个人被诊断为HIV携带者，则特定的社会文化体制不仅要求医生要确定一个针对HIV携带者的恰当的治疗方案，而且还指导着社会情境之中的其他人对患者应该采取的态度：帮助他，理解他，蔑视他，厌恶他还是逃避他。人们对待患者的态度和行为反过来又影响患者的就医态度和行为。可见，文化指导着社会情境中心理健康服务者、被服务者和其他人的态度和行为。儒家文化意义体系是中国社会历史发展过程中构建的文化实体，它影响并指导着中国心理健康服务者和被服务者及周围人的观念、态度和行为。中国的心理健康服务实践不可能脱离其自身的文化过程和背景，只有了解心理问题产生的文化情境，才能够做出恰当的判断和评价，制定出对症的方案，实施有效的干预。

2.4 儒家文化的唤起功能

唤起功能（evocative function）指文化实体不仅指导着个体的行为，并且会唤起个体的某种情绪。在中国社会中，“金榜题名时”“洞房花烛夜”“他乡遇故知”被认为是人生的三大乐事，它反映了儒家文化价值体系中对功名、家庭、人际关系的重视，同时唤起人们追求功名利禄、渴望美好家庭、建立良好人际关系的情感。儒家文化意义体系规定着中国人应该怎样去感觉、怎样来表达，因为它限定了中国社会中特定情境的意义和价值，同时提供了中国人生活中最具有情感意义的时刻，并唤起人们的某种情绪。

3 儒家文化对中国心理健康服务过程的影响

作为中国社会的主流文化，儒家文化提供了中国社会各阶层长期尊为“正统”的文化意义体系。中国传统文化中的心理健康思想是内发生长的，绵延几千年，从未间断。时间上涵盖了中国人人格心理特质形成和发展变化的整个过程，空间上与中国人的传统和思维习惯、行为方式、生活方式交织在一起（罗鸣春、苏丹、孟景，2009）。儒家文化对中国人心理健康和心理疾病的构建产生了深远的影响。

3.1 儒家文化形塑着心理健康服务者和被服务者的人格特征

人格是个体在行为上的内部倾向，它表现为个体适应环境时在能力、情绪、需要、动机、兴趣、态度、价值观、气质、性格和体质等方面的整合，是具有动力一致性和连续性的自我，是个体在社会化过程中形成的给人以特色的心身组织（黄希庭，2002）。由于人格是个体适应环境的产物，文化的作用尤其重要。文化影响人格，反过来，文化又受到人格制约，文化塑造了行为和人格，而植根于个体人格之上的行为又导致文化变迁——从小到大，从细微的渐进到显著的突变。并非每个人影响文化变迁的力量都一样，但每个人确实都参与了这个过程（Marsella，Tharp，& Ciborowski，1979）。儒家文化传统形塑着中国心理健康服务者和被服务者的人格特征。

Bond（2008）对儒家经典进行研究，发现在《大学》中，有三种态度与心理健康有关：谦恭、妒忌、反常。在《中庸》中，保持心理健康的原则包括："慎独""致中和""素位而行""存忠恕""行三达德——智、仁、勇"。心理健康的标准可归结为"仁者不忧，智者不惑，勇者不惧"。

中外研究者从不同的角度、采用不同的方法和手段对中国人的人格结构及其特点进行研究，较为一致的结论是：中国人的人格特征深深地烙上了儒家文化的印迹。正如黄希庭（2004）所言，中国人的人格动力是把个人的发展与群体的发展结合在一起的，在社会、民族国家的发展中实现自我的价值。王登峰和崔红（2007；2008a；2008b）认为，东西方人格结构差异的根源在于认知和思维方式的差异，这一差异的深层原因之一，可能是东西方文化的人性观。儒家文化主流是"人性本善"，如果中国人在言行中表露出"恶"的一面，由于人性本善，他们必须说明自己的这个"恶"并非本意，这样才能维持自尊和良好的社会适应，因此对行为的防御会更强烈。"性善论"导致了防御压力，并因此造成了中国人难以客观接受自己的一切言行的倾向。而西方文化主流是"人性本恶"，如果西方人在言行中表露出"恶"的一面，由于人性本恶，他们的防御也会比较少；"性恶论"在一定程度上减少了个体的防御压力，并因此形成了西方人注重客观现象本身以及在内心世界与外在表现之间更大的一致性。彭凯平（Peng）和尼斯比特（Nisbett）等则通过一系列研究揭示了东西方人在思维方式上的差异（Choi & Nisbett，2000；Nisbett et al.，2001；Peng & Nisbett，1999；Peng，Ames，& Knowles，2001）。

虽然儒家文化的影响导致了中国人人格结构的独特性（emic）；但实际上东西方人格结构也有许多共同性（etic）。这提示我们，在构建中国心理健康服务体系时，那些在人格共同性基础上构建起来的基本原则和方法应该是东西方通用的，可以合理移植；而基于人格差异性所采用的具体方法和实施程序则需要考虑文化差异。

3.2 儒家文化影响中国人的健康应对方式

景怀斌(2006)认为,儒家式应对思想集中体现在《孟子》的一段论述之中:“故天将降大任于是人也,必先苦其心志,劳其筋骨,饿其体肤,空乏其身,行拂乱其所为,所以动心忍性,曾益其所不能。人恒过,然后能改。困于心,衡于虑,而后作。征于色,发于声,而后喻。入则无法家拂士,出则无敌国外患者,国恒亡。然后知生于忧患而死于安乐也。”(《孟子·告子下》)他把儒家应对思想总结为:挫折等困苦(通称压力)是存在的。它们是由个体不能左右的随机原因造成的,个人不应为困苦的结果负责。困苦可以磨炼人,能经受住困苦磨炼的人才能成就事业。因此,面对困苦,接受它,但不要自我放弃,要借机培养自己的品性,锻炼自己的意志,提升自己的能力,为将来的机会做准备。他认为儒家式应对把挫折等压力事件作为成就自己理想人格的方式或途径,具有信念性、整体性、亲挫折性、发展性、认知转化性。困苦能够成就人,这是一种信念而不是具体的应对技能。在儒家文化意义体系中,困苦起着锻炼意志、促进成长的作用。基于这样的观念,有人甚至会主动寻找困苦来磨炼和提高自己。儒家式应对目的不是直接消除压力源,也不是消除心理上的压力感,而是强调通过该应对方式,积累经验,发展能力,培养意志,提升认识、能力、境界,为将来取得更大成就做准备,故具有发展性。逆境阻碍人的意图,不利于个人实现目标,本身是负面的;而儒家把挫折等逆境性压力事件作为成长的机会,是对逆境本身的含义进行了心理意义上的转换,即对挫折进行再评价或再定义(景怀斌,2006)。

应对具有文化属性。从应对方式看,Lazarus认为,西方文化价值中更认同、尊崇问题为中心的应对而不是情绪为中心的应对(1993)。儒家式应对注重“合理”,也兼顾“合情”,是问题中心和情绪中心的辩证统一。从应对的结果看,西方心理学认为压力导致人的痛苦感或紧张感,通过应对可以消除这种异己的、消极的力量(Lazarus,1993);虽然西方心理学文献中也认同从逆境中发现意义(finding benefits in adversity)的价值,但它主要是将其作为具体情境性的应对技术,对挫折并不持欣赏态度。儒家式应对,亲挫折是主流,是基本的原则或信仰;它强调个人从内心顺应、接受困苦,安贫乐道。儒家运用困苦可以锻炼人的意志、培养人的品性、提高人的能力,以及困苦也蕴含着发展的新机会等观点,从积极角度重新解释了个体遇到的困苦境遇,消除了困苦原本的消极意义,使个体在心理上接受,而不是排斥困苦事件,从而化解了个体因挫折等困苦事件产生的心理冲突和压力感,也减轻了沮丧、压抑等身心反应。同时,儒家式应对一方面认为挫折是暂时的,另一方面对将来持乐观的态度,这也起到了维护心理健康的作用(景怀斌,2006)。从认知评价方式看,西方从挫折中发现意义是为了消除由挫折等消极生活事件带来的心理痛苦感;而儒家式应对非但不将其视为引发痛苦的消极刺激,反而将其视为促进个人成长的动力和机遇，这使个体既维护了心理健康，又促进了自身发展。这是一种积极的应对方式，也是一种有效的压力管理策略（潘伟刚、黄希庭、鲁小周，2010）。

3.3 儒家文化影响中国人心理健康服务的态度和行为

一个民族的心理健康观念和心理保健制度是由文化决定的（曾文星，1997）。特定文化影响着其社会成员的性格形成、心理机制、精神病理、特有心理问题、临床表现、对待心理问题的态度、求助行为与心理治疗方式。有研究者调查了具有母系氏族社会特征的摩梭人对喇嘛治病与求医行为的认识，发现摩梭人的宗教信仰与其特殊的身心保健方式有密切的关联。

中国人对心理健康服务所持的态度以及遭遇心理健康问题时所采取的应对方式与美国人有明显的区别，这可以作为东西方文化差异影响心理健康服务的佐证。美国人遇到心理健康问题时，一般会寻求专家和服务机构的帮助，"看心理医生"对于他们而言习以为常；而大多数华裔却不习惯。从报道的数据来看，华裔对心理健康服务的利用率一直很低，而且这一事实的存在由来已久（梁茂春，2005）。1993—1994 年洛杉矶的调查则发现，华人在面对精神健康问题时，更多地求助于其他对象，如有 20.4% 的人向亲戚朋友寻求帮助，8.0% 的人采取其他应对方式，如求助于中医和牧师等（Kung，2003）。而几乎在同一时期 ECA（the epidemiological catchments area study）对约 2 万个样本的全国性调查结果显示，欧洲裔白人向亲戚朋友求助的比例为 16.1%，向宗教人士（包括牧师、教士等）求助的则有 6.2%（Snowden，1998）。可见，相对于正式的求助渠道（主要是向心理健康服务机构和专家求助），华人更偏爱非正式的求助渠道（主要是中医和牧师、算命先生等）和向自己的亲戚朋友诉说自己的精神健康问题。尽管如此，与白人相比，包括华人在内的亚裔美国人在遭遇精神健康问题困扰时更倾向于保持沉默（Zhang & Snowden，1998）。

美国心理健康研究所（NIMH）1986 年对全美所有心理健康组织和医院的精神健康服务机构的统计数据表明，全美亚裔人口使用心理健康服务的比例占其总人口的 0.41%，仅为欧洲裔白人相应比例（1.24%）的三分之一（Matsuoka，Breaux，& Ryujin，1997）。20 世纪 80 年代洛杉矶地区的抽样调查表明，25.66% 的美国白人因为心理健康问题求助于精神健康专家或医生，而亚裔美国人的这一比例仅为 3.76%（Zhang，1998）。美国华人接受心理健康机构服务和治疗的比例远远低于欧洲裔白人的比例，仅为欧洲裔白人相应比例的三分之一左右。那些已经患有明显精神失调症状的美国华人曾经接受精神健康专家或机构服务的比例也比较低，如 1993—1994 年洛杉矶的调查发现这一比例仅有 15%，比患有明显精神失调症状的美国人的相应比例（25%）低 10 个百分点。

这些差距与20世纪70年代以来其他学者的研究结果基本一致(Kung,2003)。总之,华人在面对心理健康问题时较少采用美国主流文化群体惯用的方式,即接受心理健康机构或专家的服务(Sue & Mckinney,1980)。有研究者指出,集体主义(collectivism)和个体主义(individualism)、社会关系取向、文化适应可以作为华裔寻求专业心理服务的预测因子(Tata & Leong,1994)。

余德慧(2008)的研究发现,一般社会的普通民众并不接受机构化、专业化的心理咨询或治疗,即使是在我国台湾,对由西方传入的心理治疗也缺乏兴趣。原因在于:(1)西方的心理治疗并不能赋予大多数中国人能够接受并理解的文化表征系统,所以心无感应;(2)与中国人的日常生活和大多数人的生活经验相脱离;(3)不能有效解决中国人在生活中面临的急迫的现实问题。

随着中国健康教育的普及和心理健康服务体系建设的发展,中国人对心理健康的关注和重视程度逐年增强,对心理健康服务的态度和行为也有了较大变化。Chen 和 Mak(2008)对欧裔、亚裔美国大学生和我国香港、内地大学生4个群体进行跨文化研究发现,中国内地大学生寻求心理健康服务的比例有所增加,心理健康教育与服务的效果初步显现。

4 儒家文化对中国心理健康服务模式的影响

西方心理健康服务受实证主义影响,追求客观性和标准化,试图在一般性的、抽象的、普遍的心理规律基础上建立起适合各种文化背景的心理健康服务模式。这对心理健康服务理论的科学化和操作的规范化产生了积极影响。但由于它忽略了文化因素与心理健康服务对象之间的关系,所以在面临多元文化情境中的心理障碍时就遇到了重重困难和阻力(Gergen,2001)。中国当前的心理健康服务理论和模式多数是西方移植过来的,较少考虑与中国传统文化意义体系的拟合性,这导致中国当前的心理健康服务实践与中国传统文化的衔接出现断裂。对我国2000年以来心理咨询与治疗的方法现状研究得到的45类方法中,绝大多数是国外的方法,本土化及本土方法极少(尹可丽、黄希庭、付艳芬,2009)。当前中国心理健康服务应如何处理与儒家文化传统的关系问题?此处参照“文化与心理治疗”的观点(曾文星,2002b;付翠、汪新建,2006;李炳全,2007,2008),从观念、理论、实践三个层面讨论儒家文化对中国心理健康服务模式的影响。

4.1 观念层次

儒家文化对当前中国心理健康服务模式的影响是全方位的，不只在实践性的服务技巧和理论层面，更在于心理健康服务的观念及原则上。儒家文化中“天人合一”的生态健康观，把人视为自然界的一部分，认为人的心身受自然宇宙运动的基本原则支配。“阴阳协调”的平衡观强调各种因素和元气要相互配合与平衡，失配或失衡则会引起身心病变。“身心合一”的整体健康观强调生理和心理的共变关系，这与当前健康心理学的发展趋势相一致。西方对心身关系的认识经历了“心身一体”到“心身二元”，然后到“心身交互”，再到现在生理、心理、环境与社会三位一体的发展过程。心理健康研究范式从生物医学模式到心身医学模式，发展到现在的生物—心理—社会的生态学模式，与中国传统文化中“天合、地合、人合、己合”的和谐健康观不谋而合（罗鸣春、苏丹、孟景，2009）。健康观的发展要求从单纯的生物医学模式转变到以预防为主、倡导健康生活方式和社会支持环境的健康促进模式。这既是心理健康服务发展的必然趋势，也是东西方心理健康思想发展与融合的结果（罗鸣春、苏丹，2008）。

4.2 理论和方法层次

当代心理健康服务的理论和方法是从西方传入中国的，必然要与中国传统文化意义体系产生碰撞、交流和融合，这是中国心理健康服务模式本土化必然经历的过程。如何处理心理健康服务模式的本土化与西方化问题？杨国枢认为这是一个从“外源性本土化”或“进口式本土化”到“内源性本土化”或“原生性本土化”的过程（1997）。钱铭怡等认为中国心理健康服务本土化包括三个层次（2008）：第一个层次是将东方思想观点结合应用于心理服务体系的框架之中；第二个层次是将西方成功的心理健康服务的技术方法运用于中国心理健康服务模型之中；第三个层次是基于中国文化的思想提出并发展自己的心理健康服务模型和理论。这一发展需要根据实际情况对国外引进的方法进行调整和改造，在实践中必然会创生出一些新的、适合我国大众的做法，这是对国外方法、技术的一种本土化。没有对这些低层“本土化”方法的反思、总结和提升，以及对影响当前中国人心理健康的深层社会文化的研究，真正具有影响力和实效性的本土方法是不可能出现的（尹可丽、黄希庭、付艳芬，2009）。当代心理健康服务模式传入中国不过几十年，服务对象也限于大中城市少部分人群。大多数中国人是怎样保持和维护心理健康的？中国人真的没有自己的心理健康方面的世俗理论吗？如果有，这些世俗理论的内容、特征是什么？发挥着什么作用？我国心理学家需要研究和思考这些根本问题，才有可能以此为根基创生出中国自己的心理健康服务理论和模式（尹可丽、秦旻、黄希庭，2009）。

4.3 实践操作层次

中国心理健康服务模式与儒家文化传统的关系问题实际上涉及的是心理健康服务与文化的普遍性与特殊性问题。在实践层面通常会遇到下列情形。

其一,有些心理和行为问题具有普遍性,为东西方文化所共有,有些则具有文化特殊性,为某一文化所特有。某些心理和行为在东西文化中都被视为异常,对它们的界定不因文化不同而有差异;也有一些心理和行为在某一文化中被视为异常,而在另一些文化中却被视为正常,这是因界定的文化不同而有所差别。这表明心理和行为正常与否具有文化双重属性,因此心理健康服务也具有了文化的双重属性。处理那些具有普遍性心理异常的理论和方法具有普适性,而处理那些带有文化特殊性心理异常的理论和方法则不具普适性。

其二,有些心理和行为异常在本质上具有普遍性,而在其内容或表现形式上具有文化特殊性。一些心理健康模式是诸多文化中都存在的,但它们的发生率与治疗的效果则具有文化差异性。比如在有些文化中它们发病率高,难以治愈;在有些文化中则发病率低,较容易治疗。其主要原因是不同文化造就的不同生活环境、生活方式、人与人的关系等对心理和行为治疗模式产生了影响。

其三,心理健康服务的理论基础或基本假设都来自特定的文化,理论与方法在其根源上有文化差异,但在具体运用上则具有普适性。一些理论和方法程序能够广泛应用于不同的文化背景中,有效解决不同文化中的心理问题。

其四,许多文化中存在心理健康服务的文化模式,这些模式借助于民间文学、风俗习惯、记载、仪式、闲聊或口口相传而被一代接一代地传递和承接,从而使该文化中的人表现出与其他文化不同的变态及治疗特色(孙秋云,2004)。

中国心理健康服务模式的普适性与特殊性与儒家文化与西方文化的普遍性和特殊性相关联。中国心理健康服务植根于中国文化土壤之中,其观念、理论、方法与技术等既有文化特殊性也有文化普适性,这使得中国心理健康服务模式也具有文化的双重属性;但它们是互补关系而非对立关系,把它们结合起来使用,加强东西方心理健康服务理论与方法的整合,可以发挥不同文化乃至同一文化中的不同理论与方法的积极作用。事实上,东西方心理健康服务目标和主要原则也是殊途同归,其终极目标是促进人类健康与发展。曾文星(2002a)把东西方心理健康服务模式的关系形象地比喻为中餐和西餐模式,就好比中餐跟西餐都是为了进食而存在,是供给营养、满足食欲的操作,并不存在天差地别,可是谈到如何选择材料,如何烹饪,如何调味,如何食用,可就有各种各样的方式。心理健康服务亦如此,都是利用心理学的理论和方法解决人的心理和行为问题,维护和促进人的心理健康,可是如何去进行,如何操作,采用何种学理,从何种哲学态度出发,并且如何配合现实的社会文化而进行,等等,却有东西南北的变异。本文仅从文化与心理健康服务关系的角度初步梳理了儒家文化对当前中国心理健康服务的作用和影响。后续研究应该进一步准确区分儒家文化中合理的、可以作为当前中国心理健康服务体系继承和发扬的精华,去除其落后的、封建的、束缚个人和社会发展的糟粕,使儒家文化中灿烂的人文精神成为建设富有中国特色心理健康服务体系的理论基础。

合作者:罗鸣春、苏丹。原文载于《心理科学进展》2010年第9期

中小学生心理健康服务体系模式的构建

我国中小学生心理健康服务自20世纪80年代中期开展工作以来，经历了调查起步、尝试推进、实验探索和全面发展等几个阶段。由于社会发展带来的青少年心理健康问题的逐步增多，党和国家先后颁布了《中共中央关于进一步加强和改进学校德育工作的若干意见》(1994)、《中共中央国务院关于深化教育改革全面推进素质教育的决定》(1999)、《关于加强中小学心理健康教育的若干意见》(1999)、《关于适应新形势进一步加强和改进中小学德育工作的意见》(2000)等文件，强调要全面推进中小学生的心理健康教育，以提高全体学生的心理素质，充分开发他们的潜能，培养学生乐观、向上的心理品质，促进学生人格的健全发展。在政府的大力推动下，各级教育行政部门相继成立心理健康教育指导委员会或心理健康教育指导中心，在中小学校建立心理健康服务室，配备心理咨询师或心理健康教育专职教师，并开展形式多样的学生心理健康服务活动，如开设心理健康课、建立心理辅导热线、建立学生心理档案、进行心理咨询，运用多种媒介如广播、电视、板报、信箱等宣传心理健康知识。中小学生心理健康服务事业的发展对促进我国青少年学生健康成长，全面推进素质教育事业，维护社会和谐稳定发展，实现中华民族的复兴具有重要意义。

目前，我国中小学心理教育还存在以下一些问题：发展不平衡，地区差异较大；实施条件普遍较差，实效性不高；观念错位严重，有形式化倾向；理论基础薄弱，工作缺少针对性；队伍薄弱，现有人员缺少应有的专业技能；没有形成合力，缺少与家庭、社会的协调和配合。这些问题严重制约着我国中小学生心理健康服务事业的发展，因此，加强我国中小学生心理健康服务模式的研究，从服务对象、功能、内容和形式等方面不断发展和完善中小学生心理健康服务的模式，显得极为重要。

中小学生心理健康服务体系的建设是一个系统工程，我们在反复查阅有关文献的基础上，提出我国中小学生心理健康服务体系的三个子系统，包括促进学生心理健康水平的心理健康教育体系、矫正学生心理健康问题的心理咨询服务体系、预防突发事件治疗学生心理疾病的心理疾病治疗与危机干预体系，以建立一个符合中小学实际的学生心理健康服务体系，为各级各类地区中小学校开展心理健康服务提供思路和对策。

1 心理健康教育服务体系

心理健康教育服务体系面向全体学生，主要目的是培养学生良好的心理素质，提高心理技能，发挥心理潜质，促进学生人格的健康发展。心理健康教育体系的本质是教育，必须遵循教育规律，是学生全面发展教育的有机组成部分，因此其过程应贯彻针对性、全员性、主体性和个别差异性原则。心理健康教育的实施原则使得它与德育、智育、体育、美育、劳动技术教育具有共性，即它应该是中小学校实施素质教育的重要组成部分，应该纳入中小学教学计划之中，面向全体学生普遍开展活动，充分启发和调动学生积极性，增强中小学生调控自我、承受挫折、适应环境的能力，培养学生健全的人格和良好的个性心理品质，并与其他教育相辅相成，共同实现中小学教育阶段的培养目标。主要包括以下几个方面。

1.1 心理健康教育服务的课程体系

课程体系是心理健康教育服务体系的核心。心理健康教育服务主要通过开设心理健康课和心理健康专题讲座两种形式进行，教育的目的是向中小学生宣传普及心理健康基本知识，提供调适心理问题的方法以及维护和增进心理健康水平的方法，了解常见心理健康问题的成因，促进学生重视心理健康，以科学态度对待各种心理健康问题。心理健康课由从事心理健康教育的专业教师担任，一般每周或间周2学时，由教务处统一安排。

心理健康课程体系的内容应根据学生的年龄特点而有所不同，主要内容包括一般心理健康知识、学习心理、青春期心理、情感教育、抗挫折能力教育、健全人格教育、人际关系指导和其他等8个方面，心理健康课的教学形式以情景性活动为主，教学方法可有讲授法、故事法、心理测验法、角色扮演法、游戏活动法、阅读教育法、心理训练法、集体讨论法等。心理健康课的教学要注意与一般学科课程和德育课程区分开来，要反映心理健康教育课的特殊性，因为心理健康课强调的是体验，是情景性活动，是通过让学生在实践中亲自体验和思考，然后再做出选择和判断，来帮助学生自我调节、自我控制和自我完善。心理健康教育课与一般学科课程在内容、形式、师生关系、评价方法和心理机制上都有明显区别，如果单纯地采取一般学科课的授课形式，将给学生带来新的问题。

1.2 学科教学中渗透心理健康教育体系

学科渗透心理健康教育可以为学生营造轻松愉快的课堂心理环境，激发学生的学习动机，开发学生潜能和创造力，增强学生的社会适应能力和自控能力，发展学生健全人格，全面提高学生心理素质。同时，也由于学科教学中渗透心理健康教育在促进教师树立全面发展的现代素质教育观念、有效减少师源性心理伤害、减轻学生学习压力、弥补心理健康课的缺陷和不足等方面具有不可替代的重要作用，而成为心理健康教育体系的基本形式。

学科教学中渗透心理健康教育体系，要求各个学科任课教师具有现代教育观念，要求教师能够与学生建立合作、和谐、互动的师生关系，要求教师善于挖掘教材中的心理健康教育因素，为学生营造愉悦的课堂教学心理环境，具有对偶发事件的应变能力，在具体操作时可采用移情体验法、角色扮演法、认知矫正法、游戏法等方法进行渗透。

1.3　教育主体的示范体系

心理健康教育与教育的其他组成部分具有共性，都要按照一般的教育规律来进行，但心理健康教育在更大意义上是教师或家长通过自己的人格魅力来对学生产生影响。中小学生常常自觉不自觉地将教师和家长的人格作为自己的仿效榜样，然后以特定方式在自己的身上再现出来，这在低年级学生身上表现更为明显。这就要求作为教育主体的教师和家长重视自身的人格对学生的影响作用，力求做到以身示教，有意识地以自己的自信、乐观、善良、正直、积极进取、认真负责、锲而不舍等高尚情操和良好的个性品质感染学生，促进学生人格的健全发展。

教育主体的示范渗透体系要求学校重视家庭教育和社会教育的重要作用。学校可通过家长学校、学生家庭档案、家长联系卡等方式使学生家长也掌握一些必要的心理健康知识，积极配合学校实施心理健康教育。学校还应主动与社会加强联系，充分挖掘社区心理健康教育资源，让学生了解社会责任、劳动、贡献和信仰，也为社会提供了解学生心理状态，协助学校进行心理健康教育的机会。

1.4　教育环境的隐性教育体系

教育环境的隐性教育体系包括创设健康的校园物质文化和精神文化氛围，建立良好的教风、学风和班级气氛。学生在一个和谐、融洽、友好、合作以及合理、具有竞争性的环境中学习、生活，就可在潜移默化中逐步形成健康的心理。这就要求：第一，要加强校园物质文化建设，如校园的设施和设备、校园的布局、周边环境等，让学生拥有一个舒适的学习和生活环境；第二，加强校园心理文化建设，营造心理健康教育的氛围，如设立心理健康教育专题板报、印刷心理健康刊物、开设心理图书室、进行趣味心理知识的广播等，提高学生重视心理健康的意识；第三，加强校风、教风、学风建设，营造有利于学生成长的教育情景，如树立尊师、爱校、勤学、守纪、合作的校风，爱生、敬业、严谨、求实的教风，自信、创新、勤奋、善问的学风等；第四，社会各有关单位也应承担应有的责任，如网络、电视、电台、各种平面媒体、街道、社区等要多向中小学生宣传心理卫生知识，限制学生进入有害身心健康的娱乐场所，尽量减少学生接触各种暴力、色情的影视节目和书籍的机会等。

2 心理咨询服务体系

心理咨询是指运用心理学的理论和方法，通过良好的咨访关系，分析来访者心理问题产生的原因，进而寻求解决问题的对策，以恢复其心理平衡、增进其心理健康的服务过程。通过"对少数有心理困扰或心理障碍的学生，给予科学有效的心理咨询和辅导"，可帮助来访者建立新的人际关系，更全面、更深入地认识自己，领悟问题的原因，采取有效行动，从容面对社会，更好地发挥内在潜力。心理咨询对心理咨询教师提出了较之一般教师更高的要求：受过心理学的专业训练，具有心理咨询的从业技能；有较为丰富的人生经验；善于与来访者建立良好的咨访关系；善于从来访者毫无头绪的叙述中抓住关键，帮助来访者学会正确的行为方式。无论采用什么形式、针对什么对象进行心理咨询，都必须遵循保密原则、时间限定原则、感情限定原则、伦理原则和重大决定延期原则。这就要求学校从心理咨询师资队伍建设机制、学生心理档案建设机制、全方位心理咨询体系的建立等方面推进心理咨询服务。

2.1 心理咨询服务队伍建设机制

心理咨询能否取得效果关键要看有没有一支合格的心理咨询员队伍。首先，要合理配备学生心理服务工作队伍。学校心理咨询教师可分为两个层次：一是学校心理咨询专职教师，每个学校要配备1～2名，负责本学校的心理健康服务工作。当然，还可以聘请兼职心理咨询教师若干名；二是学校心理学家，每个地区按照每6000～7500名中小学生至少有1名学校心理学家的标准进行配备，负责本地区的学生心理健康服务工作。其次，要加强对心理咨询服务工作队伍的职前职后培训。任何一名心理咨询员在上岗前都要经过心理健康教育与心理咨询的理论与技术培训，取得合格证以后，方能上岗。也应将心理咨询服务队伍的培训、培养工作纳入学校师资培训计划和人才培养计划。通过培训，不断提高他们从事心理咨询服务工作的理论水平、专业知识和基本技能，以及高度的责任感、良好的职业道德。再次，要不断提高心理咨询服务人员的待遇，以吸引人才、稳定队伍。待遇是现代社会衡量职业地位高低的重要标准,因此要在工资待遇、酬金分配、职称评审等方面予以政策倾斜,可考虑将专职心理教师纳入思想政治专业,甚至单列职称系列评定职称。

2.2 学生心理档案常规建设机制

学生心理健康档案是指对学生心理特点、心理测验结果、学校心理咨询与辅导等材料的集中保存,其内容组成了一个有内在联系的体系。通过建立学生心理档案,可以掌握学生整体的心理状况以及普遍存在的心理问题,及时发现有严重心理障碍的学生,对普遍存在的问题进行集体辅导,对有严重心理障碍或有自杀倾向的学生及时进行心理咨询,转介有心理疾病和心理危机倾向的学生(李子华,2004)。因此应做到学生心理档案建立的常规化、制度化。

学生心理档案的内容应包括:反映学生背景的个人资料、反映学生心理状况和心理特点的心理测评资料、反映学生心理问题的心理健康活动记录。在心理健康服务水平不高的情况下,使用最多的建档方法是心理测验法,目前使用较为普遍的标准化测量工具有智力测验、心理健康诊断测验(MHT)、艾森克人格问卷、卡特尔人格问卷(16PF)、学习适应性测验等。心理测试的时间可选在新生入学、学习中段和学习末段进行;测试的过程要求严谨,尽量做到标准化;测试结束要有专人进行结果统计分析,把测试结果存入学生的心理健康档案文本中,并从中发现问题,确定心理服务的对象和咨询内容的主要方向。

2.3 建立全方位的心理咨询体系

学校应建立多维立体、全方位的心理咨询体系,以满足不同层次、不同类型的中小学生的需要。

2.3.1 建立心理咨询的途径体系

通过建立学校心理咨询室,当面聆听学生的陈述,直接指导学生问题;通过开设心理信箱,可及时与那些由于受传统观念影响或碍于面子等不愿与老师会面的学生沟通;通过开通心理热线,可以及时解决学生的心理健康问题,尽量避免危机事件的发生;通过开通网络心理咨询服务,可以满足学生更多的、大众性的心理健康服务的需要;转介服务,即把学校不能解决的个别问题较为严重的学生转介给社会专门机构进行心理治疗和干预。

2.3.2 心理咨询的过程

心理咨询的过程一般分为四个阶段:了解学生的需要,建立心理咨询的目标;努力寻找解决问题的线索;探讨解决问题的方法,促进来访者发展;巩固咨询效果的后续会谈。

2.3.3 心理咨询的内容和方法

中小学生心理咨询的内容主要包括学习适应问题、神经症性障碍、品行障碍、多动综合征、抑郁症、人格障碍、精神分裂症和其他类型的精神障碍等种类。学校心理咨询的方法主要有行为疗法、来访者中心疗法、理性情绪疗法和精神分析疗法等。

2.3.4 建立社会心理健康援助体系

建立社会心理健康援助体系,如通过青少年咨询中心、计算机网络、电台热点问题答问节目等,为学生开展心理诊断、心理咨询等服务;在此基础上,发挥社区作用,调动政府有关力量介入和关心心理健康教育工作。

3 心理疾病治疗与危机干预体系

《中国精神卫生工作规划(2002—2010年)》明确指出,“我国神经精神疾病在我国疾病总负担中排名首位,约占疾病总负担的20%。此外,受到情绪障碍和行为问题困扰的17岁以下儿童和青少年约3000万”,而且我国精神疾病的增长趋势还在继续,中小学生由于心理障碍或疾病而导致的危机事件时有发生,危害他人和社会。对心理疾病或危机的处理,突出要求服务人员的实践能力或临床经验,技术性较强,更多地强调医学知识的临床应用。单纯地依赖学校心理健康教育和心理咨询难以解决问题,需要动员社会和家庭的力量,对具有心理疾病或心理危机的学生做到早发现、早诊断、早治疗,形成心理疾病的预防治疗机制和危机产生后的干预机制。

心理疾病治疗与危机干预体系包括心理疾病治疗和心理危机干预两大体系。心理疾病的发生常常不是一时的偶然行为,而是成年累积而成的,要通过各种方式发现有心理疾病苗头的学生个体,不要等到其病情发展到十分严重时才采取行动。学校、家庭和社会在学生个体心理疾病的产生和发展过程中都会产生影响,也有责任在有关部门和人员的指导下报告和转介有心理疾病苗头的学生。有些中小学校尝试在学生中建立校园心理支持网络,以强化学生的社会支持系统,在减少学生心理疾病发生方面起到了开拓性的作用。心理危机干预系统是在学校、家庭和社会的协作下,由专业心理咨询治疗机构和精神卫生专业机构具体实施的。为了对应急事件和突发事件进行有效干预,可由地方教育行政部门组织“心理110”机构,一旦出现应急事件和突发事件,就能第一时间赶到现场进行干预,避免事态恶化或产生严重后果。

综合以上分析,可以把我国中小学生心理健康服务的体系用图1表示。

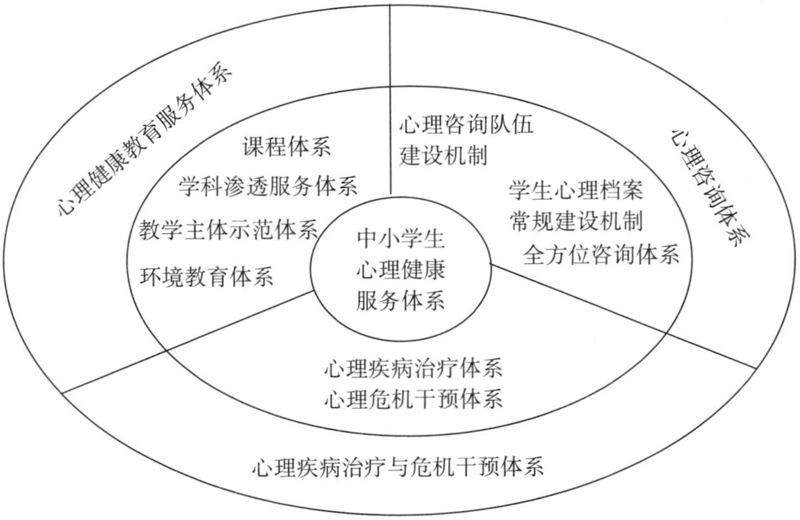

图1　我国中小学生心理健康服务体系建构

研究我国中小学生心理健康服务体系,对丰富我国心理健康服务体系的研究资料,促进我国中小学生心理健康服务工作具有重要意义。随着我国中小学生心理健康服务工作的全面启动和逐步深化,其在中小学生全面发展的素质教育中的作用将越来越突出,中小学生心理健康服务体系作为中国心理健康服务体系的一部分,也将得到更加深入的发展。

合作者:廖全明。原文载于《心理科学》2009年第2期

专题五　社区心理学研究

我们决心从中国实际出发，以中华优秀文化为基础，创新社区心理学的概念和理论，并吸收西方社区心理学的合理因素来研究中国社区心理，为创建中国特色的社区心理学而努力；这实际上是心理学研究中国化的另一领域。同时我们还想把健全人格的理论应用于社区心理学。

引言

社区心理学(community psychology)是一门人文学科的心理学。首先,社区心理学属于心理学大家庭中的一员,属于心理学的一门分支学科。因而我们可以用多种取向、多种方法来研究社区中人的心理和行为,揭示社区中人的心理世界,探讨与社区有关的心理现象的性质、结构、机制、机能和规律,即心理世界或心理与行为事实。同时,社区心理学也是一门多学科的交叉学科,它与政治学、经济学、社会学、文化学、教育学、生态学、生理学和医学都有交叉。我们曾经做过幸福的个体差异研究,用功能性磁共振成像(fMRI)来研究,即是说其跟脑科学有交叉。但是我们这些研究都没有考虑到人是生活在社区中的,只是把人作为一个抽象的人,或者说作为一个孤立的自变量与因变量关系的人,而不是社区里的一个活生生的人。所以我认为社区心理学除了心理学的性质之外,还有一个性质,即人文学科的性质。

社区心理学是一门人文学科。什么叫人文学科?人文学科的研究对象是什么?学者普遍认为人文学科的研究对象是人的"生活世界"。人的"生活世界"包不包括"心理世界"?我认为是包括"心理世界"的,但是这里的人不是孤立的人,不是抽象的人,不仅仅是具有自变量与因变量关系的人,更是生活在我们社区里活生生的人。也就是说,这些活生生的人的"生活世界"是我们社区心理学的研究对象。这个"生活世界"中的居民所生活的是一个具体的、历史的、现实的社区系统,与现实生活有着千丝万缕的联系。比如我们现在讲基层社会治理,基层社会治理就跟我们的现实生活紧密相连,社区心理学就必须要研究基层社会治理的问题。同时它也与社区的历史、现实、未来有着紧密的联系。这个"生活世界"不仅有传统意义上研究心理和行为的事实,更重要的是这个"生活世界"是具有意义性和价值追求的。大家想一想,我们研究社区中的人的"生活世界"是不是有意义性,是不是有价值追求?当然是有意义性,有价值追求的。所以我认为社区心理学是一门人文学科或者说是一门人文学科性质的心理学,正因为它具有这样一个特性,所以社区心理学具有以下两个显著特点。

(1)社区心理学所研究的人是与其人生紧密联系的。社区心理学各个领域的研究都与人生有紧密的联系。这个人的"生活世界"与人生追求、人生态度、人生智慧、人生修养是密切联系在一起的。为什么是这样呢?因为社区心理学的使命是促进社区居民生活质量的提高,生活质量的提高当然包含着社区居民人生境界的提高。所以社区心理学不仅要探讨心理世界、心理和行为事实,更应探讨人的"生活世界"的意义性和价值追求。

(2)社区心理学所研究的“社区”是与其社会文化和历史紧密联系的。我们研究人的“生活世界”,必然要考虑其所处的社会文化和历史现实。我们当然会看到中国的社区与西方的社区(或者说东方的社区与西方的社区)有共同性。正因为有共同性,所以在中国心理学会社区心理学专业委员会成立初期,由陈红教授任主任,就翻译出版了《社区心理学译丛》共10本书,杨莉萍教授也单独翻译出版了一些社区心理学著作。这些工作我认为是有必要做的。为什么呢?因为中国的社区与西方的社区可能有相同的地方,可能西方有些好的东西适于我们吸收、应用。但是我们不能只做翻译工作,不能以拿来主义对待我们的学术研究;我们更应该看到中国的社区与西方的社区的差异性,开展中国社区心理学的研究;这方面我们的工作才刚刚起步,做得还很不够,却遇到不少困难。我们现在借基层社会治理这个机会,就是要结合我们中国的社区实际开展研究,也就说我们要加大力度进行社区心理学的中国化研究。

中国的社区、中国的基层社区治理与西方的社区、西方的社区治理是完全不同的,不论从历史来看,现实来看,将来的发展趋势来看,都是不同的。正因为有一系列差异,我们就不能照搬西方的社区心理学,我们不能只做模仿工作,模仿不是创造,是缺乏生命力的。我们要重视自己的社会文化,不能轻视自己的社会文化,更不能藐视自己的社会文化,不能脱离中国现实社区情况来建设社区心理学。我们必须有自己的立脚点,这个立脚点就是我们的中华优秀文化。也可以说我们就是要借中国的社区治理来发展我们的社区心理学。

我相信,只要我们不断加强中华优秀文化的理论修养,不断深入社区进行研究,不断走向社区治理,我国的社区心理学研究就会蓬勃地发展起来。

本专题收录的四篇文章反映了中国心理学会社区心理学专业委员会创建初期的学术思想。

心理学如何为社区发展服务

1 引言

“社区”一词为舶来品，现在已几乎人尽皆知。改革开放以来，党中央和各级政府大力推进社区建设和社区服务，社区是与我们每一个人的日常生活息息相关的生存环境。那么，什么是社区？

国内外学者都认为，社区这个术语源自德国社会学家滕尼斯(Tönnies，1887)的名著《社区与社会》一书。在他看来，社区有三种类型：血缘共同体、地缘共同体和情感共同体。自从滕尼斯开创性地定义社区之后，迄今关于社区的定义已有140多种。定义的多样性表明了“社区”的复杂性和学者们学术观点的不同。从各种不同的定义之中，可以发现社区这一概念通常都包含以下四个要素：

(1)地域，包括社区的自然地理和人文地理环境。自然地理环境是指社区所处方位、地貌特征、自然资源、空间范围等；而人文地理环境则包括人文景观、建筑设施等。一般而言，社区的地域不能太大，大致限定在居民日常生活能够发生互动的范围之内。

(2)人口，这是社区活动和变迁的主体，主要包括人口的数量与质量，人口的结构、分布与流动状况等。

(3)组织，主要指社区内部各种社会组织、社会群体之间的构成方式及其相互关系，包括正式社会组织和非正式社会组织。

(4)文化心理，包括风俗习惯、历史传统、民间规约、交际语言、生活方式、社区感等。

我国著名社会学家费孝通说：“社区这个名词，最初就是由当时燕京大学社会系的学生们提出来用以翻译英文communit这个名词的。”(1999)又说：“社会是泛指人和人在经营共同生存时所发生的关系，而社区则是指人们在一定地域里经营集体生活的共同体。这个共同体是在一定的时间和一定空间内，由一定的人口进行集体生活时有一定组织的具体人群，例如村落、乡镇、城市、民族、国家等等都是不同层次的人们共同体，也就是所谓社区。在研究人们集体生活时提出社区这个概念，就是要使我们能体会到种种社会关系间的相互依存，把人们的集体生活作为一个整体来看待。”(1999)我认为这个解释通俗易懂，可以作为我们研究的起点。

其实，社区就是社会的缩影。由此看来，心理学为社区发展服务是大有可为的。下面我想从宏观和微观两种研究策略来谈谈心理学为社区发展服务的构想。

2 社区类型与社区文化心理研究

宏观研究策略的关注点是整个社区或社区中大多数人的心理和行为，其研究主题包括整个社区的文化心理，以及社区之间及社区内部机构间互动引起的大多数居民的心理和行为问题。我们可以根据社区的某种社会属性将社区划分为若干个类别，把某个社区里的人群作为一个整体，来研究他们对社区的共同感受、价值观、需要、态度以及传统风俗、时尚、氛围等。例如，在不同类型的社区中，我最感兴趣的是从文化特色的角度把社区分为传统文化主导的社区和现代文化主导的社区。

传统文化主导的社区如江南六大古镇：苏州的周庄、同里、角直和浙江的西塘、乌镇和南浔。苏州是历史上出状元最多的城市，在明清两代就有35位状元，而全国这两个朝代的状元仅202名（一说203名），苏州占了其中的17%。苏州可谓人杰地灵，是书香门第的密集地。周庄位于苏州城东南，在春秋战国时期，周庄为吴王少子摇的封地，北宋元祐元年（1086），周迪功郎舍田200余亩捐给当地全福寺，百姓感念其恩德，始称周庄。该镇因河成街，古朴、明洁、幽静，具有江南典型的“小桥、流水、人家”的景象，虽历经900多年沧桑，仍完整地保存着原有水乡古镇的风貌和格局。同里古镇有明清两代园宅38处，寺观祠宇47座，有士绅豪富住宅和名人故居数百处之多。同里人世代勤奋苦读、知书达理，同里教育发达、人文荟萃。乌镇历史上曾出过64位进士、161位举人以及茅盾、沈泽民等名人，虽历经千年沧桑，仍完整地保存着原有水乡古镇的风貌和格局。从江南六大古镇可以发现，这里的民风民俗与其他地方的古镇如重庆磁器口古镇、合川涞滩古镇有很大的区别：在传统文化的保留和传承上大不相同。这是一个值得研究的问题。深入实际研究这个问题不仅有助于古镇的保护，而且对古镇类社区传承和弘扬中华优秀文化传统和美德有重要意义。

现代文化主导的社区如经济特区和经济技术开发区。深圳经济特区的形成得益于特殊的政策和优越的区位（沿海地区，邻接香港）。由于较早地推行市场经济，其市场化程度高；伴随着经济技术和外来文化的输入，深圳经济特区在发展中形成了自己独特的社会结构和文化氛围；特区的人流和物流量都特别大；社会分化程度高，按其消费水平，特区的社会阶层可分为富豪型、富裕型、小康型、温饱型和贫困型。经济技术开发区是城市社区的一种重要新模式（例如浦东新区），分为经济开发区和高新技术开发区，其中小部分是由国家（国务院和省级政府）批准的，大部分是地方自建的。开发区的基本特征：一是交通方便，由于实行优惠政策，携带资金、技术的创业人员和企业家大量进入社区，从而形成了一个集文化、娱乐、企业、疗养、旅游、居住、娱乐和商贸为一体的社区；二是开发区人员的文化水平大多高于其他社区，科技人员较多；三是外来人口多，社会分化程度高。这些社区都是在改革开放、实行社会主义商品经济体制下发展起来的,我国这些社区与西方社会的社区也有本质的区别。它们在践行社会主义核心价值观方面有哪些经验值得国内其他城市社区学习呢?这也是社区心理学值得研究的主题。

除了从文化角度对社区进行分类外,还可以从其他角度对社区加以分类。例如,从城乡差别的角度,可以把社区分为城市社区和农村社区。就城市社区而言,其又可以划分为老城区社区、单位型社区、新建小城镇社区、城乡接合部社区等。就农村社区而言,其划分的角度也很多。从地域范围角度看,可以把农村社区分为一村一社区、多村一社区、自然村社区等;从农村社区组织管理模式看,可以把农村社区划分为以村委会为主体的农村社区、以民间志愿组织和社会团体为辅弥补村委会功能的农村社区;从经济发展水平角度看,可以划分为发达的农村社区、发展中的农村社区以及不发达的农村社区等。所有类型的社区都会涉及社区的文化心理如社区感(sense of community)和环境保护意识等主题,也需要我们从我国的实际出发,开展创造性的研究。

3 社区服务中的心理健康服务研究

微观研究策略的关注点是社区内部的个人或小团体的心理和行为。社区服务的许多内容都是社区心理学微观研究所关注的。所谓社区服务是指政府、社会组织,包括社区组织以及企业为社区居民提供的与社区居民基本生活密切相关的公共服务项目,如医疗卫生、教育培训、文化娱乐、康体健身、社会救济、就业服务、养老保险和保障性住房、社区活动等。我国自第十一个五年规划时期开始,专门对社区发展进行规划,制定了《"十一五"社区服务体系发展规划》。该规划由国家发展和改革委员会和民政部共同起草,作为"十一五"的专项规划。规划中提出,"以满足居民公共服务和多样性生活服务需求为目标,发展全方位、多层次的社区服务",其具体服务内容主要有:

(1)积极开展便民利民服务,满足群众日常生活需要;

(2)积极开展社区就业和社会保险服务;

(3)全面促进社区救助服务,加快发展新型社区救助体系;

(4)进一步加强社区卫生和计划生育服务;

(5)建立健全社区治安防控网络……建立社区矫正、社区戒毒管理服务机制;

(6)发展社区文化、教育和体育;

(7)完善社区老年服务体系;

(8)加强社区环境整治和环境保护。

上述八项内容,无论是便民利民服务还是社区老年服务、整治和保护环境等服务,都离不开心理健康服务，而该规划所讲的“发展全方位、多层次的社区服务”中却没有提及心理健康服务，这说明我们的“中国心理健康服务体系现状与对策的研究”还不够全面和深入，缺乏对我国社区心理健康体系现状与对策的研究。事实上，这方面有许多问题是很值得我们研究的，例如对不同类型社区心理健康服务需求现状调查与对策的研究，我们把发达的农村社区、发展中的农村社区及不发达的农村社区的居民心理健康服务需求状况加以比较，就可以探究社区经济发展水平与心理健康服务需求的关系。

社区服务特别关注老年人、残疾人、城市流动人口、农村留守人员、特殊困难人群和受灾群众等，并对他们开展心理健康服务，包括发展性心理健康服务、预防性心理健康服务和治疗性心理健康服务。此外，还要预防犯罪，帮助有前科者改过自新，重归正途，成为守法的公民。所有这些工作都需要个性化的心理服务参与，需要我们深入社区进行研究。

社区服务的对象是社区居民，居民的产生、成长和发展即人生的各个阶段都有不同的心理健康服务需求，这需要社会工作者协助解决。例如，对于孕妇产前和产后的心理辅导，对于有心理问题的母子的心理辅导，对于社区里中小学生的课余学习和活动的心理健康服务，对于社区里的公民、家庭妇女、退休人员的心理健康服务等。所有这些内容既是我国社区心理学研究的课题，又是社会工作者必须了解的内容。要达到满足社区居民公共服务和多样性的生活服务这一目标，必须加速培养和造就一支结构合理、素质优良和熟悉心理健康服务的社会工作者队伍。

在此，我想就心理学系本科应用心理学专业教学改革提两点建议：一是要瞄准国家急需解决的任务进行课程设计，内容要精，要有前瞻性；二是要加强实践技能的培训，切实把重心转移到实践技能的培训上来，使他们有好思想、有本领为人民服务。

社区这个领域很复杂，有许多内容值得心理学家去研究。上面仅以社区类型和社区服务为例，从宏观研究策略和微观研究策略谈了我对心理学如何为社区发展服务的构想。当然，社区心理学的关注点不只是个体，也不只是社区，还要关注两者之间的联系与交互作用，我们应当把它们结合起来进行研究。

4　联系中国实际，展开社区心理学研究

心理学要服务于社区，其研究必须进入社区，紧密联系中国实际开展心理学研究。为此，处理好以下三个问题很重要。

4.1 深入社区实际，确定研究主题

应把研究聚焦于中国社区，到现实社区人们的日常生活中去寻找有关心理学的研究主题。

第一，可以通过自己的经验来寻找社区心理学的研究主题。因为社区是与我们每一个人日常生活息息相关的生存环境，我们通过长期观察会比较容易找到潜在的研究主题。例如社区内不同家庭类型的人们是如何应对疾病的，或者父母经常赌博对子女道德行为会有怎样的影响。如果喜欢旅游，你到过苏州的同里、浙江的乌镇、重庆的磁器口，你可能会感受到这些古镇社区文化价值观的不同，由此萌发出探求中国古镇社区文化价值观的特点的想法。甚至平时读小说、看电视、上网也可能产生研究主题。例如网络人际交往是虚拟的，但网络上聚集人群也有共同的爱好和兴趣，也有社区，这叫网络社区。微博互联网社区的文化心理是如何形成的，它对于网民的心理和行为又有哪些影响，这也是很前沿的课题。

第二，可以通过其他人来寻找社区心理学研究主题。如果某位教授目前正在研究的主题与你的社区心理学研究兴趣相吻合，你去找他/她将获益匪浅，因为你会从中了解到这个研究主题的现状、展望和相关的文献。如果有可能，你去听心理学教授讲授的社会心理学、人格心理学等课程，社会学教授讲授的社会学、社区社会学等课程，甚至著名教授讲授的哲学、伦理学、美学、历史等通识课程，都有可能让你找到社区心理学的研究主题。因为兴趣广泛、知识多样化会使人产生联想，产生新的观点，而知识面狭窄，又过于长时间钻研一个很小的领域容易使人思维迟钝。参加学术会议和阅读论文也有可能让你找到研究主题：将别人的研究与你的研究设想相比较或加以融合产生新的想法，或者将别人的研究进一步扩展至你所观察到的社区，也可能产生新的社区心理学研究主题。

第三，阅读印刷品和互联网上的专业文献对于确定选题是很有必要的，而印刷品包括书籍和期刊等。关于社区心理学的书籍，国外主要有教科书、专著和手册、期刊、年鉴、文摘等。

目前国内已出版的国外教材有两本：一是美国的道尔顿（Dalton）、伊莱亚斯（Eliast）和万德斯曼（Wandersman）所著的《社区心理学——联结个体和社区（第2版）》，中国人民大学出版社2010年出版；二是美国的达菲（Duffy）和黄（Wong）所著的《社区心理学（第3版）》，世界图书出版公司北京公司2007年出版。

专著和手册，如Rappaporty和Seidman所著《社区心理学手册》（*Handbook of community psychology*），克鲁维尔学术出版社（Kluwer Academic Plenum）2000年出版。

期刊和年鉴主要有美国心理学会下设社区心理学分会主办的《美国社区心理学杂

志》(*American Journals of Community Psychology*),美国加州年鉴公司出版的《心理学年鉴》(*Annual Review of Psychology*)。《心理学年鉴》每年出一卷,主要内容是对心理学各分支学科或研究领域进行全面系统的综述,由有关专家撰写,搜集的资料相当丰富翔实。例如《心理学年鉴》2003年第54卷刊载Shinn和Toohey的《人类福利的社区环境》(Community contexts of human welfare)一文,对于社区心理学研究的主题很有参考价值。

美国心理学会主编的《心理学文摘》,其编辑方针是"全世界心理学及有关学科文摘不加评论的摘要",它能使社区心理学研究人员了解到各种不同的文献内容,对那些接触不到大量文献的人尤为重要,通过文摘摘要可以查找到参考资料。

此外,专业的网站主要有:美国社区心理学官网(网址为http://www.communitypsychology.org),其中包括许多与社区心理学有关的信息,对于研究生和教师选择社区心理学研究主题很有用处;社区研究与行动协会(SCRA)网站(网址为http://www.scra27.org),SCRA是国际社区心理学的职业机构,也是美国心理学会的社区心理学分会的职业机构,该网站反映SCRA的行动和目标、成员的利益、活动和会议。

无论是印刷品文献还是网上文献,我们都应批判性地阅读,力求保持独立思考的能力,避免因循守旧。通过文献阅读,我们可以知道哪些研究主题是前人做过的,哪些是学者们正在做的,这有助于我们确定新的研究主题。即使是教科书,我们也要批判性地阅读,目前见到的心理学教科书,其研究成果都来自对西方主要是对美国社区的研究,其与我国的社区是大不相同的。我们的社区心理学研究,其活水源头在我们现实社区的日常生活之中。我们在阅读西方社区心理学的文献时要多想一想,把文献上所说的同自己亲身体验到的相比较,并找出有意义的相似点和不同点,吸收其中的合理因素,用中国人的话语和概念来研究中国社区心理学问题。总之,要从我国社区的实际出发,把我们的研究与社区发展需求紧密联系起来,切不可把从对西方社区居民研究中得出的概念、原理和理论往中国社区居民身上硬套。

4.2　依循中华文化,发展创新构念

中华文化源远流长,博大精深,其所蕴含的思维方式、价值观念、行为准则,既具有厚重的历史性和强劲的传承性,同时又具有鲜活的现实性和变异性,无时无刻不在影响着今天的中国人。例如,彭凯平和尼斯比特(Peng & Nisbett,1999)的研究发现,在思维方式上,中国人偏向于辩证思维,西方人偏向于逻辑思维。西方学者研究发现人格结构包含五个因素,即外倾性、宜人性、责任感、神经质、经验开放性,即大五人格,他们宣称这是经过成百上千次测量研究所确定下来的(McCrae & Costa,1985)。王登峰、方林、左衍涛(1995)采用和西方同样的研究程序,结果发现中国人的人格包含外倾性、善良、行

事风格、才干、情绪性、人际关系和处世态度,即七因素模型。张妙清、梁觉、张建新等(1996)的研究发现,中国人的人格结构中并没有五个因素中的开放性,却包含人际取向因素。马库斯和北山(Markus & Kitayama,1991,2003)区分出两种不同文化体系中的两类自我概念的人:个人主义文化下的英美西方国家的人们属于独立自我者(强调个人的独特性和边界),集体主义文化下中国等东亚国家的人们属于相依自我者(强调要与社会和谐相处、符合群体标准、遵守群体规范)。杨国枢通过对华人自我的研究发现华人自我包含四种主要成分(2004),即"华人自我四元论",认为华人的自我具有个人取向自我、关系取向自我、家族取向自我和他人取向自我。杨中芳(2001)的研究认为用集体主义文化来概括中国人的自我观念是不贴切的。

我们从中华文化宝藏中汲取养料,提出创新构念,开展了对"自立、自信、自尊、自强"的心理学研究。从20世纪末开始,经过艰难的探索,取得了一些成果。例如,对自立的探究,我们先是把自立区分为身体自立、心理自立、经济自立、社会自立和抽象自立五个因素(黄希庭、李媛,2001),随后发展出自立人格,包含人际自立和个人自立两个维度共10个因素的模型(夏凌翔、黄希庭,2008)以及儿童自立发展的八因素模型(凌辉、黄希庭,2009)。对自信的探究,我们先发展出一个大学生自信结构模型,包含四个维度,即整体自信、学业自信、社交自信及身体自信共13个因素(车丽萍,2003),后来进一步发展出一个自信的五因素模型(才智自信、成就自信、人际自信、应对自信和品质自信),并研制出信效度较好的青年学生自信问卷(毕重增、黄希庭,2009)。对自强的探讨,开始我们发现有顺境自强、逆境自强、竞争性自强、成长性自强和他向性自强(郑剑虹、黄希庭,2004),后来我们采用文献分析法对《四库全书》中的大我自强、小我自强和个我自强(赵彩花等,2009a,2009b,2010)进行了分析。此外,我们的研究还发现了自谦的二因素模型(实性自谦和虚性自谦)(胡金生、黄希庭,2009),诚信的四因素模型(诚实、信用、信任和责任心)(吴继霞、黄希庭,2012)。由此可见中华文化确实为我们的研究提供了十分丰富的养分,发展出了创新构念。

从中华文化中汲取养料,发展创新构念之路也不平坦。这是一条荆棘丛生,充满艰辛之路。其原因一方面是中国的心理学体系基本上就是西方心理学体系,大多数中国心理学者都是在追随西方主流课题的研究,心理学中国化处于弱势;另一方面是目前流行的"量化"评价体系,只看重SCI、SSCI和期刊影响因子,更导致心理学研究的中国化举步维艰。虽然有识之士对一味强调SCI和期刊影响因子等做法提出了批评,指出这样做会影响研究质量,"我国SCI数量已居世界第四,但自主创新能力却远落后于发达国家。过分强调影响因子反而会忽视许多创造性强、潜在价值高的研究工作及学术成果","使科研人员盲目攀比论文数量和档次,使学术研究走上'论文驱动'的歪道,使科技研究沦为生产低品位论文的'文章机器'"(陈佳洱,2013)。但批评恰似耳边风,追求SCI、SSCI和期刊影响因子之风在中国心理学界依然刮得很强劲。

我坚信心理学中国化是中国心理学发展的正确道路。在研究社区心理学问题时,我希望我们的学术团队要继续从中华文化中吸收养分,发展出具有国际影响的创新构念,并吸引更多有识之士参与,开展大规模、系统性的研究。对于这样的课题,如果进行跨学科(如社会学、生态学、法学、教育学、伦理学等)研究,并争取政府机关、村委会、居委会及组织部门、人事部门、司法部门和妇联等的支持,研究工作便会顺当得多。

4.3　采用多种方法,提高学术质量

对于心理学问题的研究,采用多种方法与只采用一种方法相比较,前者效果更佳,特别是对于西方心理学中的概念,更要采用多种方法仔细加以辨识。例如self-esteem被翻译为"自尊",意指个体对自我的整体性的积极的感觉(James, 1890),这种说法与我们中国人日常生活中所说的"自尊"是否相同?《辞源》(商务印书馆,1988)说"自尊"的意思有自重(《韩非子·诡使》:"重厚自尊,谓之长者。")和自加尊号(《史记·楚世家》:"楚熊通怒曰:'吾先鬻熊,文王之师也,……而王不加位,我自尊耳。'乃自立为武王。")的双重含义。《现代汉语词典》(商务印书馆,2012)解释说,自尊是形容词,指"尊重自己,不向别人卑躬屈节,也不容许别人歧视、侮辱"。我要求学生查阅现代文人作品中是怎样使用自尊的,并与self-esteem相比较(舒首立等,2012),同时我们还向一些有相当文化修养的中国人请教自尊的含义,采用多种方法进行研究、认真辨识。最后得出的结论是:自尊不等同于self-esteem。像这样用多种方法来辨别心理学中的概念,有很好的效果。这样做学问既尊重了被研究对象,也尊重了我们自己的良知,心里很舒坦(黄希庭,2014)。

社区心理学不仅仅是心理学的一种应用研究,社区心理学研究也有基础研究和应用研究之分。所谓基础研究就是揭示社区生活的本质,目的是透过现象探究其内在运行机制的知识。例如,我们对社区感或社区观的构成要素及其运行机制感兴趣,目的是探寻这方面的知识。所谓应用研究就是将所学到的知识应用于社区实际,使社区居民更加追求真善美。例如吴薇莉提交的论文《突发重大灾难后社区心理援助培训体系的构建》,记录了她们在5·12汶川大地震后深入受灾社区,运用心理学知识对心理援助队伍进行四年多培训的经验及总结。她们的工作使灾民走出了哀伤,提高了灾区人民战胜灾害的信心和决心。其实,社区心理学研究中的基础研究和应用研究也是相对的,难以截然分开。因为基础研究的结论可用于指导实践(例如社区感或社区观的研究结果可用于成功社区的建设),而应用研究的结果也可以提炼为理论(例如吴薇莉通过工作总结已提炼出一个心理援助"伞型培训体系"模型)。不少研究都兼具基础研究和应用

研究的双重功能。无论是社区心理学的基础研究还是应用研究,如果条件许可,我们最好是将几种研究方法结合起来使用,这样效果会更佳。例如,我们通过参与观察和深度访谈发现了某社区人们对社区的情感或观念很有特色,为了进一步探究社区感或社区观的结构成分,于是采用心理测量学方法,通过探索性因素分析和验证性因素分析,还设计了社区感量表或社区观量表(不是采用或修订西方的量表)对某社区的人们进行测量,并且区分出高分者和低分者,根据这个发现,我们还可以设计出行为实验和脑成像实验来探讨高分者和低分者的心理生理机制。这样,我们对社区感或社区观的知识就有更深入的理解了。

从研究资料数量化和非数量化的角度看,社区心理学的研究也可以区分为质性研究和量化研究。在社区心理学的研究中,如果我们能够把质性研究和量化研究这两类方法巧妙地结合起来,那是很有价值的。这样做的优势是:(1)可以相互验证,即把质性资料的结果与量化数据的结果相互验证,从而得出合理的结论;(2)可以相互补充,即在一种方法的结果与其他方法结果的比较中寻求解释、例证、改进和澄清;(3)可以丰富结论,即以某一种方法的结果来丰富另一种方法的结果;(4)可以厘清主题,即在重构研究问题的过程中,厘清其中似是而非的观点和矛盾之处,并从描述性资料中发现新观点;(5)可以拓展研究主题,即通过多方法研究能够拓展研究主题的范围和广度。

总之,采用多方法研究能够提高社区心理学研究的学术质量,其目标是为中国的社区发展服务,对我国的国计民生有用,从而为心理学的中国化尽我们的绵薄之力。

原文载于《社区心理学研究》第1卷,暨南大学出版社2015年出版

社区心理学研究的三个问题

今天下午，我想讲三个问题：社区心理学研究什么、怎样研究，以及我们的奋斗目标是什么。我们做人做事总要有个奋斗目标，既然我们把“社区心理学”提出来了，那么我们的奋斗目标是什么？我想把这些问题提出来跟大家一起讨论。现在先讲第一个问题。

1 社区心理学研究什么

首先我们要搞清楚什么是社区。社区是社会最基层的一个单位。用费孝通先生的话说，社区就是人们在一定地域里经营集体生活的共同体。如果我们赞同这个观点，那么社区心理学研究什么呢？就是研究在一定区域里经营集体生活共同体的人们的心理和行为，即研究社区里人们的所知所感所行。我们可不可以把现在的许多心理学研究都说成是社区心理学研究呢？因为在有的人看来，这些被试都生活在社区，不可能存在于社区以外，因此都可以说是社区心理学研究。比如有研究老年人的幸福感的，在国内调查了不少老年人的幸福感；他们都生活在社区里，于是就把这份研究结果说成是社区老年人的幸福感研究。这样做可不可以呢？我认为是不可以的。为什么不可以呢？因为它没有针对国内哪些社区老年人做调查，没有社区与幸福感的关系在里面。如果我们能够区分出某个特定社区或某类社区，并把他们加以归总，那是可以说某个特定社区或某类社区老年人的幸福感具有哪些特性。

任何科学研究都有一定的分析单位，它是用来观察和总结同类事物的特征，解释其中差异的单位。同其他心理学科一样，社区心理学的分析单位是个体。如果我们试图探索、描述或解释不同社区群体中的个体的行为是怎样发生的，那么分析单位是个体而不是群体。即便是我们用个体信息来概化个体的集合时也是如此。例如，我们想了解两个社区人们的生活满意度，以随机取样的方式调查了这两个社区中个体的生活满意度，根据这个结果，即使我们概化了这两个社区群体生活满意度的状况，其实概化的仍然是其中的个体特性。因此，社区心理学肯定是要研究社区里个体的心理和行为的。

相反，有时候我们想研究社区群体，我们将社区群体视为与个体一样，具有某些特性。例如想了解社区氛围，比较一下不同社区的氛围怎样。我曾有过这样的经历，去过重庆北碚文星湾社区、天生桥镇，海南三亚大东海社区，还去过重庆武隆仙女山镇。当你进入这些社区，与那里的人们交谈之后，你就会在潜意识里觉得这些社区的氛围不一样。比如三亚大东海社区，闹哄哄的，大多是经商、打工的人，商业氛围很浓；武隆仙女山镇风景优美，空气清新，散发着安逸的休闲气息。此外，我还去过苏州的周庄、同里，浙江的乌镇、南浔，去过重庆磁器口古镇，进入这些古镇与周围的人交往，你的感受也会不一样：有些古镇氛围古香古色，有深厚的传统文化积淀，而有的古镇商业气息浓，显得浮躁，传统文化积淀少了些。显然，社区群体心理是社区心理学研究的分析单位。除了社区氛围之外，还有如社区活力、社区认同感、社区感等，都急待我们去研究。无论我们是对各类社区（例如发达社区、发展中社区或城市社区、农村社区）或是对某个特定社区进行研究，以社区群体心理为分析单位，描述其特点，探究其形成原因或影响因素，对于推进我国社区建设，特别是社区精神文明建设，都是很有意义的。

如果我们把整个社区群体看作是一个系统，一个社区群体还包含子群体（如家庭、组织、非正式小群体等）及个体等多种成分。社区心理学的另一个分析单位是社区子群体心理和行为。不同社区的家庭、组织和非正式小群体中人们的情感行为表现会是不同的，例如在家庭结构、受教育水平、家庭氛围和父母教养方式上，在组织改革开放的决心和措施上，在非正式小群体的数量和活动质量上，都会是不同的，而这些子群体与社区群体及其他个体又会产生交互作用，从而形成社区内相当复杂的人际关系。

总之，社区心理学的研究对象是社区里的个体、群体及其子群体的心理和行为，它所涉及的研究问题十分广泛，有理论研究探讨的问题，更多的是应用问题。就研究对象而论，社区心理学的研究对象具有下列三个特点。

第一，我们所研究的社区中的个体、群体和子群体都是受到我国的社会、文化和历史情境所制约的。中华文化源远流长，博大精深，贯穿于两千多年的历史实践，形成了自己的价值偏好，其中最主要的有责任先于自由，义务先于权利，群体高于个人，和谐高于冲突（陈来，2015），并对我国社区里的个体、群体和子群体有着深刻的影响。当前我们正处于大数据、互联网+时代，我国人民正在以习近平同志为核心的党中央领导下，为实现“两个一百年”的宏伟目标、为实现中华民族伟大复兴的中国梦而努力奋斗；我国的社区建设是与这样的时代精神密切联系在一起的。社会文化历史制约性是我国社区心理学研究对象的第一个特点。

第二，我们社区心理学的研究对象既有共性，又有个性。社区成员的心理和行为兼受社会性和生物性两类因素的影响。从社会性影响因素看，国内的所有社区，都传承了中华文明的连续性气质，并且在当代社会时代背景下形成，有着共同性；但是它们又有个性，在地域的自然生态环境、人口和民族结构、组织健全程度、文化传承特点以及生产力水平上都有差异性。从生物性影响因素看，进化和遗传（包括人类遗传、种族遗传、个体遗传）也制约着社区成员心理和行为的共性与差异性。

第三，社区心理学的研究对象既是动态的，又是稳（静）态的。我们国家在建设、社会在发展、人口在变化、生态环境在变化，社区心理和行为也是在发展变化的。但也有很少变化的，例如社区的文化基因、民情风俗可能传承下来了。社区建设在发展，我们仍然可以看到老社区的痕迹。当然，动态和稳（静）态也是相对的，有些社区人们的心理和行为变化大，而另一些社区人们的心理和行为变化小。这些也是值得我们关注的问题。

总之，社区心理学研究社区里的个体、群体和子群体的心理及行为。无论是社区里的个体或是群体、子群体都具有受社会文化历史制约性、共性与个性的统一，以及动态和稳（静）态的统一等特点。

2　怎样研究社区心理

我们怎样去研究社区的心理和行为呢？我的总的观点是——到社区去！到社区去，你才能发现值得研究的问题，也才能找到问题的答案。到了社区之后，你会发现社区里人们的各种问题：结婚、离婚、吵架、斗殴、亲人过世、跳坝坝舞、被偷窃、被解雇、受奖励、被逮捕、吸毒等等。我们怎样去研究这些心理和行为呢？我主张到社区去发现问题后，要两条腿走路。一条腿是质性研究，一条腿是量化研究，两条腿不可偏废。但现今心理学界很重视量化研究，这条腿粗得很。好，我现在就先讲这条粗腿——量化研究。

2.1　量化研究

一旦你到了社区，你就会发现一些人和事是可以量化的，比如地域面积、人口特性、经济状况、受教育水平等都可以量化，但是这些并不是社区心理学研究的主要问题。我们所关注的是社区里人们的心理和行为，例如爱情、误解、怨恨、失意、激进、倦怠、仇恨、成瘾、怀念、梦想、信念、世故、偏见等等，而这些都是看不见、摸不到的东西，却是我们心理学的研究对象，也是社区心理学的研究对象。虽然这些都看不见摸不到，但是心理学家可以对其进行测量。那么如何测量呢？这里有一个程序叫假设演绎推理，是实证主义的。例如到了社区后，我们感受到这个社区的氛围与众不同：具有明鲜的活力。你可能看到有些社区比较沉闷，有些社区相当松散，这些只是我们的观感，没法进行互相交流。如果要进行互相交流，就需要赋予一些标签，用来说明这些社区群体的状况，如：有活力的、沉闷的、值得信任的。也就是说需要把我们的这些观感概念化，用一些概念来加以表征，如社区活力、社区信任感、社区和谐度等等。如果能将这些概念表征确定下来，那我们就可以进行互相交流了。

把现实生活中的观感转化为概念是量化研究的第一步。接下来，我们要找出这些概念的测量指标是什么，对概念下操作性定义。如何寻找测量指标，怎样下操作性定义呢？一些量化研究者认为，概念的最初指标可以从表面效度或逻辑效度中去寻找，也就是说可以到词典中去查找。因为词典给出的词义阐述是规范化的、社会共识的文义性定义。但是我们每个人都会根据自己的经验和观察来修正社会共识，形成自己的观感。每个人心目中的概念如和谐、信任、活力等总是与其现实生活相联系的，没有一个人的观感会与其他人完全相同。我们要测量他们心理的概念，就必须到现实生活中去深入调查，进行深度访谈；从深度访谈的资料中，找出测量指标和维度。

指标（indicator）就是我们正在研究的概念是否存在的一个标记（或变量）。举例来说，假如我们把和睦相处、和和美美地过日子作为和谐社区的一个指标，将特别尊敬善于调停争端的老者作为和谐社区的另一个指标，诸如此类，还有其他指标。如果我们的分析单位是社区群体，我们选择甲乙两个社区，从甲乙两个社区中选取100名受访者，要求他们就自己所在社区群体的各项指标（假定8项指标）打分，然后我们可以将甲乙两个社区的受访者在各项指标上的评分累加起来，经过计算，在社区和谐度上，甲社区平均分为49分，乙社区平均分为43分。于是我们可能说，在和谐度上甲社区优于乙社区。但这样下结论是也有风险的：一是取样可能有偏差，二是确定的指标可能有偏差。

维度（dimension）属于概念的不同方面，是一种对概念的分类方法。例如，我们可以说“认知层面的”和谐社区或“行动层面的”和谐社区，也可以说“个人取向的”和谐社区和“社会取向的”和谐社区，还可以从政治上、经济上、文化娱乐上来划分不同的社区。区分概念的不同维度，常常会使我们加深对研究对象的了解。

找到了指标和维度，我们就可以对概念下操作性定义了。操作性定义就是以一种明确、精确规定的测量来界定概念。如果用问卷来测量某个概念，我们就设计题项，到社区去调查，先是预备性调查，最后形成正式调查表。当然，概念的操作化并没有到此便结束了，只能说此阶段结束了。因为只要对这个概念的科学研究在继续，对它的操作化便不会终止。概念的操作化是一个不断进行的过程。大家知道，心理学上“智力”这个概念的操作化一直是开放的；随着测量智力的指标和维度的不同，“智力”的操作性定义也不同，我们对“智力”的理解也不断加深了。

总之，量化研究（quantitative research）就是以实证主义、经验主义和假设演绎主义取向来搜集和分析数字资料以获取知识的研究方法。量化研究的优点在于，其以演绎推理的逻辑来做，得到的结果是比较好的，信度较高。但是效度不一定高，特别是生态效度较差。如果要想提高其效度,我认为,就应该在质性研究上下功夫。

2.2 质性研究

量化研究者的信条是:任何事物都有其数量,凡是有数量的事物都是可以测量的,任何心理和行为都是可以测量的,而不加以测量的研究乃是不科学的。质性研究(qualitative research)不认同量化研究方法,主张在自然情境下直接观察和用语言描述,并认为研究对象用他们自己的话语来描绘其切身体验对于心理学研究更有价值。质性研究所遵循的逻辑是归纳推理。

质性研究的归纳程序大致是,试图从无法预测的进程中发现某种有意义的东西,从开初的观察,尝试提出某种观感,这种观感又启发进一步的观察,进一步的观察再修正之前的观感,如此一步一步地进行,从而对社区的某种心理和行为有了比较明确、比较周全的了解。前面我讲到,我们到社区去后观感或观念的形成,基本上遵循了质性研究的逻辑。

质性研究有两个显著的特点。

第一,把研究对象置于社区的系统之中加以研究,会使我们对社区心理和行为有更深入的了解。个体或家庭在社区中,通过他们的感知构建周围世界,同时又被周围世界所构建。社区情境不再是像量化研究那样被排除在外的"干扰变量"或"无关变量"。在社区的系统中诸如同伴关系、家庭关系、职业关系、文化娱乐的朋友网等都会影响每个人的社会角色和行为规范的形成,同时他们也被宏观的社会意识形态所影响。社区内系统和社区外系统总是不断交互作用的。一个彻底情境化的质性研究会使我们了解到社区心理的复杂性和动态性。

第二,研究者能够设身处地地洞悉社区心理与行为,对于事情(如结婚、离婚、斗殴、结伙等)的原因会了解得更加清楚。正是由于上述原因,质性研究特别适合于探讨我们不熟悉的课题(没有人做过的)或令人质疑的课题(虽然有人做过但有疑点)。我们的社区心理学研究就有不少这类课题。

质性研究的关注点是意义和解释,它包含多种不同的方法,如扎根理论、互动取向方法、个案研究、现象学研究、话语分析研究、叙事分析等等。其中格拉泽和斯特劳斯(Glaser & Strauss,1968)提出的扎根理论(grounded theory)常为国内心理学家所采用。扎根理论的质性研究其实是试图将自然主义与实证主义综合起来,以达成"程序系统化模式",让研究者在保证科学性的同时发挥创造性。斯特劳斯和科宾(Strauss & Corbin,1990;1998)认为,使用扎根理论应遵循以下原则:

(1)比较中的思考。最初观察的观感可能会出现偏差,比较中的思考很重要,它可以避免出现偏差。

(2)获取多种观点。不仅研究中有不同的观点,不同的观察技术也会提供多种观点,要尽量获取多种观点。

(3)随时进行反思。资料本身不会说谎。随着资料的积累,你们会对“正在发生什么?”做出解释;对于这些解释应当随时参照资料进行反思。

(4)保持怀疑态度。当试图解释资料时,应当对所有的理论解释持怀疑态度;理论解释应接受新观察的检验,永远不要将其视为既定事实。

(5)遵循研究程序。无论是收集资料、分析资料或是写作和呈现,在整个研究程序中有三种技术很重要,即做比较、问问题和取样。

所以,扎根理论的研究还是想要得出一个结论,不过这个结论是在不断的比较、不断的拷问中得出的。

质性研究有哪些优点呢?我建议各位抽点时间阅读伊凡希雅·莱昂斯和阿德里安·考利主编、毕重增主译的《心理学质性资料的分析》(重庆大学出版社2010年出版)一书。这本书介绍了心理学中质性研究的产生背景、各种资料收集和分析的取向,还有质性研究报告的样例。虽然有人认为质性研究和量化研究的评价标准应该是不同的,但是我个人认为,从信效度的角度看,质性研究信度比较低,但是它的效度比较高。因为经过很长的时间,通过不断的比较,得出一个结论,它的这个结论效度应当是比较高的。

综上所述,量化研究遵循的是演绎逻辑程序,质性研究遵循的是归纳逻辑程序,这两种研究方法对心理学研究,特别是社区心理学研究,都是必要的。我们应当到社区去,针对鲜活的社区心理学问题,进行质性研究或量化研究,最好是把两者结合起来进行研究,提出自己的概念,发展自己的理论。

3 我们的努力方向

社区心理学研究的努力方向是什么?我想,社区的概念也是发展的,无论是从地域等四要素来界定社区,还是从人际关系类型的特点来界定社区,我们的社区心理学研究都要从中国的社区实际出发,为中国的社区建设和社区发展服务;我们的研究成果要让中国的老百姓感到有用,受到中国老百姓的欢迎。这就是我们想要的有中国特色的社区心理学或中国化的社区心理学。

创建具有中国特色的社区心理学需要我们继续发扬勤奋、严谨、创新、求实的学风。我们不能当懒汉,做拿来主义者,把国外的翻译过来就是了。编译我们要做,而且现在已经开始做起来了;我们将追踪、学习、梳理和借鉴西方社区心理学的新进展。中国化的社区心理学是什么样子的呢？它不故步自封，主张开放的理论探索，开放的研究取向，加强社区心理服务的应用研究，争取有更多的成果在国际期刊上发表，被国际学术界所认同，从而为实现中华民族伟大复兴的“中国梦”服务。这就是我们的努力方向，我们的奋斗目标。任务十分艰巨，但值得我们去做。好，就讲这些。谢谢！

原文载于《社区心理学研究》第2卷，社会科学文献出版社2016年出版

《社区心理学译丛》总序

社区心理学的研究对象是社区中人的心理与行为，它是一门探究个体、社区与社会交互作用的性质、机制和功能的心理学分支学科。我们倡建中国心理学会社区心理学专业委员会的目的，是为了建设具有中国特色的社区心理学，使我国的社区更加和谐、健康和幸福。社区心理学诞生于20世纪60年代的美国。经过半个多世纪的探究和实践，西方社区心理学已涉及很多方面，有理论研究（如对社区心理学的核心价值的探讨），也有应用研究（如对社区心理咨询和社区行为矫正等的实践）；有量化研究，也有质性研究；有对现实社区心理和行为的研究，也有对社区心理学教材建设的研究。为了借鉴西方社区心理学的研究成果，以利于我国社区心理学的建设，我们确定了以下四项原则来选择西方社区心理学的研究成果：

——对我国社区心理健康服务有借鉴意义的研究著作；

——对我国社区心理学理论建设有借鉴意义的研究著作；

——对中国特色社区心理学教材建设有借鉴意义的教材；

——对国际社区心理学的新发展和走向有所把握的研究著作。

根据上述四项原则，我们先在几十种著作中选出了近二十种，然后征求陈红、毕重增和Todd Jackson等教授的意见，经过反复斟酌，最后确定翻译由泰勒与弗朗西斯（Taylor & Francis）出版公司、世哲（Sage）出版公司和牛津大学出版社等出版的十本著作。这些作品可分为下列四种类型。

属于社区心理健康服务的著作有伊莲·米勒-卡勒斯（Elaine Miller-Karas）著，李彦章译的《重建应对创伤的心理弹性——创伤与社区弹性模型》，玛丽·李·赫默特（Mary Lee Hummert）、乔恩·F.努斯鲍姆（Jon F. Nussbaum）著，李媛等译的《老化、沟通与健康：成功老化的研究与实践》，阿瑞吉·汉森（Areej Hassan）主编，邹枝玲等译的《青少年心理健康与社区》，西曼娜·B.阿里亚加（Ximena B. Arriaga）、斯图尔特·奥斯坎普（Stuart Oskamp）编著，陈传锋等译的《社区问题的心理学研究与干预》。

属于对西方社区心理学理论探讨的有S.马克·潘什 S. Mark Pancer著，何嘉梅译的《公民权与公民参与心理学》，海伦娜·阿格达·马鲁若（Helena Águeda Marujo）、路易斯·米格尔·内托（Luis Miguel Neto）编著，吴继霞等译的《积极的国家和社区：积极心理学中的跨文化视角及质性研究取向》，马诺哈尔·帕瓦尔（Manohar Pawar）著，李丹、尹华站译的《社会与社区发展实践》。

属于西方社区心理学教材的有约翰·森次(John Moritsugu)等编著,尹可丽等译的《社区心理学:第5版》,维多利亚·C.斯科特(Victoria C.Scott)、苏珊·M.沃尔夫(Susan M. Wolfe)编著,张锋等译的《社区心理学实践基础》。

属于西方社区心理学综述的有斯蒂芬妮·M.莱奇(Stephanie M.Reich)、曼纽尔·瑞米尔(Manuel Riemer)、以撒·菲勒滕斯基(Isaac Prilleltensky)、玛丽察·蒙特罗(Maritza Montero)编著,陈燕译的《国际社区心理学:历史与理论》,该书分析了社区心理学与各意识形态流派、其他心理学分支学科、社会科学、文化历史传统以及不同时期经济发展状况之间的关系;以全球视野阐述了社区心理学的缘起、现状与发展趋势。

我国的社区心理学研究刚刚起步,我们翻译出版《社区心理学译丛》,了解西方社区心理学的研究和实践,借鉴和"模仿"前人的经验,这很有必要。但是我们必须清醒地认识到,借鉴和"模仿"前人的研究和实践不能代替我们从中国的实际出发进行创造性的研究和实践。这是因为社区是人们在一定地域里经营集体生活的共同体;无论从社区的自然地理环境和人文地理环境以及社区内部的各种社会组织、社会群体之间的构成方式及其相互关系来看,还是从社区中人们的风俗习惯、历史传统、民间规约及现代化进程中的行为来看,我们的社区都不同于西方的社区。我们了解西方社区心理学的研究和实践,借鉴西方社区心理学,不是照搬西方的理论、概念和实践模式,也不是重复和跟踪西方的社区心理学研究,而是从我国的实际出发,为解决我们自己社区中的问题进行创造性的研究和实践,这样,我们才有可能发展出具有中国特色社区心理学的理论、概念和实践模式。

那么,怎样从我国社区的实际出发进行创造性的研究和实践呢?我想就科学研究过程的主要环节提三点建议。

1　选题要有创见性

选题是科研成功的关键,要引起我们的高度重视。选题过程就是寻找一个重要的、自己感兴趣的研究问题的过程,即对本学科研究现状和发展趋势做深入分析,从未解决的问题中选择一个对学科发展有重要价值和应用前景、自己感兴趣的问题进行研究。科研贵在创新。要创新就必须了解自己感兴趣的问题前人做过哪些工作,对前人的研究结果进行认真分析,找出尚未解决的问题进行研究。因此确定选题前我们应广泛查阅国内外文献,以免重复研究。在阅读前人文献时,我们应随时想到前人的这些研究结果是否符合我国社区的情况,他们的社区心理咨询、社区行为矫正等实践经验是否适用于我国的社区。因此我们自然会想到我国的社区是深受儒、释、道等中华传统文化的影响，特别是儒家提倡的仁、义、礼、智、信、忠、孝、廉、耻、勇以及正心、诚意、格物、致知、修身、齐家、治国、平天下等美德对社区人们的心理和行为的深远影响；同时我们还会想到当代中国的现代化进程，特别是党的十八大所提出的经济建设、政治建设、文化建设、社会建设、生态文明建设五位一体的中国特色社会主义建设总布局，创新、协调、绿色、开放、共享的发展理念对社区人们心理和行为的影响也不可小视。因此，我们有理由质疑：西方社区心理学的研究成果符合我国社区实际吗？我们只能照搬他人的研究结果吗？答案是否定的。我们必须走自己的路，选题要有创见性。在我国学术界，有不少科研论文是跟随前人脚步的，他们就是对前人做一点“修正”或“补充”的研究。跟着前人的脚步，不敢想、不敢做前人没有做过的东西，是当前我国社区心理学选题的大忌，因为这种研究的所谓“创新”，只是对前人的研究进行“修修补补”，不可能对我们的学科建设和社区建设有新的建树。

2 确定方法要合理

发现问题只是科学研究的第一步，接下来要规划解决问题的研究方案，即进行研究设计。研究方案包括研究内容（细化所要研究的概念和变量的含义）、研究方法、时间安排和预期成果等，其中最主要的是确定选择什么研究方法来解决什么问题。

社区心理学的研究目的大致可以分为四类：探索、应用、描述和解释。

当我们走进社区的时候会看到某种新鲜事儿，想对它进行研究，却不知道这是个什么心理学问题，也不知道前人是否研究过，更不知道是否可以提出假设去进行检验，于是想对这种新鲜事儿的心理和行为做探索性研究。通常我们采用文献调查和实地研究进行探索性研究。文献调查就是对相关的科研报告、学术刊物、学位论文以及民间谚语、典故等的查阅，从中获得启发，对它进行研究的思考。实地研究大致包括参与观察、直接观察和个案研究，特别适合于我们在自然情境下对社区心理与行为的探究。

应用研究就是以某种经验或理论为指导，帮助社区居民排忧解难的研究。应用研究大多采用个案法，即指对单一个体的行为进行详尽的描述和分析。例如社区的某一个案研究的临床报告可能包含对某种症状的描述、诊断、治疗和证明该治疗有效性的证据。

社区心理学的第三类研究叫描述性研究。描述性研究涵盖的范围很广，包括问卷调查、相关研究和发展研究，不仅可以从事实方面对心理学问题加以描述，还可以从相关性和发展趋势方面加以描述。例如我们可以从社区的地缘与经济特点、文化与历史特点、法制与管理水平、人口特征、家庭特征以及现代化特征等方面来描述当前社区人们的心理和行为特征。除此之外,还可以从相关性和发生发展的角度来描述社区心理和行为。描述性研究主要回答是什么、在哪里、什么时间、如何进行等问题。

社区心理学的第四类研究叫解释性研究,通常采用实验法来回答"为什么"的问题。具体地说,就是对假设和预测的检验。一个实验是一项严格控制的研究。研究者系统地操纵一个或多个自变量,观察并记录一个或多个因变量的变化。实验有三个重要特征:随机分配被试到自变量的指定水平,操纵自变量的水平,控制无关变量。由于社区心理学所探讨的心理和行为极其复杂,因此研究者必须将几种变量的交互作用所产生的影响加以考虑。如果实验的结果与假设所预期的一致,那么这个假设就获得了支持;但是如果结果与所预期的不同,那么这种解释可能就需要进行修订,然后可能会提出一个新的假设,并用另一个实验来检验。这种根据实验结果检验假设,形成正确解释的过程,有时也是一个相当漫长和痛苦的过程。

社区心理学的研究还可以分为量化研究和质性研究。量化研究(quantitative research)强调精确的变量测量,应用演绎推理方法,十分注重设计、测量、数据处理和取样的问题。量化研究方法是一个从干预(实验)到非干预(相关和差异研究)的连续体,所探讨的是一个或多个变量的数量特征、数量关系和数量变化。社区心理学研究中的实验法、相关法和问卷调查等都属于量化研究。质性研究(qualitative research)不采用数字,而是用语言文字来描述和解释心理现象的研究。质性研究方法也很多,如参与观察法、深度访谈法、质性个案法等,是通过归纳逻辑对收集到的资料所进行的解释和建构。与量化研究注重研究对象的代表性、问题的普遍性、测量的客观性和结论的精确性不同,质性研究注重个案的独特性、个案与情境的关联性和互动性,把自然情境作为资料的直接来源,对个人进行细致动态的描述和分析。在心理学研究中,每一种研究方法都有其适用的范围,每一个心理学问题都可以用不同的方法来加以解决。一项好的开创性的社区心理学研究通常是采用多种研究方法的。因此怎样找到合适的研究方法并加以组合是做好研究设计的关键。在这方面,《社区心理学译丛》或许会给我们以启示。

3　坚守职业道德不动摇

社区心理学既是一门学问,也是一种职业。说社区心理学是一门学问,因为它是要探究个体与社区、社区亚群体及社会交互作用的性质、机制和功能等学术问题的;说社区心理学是一种职业,因为它的社区心理咨询、心理健康服务是满足社区居民不同的需要,改善社区生活,进而促进社区发展的。无论从事社区心理学的哪一种工作,都必须坚守心理学家的职业伦理道德。詹妮弗·埃文斯(Jennifer Evans)通过对世界心理学家伦理原则宣言草案(2005)、欧洲心理学家联盟元章程(1995)、加拿大心理学家伦理准则(2002)、心理学家伦理原则和实施准则(APA,2002)等的研究,认为各国心理学家公认的职业伦理道德规范的核心准则是:尊重人类的尊严;关怀他人的福利;为人正直;对社会的职业、对科学负责任(2010)。

这四条核心伦理道德准则是各国心理学家都应当具备的美德,也是各国心理学家的灵魂,它指引着心理学家的科学研究和服务,为心理学家的研究和服务保驾护航。它也是社区心理学家的研究和服务成功的基本保证。举例来说,在选题和制定研究计划的时候,选择一个什么问题进行研究?应当认真谨慎地考虑这个选题对社会、对科学的价值如何。我们应当选择一个对社会、对科学很有意义的问题进行研究,而不是马马虎虎草率地选择一个毫无意义或仅有很少意义的问题便开始招募被试参加研究;浪费他人的时间,这是很不道德的。对于招募来的被试,应当用他们能够理解的言语告知其研究的目的和可能的风险;他们应当是知情同意参加的,而不是被胁迫的;对于未成年人被试,除了要得到他本人的同意外,还应得到其父母或监护人的同意。尊重人的尊严,确保被试的隐私不被泄露,即使是质性研究,在公开发表结果时,被试也必须是匿名的;无论被试在研究过程中说了什么或做了什么,除了研究者之外,没有人会知道他们的答案。关怀人的福祉与尊重人的尊严是相辅相成的。在心理咨询时,如果发现来访者有伤害自己或伤害他人的严重倾向,有致命的传染病可能危及他人,未成年人受到性侵或虐待的情况,就应当以适当的方式告知有关方面。在获得结果和解释结果时,研究者的为人正直尤为重要。社区心理学研究报告上的数据必须真实可靠。任何形式的篡改数据和抄袭行为都是违背为人正直的道德原则的。有些研究开始时隐瞒了研究的真实意图,在研究完成后应当把这种隐瞒了的真实意图告诉被试,以取得他们的理解和谅解;参加研究的被试都有了解研究结果的权力,如果他们提出要求,研究者应向其提供一份研究总结报告。总之,心理学家的职业伦理道德标准是心理学家灵魂力量之所在,我们在从事社区心理学研究和服务的任何时候,要坚守职业道德毫不动摇。

心理学是一门探寻心迹,理解人生,点燃人类心灵真善美的学问。我相信,中国社区心理学的研究和服务工作的开展必将为心理学事业增添光彩!

是为序。

2017年10月17日

如何做社区心理学访谈

——以编写《社区心理学》教材研究思路和主题对社区工作者的访谈为例

1　引言

改革开放以来，党中央和国务院一直十分重视社区建设在构建和谐社会中的重要作用。中国共产党第十九次全国代表大会明确提出："加强社会心理服务体系建设，培育自尊自信、理性平和、积极向上的社会心态。"党中央对如何发挥心理学在社会治理和社区建设中的作用提出了新的要求，我国心理学家积极响应。

社区心理学研究社区中人的心理与行为，探究个体、社区与社会交互作用的性质、结构、机制、功能和规律，从多维度、多层次视角来理解个体，预防心理与行为问题的发生，探索并激发社区居民的潜能，旨在促进个体、社区和社会的协调发展，提升个体、社区和社会的生活质量（黄希庭，2015）。目前我国社区心理学的研究尚处于起步阶段。

中国社区心理学的发展离不开人才培养和教材建设。为了从中国社区的实际出发，传承中华优秀传统文化，合理吸收西方社区心理学的有关研究成果和实践，我们拟编写一本《社区心理学》的新教材。其主要观点是：以系统分析观、交互作用观、科学性与人文性相统一的观点，来研究中国社区观念与价值观、社区群体和亚群体心理，促进社区居民、社区和社会的健康和谐发展，提升社区居民的幸福感、获得感和安全感，其目标是建设中国特色的社区心理学。

社区工作者既是社区服务的直接提供者，也是社区建设的直接参与者（金桥，2013）。他们长期扎根基层，对中国社区的现状有着最为直观的了解。从社区工作者那里所获得的第一手资料，对于我们理解目前我国社区心理学所面临的问题将会有很大的帮助。为了检验本教材的指导思想和主要内容是否符合当前我国社区的实际需要，我们对社区工作者进行了一次访谈。这次访谈历时5个月，分别选取了贵阳、遵义、重庆和绍兴四地的基层工作者作为受访者。在这一过程中我们对社区心理学访谈的具体方法和步骤进行了探索，主要收集社区工作者对我们编写《社区心理学》教材的指导思想及主要内容的意见，倾听他们的心声。

2 方法

2.1 受访者

按照研究目的抽取能够为研究问题提供最大信息量的受访者(Patton,1990)。本研究以方便取样的方式选择了贵阳市、遵义市、重庆市和绍兴市社区的支部书记、主任以及街道(或村)办事处综合办主任,共计17人,其特征如表1所示。根据社区工作者性别和访谈时间的顺序,分别编码为:M-1、M-2……M-8与F-1、F-2……F-9。在访谈前,负责联系的老师与受访者进行了沟通,确定访谈的时间和地点,受访者自愿参加,我们承诺对访谈内容保密。

表1 17名受访者的特征

受访者的特征		个案数/人
单位类型	城市社区	10
	农村社区	7
受教育程度	初中及以下	4
	中考或高中	2
	大专	4
	本科及以上	7
性别	男	8
	女	9

受访者的特征		个案数/人
工作年限	5~10年	6
	10~15年	10
	20年以上	1
年龄范围	30~40岁	4
	41~50岁	10
	51~60岁	2
	60岁以上	1
地区	贵阳	7
	遵义	4
	重庆	2
	绍兴	4

2.2 访谈过程

尊重受访者的意愿,以方便受访者为原则来确定访谈地点和时间,注意营造轻松、安全、安静交谈的氛围,使受访者自如地表达自己的看法。考虑到社区工作直面群众,工作具体而又烦琐,尽量选择相对独立于受访者日常工作的地方。因此,我们采用个体访谈和团体访谈相结合的方法,主要地点选择了社区工作者的办公室,在13次访谈中共计采访到17名受访者,每次访谈平均被打断次数为1至2次。

每次访谈的时间一般为1至2小时,我们相当关注受访者的神态,发现受访者感到疲劳时，便用关切的口吻询问受访者："您现在感觉累不累?"并不时加上茶水。当发现受访者有倦意，不想继续接受访谈时，我们便结束访谈。

2.3 访谈提纲的拟定

我们访谈的目的主要是倾听社区工作者对拟编写的《社区心理学》教材在研究思路和主题内容上是否符合社区的实际需要，因此访谈提纲主要包括以下两个方面。

（1）粗线条地请受访者针对我们拟编写教材的基本思路和主题谈谈自己的看法。我们尽量用通俗的话语大概说了说基本思路及社区氛围和价值观、社区群体心理及社区应用心理等方面的主题，例如："请您谈谈您所在社区的特色"，"你们社区看重社区的哪些特色"，"请您谈谈，您所在社区的亚群体、坝坝舞的情况"，"请您谈谈您所在社区心理健康服务的状况"等。

（2）没有提很具体的问题，但准备了具体问题，拟在访谈过程中提出。例如，拟追问的问题有"社区居民对心理健康服务有哪些需求？最突出的表现在哪些方面?""管理人员对心理健康服务工作的重视情况如何？是否需要心理学领域的研究者或者工作人员提供帮助？请具体谈谈需要哪些帮助"等。我们尽量从拉家常开始提问，引导受访者畅所欲言。例如，针对社区价值观的问题，我们追问"请您谈谈，刚才您所说的社区的特色，都有哪些最突出的表现？请举几个例子""不那么明显的特点，但被你看重的，也可以举例说说""社区管理人员最看重的事情是什么？您认为最值得做的事情是什么?"等问题。

3　主要结果

3.1　社区工作者对社区性质及其发展问题的认识

3.1.1　对社区性质的认识

通过对社区工作者的访谈可知，直接面向城市居民提供社区服务活动的组织机构是社区居委会，为农村村民提供服务的是村民委员会。其中，社区工作者均将自身所在的机构认定为群众自我管理、自我教育和自我服务的基层群众性自治组织。例如，某城市社区居委会支部书记(M-2)认为："我们这个社区性质，就是一个群众性的自治组织。"某村委会综合办主任(F-2)认为："村的委员会，村民委员会依据村民委员会组织法，居民委员会有居民委员会组织法，大同小异，都是自治组织的。"[①]这说明，本次访谈的社区

①为了准确地反映访谈情况，本文中所引用的访谈对话，均尽量保持其口述的原貌，未对其叙述中存在的语法等问题进行修正。

工作者对于社区的本质均有着较为清晰的认识。

与西方社区自下而上的管理模式不同的是，我国实行自上而下的行政化社区管理模式。村委会或居委会是政府或其派出机关向社区的进一步延伸，成为向乡民或市民传达政府指令、观察政府各项政策的具体办事机构。很多社区工作者也有这种觉悟与认识，如某城市社区居委会支部书记(F-4，M-5)均反映说："政府为了减少管理层级，将街道办事处改为社区，直接和老百姓打交道，希望老百姓到这个地方来，就像到自己的家一样，能够拉近老百姓和政府之间的距离。由原来的街道办事处，拆分成了很多个小的社区。社区是党委，下面就是居委会，居委会有党支部。""政府设有多少职能部门，我们这边对应就管了多少事情。虽然有些不挂牌，但是部门分配给你(我们)做了，这些事情还是得去做的。"这种自上而下的管理模式是与我国的传统和国情密不可分的，也是我国社区迥然不同于西方社区之处。

3.1.2 对社区发展问题的认识

在访谈中，基层的社区工作者也反映其在实际工作中会遇到一些问题，其中最多的是过于繁重的工作职能和相对较低的薪酬。一方面，社区工作者普遍反映需要协助相关政府部门开展的行政事务工作种类太多、工作量过大，使其服务功能被削弱。例如，有社区工作者反映："社区做的工作很多、很杂，简单点说，社区它是一个兜底的，部门管不了的事情，最后就说属地管理，就下放到社区来，社区那什么都得你管。有时候觉得很委屈，为什么这些工作都是我们的，其实有时候我觉得我自己也很浮躁，因为政府延伸下来的工作实在太多，以至于有时候，我都没有办法仔细去思考我们的服务和建设，怎么样才能做得更好。但是每天我觉得都能面对不一样的事情。社区工作的一种感受吧，既幸福，也很委屈。"(F-1)"我们做社区工作，应该是为群众服务，这个肯定是不容置疑的，我们是愿意的，但是很多不属于我们做的事情，那些职能部门下放到社区之后，大家要抽时间、抽精力去做，就觉得很不愉快、很不舒服，但是还得去完成。"(M-3)另一方面，相当一部分基层社区工作者反映其薪资待遇并不理想，进而影响了他们的工作满意度。例如，某城市社区服务中心党支部书记(F-3)反映："都是以女性为主，因为社区这点工资男人真的是养不活家。"某城市社区居委会支部书记(F-2)反映："我们里面七个都是女生，只有一个男生。他来这里，这点工资他根本不能养家糊口，作为一个男同志养不活一个家庭，再加上有个娃儿读书，生活就更困难了。"

值得注意的是，在上述问题中表现出了明显的东西部发展性差异。具体而言，上述问题更多地在贵阳、遵义等地的社区中得以反映，而在绍兴的农村和城市社区中却得到了较好的解决。对于行政事务繁重的问题，绍兴实行了网格化管理制度，如某绍兴村支书反映："以自然村为网格，聘请专人(即网格员)进行走访，及时发现群众中出现的问题,在萌芽阶段就能得到解决。"(M-7)"群众法制观念比较强,平时发现的问题都能通过APP直接给以反映,处理比较及时。"(M-8)又如,关于薪资待遇问题,虽然绍兴地区的社区工作者也普遍反映不够理想,但仍没有影响他们的工作满意度。其中,某绍兴村委会综合办主任(M-7)认为:"虽然村干部待遇不是特别高,但很多村干部自己经济条件比较好,自己家有企业,做这个工作完全是为了服务村民,讲的是奉献。"某绍兴城市社区居委会支部书记(F-9)也认为:"虽然横向比还是不太理想,但是纵向来看已经提高很多了。"这种差异与东西部社会经济发展不平衡有很大的关系,也是之后值得关注的研究主题。总的来说,一方面先进地区的社区管理经验值得在全国范围内进行推广和学习,另一方面也要根据不同地区的情况和发展特点制定因地制宜的社区管理政策。

3.2 社区工作者对社区心理学若干问题的认识

3.2.1 对社区文化氛围和价值观的认识

在访谈过程中,社区工作者普遍谈到了文化氛围和价值观在社区中的重要作用。总的来说,重视文化氛围的社区,其治理水平和居民生活满意度也比较高。例如,某城市社区服务中心党支部书记(F-9)反映:"我们这是一个老社区,从明朝就开始了,比较重视传统文化,邻里之间像亲人一样,有什么事情都能互相帮助,居民的幸福感很高。"相反,不具备浓厚文化氛围与正确价值观的社区,往往表现出较差的治理水平和居民心理满意度,如某村委会综合办主任(M-4)反映:"我们这个区域最多的是麻将馆。不管你走到哪栋楼、小区都能看到很多打麻将的人。一天就是耍,耍的时间长、机会多,大部分人受教育程度不高,又没有什么追求,有的接触到毒品就开始吸毒,我们这里登记在册的吸毒人员都有五六十位。"因此,很多基层社区工作者也发出了这样的呼吁:"希望我们社区的每一个人都能够平心静气,通过读书作为一个载体,把社区的所有活动串起来,增加老百姓的凝聚力、邻里和谐。"(某城市社区服务中心党支部书记,F-3)"城市建设时应该多多考虑,比如说让这些人在这种美好向往的生活基础上要有一个精神支柱,精神上的一种寄托,正能量的。"(某城市社区服务中心党支部书记,F-4)。这说明,在本教材中探讨社区文化氛围与价值观的心理建设是非常有必要的。

3.2.2 对社区亚群体的认识

社区工作者对社区亚群体的认识主要涉及两个方面的内容,一是对社区管理的认识,二是对社区所辖正式和非正式亚群体的认识。

社区管理是指社区管理层对社区的人、事、物等进行管理决策,以促进个体、社区和社会的健康、和谐发展的过程。从本次访谈结果来看,社区工作者所提及的问题主要包括以下几点。

第一,对社区管理目标的认识。共享经济建设发展的成果,从而提高居民对社区的满意度、归属感和认同感,是很多社区工作者的主要目标。例如,某城市街道主任(M-5)认为:“现在提‘获得感’,就是说要做实事。……获得感要不断地满足才有幸福感,不经常有获得感就没有幸福感。”

第二,对社区管理层类型的认识。一方面,一些社区工作者表现出了非凡的领导魅力,是值得肯定的管理类型。例如,某城市社区居委会副主任(F-9)坦言:“在这个工作中我还是很享受的,至少我现在走在小区,不论哪里都会有很多人跟我打招呼,你就觉得所有人和你都是友善的,你说你自己是居委会的,别人也会觉得你说的话是可信的。”另一方面,一些社区工作者,如某城市街道政法委书记(M-6)也反映有无所作为型的社区管理模式,主要表现为:“坐在这儿啥事不做,年底给个处分,什么意思? 不作为。天天忙得要死要活的,年底给个处分,怎么回事? 乱作为。当你的能力跟岗位不能够匹配,也就是你的能力不能够略高于你的岗位要求,你就很容易出现这两个问题。”

第三,对如何提升社区管理层能力素质的认识。首先,协调互动是社区管理工作的基础,管理层需要从自己与他人的双向关系中定义与理解自我。例如,某城市社区居委会副主任(F-8)认为:“我们这里大家都来自不同的地方,彼此之间都是不够信任的,经常发生争吵。所以我们通过开展一些文化活动,吸引一些人群,来为我们的社区服务,然后把这些人发展成我们的志愿者,开展一些丰富的文化活动,让居民觉得这个地方还是很有人情味、很热闹的。”其次,根据明确的社区目标进行合理分工和充分授权,培养社区领袖和合作精神,也是非常重要的。如某城市街道政法委书记(M-6)认为:“通过社工、全民参与,志愿者队伍、专业组织的介入,然后把社区(管理服务)形成一个开放式的运作方式,而不是说党委政府包办,党委政府应该在中间起到的是引领作用,规范作用。”

社区亚群体可以分为正式亚群体(指组织批准的低于社区服务中心一级的机构和组织)和非正式的亚群体(指居民自发组织的非正式的组织)。当我们询问社区工作者相关情况时,他们提到得最多的是政府牵头的组织机构,如关心下一代工作委员会、武装部等。事实上,这些正式机构都是政府的派出机构,承担的是帮扶、文化和教育工作。而社区工作者所提到的群众自发组织的非正式亚群体主要是舞蹈队和麻将馆,这是有中国社区特色的居民活动类型。另外,我们所访谈的社区工作者均反映其所在社区没有大规模的不良亚群体,如传销组织、邪教组织或其他违法犯罪组织等。即使有少数人员从事类似的不法活动,也处于社区工作人员的监管之中。可以说,自上而下的中国社区管理模式的优势是:我国的社区环境比较和谐,违法犯罪活动不容易形成规模;但也有可能有缺点,即社区工作人员缺少深入了解和组织社区亚群体的动力,这方面需要提升。事实上,社区亚群体可以包含很多的研究主题,例如社区居民的社区感(Mannarini, Rochira, & Talo, 2014; Neal.Z.P. & Neal.J.W., 2014)、社区居民的人际纽带和社区的家庭(Hollenbeck, McCall, & Silzer, 2006)、社区的民族和谐心理、虚拟社区的身份认同(Lee & Suh, 2015)等,都需要社区管理人员去了解,包括其机制、功能、结构和影响因素,对于理解整个社区、社会都有一定的帮助。当代表着这个群体心声的公众意识累积到一定程度,国家、社会、组织等都需要引起重视。另外,对于社区中的个体而言,群体心理是大多数群体意志的反映,是否与群体心理相符对于个体的身心健康也显得非常重要。

3.2.3 对社区心理健康服务的迫切需求

从本次访谈结果来看,社区工作者对心理健康知识的普及、心理健康服务的需要十分迫切。在欠发达的贵阳和遵义的某些社区,这种需求表现为专业人才的缺乏和资金投入的缺失。例如,当地的社区工作者普遍反映:"心理健康除了我们的工作人员需要,我觉得老百姓也很需要。"(F-5)"我们也需要心理健康培训的教育,因为我们也不懂。"(F-6)这与之前的研究结果相似,如王军等人(2009)调查结果表明,82.6%的社区居民期望在社区开设心理咨询服务点;潘孝富和朱新田(2012)抽样调查了全国16个省市74个社区的心理健康需求,也显示91%的居民希望设立社区心理健康服务机构。即使在建设和发展较为成熟的绍兴的社区中,虽然心理咨询室已经作为社区内常设机构,很多社区工作者,如某绍兴村委会综合办主任(M-7)依然反映:"村干部很多人处理事情都是靠经验或者人际关系,但是真正来说对心理学没有很专业的了解,这个确实很重要,尤其是在处理矛盾的时候,如果心理学的知识比较丰富的话,处理起来会比较有帮助。对群众的了解是通过经验,真正系统性的心理学培训都是没有的。"总之,我国社区心理健康服务尚处于刚刚起步的阶段,社区居民最需要了解的内容包括:家庭关系、子女教育、人际关系、心理健康知识普及等(汪依帆等,2014;杨凤池,2014)。这也再一次说明本教材关于社区心理健康服务在内容和结构上的合理性。

4 几点体会

4.1 加深了对如何做好社区心理学访谈的认识

4.1.1 访谈中如何开始说第一句话

访谈是一种研究性的交谈,需要访谈者和受访者双方对访谈的目的都很清楚,在相互问候之后,访谈开始的第一句话通常是访谈者真诚、坦白地向受访者交代自己的身份和访谈目的,访谈者要主动向受访者表示自己向对方学习的愿望和需要,然后讲解提纲的内容，在征求受访者的意见后再开始进行正式访谈。总之要充分准备，拉近访谈者与受访者之间的距离。例如：

访谈者：我们是做心理学研究的。到这里来呢，有些问题想跟×书记一起来研讨一下，我们这个课题，怎么样写得更好，我们是来学习的。您先看看，这个访谈提纲合不合适？

4.1.2 在访谈过程中怎样提问

我们的访谈提纲内容会对受访者的谈话范围和深度有一定的影响，加上恰当的提问、追问和回应，会有助于访谈者进一步按照访谈提纲相关的内容谈下去。这时候应当注意以下三个方面。

首先，访谈者的提问应放下研究设想，要充分尊重受访者的想法和意愿，让受访者自由表达，不要强制受访者一定要按照访谈提纲来谈。以对某城市社区居委会支部书记(F-2)的访谈为例。

访谈者：访谈的问题主要是关于社区的基本概况、亚群体的情况，社区中开展的心理健康服务的情况以及社区中的家庭情况，这些问题都是我们写书要反映的内容，听说你们这里很有特色。

受访者：但是我看这里面内容都是社区层面的，我们这里是居委会层面呢。

访谈者：这个居委会与社区是密切联系的，我们也想了解居委会的情况。

受访者：我看提纲前面的内容全都是针对社区这一大块的，那我们这边可能也就只能谈谈我们本辖区，就我们这个小区范围内，对吧？

访谈者：对。

其次，对受访者提出的问题要尽量口语化、生活化、通俗化和地方化，清晰、具体，避免使用专业术语，鼓励受访者进一步阐述并给予肯定或表示自己不懂。以对某城市社区服务中心党支部书记(F-3)的访谈为例：

访谈者：这个居委会是什么样的组织？我们都不懂。

受访者：属于居民自治组织，我们的收入都不叫工资，我们叫补贴，是民政局发给我们的，我们属于选举产生的委员。他们就是各部门的聘用人员，比如说负责社区就业工作的那位同志就是由就业局发工资，负责社区卫生方面的工作人员就是卫计局发工资。所以很多人有误解，以为居委会是属于编内的，不是的，我们就是临时工。

最后，要全身心地倾听受访者谈话，不随意打断，除非受访者表达观点不清楚，访谈者没有听懂。要设身处地为受访者着想。以对某城市社区服务中心党支部书记(F-3)的访谈为例。

受访者：但这个过程其实是很漫长。我给您举一个例子，我做了一个事情，我觉得挺失败的。我在我们这个社区，做了一两个试点，我们叫读书漂流活动，当时还是要花一笔钱，我做了一些书的架子，就在公共区域放一些图书，但是都失败了。

访谈者：怎么叫都失败了？

受访者：当时我们做了一些书架放在辖区，老百姓可以随时自由取送。后来我们缺乏管理，第一，我没有这么多人去管；第二，我没有这么多钱去请人管。需要我们老百姓进行自治，自己进行管理，但是老百姓又达不到这个条件。于是当时我把书放进去，后来我听周边的商户说，他们看到这些书好像被打扫卫生的人抬走，拿去卖了。

4.1.3　在访谈过程中怎样回应

我们对受访者的谈话内容应积极加以回应，这有助于建立良好的对话关系，拉近与受访者之间的心理距离。我们主要采用以下两种回应方式。

第一，通过言语或者非言语行为对受访者所说的话给予认可，鼓励其继续说下去。例如：

访谈者：嗯，这个很受教育，×书记的那些话，我都很欣赏，我们实际是有同感的，有很多共同的东西，非常艰难。你要做好一件事情，做出高水平的事情，不是那么几句话就能解决问题的。比如说你们刚才讲了一些关于氛围的事，我觉得讲得很好，你们对这个氛围啊，可以再讲得稍微详细一点吗？

第二，对受访者提的问题的回应。为促进受访者的理解，我们将与受访者的谈话内容加以整理后进行复述。例如：

受访者：您想说的氛围，我想知道具体指的是什么方面？

访谈者：就是这个社区的氛围好不好，好在哪里，是哪一种氛围。比如说您刚才讲的，你们建立一个读书室，鼓励大家读书，以后还要搞一个读书的比赛。这就是一个很好的氛围。只有读书才能改变人，作为领导去倡导读书，这个整个氛围就起来了，对于这个思路，我就非常欣赏，您最看重的是什么？看重的是知识，看重的是和谐，对吧？

4.1.4　怎样结束访谈

结束访谈应综合考虑时间、受访者的疲劳程度、访谈资料收集的饱和度、访谈是否受到其他事情干扰等多个因素，我们要尽可能做到以轻松、自然的方式结束访谈，访谈结束时，向受访者表达真诚的感谢，给予鼓励，对于受访者在访谈中谈到的实际需求给予力所能及的支持。

访谈者：我们这个专家里头有很多人熟悉的是家庭关系，婚姻、年龄关系，专门成立了一个分支；还有对老年人、老年人的文化进行研究的，还有一些从发展的角度来看，对从孩子一出生到孩子慢慢成长进行研究，这些我们都是从不同的职业角度去认识和选择的，所以我现在就从社区的角度来了解。今天上午我们书记跟我们讲了，这一课很受教育。

受访者:没有,我只是讲一下我们工作的一些情况。

访谈者:这个是真的,因为您谈到的有些东西、理念,只要做下去以后,前途就很好,有前景的。您讲的内容,对于我写好这本书也有很大的促进作用。社区心理学它不能高高地浮在面上,它必须要沉下去。跟社区的干部、社区的民众打成一片,才能写好。这个是我很早就想到一个理念,就是说一定要这样做。你们需要的书,我回到学校给你们寄上。(返校后给这个社区寄去了一些图书)

4.1.5 本次访谈中还存在的问题

虽然我们对做好社区心理学访谈有了一定的认识,但这次访谈也存在一些问题。例如,我们的大众化、口语化的词汇比较贫乏。访谈是一种研究性交谈,是研究者通过口头谈话的方式从受访者那里收集第一手资料的研究方法(陈向明,2000)。成功的访谈应当了解受访者的所思所想,包括他们的价值观念、情感感受和行为规范。我们的访谈虽然也朝着这个方向努力,但由于缺乏与社区基层工作者直接交流的经验,加上从心理学专业视角来理解相关问题,不可避免地出现了与社区工作者有沟通障碍的情况。我们与受访者之间的关系比较陌生,也可能影响受访者的畅所欲言。此外,我们的另一个深刻体会是:这次访谈的取样也存在一定的问题,主要以四地的部分社区工作人员作为访谈对象,研究结果只能说明这些社区的现状,不代表中国其他地区的社区发展情况,在以后的研究中建议扩大样本量。以上这些都是需要今后进一步改进的。

4.2 加深了对如何编好《社区心理学》教材的认识

通过这次访谈,我们深切地感受到社区工作者对编写好《社区心理学》教材是相当期待的,对我们编写教材的指导思想也是认同的,我们也深感责任重大。那么应该怎样才能编写出中国特色的《社区心理学》教材,以满足我国社区建设的需要呢?我们认为以下几点十分重要。

首先是到社区中去了解中华文化在社区传承的情况,并把它反映在教材中。中华文化所蕴含的自我观念、价值取向、思维方式和行为规范,是影响中国人的过去、现在和将来的传统。张岱年、方克立在其所主编的《中国文化概论》中指出,传统是社会的一种生存机制和创造机制。借助于它,历史才得以延续,社会的精神成就和物质成就才得以保存和发展。新时代的中国社区心理学建设必须到社区中去了解居民是怎样传承中华文化的,在改革开放、实现"两个一百年"奋斗目标的征程中,中华文化又有哪些变化和发展,这样我们的社区心理学教材才会有中华文化的特色。

其次是到社区中去了解居民的生活实际,他们的所思、所感和所行,提炼出指涉社区心理学的研究主题以充实教材。例如社区居民中流行的“获得感”、“正能量”、“和谐社区”、“文化自信”、“心理扶贫”、“命运共同体”、“网络命运共同体”以及“节俭”、“诚信”等概念:如果我们通过质的研究,界定这些概念的指标,然后再用量的方法去度量社区居民,这些概念就可以成为社区心理学的标准化概念。只要我们持之以恒地开展这方面的研究,中国特色社区心理学的理论体系就一定能够建设起来。

再次是到社区中去厘清和检验国外社区心理学的研究,吸收其合理成分融入我们的教材。中国的社区心理学建设必须持开放包容的态度。凡是科学的研究成果和先进的理论,无论是美国的或是其他国家的,我们都要实事求是地进行检验和吸收,让其合理因素成为我们教材的一部分。但是我们不能采取“拿来主义”,只做翻译、模仿的工作;也不能把国外的概念和理论硬生生地往中国居民头上套,鼓吹这就是本土研究。因为我们清醒地认识到,中国的社会发展不同于西方社会,中国社区文化不同于西方社区文化。我们建设中国的社区心理学必须有自己的立足点,这个立足点只能是中国的社会文化和历史根基,在此基础上创建中国特色的社区心理学。

我们也认识到,新时代建设中国特色社区心理学有很好的机遇,也有很多困难,但是只要我们有学术自信,有坚忍不拔的精神,我们这个学术团队就一定会把这件事做好。这也是此次访谈的一个主要体会。

合作者:岳童、李雪。原文载于《社区心理学研究》第7卷,社会科学文献出版社2019年出版

附录

青少年时间管理倾向量表

请仔细阅读以下每一个项目，并逐题按照自己的实际情况诚实作答，看懂题目后在后面相对应的空格内打“√”。请注意：答案无对错之分，无须过多思考，根据自己的第一印象选最符合自己的选项即可。

题　项	完全不符合	大部分不符合	部分符合、部分不符合	大部分符合	完全符合
1. 我认为“一寸光阴一寸金”这句话是正确的					
2. 我通常把每天的活动安排成一个日程表					
3.“时间就是效益”这句话是正确的					
4. 我每天都给自己制定一个学习目标					
5. 无论做什么事情，我首先要考虑的是时间因素					
6. 我以为将来比现在和过去更重要					
7. 我总是把最重要的工作安排在活动效率最高的时间里去做					
8. 无论做什么事情，我总是既有短期安排又有长期计划					
9. 目前我尚年轻，浪费一些时间无所谓					
10. 在每周开始之前，我都制定了目标					
11. 对每个人来说，时间就是一切					
12. 在每个学期我都要制定自己的学习计划					
13. 我认为我在学习和课外活动上的时间分配是合理的					
14. 我总是把大量的时间花在做重要的工作上					
15. 在新年开始的时候，我通常都要制定这一年中自己的奋斗目标					
16. 我相信时间就是生命					
17. 我课后复习功课的时间是由老师布置的作业量来决定的					
18. 我认为时间是可以有效地加以管理的					

续表

题　项	完全不符合	大部分不符合	部分符合、部分不符合	大部分符合	完全符合
19.我通常把重要的任务安排在计划表的重要位置上					
20.我能够有效地利用自己的时间					
21.我经常根据实际情况对计划进行调整					
22.如果有几件事要同时做,我经常要衡量它们的重要性来安排时间					
23.我能够很好地利用课堂上的学习时间					
24.我对自己设定的目标充满信心					
25.我对每个星期要做的事情都有一个计划安排					
26.我经常对自己利用时间的情况进行总结					
27.在处理好几件事情的时候,我认为最好是每件事情都做一些					
28.利用好时间对我具有重要的意义					
29.我对自己浪费掉的时间深感懊悔					
30.我确定的目标通常都难以实现					
31.世上最宝贵的是时间					
32.我的时间大部分都掌握在自己手中					
33.我通常根据学习任务的重要性来安排学习的先后次序					
34.只要是重要的工作,我一定要挤时间去做					
35.我相信我的计划安排通常是合理的					
36.我认为我对事情重要性的顺序安排是合理的					
37.要做的事情很多,我却能处理好这些事					
38.我常常与同学交流合理利用时间的经验					
39.我认为时间就是力量					
40.我通常都能按时完成老师布置的作业					
41.我常常对自己的工作在什么时候完成没有一个期限					

续表

题　项	完全不符合	大部分不符合	部分符合、部分不符合	大部分符合	完全符合
42.我对每天什么时候学习，什么时候玩都有一个清楚的想法					
43.为了提高时间利用效率，我经常学习有关如何有效利用时间的知识					
44.我总是根据目标的完成情况来检验自己的计划					

计分方式

反向计分题为9、17、27、30、41。

正向计分题，完全不符合 = 1分，大部分不符合 = 2分，部分符合、部分不符合 = 3分，大部分符合 = 4分，完全符合 = 5分；反向计分题的计分方式相反，即完全不符合=5分……完全符合 = 1分。

量表说明

时间管理倾向是个体在对待时间功能和价值上，在运用时间方式上所表现出的心理和行为特征，是一种人格倾向，分为时间价值感、时间监控观、时间效能感三个维度。

时间价值感。指个体对时间的功能和价值的稳定的态度和观念，包括时间对个体人生和社会发展意义的稳定态度和观念，它通常是充满情感的，对个体运用时间的方式具有导向作用，具体还包括两个因素，题项如下。

个人取向：5、6、9、16、28。

社会取向：1、3、11、31、39。

时间监控观。是个体利用和运筹时间的观念和能力，它通过一系列外显的活动来体现，例如计划安排、目标设置、时间分配、结果检查等一系列监控活动，具体还包括五个因素，题项如下。

设置目标：4、10、15、17、40。

计划：2、8、12、25、41。

优先级：7、19、22、27、33。

反馈性：21、26、38、43、44。

时间分配：14、34、37、42。

时间效能感。指个体对自己利用和运筹时间的信念和预期,反映了个体对时间管理的信心以及对时间管理行为能力的估计,它是制约时间监控的一个重要的因素,具体还包括两个因素,题项如下。

时间管理行为效能:13、24、30、35、36。

时间管理效能:18、20、23、29、32。

青少年未来取向问卷

请仔细阅读以下每一个项目，并逐题按照自己的实际情况诚实作答，看懂题目后在后面相对应的空格内打"√"。请注意：答案无对错之分，无须过多思考，根据自己的第一印象选最符合自己的选项即可。

题　项	完全不符合	较不符合	不确定	比较符合	完全符合
1. 我能想象到自己十年后的生活情景					
2. 我很少思考未来					
3. 展望未来让我感觉心情舒畅					
4. 想到未来时，我有点惴惴不安					
5. 我常常结合自己的实际情况制定计划					
6. 对要做的事，我不能持之以恒					
7. 对未来的美好想象时常在我的脑海中浮现					
8. 我对未来充满了期待					
9. 我常常为自己的将来发愁					
10. 在做事情之前，我会制定详细的进度表					
11. 在完成任务的过程中，我能抵挡住来自外界的各种诱惑					
12. 我对未来充满了信心					
13. 我喜欢有计划地学习					
14. 我往往在最后时刻才把任务完成					
15. 我经常考虑未来五年要做的事					
16. 一旦决定了做什么事情，我就考虑怎么去完成					
17. 面对未来，我有点手足无措					
18. 我一直在为自己的将来做准备					
19. 对于制定的计划，我会认真执行					
20. 我时常在心中勾勒自己未来的生活					
21. 我相信我有能力创造美好的明天					
22. 我经常考虑未来要做的一些事情					

续表

题　项	完全不符合	较不符合	不确定	比较符合	完全符合
23. 我的计划常常因为各种原因半途而废					
24. 闲暇时，我喜欢畅想未来					
25. 我对未来生活抱有极大的热情					
26. 未来的不确定性太多，我害怕走向未来					
27. 我喜欢给自己设定目标，并为之努力					
28. 我经常思考自己的未来人生之路					
29. 我们应该提前规划好每一天的生活					
30. 我能想象到若干年后的自己会是什么样子					
31. 未来的不确定性让我紧张不安					
32. 我对未来充满了信心					

计分方式

反向计分题项2、6、14、23。项目12与32是一致的，为测谎题，不计分。

正向计分题，完全不符合 = 1分，大部分不符合 = 2分，不确定 = 3分，大部分符合 = 4分，完全符合 = 5分；反向计分题的计分方式相反，即完全不符合 = 5分，……，完全符合 = 1分。

问卷说明

未来取向是指个体对未来时间的认知偏好和意志行动倾向，同时也包括个体在此基础上形成的主观情感体验，它体现了人类思维和行为指向未来这一重要特征。它可以分为未来认知、未来情感和未来意志行动三个维度。

未来认知：内容涉及个体对未来的认识和关注，又包括密度和广度两个维度。

密度：个体思考未来的程度和频率。包含题项有：2、7、20、22、24、28。

广度：个体把自己的未来延伸的时间长短范围。包含题项有：1、15、30。

未来情感：内容涉及个体对未来的情感体验特点，又包括思虑性和乐观性两个维度。

思虑性：个体对未来的焦虑、担忧和恐惧。包含题项有：4、9、17、26、31。

乐观性：个体对未来事件的积极期望。包含题项有：3、8、12、21、25。

未来意志行动:内容涉及个体为了实现未来目标而做出的意志努力,又包括执行性和计划性两个维度。

执行性:个体为了实现目标而采取的行动。包含题项有:6、11、14、19、23。

计划性:个体做出计划以实现目标的能力。包含题项有:5、10、13、16、18、27、29。

中国成年人多维度健康信念量表的正式量表

您好！欢迎您参加此项关于健康意识的调查，请根据您的实际情况和真实想法回答下面的问题，回答无对错之分。为了对信息保密，本问卷不计名，所有信息只用于科学研究。谢谢您参与和支持！

您是否相信达到或做到下列内容就是健康？从1到5打分，1代表完全不相信，2代表不相信，3代表不确定，4代表相信，5代表完全相信。

题项	完全不相信	不相信	不确定	相信	完全相信
1.没有心理疾病					
2.享受生活					
3.保持规律的作息时间					
4.宽容					
5.纾解压力					
6.生活充实					
7.饮食规律					
8.淡泊名利					
9.不容易得病					
10.保持良好心态					
11.没有疼痛					
12.体检各项指标合格					
13.体育锻炼					
14.营养均衡					
15.道德高尚					
16.与朋友互相信任					
17.人格完整					
18.适应环境					
19.没有任何疾病					
20.戒掉不良嗜好					
21.关爱家人					

续表

题项	完全不相信	不相信	不确定	相信	完全相信
22.充满激情					
23.与人为善					
24.帮助他人					
25.劳逸结合					
26.生活自理					
27.感恩					
28.气色好					

（人口统计学部分与初测问卷相同）

再次感谢您的帮助！祝您生活愉快！

参考文献

埃文斯，2010. 心理学研究要义. 重庆：重庆大学出版社.

毕重增，黄希庭，2009. 青年学生自信问卷的编制. 心理学报，(5)：444-453.

蔡华俭，丰怡，岳曦彤，2011. 泛文化的自尊需要：基于中国人的研究证据. 心理科学进展，(1)：1-8.

蔡华俭，2003. 内隐自尊效应及内隐自尊与外显自尊的关系. 心理学报，(6)：796-801.

曹华，杨玲，何圆圆，等，2019. 时间洞察力对成瘾行为的影响及其机制. 心理科学进展，(4)：666-675.

曾文星，1997. 华人的心理与治疗. 北京：北京医科大学，中国协和医科大学联合出版社.

曾文星，2002a. 文化与心理治疗. 北京：北京医科大学出版社.

曾文星，2002b. 心与身的关系与治疗. 北京：北京医科大学出版社.

车丽萍，2003. 大学生自信发展特点的研究. 心理科学，(4)：661-666.

陈本友，张锋，邹枝玲，等，2005. 大学生时间管理倾向与焦虑的相关研究. 中国临床心理学杂志，(3)：307-308.

陈红，王泉川，钱铭怡，等，2009. 我国心理健康服务从业者培训动机现状调查. 中国心理卫生杂志，(8)：533-537.

陈佳洱，2013. 营造创新人才辈出的土壤和环境. 中国人才，(2)：45.

陈来，2015. 中华文明的核心价值：国学流变与传统价值观. 北京：生活·读书·新知三联书店.

陈来，2016. 中华文明的核心价值：国学流变与传统价值观. 学习月刊，(14)：56.

陈向明，2000. 质的研究方法与社会科学研究. 北京：教育科学出版社.

程雅君，2013. 论道家道教健康模式. 四川大学学报：哲学社会科学版，(4)：103-112.

广东、广西、湖南、河南辞源修订组，商务印书馆编辑部，1988. 辞源(修订本). 北京：商务印书馆.

费孝通，2005. 乡土中国. 北京：北京出版社.

德威利斯，2010. 量表编制：理论与应用. 魏勇刚，龙长权，宋武，译. 重庆：重庆大学出版社.

邓凌，陈本友，2005. 大学生时间管理倾向、主观时间压力与抑郁的关系. 中国心理卫生杂志,(10):659-661.

费孝通,1999.中华民族多元一体格局:修订本.北京:中央民族大学出版社.

冯大彪,孟繁义,庞毅,等,1998.中华文化精粹分类辞典.北京:中国国际广播出版社.

冯显威,2012.健康社会学发展中的新理论范式研究.医学与社会,(1):1-4.

付翠,汪新建,2006.心理障碍的文化建构:健康心理学发展中的新趋向.心理学探新,(1):25－29.

傅文第,2001.谈学科渗透心理健康教育的基本条件及主要方法.黑龙江教育,(Z2):26-27.

高山英,2006.健康谚语新释.北京:中国时代经济出版社.

管延华,迟毓凯,2006.自我参照与朋友参照对人格特质记忆的影响.心理科学,(2):448-450.

郭永玉,1995.作为心理学概念的理想、信念、世界观.教育研究与实验,(3):38-41.

郝志红,梁宝勇,2012.心理健康素质测评系统:中国成年人健康信念量表的编制.心理与行为研究,(5):326-331.

胡金生,黄希庭,2009.自谦:中国人一种重要的行事风格初探.心理学报,(9):842-852.

黄希庭,2015.社区心理学研究(第一卷).广州:暨南大学出版社.

黄希庭,范蔚,2001.人格研究中国化之思考.西南师范大学学报(人文社会科学版),(6):45-50.

黄希庭,张志杰,2001.青少年时间管理倾向量表的编制.心理学报,(4):51-56.

黄希庭,李媛,2001.大学生自立意识的探索性研究.心理科学,(4):389-392.

黄希庭,尹天子,2016.做幸福进取者.南京:江苏人民出版社.

黄希庭,郑涌,毕重增,等,2007.关于中国心理健康服务体系建设的若干问题.心理科学,(1):2-5.

黄希庭,郑涌,2007.大学生心理健康与咨询.2版.北京:高等教育出版社.

黄希庭,郑涌,2009.大学生心理健康教育.2版.上海:华东师范大学出版社.

黄希庭,杨雄,1998.青少年学生自我价值感量表的编制.心理科学,(4):289-292.

黄希庭,2002.人格心理学.杭州:浙江教育出版社.

黄希庭,2004.再谈人格研究的中国化.西南师范大学学报(人文社会科学版),(6):5-9.

黄希庭,2014.探究人格奥秘.北京:商务印书馆.

江光荣，夏勉，2005.美国心理咨询的资格认证制度.中国临床心理学杂志，(1)：114-117.

景怀斌，2006.儒家式应对思想及其对心理健康的影响.心理学报，(1)：126-134.

李百珍，2002.中小学生心理健康教育.北京:科学普及出版社.

李炳全，2007.文化与心理治疗.医学与哲学：人文社会医学版，(2)：53-55.

李炳全，2008.中医学传统心理治疗思想与理念探析.医学与哲学：人文社会医学版，(6)：47-48.

李灿东，纪立金，鲁玉辉，等，2011.论中医健康认知理论的逻辑起点.中华中医药杂志，(1)：109-111.

李子华，2004.学校心理健康教育档案建立的内容与方法.中国学校卫生，(2)：234-235.

梁茂春，2005.从精神健康看美国华人的文化适应.华侨华人历史研究，(4)：34-43.

梁悦，2008.高校心理咨询从业人员的胜任特征研究.成都：四川师范大学.

梁漱溟，1990.梁漱溟全集:第3卷.济南：山东人民出版社.

凌辉，黄希庭，2009.6～12岁儿童自立发展特点的研究.心理科学，(6)：1359-1362.

刘丁玮，2002.台湾大学生对他人情绪的评估与社会关系.台湾：台湾大学.

刘霞，黄希庭，毕翠华，2011.青少年未来取向问卷的编制.西南大学学报(社会科学版)，(6)：7-12.

罗鸣春，苏丹，孟景，2009.中国传统文化中心理健康思想传承的四个途径.西南大学学报(社会科学版)，(3)：7-12.

罗鸣春，苏丹，2008.国外健康促进政策对我国心理健康服务体系建设的启示.西南大学学报(社会科学版)，(5)：48-53.

罗鸣春，2010.中国青少年心理健康服务需求现状研究.重庆: 西南大学.

吕厚超，2014.青少年时间洞察力研究.北京：科学出版社.

麦坚泰，米勒，2009.心理测量学.骆方，孙晓敏，译.北京：中国轻工业出版社.

蒙茜，郑涌，2006.拖延研究述评.西南大学学报(人文社会科学版)，(4)：9-12.

潘伟刚，黄希庭，鲁小周，2010.消极生活事件的积极效应：意义发现.西南大学学报(社会科学版)，(2)：8-13.

潘孝富，朱新田，2012.城市社区居民心理健康服务需求状况分析.湘南学院学报，(4)：28-31.

黄希庭,2008.中国高校哲学社会科学发展报告：1978—2008：心理学.桂林:广西师范大学出版社.

钱铭怡，严俊，肖泽萍，等，2010. 德国的心理治疗培训和管理. 中国心理卫生杂志，(2)：81-85.

邱炳武，王极盛，1997. 从《道德经》看中国传统文化中的健康心理学思想. 社会心理科学，(1)：10-14.

饶克勤、陈育德，1999. 关于制订卫生资源配置标准的几点建议. 中国卫生经济，(3)：37-42.

阮昆良，邓凌，2004. 学业成绩高、低分中学生时间管理倾向特点的研究. 西南师范大学学报(人文社会科学版)，(1)：35-38.

申继亮，彭华茂，2002. 当前学校心理健康教育的困境与出路. 北京师范大学学报：人文社会科学版，(1):14-20.

申俊龙，徐州，2009. 南京地区医疗服务需要与需求量预测模型比较. 南京中医药大学学报：社会科学版，(2)：99-102.

石国兴，郭世魁，魏瑞丽，2010. 团体心理辅导改善教师时间管理倾向的实验研究. 心理科学，(3)：747-749.

石国兴，2004. 英国心理咨询的专业化发展及其问题. 心理科学进展，(2)：304-311.

舒首立，卢会醒，张露，等，2012. 中国文化的自尊与西方文化的 self-esteem 之比较. 西南大学学报(社会科学版)，(1)：45-51.

苏丹，黄希庭，2014. 健康信念的研究取向与展望. 西南大学学报(社会科学版)，(4)：84-90.

苏珊筠，黄光国，2003. 退休老人与大学生在生活场域中的关系与面子. 中华心理学刊，(3)：295-311.

苏缇，郭逸群，陈志毅，等，2019. 拖延的脑机制：基于大尺度脑网络的分析. 中国科学：生命科学，(1)：79-90.

孙秋云，2004. 文化人类学教程. 北京：民族出版社.

汪依帆，王伟，何燕玲等，2014. 上海市社区就诊居民心理健康服务需求调查. 医学与社会，(4)：82-85.

王丹君，2007. 英国心理咨询及心理治疗协会的心理咨询师认证及其他. 中国心理卫生杂志，(10)，704-709.

王登峰，崔红，2003. 中国人人格量表(QZPS)的编制过程与初步结果. 心理学报，(1)：127-136.

王登峰，崔红，2005. 解读中国人的人格. 北京：社会科学文献出版社.

王登峰，崔红，2007. 人格结构的中西方差异与中国人的人格特点. 心理科学进展，

(2):196-202.

王登峰,崔红,2008a.中西方人格结构差异的理论与实证分析——以中国人人格量表(QZPS)和西方五因素人格量表(NEO PI-R)为例.心理学报,(3): 327-338.

王登峰,崔红,2008b.心理社会行为的中西方差异:“性善—性恶文化”假设.西南大学学报(社会科学版),(1):1-7.

王登峰,方林,左衍涛,1995.中国人人格的词汇研究.心理学报,(4):400-406.

王红玲,2001.中国城镇职工健康及医疗服务需求的模型分析.统计研究,(5):36-44.

王军,张寿宝,李永超,等,2009.社区居民心理卫生服务需求调查.神经疾病与精神卫生,(1):71-73.

王丽颖,2008.心理咨询师该拥有怎样的特质? 心理与健康,(4):20-21.

王伟宇,钟毅平,童真,等,2009.群体规模、团队荣誉对士兵身份重要性集体自尊的影响.中国临床心理学杂志,(6):675-677.

王一方,张大庆,2000.技术时代的生命图景与医学的当代史:关于 20 世纪医学衍进的对话.医学与哲学,(7):29-32.

王翌秋,王舒娟,2010.居民医疗服务需求及其影响因素微观实证分析的研究进展.中国卫生政策研究,(8):55-62.

王智,张大均,2012.学校心理健康教育教师的胜任特征研究.西南大学学报(社会科学版),(6):84-94.

魏丽,2009.集体自尊的文化差异及探因:基于中美大学生的比较研究.北京:北京大学.

温长路,2010.健康长寿与民谣谚语:鼻是窗 病先殃.大众健康,(7):76-77.

翁嘉英,杨国枢,许燕,2009.华人多元自尊的概念分析与量表建构:本土化观点.杨国枢,陆洛.中国人的自我:心理学的分析.重庆:重庆大学出版社.

吴继霞,黄希庭,2012.诚信结构初探.心理学报,(3):354-368.

夏凌翔,黄希庭,2008.青少年学生自立人格量表的建构.心理学报,(5):593-603.

肖丰,1992.关于抑郁的认知理论中自我图式的研究.心理学动态,(1):9-13.

肖水源,刘飞跃,2010.精神卫生服务评估的基本框架.中国心理卫生杂志,(12):887-892.

谢雯,2008.学校心理咨询师胜任特征的探究.南京:南京师范大学.

徐华春,黄希庭,2007.国外心理健康服务及其启示.心理科学,(4):1006-1009.

杨波,1999.中国人的人格结构.北京:新华出版社.

杨凡,钱铭怡,2009.美国心理咨询和治疗中的保密:保密的局限及相关研究.中国心理卫生杂志,(8):543-548.

杨凤池,2014.中国城市社区心理健康服务发展现状和展望.中华健康管理学杂志,(4):217-219.

杨国枢,李本华,1971.五百五十七个中文人格特质形容词之好恶度、意义度及熟悉度. 台北:台湾大学理学院心理学系研究报告,(13):36-57.

杨国枢,1992.中国人的社会取向:社会互动的观点.杨国枢,余安邦.中国人的心理与行为:理论与方法篇(1992).台北:桂冠图书股份有限公司.

杨国枢,1997.心理学研究的本土契合性及其相关问题.本土心理学研究,(8):75-120.

杨国枢,2004.华人自我的理论分析与实证研究:社会取向与个人取向的观点.本土心理学研究,(3):1-80.

杨国枢,1984.小学与初中生自我概念的发展及其相关因素.杨国枢,张春兴. 中国儿童行为的发展. 2版.台北:环宇出版社.

杨烨,2008.自我价值感二维模型的理论架构与实证研究.北京大学.

姚萍,钱铭怡,2008.北美心理健康服务体系的培训与管理状况.中国心理卫生杂志,(2):144-147.

姚泽麟,2010."工具性"色彩的淡化:一种新健康观的生成与实践以绍兴醴村为例.社会,(1):178-204.

叶一舵,2004.学科教学中渗透心理健康教育的若干问题.中国教育学刊,(3):18-21.

尹可丽,黄希庭,付艳芬,2009.从心理学杂志相关文献看我国心理咨询与治疗方法的现状.心理科学,(4):783-787.

尹可丽,秦旻,黄希庭,2009.心理治疗的循证实践与循效施治.心理科学进展,(6):1327-1335.

余德慧,2008.本土化的心理疗法.杨国枢,黄光国,杨中芳.华人本土心理学:下册.重庆:重庆大学出版社.

喻国明,刘夏阳,1993《中国社会人际关系与现状调查》总体报告.中国人民大学学报,(2):87-95.

张爱莲,钱铭怡,姚萍,2007.心理咨询与治疗伦理调查及与美国相关调查的比较.中国心理卫生杂志,(1):55-61.

张岱年,方克立,2004.中国文化概论.北京:北京师范大学出版社.

舒尔茨,2011.心理传记学手册.郑剑虹,等译.广州:暨南大学出版社.

张锋，祝婷，2014. 团体心理辅导对大学生时间管理的改善效果 . 中国心理卫生杂志，(5)：327-331.

张力，周天罡，张剑，等，2005. 寻找中国人的自我：一项 fMRI 研究 . 中国科学 C 辑，(5)：472-478.

张妙清，梁觉，张建新，等，1996. 中国人的人格与社会变迁 . 汪丁丁 . 中国评论：一九九六 . 香港：中文大学出版社 .

张明园，2009. 全球化和中国的精神卫生及其政策 . 上海精神医学，(1)：1-6.

张庆熊，2010. 社会科学的哲学：实证主义、诠释学和维特根斯坦的转型 . 上海：复旦大学出版社 .

张日昇，生熊让二，于泳红，2005. 关于健康观认知构造的中日比较研究 . 心理科学，(1)：45-48.

张向葵，郭娟，田录梅，2005. 自尊能缓冲死亡焦虑吗？：自尊对死亡提醒条件下大学生死亡焦虑的影响 . 心理科学，(3)：602-605.

张向葵，田录梅，2005. 自尊对失败后抑郁，焦虑反应的缓冲效应 . 心理学报，(2)：240-245.

赵彩花，黄希庭，岳彩镇，等，2009a. 从《四库全书》看个我自强的人格特征 . 西南大学学报(社会科学版)，(6)：11-14.

赵静波，季建林，程文红，等，2009. 心理咨询和治疗师的专业能力和情感能力的多中心调查 . 中国心理卫生杂志，(4)：229-233.

赵利，陈金泉，2003. 中医健康概念 . 医学与哲学，(12)：58-59.

赵艳丽，陈红，刘艳梅，等，2008. 澳大利亚临床心理学的培训和管理 . 中国心理卫生杂志，(3)：224-226.

赵志裕，康萤仪，2011. 文化社会心理学 . 刘爽，译 . 北京：中国人民大学出版社 .

郑剑虹，黄希庭，2004. 自强意识的初步调查研究 . 心理科学，(3)：528-530.

周丽，苏彦捷，2008. 实际亲密度对恋人参照效应的影响 . 心理学报，(4)：487-495.

朱滢，张力，2001. 自我记忆效应的实验研究 . 中国科学 C 辑，(6)：537-543.

朱滢，2007. 文化与自我 . 北京：北京师范大学出版社 .

左汉宾，李安明，2001. 湖北省卫生人力资源供需状况分析 . 中国卫生经济，(8)：36-38.

AJZEN I, MADDEN T J, 1986. Prediction of goal-directed behavior: Attitudes, intentions, and perceived behavioral control. Journal of Experimental Social Psychology, 22(5):453-474.

ALLPORT G W, ODBERT H S, 1936. Trait-names: a psycho-lexical study. Psychological monographs:general and applied,47(1):i171.

ANDREOPOULOU A,HOUSTON D M,2002.The impact of collective self-esteem on intergroup evaluation: self-protection and self-enhancement.Current research in social psychology,7(14):243-256.

AOUN S, PENNEBAKER D,WOOD C,2004. Assessing population need for mental health care:a review of approaches and predictors.Mental health services research,6(1):33-46.

APPELL M L,1963.Self-understanding for the guidance counselor. Personnel and guidance journal,42(2):143 - 148.

ARCURY T A, QUANDT S A,BELL R A,2001.Staying healthy:the salience and meaning of health maintenance behaviors among rural older adults in North Carolina. Social scienceand medicine,53(11):1541-1556.

ATKINSON R L, ATKINSON R C,SMITH E E,et al.,1990.Introduction to psychology.10th ed..New York:Harcourt Brace Jovanovich.

BANDURA A,1997.Self-efficacy: The exercise of control. New York: W. H.Freeman and Company.

BARANIK L E,MEADE A W,LAKEY C E,et al.,2008. Examining the differential item functioning of the Rosenberg self-esteem scale scross eight countries1.Journal of applied social psychology,38(7):1867-1904.

BAUMEISTER R F,CAMPBELL J D,KRUEGER J I,et al.,2003.Does high self-esteem cause better performance,interpersonal success,happiness,or healthier lifestyles?.Psychological science in the public interest,4(1):1-44.

BECK K H,LUND A K,1981.The Effects of health threat seriousness and personal efficacy upon intentions and behavior.Journal of applied social psychology,11(5):401-415.

BELLOC N B,BRESLOW L,1972.Relationship of physical health status and health practices.Preventive medicine,1(3):409-421.

BISHOP F,YARDLEY L,2010. The development and initial validation of a new measure of lay definitions of health:the wellness beliefs scale.Psychology and health,25(3):271-287.

BLAXTER M,1983.The causes of disease:women talking.Social scienceand medicine,17(2):59-69.

BLAXTER M,2002. Why do the victims blame themselves? In worlds of illness:biographical and cultural perspectives on health and disease.New York:Routledge.

BOND M H,2008. The Psychology of the Chinese people. Hong Kong: The Chinese University Press.

BROWN J D,CAI H,2010.Self-esteem and trait importance moderate cultural differences in self-evaluations.Journal of cross-cultural psychology,41(1):116-123.

BROWN J D,CAI H,OAKES M A,et al.,2009.Cultural similarities in self-esteem functioning:east is east and west is west,but sometimes the twain do meet. Journal of Cross-Cultural Psychology, 40(1):140-157.

BROWN R A,2006. Self-esteem, modest responding, sandbagging,fear of negative evaluation,and self concept clarity in Japan. Informationand communication studies,33:35-46.

BROWN R A,2007.The influence of personal and collective self-esteem on the interpersonal and inter-group evaluations of Japanese university students.Informationand communication studies,36:1-16.

BURKE B L, MARTENS A, FAUCHER E H, 2010. Two decades of terror management theory:a meta-analysis of mortality salience research.Personality and Social Psychology Review, 14(2):155-195.

BYRNE. D, 1974. An introduction to personality: research, theory, and applications. Englewood Cliffs:Prentice-Hall.

CAI H J,BROWN J D,DENG C,et al.2007. Self-esteem and culture: differences in cognitive self-evaluations or affective self-regard?Asian journal of social psychology,10(3):162-170.

CAI H J,SEDIKIDES C,GAERTNER L,et al.,2011.Tactical self-enhancement in China:is modesty at the service of self-enhancement in east Asian culture?Social psychological and personality science,2(1):59-64.

CAI H J,WU Q P,BROWN J D,2009.Is self-esteem a universal need? Evidence from The People's Republic of China.Asian journal of social psychology,12(2):104-120.

CALNAN M,1987.Health and illness:the lay perspective. London:Tavistock Publications.

CANTOR N, 1994. Life task problem solving: situational affordances and personal needs. Personality and social psychology bulletin,20(3):235-243.

CHAMPION V L,2010.The relationship of breast self-examination to health belief model variables.Research in nursing and health,10(6):375-382.

CHEN S X,MAK W W S,2008. Seeking professional help:etiology beliefs about mental illness across cultures.Journal of counseling psychology, 55(4):442-450.

CHEUNG F M,LEUNG K,FAN R M,et al.,1996.Development of the Chinese personality assessment inventory.Journal of cross-cultural psychology,27(2):181-199.

CHIAO J Y,HARADA T,KOMEDA H,et al.,2009.Neural basis of individualistic and collectivistic views of self.Human Brain Mapping,30(9):2813-2820.

CHOI I,NISBETT R E,2000.Cultural psychology of surprise:holistic theories and recognition of contradiction.Journal of personality and social psychology,79(6):890-905.

CIARLO J A,TWEED D L,1992.Implementing indirect needs-assessment models for planning state mental health and substance abuse services. Evaluation and program planning,15(2):195-210.

CROCKER J,LUHTANEN R,1990. Collective self-esteem and ingroup bias. Journal of personality and social psychology,58(1):60-67.

CROSS T L,2003. Culture as a resource for mental health.Cultural diversity and ethnic minority psychology,9(4):354-359.

DECORTE T,MORTELMANS D,TIEBERGHIEN J,et al.,2009. Drug use: overview of general population surveys in Europe.Lisbon:EMCDDA.

DONNELLY G F, 1993. Chronicity: Concept and reality. Holistic nursing practice, 8(1):1-7.

DONOVAN J L, BLAKE D R, 1992. Patient non-compliance: deviance or reasoned decision-making?.Social scienceand medicine,34(5):507-513.

DOWNEY C A,CHANG E C,2013.Assessment of everyday beliefs about health: the lay concepts of health inventory, college student version. Psychologyand Health,28(7):818-832.

DULAC T,COYLE-SHAPIRO J A M, HENDERSON,D J,et al.,2008.Not all responses to breach are the same:the interconnection of social exchange and psychological contract processes in organizations. Academy of management journal,51(6):1079-1098.

EDWARDS A L,1970.The measurement of personality traits by scales and inventories.Oxford.

EMMONS R A,1989. The personal striving approach to personality. Goal concepts in personality and social psychology. Hillsdale,NJ: Erlbaum.

EVANS S,GREENHALGH J,CONNELLY J,2000.Selecting a mental health needs assessment scale:guidance on the critical appraisal of standardized measures. Journal of evaluation in clinical practice,6(4):379-393.

EYSENCK H J,1970.The structure of human personality.London:Methuen and Company.

FESTINGER L, 1957. A theory of cognitive dissonance. Stanford, CA: Stanford University Press.

FITZPATRICK R,CHAMBERS J, BURNS T,et al.,2010. A systematic review of outcome measures used in forensic mental health research with consensus panel opinion. Health technology assessment,14(18):1-108.

FUNDER D C,1997.The personality puzzle.New York:W.W.Norton and Company,Inc.

GERGEN K J,2001.Psychological science in a postmodern context.The American psychologist,56(10):803-813.

GILBERT P,HUGHES W,DRYDEN W,1989. The therapist as a crucial variable in psychotherapy.On Becoming a Psychotherapist:3-13.

GILBODY S M,HOUSE A O,SHELDON T A,2002.Outcomes research in mental health:systematic review.The British journal of psychiatry,181(1):8-16.

GILES J,2011.Social science lines up its biggest challenges.Nature,470(7332):18-19.

GLASER B , STRAUSS A , 1968. The discovery of grounded theory:strategies for qualitative research.New York:Aldine de Gruyter.

GOOD B J,1993.Medicine,rationality and experience:an anthropological perspective. Cambridge:Cambridge University Press.

GOUGH H G, HEILBRUN A B,1965.The adjective check List manual. Palo Alto: Consulting Psychologists Press.

GOUGH H G, 1960. The adjective check list as a personality assessment research technique.Psychological reports,6(1):107-122.

GROTZ M,HAPKE U, LAMPERT T,et al.,2011.Health locus of control and health behaviour: results from a nationally representative survey. Psychology, health and medicine, 16 (2): 129-140.

HEINE S J,LEHMAN,D R,MARKUS H R,et al.,1999. Is there a universal need for positive self-regard? Psychological review,106(4):766-794.

HENRICH J,HEINE S J,NORENZAYAN A,2010.Beyond weird:towards a broad-based behavioral science. Behavioral and Brain Sciences,33(2-3):111-135.

HERZLICH C, 1973. Health and illness: a social psychological analysis. Oxford: England Academic Press.

HERZLICH C,PIERRET J,1987.Illness and self in society. Baltimore: Johns Hopkins University Press.

HIGGINS E T, VAN HOOK E., DORFMAN D, 1988. Do self-attributes form a cognitive structure? Social Cognition,6(3):177-206.

HOGE M A,PARIS M,ADGER H,et al.,2005.Workforce competencies in behavioral health: an overview. Administration and policy in mental health and mental health services research,32(5-6):593-631.

HOLLENBECK G P,MCCALL M W,SILZER R F,2006.Leadership competency models. Leadership quarterly,17(4):398-413.

HUGHNER R S,KLEINE S S,2004.Views of health in the lay sector:a compilation and review of how individuals think about health. Health, 8(4):395-422.

JAMES W,1890.The principles of psychology. New York:Dover Publications,Inc.

JERVIS R,2006. Understanding beliefs. Political Psychology, 27(5): 641-664.

JOSKA J,FLISHER A J,2005.The assessment of need for mental health services.Social psychiatry and psychiatric epidemiology,40(7): 529-539.

KASLOW N J,2004. Competencies in professional psychology.American psychologist,59(8): 774-781.

KASLOW N J,BORDEN K A, COLLINS JR F L,et al.,2004. Competencies conference: Future directions in education and credentialing in professional psychology.Journal of Clinical Psychology,60(7):699-712.

KASLOW N J,DUNN S E,SMITH C O,2008. Competencies for psychologists in academic health centers(AHCs).Journal of clinical psychology in medical settings,15(1):18-27.

KASSER T,RYAN R M,1996.Further examining the American dream: differential correlates of intrinsic and extrinsic goals.Personalityand social psychology bulletin,22(3):280-287.

KIGHTLEY M,EINFELD S,HANCOCK N,2010.Routine outcome measurement in mental health: feasibility for examining effectiveness of an NGO. Australasian psychiatry, 18(2): 167-169.

KIM Y H,CHIU C Y ,PENG S,et al., 2010 .Explaining east-west differences in the likelihood of making favorable self-evaluations:the role of evaluation apprehension and directness of expression.Journal of cross-cultural psychology,41(1):62-75.

KITAYAMA S,UCHIDA Y,2003.Explicit self-criticism and implicit self-regard: evaluating self and friend in two cultures.Journal of experimental social psychology,39(5):476-482.

KITAYAMA S et al.,1997. Individual and collective processes in the construction of the self: self-enhancement in the United States and self-criticism in Japan.Journal of personality and social psychology,72(6):1245-1267.

KLEIN S B,KIHLSTROM J F,1986.Elaboration,organization,and the self-reference effect in memory.Journal of Experimental Psychology: General,115(1):26-38.

KLEINMAN A,EISENBERG L,GOOD B,1978.Culture,illness,and care: clinical lessons from anthropologic and cross-culture research.Annals of internal medicine,88(2):251-258.

KLERMAN G L,OLFSON M,LEON A C,et al.,1992.Measuring the need for mental health care. Health affairs,11(3):23-33.

KUDO E, NUMAZAKI M,2003. Explicit and direct self-serving bias in Japan:reexamination of self-serving bias for success and failure. Journal of cross-cultural psychology, 34(5): 511-521.

KUNG W W,2003. Chinese Americans'help seeking for emotional distress.Social service review,77(1):110-134.

LACROSSE M B,1980.Perceived counselor social influence and counseling outcomes:validity of the counselor rating form.Journal of counseling psychology,27(4):320-327.

LAKEMAN R,2004. Standardized routine outcome measurement:pot holes in the road to recovery.International journal of mental health nursing, 13(4):210-215.

LARSON L M,1992.Development and validation of the counseling self-estimate inventory. Journal of counseling psychology,39(1):105-120.

LAZARUS R S,1993.Coping theory and research:past,present,and future. Psychosomatic medicine,55(3):234-247.

LEE J,SUH A,2015.How do virtual community members develop psychological ownership and what are the effects of psychological ownership in virtual communities? Computers in human behavior,45(C):382-391.

LEE S W S,OYSERMAN D,BOND M H,2010. Am I doing better than you? That depends on whether you ask me in English or Chinese:self-enhancement effects of language as a cultural mindset prime. Journal of experimental social psychology,46(5):785-791.

LEHMAN D R, CHIU C, SCHALLER M,2004.Psychology and culture.Annual review of psychology,55:689-714.

LEVIN B L,PETRILA,J,HENNESSY,K D, 2004. Mental health services: A public health perspective.New Youk:Oxford University Press.

LINDEN J D,STONE S C,SHERTZER B,1965. Development and evaluation of an inventory for rating counseling.The personnel and guidance journal,44(3):267-276.

LITTLE B R,1999. Personality and motivation:personal action and the conative evolution. PERVIN L A, JOHN O P.Handbook of personality: Theory and research. 2nd ed.New York:

Guilford Press.

MANNARINI T,ROCHIRA A,TALO C,2014.Negative psychological sense of community: development of a measure and theoretical implications. Journal of community psychology,42(6): 673-688.

MARIN T J,MILLER G E,2013. The interpersonally sensitive disposition and health:an integrative review.Psychological bulletin,139(5): 941-984.

MARKUS H R,KITAYAMA S,1991. Culture and the self: implications for cognition,emotion,and motivation.Psychological review,98(2):224-253.

MARKUS H R,KITAYAMA S,2003.Culture,self,and the reality of the social. Psychological Inquiry,14(3-4):277-283.

MARSELLA A J,THARP R G,CIBOROWSKI T J,1979.Perspectives on Cross-cultural Psychology. New York: Academic Press.

MATSUOKA J K,BREAUX C,RYUJIN D H,1997.National utilization of mental health services by Asian Americans pacific islanders.Journal of community psychology,25(2):141-145.

MCCONNAUGHY E A,1987.The person of the therapist in psychotherapeutic practice.Psychotherapy:theory,research,practice,training,24(3):303-314.

MCCRAE R R,COSTA P T,1985.Comparison of EPI and psychoticism scales with measures of the five-factor model of personality. Personality and Individual Differences, 6(5): 587-597.

MCCRAE R R,COSTA,P T,1990.Personality in adulthood.New York: Guilford Press.

MCCRAE R R,JOHN O P,1992. An introduction to the five-factor model and its applications.Journal of personality,60(2):175-215

MENNE J M,1975.A comprehensive set of counselor competencies. Journal of Counseling Psychology,22(6):547-553.

MEZULIS A H,ABRAMSON L Y,HYDE J S,et al., 2004.Is there a universal positivity bias in attributions? A meta - analytic review of individual, developmental, and cultural differences in the self-serving attributional bias. Psychological Bulletin,130(5),711-747.

MISCHEL W,1986. Introduction to personality: a new look.4th ed.New York: Holt Rinehartand Winston.

MURRAY M,PULLMAN D,RODGERS T H,2003.Social representations of health and illness among "baby - boomers "in eastern Canada.Journal of health psychology,8(5):485-499.

MYRICK R D,KELLY F D,1971. A scale for evaluating practicum students in counseling and supervision.Counselor education and supervision, 10(4):330-336.

NEAL Z P,NEAL J W,2014. The(in)compatibility of diversity and sense of community. American journal of community psychology,53(1-2):1-12.

NEISS M B,SEDIKIDES C,STEVENSON J,2002.Self-esteem:a behavioural genetic perspective. European journal of personality,16(5):351-367.

NEZLEK J B,SORRENTINO R M,YASUNAGA S,et al.,2008. Cross-cultural differences in reactions to daily events as indicators of cross-cultural differences in self-construction and affect. Journal of cross-cultural Psychology,39(6):685-702.

NG S H,HAN S,MAO L, et al.,2010.Dynamic bicultural brains: fMRI study of their flexible neural representation of self and significant others in response to culture primes.Asian journal of social psychology, 13(2):83-91.

NISBETT R E,PENG K,CHOI I,et al.,2001. Culture and systems of thought:holistic versus analytic cognition. Psychological Review,108(2):291-310.

PATERSON B, THORNE S,CRAWFORD J,et al., 1999.Living with diabetes as a transformational experience.Qualitative health research,9(6):786-802.

PATTON M Q,1990.Qualitative evaluation and research methods. 2nd Ed. Newbury Park: Sage Publication.

PENG K,NISBETT R E,1999.Culture,dialectics,and reasoning about contradiction.American psychologist,54(9):741-754.

PENG K,AMES D R,KNOWLES E D,2001.Culture and human inference: perspectives from three tradition.The handbook of culture and psychology:245-264.

PEPITONE A,1994.Beliefs and cultural social psychology. Cross-cultural topics in psychology,139-152.

PESCOSOLIDO B A,1991.Illness careers and network ties: a conceptual model of utilization and compliance.Advances in Medical Sociology, 2(16):161-184.

PHARES E J,1991.Introduction to personality.New York: Harper Collins.

PHELAN M,SLADE M,THORNICROFT G,et al.,1995. The camberwell sssessment of need: the validity and reliability of an instrument to assess the needs of people with severe mental illness. British journal of psychiatry,167(5):589-595.

POPE V T, KLINE W B,1999.The personal characteristic of effective counselors:What 10 experts think.Psychological reports, 84(3):1339-1344.

RABIA M,KNAUPER B,MIQUELON P,2006.The eternal quest for optimal balance between maximizing pleasure and minimizing harm: the compensatory health beliefs model.British journal of health psychology,11(1):139-153.

RADTKE T,SCHOLZ U,KELLER R,et al.,2011. Smoking-specific compensatory health beliefs and the readiness to stop smoking in adolescents.British Journal of Health Psychology,16 (3): 610-625.

ROE R A, 2002. What makes a competent psychologist? European Psychologist, 7(3): 192-202.

ROGERS M R,PONTEROTTO J G,1997.Development of the multicultural school psychology counseling competency scale. Psychology in the Schools, 34(3):211-217.

ROGERS R W,1975. A protection motivation theory of fear appeals and attitude change1. The journal of psychology, 91(1):93-114.

ROSENBERG M,1965. Society and the adolescent self-image.Princeton: Princeton University Press.

ROSENSTOCK I M,2005.Why people use health services.The Milbank Quarterly,83(4).

ROSS M, HEINE S J, WILSON A E, et al., 2005. Cross-cultural discrepancies in self-appraisals. Personality and social psychology bulletin,31(9):1175-1188.

RUBIN N J,BEBEAU M, LEIGH I W,et al.,2007.The competency movement within psychology:an historical perspective.Professional psychology:research and practice,38(5):452-462.

RUDMAN L A, FEINBERG J,FAIRCHILD K,2002. Minority members ' implicit attitudes: automatic ingroup bias as a function of group status.Social cognition,20(4):294-320.

SCHMITT D P, ALLIK J,2005.Simultaneous administration of the Rosenberg Self-Esteem Scale in 53 nations:exploring the universal and culture-specific features of global self-esteem. Journal of personality and social psychology,89(4):623-642.

SCHULTZ D P, SCHULTZ S E,1994.Theories of Personality.5th ed.Pacific Grove:Brooks/ Cole Publishing Co.

SCHWARZER R,1992.Self-efficacy in the adoption and maintenance of health behaviors: theoretical approaches and a new model.Self-efficacy:thought control of action:217-243.

SCOFIELD M E,YOXTHEIMER L L,1983.Psychometric issues in the assessment of clinical competencies.Journal of counseling psychology,30(3): 413-420.

SHILLING C,2012.The body and social theory.3ed.London: Sage Publication Ltd.

SINGER M G,1988.American philosophy.London:Cambridge University Press.

SLADE M,PHELAN M,THORNICROFT G,et al.,1996. The camberwell sssessment of need

(CAN): comparison of assessments by staff and patients of the needs of the severely mentally ill. Social psychiatry and psychiatric epidemiology,31(3):109–113.

SLADE M,2002.Routine outcome assessment in mental health services.Psychological medicine,32:1339–1343.

SNOWDEN L R,1998.Racial differences in informal help seeking for mental health problems.Journal of community psychology,26(5):429–438.

SPITZER R L,1991. An outsider–insider ' s views about revising the DSMS. Journal of abnormal psychology,100(3):294–296.

STEIN H F,1992. The many–voiced cultural story line of a case of diabetes mellitus.Journal of Family Practice,35(5):529–533.

STEVENS A, GILLAM S,1998.Needs assessment: from theory to practice. BMJ(Clinical research ed),316(7142):1448–1452.

STEVENS A,RAFTERY J,MANT J,et al.,2004.Health care needs assessment:the epidemiologically based needs assessment reviews .vol. 1. Abingdon :Radcliffe Publishing Ltd.

STOPFORTH L,2005.Whaiora: maori health development.(brief article)(book review).Kai Tiaki nursing New Zealand,11(2).

STRAUSS A,CORBIN J,1990.Basics of qualitative research:grounded theory procedures and techniques.Modern language journal,77(2).

STRAUSS A,CORBIN J,1998.Basics of qualitative research:techniques and procedures for developing grounded theory.2ed.London:Sage Publications,Inc.

SUE S,MCKINNEY H,1980. Asian Americans in the Community Mental Health Care System. ENDO R, SUE S, WANGNER N N.Asian–Americans: social and psychological perspective. New York: Science and Behaviors.

SUI J,ZHU Y, CHIU C,2007.Bicultural mind,self–construal,and self–and mother–reference effects:consequences of cultural priming on recognition memory.Journal of experimental social psychology,43(5):818–824.

TAFARODI R W,Swann W B,1995.Self–liking and self–competence as dimensions of global self–esteem: initial validation of a measure. Journal of personality assessment, 65(2): 322–342.

TAFARODI R W, WALTERS P, 1999. Individualism–collectivism, life events, and self–esteem:a test of two trade–offs. European journal of social psychology,29(5–6):797–814.

TAFARODI R W,LANG J M, SMITH A J,1999.Self–esteem and the cultural trade–off:evidence for the role of individualism-collectivism. Journal of cross-cultural psychology, 30(5): 620-640.

TAFARODI R W,SHAUGHNESSY S C,YAMAGUCHI S,et al.,2011. The reporting of self-esteem in Japan and Canada. Journal of cross-cultural psychology,42(1):155-164.

TAM H C, 2009. A comparison between self-competence and self-liking: effects of individualism-collectivism cultural priming and sense of achievement. Hong Kong: City University of Hong Kong.

TATA S P,LEONG F T L,1994.Individualism-collectivism,social-network orientation,and acculturation as predictors of attitudes toward seeking professional psychological help among Chinese Americans. Journal of counseling psychology,41(3):280-287.

TEMPIER R,MEADOWS G N,VASILIADIS H-M,et al., 2009. Mental disorders and mental health care in Canada and Australia:comparative epidemiological findings. Social Psychiatry and Psychiatric Epidemiology,44(1): 63-72.

THORNICROFT G E,BREWIN C R, WING J E,1999.Defining mental health needs. Journal of Medical Ethics,25(5):363-364.

THORNICROFT G, TANSELLA M, GOLDBERG D, 2006. The mental health matrix: a manual to improve services. Cambridge :Cambridge University Press.

TRAUER T,2010.Outcome measurement in mental health: theory and practice. Cambridge: Cambridge University Press.

TRAUER T,TOBIAS G,SLADE M,2008.Development and evaluation of a patient-rated version of the Camberwell Assessment of Need Short Appraisal Schedule(CANSAS-P).Community mental health journal,44(2):113-124.

TUNNER T P,SALZER M S,2006.Consumer perspectives on quality of care in the treatment of schizophrenia.Administration and Policy in Mental Health and Mental Health Services Research,33(6):674-681.

VALLIS T M,SHAW B F,DOBSON K S,1986.The cognitive therapy scale: psychometric properties.Journal of Consultingand Clinical Psychology,54(3):381-385.

WALLSTON K A,BARBARA STRUDLER WALLSTON, DEVELLIS R,1978.Development of the multidimensional health locus of control(MHLC)scales. Health education and behavior,6(1):160-170.

WEINMAN J,PETRIE K J,SHARPE N,et al.,2000. Causal attributions in patients and spouses following first-time myocardial infarction and subsequent lifestyle changes.British journal of health psychology,5(3):263-273.

WILKINSON J R,MURRAY S A,1998.Health needs assesment-assessment in primary care: practical issues and possible approaches.BMJ,316(7143):1524-1528.

WILLIAMS R,WRIGHT J,1998.Epidemiological issues in health needs assessment.BMJ,316(7141):1379-1382.

WILLIAMS S J,1998. Health as moral performance:ritual,transgression and taboo.Health,2(4):435-457.

WRIGHT J,WILLIAMS R,WILKINSON J R,1998.Health needs assessment: Development and importance of health assessment.British medical journal,316(7140):1310-1313.

YAMAGUCHI S,GREENWALD A G,BANAJI M R,et al.,2007.Apparent universality of positive implicit self-esteem.Psychological science,18(6):498-500.

ZHANG A Y,SNOWDEN L R,SUE S,1998.Differences between Asian and White Americans' help seeking and utilization patterns in the Los Angeles area. Journal of community psychology,26(4):317-326.

ZHU Y, ZHANG L, FAN J, et al., 2007. Neural basis of cultural influence on self-representation. NeuroImage,34(3):1310-1316.

ZIMBARDO P G,BOYD J N,1999.Putting time in perspective:a valid, reliable individual-differences metric. Journal of personality and social psychology,77(6):1271-1288.

ZIRKELBACK E A,REESE R J,2010.A review of psychotherapy outcome research:considerations for school-based mental health providers. Psychology in the schools,47(10):1084-1100.

ZOLA I K,1973.Pathways to the doctor-from person to patient.Social science and medicine,7(9):677-689.